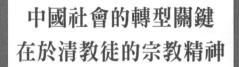

中國社會的轉型關鍵
在於清教徒的宗教精神

近代中國自面臨「千年未有之大變
局」以來，西方傳教士紛紛來華傳
播信仰與知識，也逐漸改變中國的
社會習俗與生活方式。但是，基督
教的傳入終究未能徹底改變中國最
深層次的觀念秩序。最終，中國揮
別基督信仰，於1949年走向無神論
與極權體制的新國度。

此為1920年代，由中華全國基督教協進會所印行的宣傳海報。清末民初之際，隨著開港通
商，西方各種基督教團體也紛紛進入中國，他們深信傳統社會要邁向現代化，與宗教信仰及
觀念秩序的傳播息息相關，因此他們興辦學校、書局、醫院及各種企業，此理想與日後透過
破壞來改造社會的「文化大革命」處於兩個極端。

基督信仰與早期中國

此圖為德國耶穌會士及博物學家基歇爾（Jesuit A. Kircher）於1667年在阿姆斯特丹出版的《中國圖說》封面，上方人物為耶穌會的創始人利瑪竇（左）與羅耀拉（右），下方站立人物為傳教士湯若望（左）與利瑪竇（右），正中間則是以中國為中心的東亞地圖。該書整理多種傳教士記錄，詳細描述中國及東亞的政治社會、風俗文化，奠定歐洲漢學的研究基礎。

此圖為高昌景教寺院的唐代壁畫，描繪了來自伊朗的基督教聶斯脫里派祭司（或信徒）正在進行宗教儀式或慶典的場景。基督教早在漢代便有從絲路傳入中國的紀錄，但受限於地理因素，未能進行大規模傳教。唐代隨著絲路貿易的復興，西方基督宗教來華傳教又顯活躍，直到 9 世紀唐武宗滅佛時受到牽連才又絕跡。

此圖為傳教士利用「無字之書」（Wordless Book），向東亞的文盲或底層民眾進行教義問答，以達到傳教目的。圖中使用了四種顏色，有其各自對應的基督教術語，分別是：黑色，代表「原罪」（sin）；紅色，代表「贖罪」（atonement）；白色，代表「公義」（righteousness）；金色，代表「天國」（heaven）。此外，隨著各教派的不同教義，也有代表「洗禮」（baptism）的藍色與「生長」（growth）的綠色。

近代來華教士與傳教使命

此圖為身著儒服的耶穌會傳教士利瑪竇像。利瑪竇於1581年抵達中國，為了取得大明朝廷及士大夫的信任，他學習儒家經典，亦打扮成「儒者」的外表，最終成功獲准於北京居住，直到1610年因病過世。利瑪竇透過傳播西學的方式進行傳教，成功吸引信眾皈依教會，亦轉譯大量中西獻著作，為雙方的知識及文化交流作出了重要貢獻。

此圖為馬禮遜（Robert Morrison）與其中國助手的工作肖像畫。出生於英國的蘇格蘭人馬禮遜是第一位來華宣教的新教傳教士；他於1807年抵達廣州，雖然受限於政策而不能公開傳教，但他透過官方翻譯員的身分，開始從事翻譯及出版事業，並以中文完整翻譯新約及舊約聖經，奠定新教在中國傳教事業之基礎。

此圖為身著大清服裝的法國傳教士約翰·佩博雷（John Perboyre），漢名為董文學。董文學於1835年來到仍處於禁教時期的大清國，他祕密潛入河南、湖北等內陸省分傳教；直到1838年，他被清政府逮捕並於兩年後遭到處決。董文學之死促使法國嚴重抗議大清國的禁教政策，最終促使了道光皇帝在鴉片戰爭後的1846年，正式解除禁教令。

此圖為東正教殉教者封聖圖，他們死於清末的義和團事件，總計為二百二十二人。由農民組成的義和團成員被稱為「拳民」，他們不只發起「扶清滅洋」等大規模的群眾運動，更濫用暴力，大肆搜捕、屠殺西方人及改信基督宗教的本地人。

此圖描繪了美國清教徒蒲安臣（Anson Burlingame）代表大清國前往華盛頓從事外交工作的版畫。蒲安臣原為律師，1861年起擔任美國駐華公使，任期屆滿後，他接受了大清國的全權外交委託，代表外國人的利益出使家鄉美國及歐洲各國。

此圖為「八國聯軍」事件中的英日軍隊進攻紫禁城的場景，象徵了大清政府威權的徹底喪失。自鴉片戰爭以來，西方列強迫使清廷開放通商與傳教權，許多基督教傳教士得以深入中國內陸傳教，但也引發各種基於文化衝突的宗教事件。八國聯軍之役不只是國際糾紛，更是不同宗教文明的觀念秩序之衝突。

此圖為1919年「五四運動」的學生抗議場景。五四運動起源北京的學生群聚抗議《巴黎和約》中有關山東問題的決議，並迅速從政治問題擴大到對中國社會及文化問題的批判檢討，故而有打倒「孔家店」、擁抱西方的「德先生」（民主）、「賽先生」（科學）之說。此事件最終導致了北洋政府的權威遭到削弱，以及各種激進思想包括共產主義的流行。

此圖為1967年文化大革命時期的宣傳海報，手戴「紅衛兵」臂章的青年手持鐵鎚，正欲擊毀一切象徵舊世界的事物，包括宗教、資本主義及傳統文化。文化大革命繼承法國革命、俄國革命等「大革命」精神，將群眾運動以及暴力發揮到極致，為中國近代史上最黑暗的時刻。

此紀錄照為1912年中華民國建立後，身著戎裝的臨時大總統孫文，前往南京祭拜明太祖朱元璋之墓「孝陵」。孫文雖為基督徒，但從此舉便可見其仍然不脫傳統「秦漢秩序」的大一統思維。

此為1949年底，毛澤東前往蘇聯莫斯科參加史達林的七十歲生日慶典的紀錄照。近代中國自辛亥革命後，傳統社會秩序逐漸瓦解，精神文化在五四運動後也越趨激進，有利於共產主義的輸入。

大——光

宗教改革、
觀念對決
與國族興衰

第③卷

華夏轉型兩百年

余杰——著

在黑暗中行走的百姓看見了大光，
住在死蔭之地的人有光照耀他們。

——《舊約・以賽亞書》，9:2

目次

自序
中土何時出三峽？

◎全盤拋棄幽暗的中華傳統，才能成為正常人和正常國家

歷史學家唐德剛將中國現代化之路形容為「出三峽」，一路驚濤駭浪，稍不留意就粉身碎骨。一八四〇年至今，中國仍未「出三峽」，也就是說，未能建構一個保障公民的自由與人權的真正意義上的共和國。

梳理中國現代化之路，首先需要處理中華傳統文化的問題。那麼，何謂中華傳統文化？

有人說，中國變成今天這樣，不是傳統文化的錯，應統統歸咎於共產黨和共產主義，即外來「黃俄」政權；只要驅逐「黃俄」，中國自然國運昌隆，真是如此嗎？

為什麼以保守主義者自居的我，同時要推翻所謂源遠流長的中華傳統呢？保守主義者難道不是應當竭力「保守」傳統嗎？這是一個天大的誤會，保守什麼樣的內容，比保守的姿態更重要。如果在基督教世界，尤其在英美文化和清教徒觀念秩序中，當然要保守傳統；但在中華文化體系中，並無值得保守的成分，不僅不需要保守，還要全盤拋棄、清理乃至「刮骨去毒」。

本書之第一章作出如下之論述：華夏文明及政制，在官方意

識形態層面，是儒法互補、佛道奧援，千年不變、一以貫之。在政治體制層面，是皇帝奉天承運、一人獨裁。在國體層面，是秦漢秩序，天下一統。

「大一統」的「國體」由五個要素組成：第一，建立在郡縣制基礎上、一元化的中央集權。縱向的權力，如同金字塔一般，皇帝高居其上，以下為行省、府道及郡縣，皇帝（中央）可垂直控制郡縣；橫向的權力，是在每一個層級，行政、司法和立法三權合一。第二，「編戶齊民」式的國家奴隸制，歷史學家黃仁宇說古代中國缺乏數字管理，他卻沒有注意到古代中國擁有最嚴密的戶籍制度，這是讓歐洲望塵莫及的數字管理。皇帝之外所有人都是國家的奴隸。這是中國建立早熟的極權主義統治的前提條件。第三，以鹽鐵國營為核心的國家資本主義經濟。從古至今，中國從未有過自由市場經濟，即便有過「資本主義的萌芽」，剛剛冒出「芽」來就被掐死了。第四，以小農為主體的農業文化以及安土重遷的內陸文明。中國有三分之一的省分靠海，卻從來不是海洋國家、不具備海洋意識。包括皇帝在內的所有中國人本質上都是農民，受制於小農思維，黃土壓倒蔚藍色的大海。第五，以朝貢體系建構的不平等外交關係。中國至今並未接受近代西發里亞民族國家體系，企圖繼續沿襲朝貢模式，建立劣質殖民統治，以總理衙門的方式辦外交，達成萬國來朝、天下歸心之「中國夢」。

朝貢體系的現代版本是習近平的「一帶一路」（二〇二〇年七月，北京成立了習近平外交思想研究中心），是中國先與世界為敵，世界才與中國為敵。正如美國國務卿蓬佩奧在《美國就南中國海海洋權利主張的立場》之聲明中所指出：北京使用恐嚇手段，損害南中國海的東南沿海國家的主權，霸凌他們，包括他們

的離岸資源，單方面宣布統治，以「強權即公理」取代國際法。北京的做法多年來一直顯而易見。二〇一〇年，時任中國外交部長的楊潔篪對他的東盟同事說：「中國是一個大國，其他國家是小國，這是個事實。」這句話證明中國從周恩來開始宣稱的「各國不分大小強弱，不論其社會制度如何，是可以和平共處」等「五原則」全都是謊言。蓬佩奧宣告說：「中國掠奪性的世界觀在二十一世紀沒有任何立足之地。」

中華傳統無法實現現代化轉型，中國人要成為正常人、健康人、自由人，必須拋棄沉重的傳統，輕裝上陣，方能向著標杆直跑。

◎不是全盤西化，乃是全盤美（國）化

在思想史的意義上，胡適、劉曉波一脈相承，他們共同使用「全盤西化」的說法。但是，今天的我們站在前人的肩上，若能比前人稍稍往前走一步，就是將全盤西化改為全盤美（國）化。

本書第二章論述中國現代化之敗局。自鴉片戰爭以來，清帝國和中華民國先後以四波政治、經濟、文化運動應對現代化之挑戰：器物（船堅砲利）層面的洋務運動、政治層面的維新變法（君主立憲）和辛亥革命（共和）以及思想文化層面的「五四」運動。一次比一次激化，一次比一次失敗，越激化越失敗，越失敗越激化，由此進入列車加速駛向萬丈深淵的不歸路。之後是一九二七年黨軍北伐顛覆正統的中華民國（北京政府），以及一九四九年中共擊敗國民黨建立中華人民共和國政權。

中國人熱愛歷史，甚至以歷史為信仰，所謂「資治通鑑」；但真正從歷史中汲取經驗教訓的人少之又少，重蹈覆轍者是大多數。

本書第三章探討中國為何在西化歷程中屢屢選錯老師和教材：以日本為師、以德國為師、以法國為師、以蘇聯為師，一個老師不夠，再找來第二個老師，先後有了四個老師。中國知識分子將不同的西方模式煮成一鍋粥，殊不知西方各國家之差異往往天差地別。中國學習西方固然虔敬和賣力，但老師和教材錯了，必定南轅北轍、緣木求魚。中國偏偏不以英美為師，屢次與英美路徑擦肩而過乃至背道而馳，這就決定了中國現代化之路吃力不討好、最終一敗塗地。

　　中國拒絕和排斥英美路徑及其背後的清教徒觀念秩序、保守主義政治哲學，不是因為政治領袖和思想文化旗手缺乏遠見和智慧，而是中國的民情（托克維爾）和國民性（史密斯、魯迅）與英美路徑和清教徒觀念秩序格格不入，如同身體內輸入不同血型的血液，如同將酵母加入塵土中，塵土不會像麵粉那樣發酵。留英的嚴復和留美的胡適，堪稱那個時代的人傑，有開放的心胸去對了地方，留學多年，雖有普羅米修斯式的盜火者的心志，但對清教徒觀念秩序和英美保守主義一無所知，盜回來的東西對中國弊大於利，而他們的文化事業和政治活動最終都慘淡落幕。

　　因為民情和觀念秩序的差異，中國人無法理解，為什麼華盛頓手下的軍官建議他當國王的時候，華盛頓回信譴責對方並自責說：「我看不出我有哪些舉動會鼓勵你作出這樣的建議。我可以明確告訴你，戰爭中發生的任何變故都沒有像你說的軍隊中存在的那種想法使我更痛苦。我不得不懷著憎惡的心情看待這種想法，並給予嚴厲的譴責。……如果你還重視你的國家，關心你自己的子孫後代，或者尊重我的話，你應該從頭腦中清除這些想法，並絕不要讓你或其他人傳播類似性質的想法。」按照中國人的想法，華盛頓起事勇於陳勝吳廣、割據勝於曹操劉備，既已提

三尺劍、開疆萬里，當然就要僭位號、傳子孫了。中國人感歎華盛頓之「奇人奇事」時，又豈能知曉美國乃是一個清教徒創建的國家，一個奠基於聖經之上的國家，從《五月花號公約》到美國憲法，形成了美國特有的憲制。美國的觀念秩序與公民美德（華盛頓這樣的政治家和軍事家的美德並非孤證）互為因果、彼此砥礪，共同成就美國之美。

有趣的是，對美國精神作出最深刻闡釋的兩位思想家都不是美國人，他們是英國人埃德蒙‧伯克和法國人托克維爾。伯克為美洲殖民地的反抗者辯護，而被主張強硬鎮壓的英國人稱為「親美派」。伯克在議會發表演講自我辯護說，與其說他「親美」，不如說他「親自由」，他認為美洲人民與英國人民分享同樣的普通法傳統和憲制。伯克進而指出，美洲人深入骨髓的特質是清教徒，是「異見派中的異見派」，是「清教徒中的清教徒」：

殖民者離開英國之際，正是這精神高熾之時，而見之於移民者身上的，又最為高熾；外國的移民之流，固然不停地匯入這些殖民地裡，但其中的大部分，卻是持異見於各自國家之權威的人；他們隨身而來的氣質、性格和與他們融合在一起的人民的氣質和性格，幾無不同。

若用托克維爾的說法就是：「美國人既把自由視為獲得幸福的最佳工具，又把它視為獲得幸福的最大保障。他們既熱愛自由，又愛幸福。因此，他們從來不認為參加公共事務是分外的事。恰恰相反，他們相信自己的主要活動要有一個政府來保護：這個政府既能使他們得到所希望的財富，又不妨礙他們平平安安地享用得到的財富。」

這就是中國人最陌生的、也是最需要的清教徒觀念秩序及精神、心靈秩序。

◎為什麼一八〇七年被一九一七年超越？

本書第四章由中國近代史進入基督教入華史——一八〇七年第一位新教傳教士馬禮遜入華，是比一八四〇年的所謂「鴉片戰爭」更重要的精神事件。

兩百多年來，基督教在一定程度上改變了中國：廢除女子纏足陋習、促進男女平等、創辦新式報刊、開創西式醫療機構和從幼稚園到大學的近代教育體系、和合本聖經在「五四」運動之前就引領白話文風潮……但是，基督教並未改變中國最深層次的觀念秩序，基督教的傳播激起了太平天國運動、義和團運動和非基督教運動等三次強烈反彈。而更凶惡的敵人出現在教會內部：孫文、蔣介石和馮玉祥三個偽基督徒毀滅了民國、也毀滅了共和之路。由此，中國進入從毛澤東到習近平的邪惡的偶像崇拜的歧途。

二〇二一年是中共建黨一百周年，中共大張旗鼓予以慶祝。一九二一年，在浙江嘉興南湖一艘木船上的中共一大，乍看之下宛如兒戲：當選的總書記陳獨秀根本沒有出席，參與者是十五名沒有社會地位和影響力的「無根青年」。但短短二十八年之後，中共居然發動暴力革命，攫取人心，進而攫取政權，不能不說是一大奇蹟。

其實，比一九二一年更重要的時間是一九一七年，即毛澤東所說的，「十月革命一聲炮響，給我們送來了馬克思列寧主義」；也即中共創始人之一的李大釗所說的，「試看將來的環

球，必是赤旗的世界」、「吾人對於俄羅斯今日之事變，惟有翹首以迎其世界的新文明之曙光，傾耳以迎其建於自由、人道上之新俄羅斯之消息，而求所以適應此世界的新潮流」。在此意義上，是一八〇七年被一九一七年趕超——來得早，不如來得巧，比基督新教進入中國晚了一百一十年的共產主義，居然成功「彎道超車」，勃發出遠超基督教和英美路徑更大的吸引力，最後大權在握、將基督教趕出中國。

對中共的「美麗的誤會」，發生在很多西方傳教士和中國基督徒身上。出身在清末即赴中國傳教的傳教士家庭、曾任燕京大學校長和美國駐華大使的司徒雷登，跟共產黨的多位領導人都很熟悉，他知道燕京大學的很多學生都去了中共那邊，卻並不認為這是其教育的失敗：

我曾與很多這樣的人會面，我對於他們的表現很安心，他們始終秉承燕大的校訓。共產主義運動的初期宗旨是「以真理得自由而服務」。我熱愛自由、守護自由，支持學生們選擇自己的人生道路。

這是一個讓人驚詫的錯誤：難道共產主義的真理跟基督教的真理是一樣的真理嗎？

中共歷史上最具傳奇性的間諜、也是給美國帶來最大危害的間諜金無怠，就是燕京大學新聞系畢業生。在燕京大學的美式教育背景，讓他說得一口流暢的英文，並在內戰之後奉周恩來之命令移居美國，一九六五年入籍美國，然後加入中央情報局並晉升為譯員兼分析員，擁有接觸最機密情報之權限。

一九八五年，金無怠被捕後，承認向中國提供機密情報，卻

不以為恥、反以為榮，聲稱自己對中美兩國建交有功：「我提供了美國方面願意修好的情報，毛澤東才做出了邀請尼克森訪華的重大決定。」

但金無怠案的陪審團認為，金無怠的間諜活動主要包括：在韓戰中，通過聯合國軍翻譯的身份，為中國提供志願軍戰俘營的地址，延緩了和談進程；在一九六〇年代，為中國提供關於美國對華政策的情報，使中國對美外交處於優勢地位，使美國被迫向中國作出許多重大讓步；在越南戰爭期間，為中國和北越提供美國政府對越政策方面的情報。

金無怠被判有罪後，又被中共拋棄，遂在獄中自殺身亡。作為教會大學的燕京大學培養出這樣的賣國且背叛信仰的學生，能不深切反省嗎？

這是一個無法迴避的問題：基督教與共產主義無疑是兩種彼此敵對且競爭的意識形態，不僅在中國，在全球都是如此。如果基督教同樣具有改造社會的功能，則中共的勝利，未嘗不是基督教在中國的失敗。

美北長老會傳教士魏士德（Charles C. West）反思說，中共的成功固然是國民黨內部潰敗的結果，但在本質上卻是一場「靈性的崩潰」。中國共產主義的興起，包括三個方面的靈性背景：首先，中國傳統文化的破產；其次，西方民主及自由主義的失敗；第三，共產主義展現的烏托邦理想。基督教在神學方面，是否過於偏重尋求傳統文化的認同，而忘記了當下劇變社會的訴求？中國共產黨的成功，從來不是因其成功地適應了中國文化與傳統，而是直接回應了中國的貧窮、貪汙與不公義的現實。

美國公理會傳教士徐光榮（Roderick Scott）認為，與其說中國的革命是政治變動，倒不如說凸顯其社會張力與文化真空。

英國循道會傳教士丁克生（S. H. Dixon）指出，儒家傳統崩解後，中國經歷了社會、政治及思想上的劇變，舊有的價值被全面解構，共產主義恰好提供了一套全面而簡捷的答案，填補了「思想真空」。

英國浸信會傳教士海維德（Victor E. W. Hayward）認為，二十世紀中國歷史的發展，特別是半個世紀面對內憂外患的衝擊，促使中國走上社會革命的道路。對知識分子和學生而言，革命是唯一的希望。共產政權得以成立，不是由於中國人投向共產主義；而是中國需要革命，唯有中共能領導革命。

基督會傳教士、金陵大學教授貝德士（M. Searle Bates）相信，由於國民黨政權無法回應人民對有效率政府及現代化的訴求，因而步向潰敗。

英國循道會傳教士甘施禮（Leonard Constantine）認為，針對廣大農村的農民，共產運動的「解放」甚具吸引力；至於知識分子及青年學生方面，共產革命則提供了救國的可行出路。中共的理想主義，特別是其對社會公義與和平的追求，是其成功的主要原因。中國不僅號召建立新社會，更宣稱能夠打造「新人」。

共產主義的成功，毫無疑問等同於基督教的失敗──基督教失去了中國，因為基督教未能向處於困境中的中國給出一整套的「基督教答案」。西方傳教士和中國基督徒，無論是自由派還是基要派，均未能建構起整全性的清教徒的觀念秩序及心靈和精神秩序，他們信奉的基督教，是摻水的基督教、扭曲的基督教、支離破碎的基督教。

在英美的歷史與傳統中，清教徒鮮活剛勁的信仰，既可建立國家（美國），又可建立文明（英美文明），基督教宛如混凝土，可以建築摩天大樓。但是，到了中國，基督教卻在漫長的

「中國化」過程中，蛻變成與建構國家和建構文明無關的「民間宗教」和「心靈雞湯」。若是太平盛世，這種退化的基督教自可充當日常生活的「點綴」，如唐代的景教；但在王綱解紐、歷史轉型之際，此種未能與英美路徑及自由尊嚴、憲政共和等價值融會貫通的基督教，很快就在與作為「類宗教」的共產主義的較量中敗下陣來。

◎華語教會和社會如何走自己的「天路歷程」？

本書第五章也是最後一章，探討未來中國現代轉型成功的可能性：華語教會和華語知識分子能否接受清教徒觀念秩序和英美保守主義政治哲學，並將其踐行出來，是此一人類歷史上規模最為宏大的社會轉型成敗的關鍵所在。

這本書是我向《河殤》、《新教倫理與資本主義精神》和《前車可鑑》致敬的作品。

這本書是「福音版的《河殤》」。一九八九年，還在上初中的我，深夜與父母一起觀看電視政論片《河殤》，如被雷電擊中。蘇曉康說：「我們不能改變自己皮膚的顏色，就像我們不能改變黃河的顏色一樣。然而，我們卻必須重建中國人的文化─心理結構。這將是一項極為艱巨複雜的文化─哲學的系統工程。」《河殤》那一代人看到了海洋文明、蔚藍色文明是中國的希望，但只是朦朦朧朧地倡導西化，來不及細細甄別「此西方」與「彼西方」之不同。作為後來者的我，如果沿著《河殤》往前走一步，就是明確指出「清教徒觀念秩序和英美傳統是西方文明之精髓」。

這本書是「中國版的《新教倫理與資本主義精神》」。馬克

斯·韋伯（Max Weber）在寫完《新教倫理與資本主義精神》之後，指出喀爾文主義（或更廣泛的基督新教）是歐洲和美國社會變革及經濟發展的主要原因，並在《中國的宗教：儒教與道教》及《印度的宗教：印度教與佛教的社會學》、《古猶太教》等著作中探索不同文明和國家現代化路徑成敗之原因。韋伯指出，儒教的目標是取得並保存「一種文化的地位」並且以之作為手段來適應世界，強調教育、自我完善、禮貌及家庭倫理；相反，新教以那些手段來創造一個「上帝的工具」，創造一個服侍上帝的人，這種在精神上的差異是資本主義在西方發展繁榮、卻遲遲沒有在中國出現的原因。在韋伯的時代，基督新教在中國沒有出現爆發式增長，韋伯未能研究基督新教與現代中國的相遇，將發生何種「磁鐵效應」、「酵母效應」和「馬太效應」——這正是我在本書中要論述的主題。

　　這本書也是「喀爾文和保守主義政治哲學版的《前車可鑑》」。被譽為「知識分子宣教士」的薛華（Francis August Schaeffer）以四十年時間研究西方思想史，指出西方文化衰落的根源，是人僭奪上帝的位置，要作宇宙的主宰，致使文化體系百病叢生、獨裁統治肆虐全球。他大聲疾呼，惟有恢復對上帝的信仰，人類才有希望。他也批評教會的軟弱：「教會領袖不瞭解與一套錯誤前提作戰的重要性，所以世俗思想和新神學的洪水氾濫了教會。大多數教會領袖還在錯誤的戰場上作戰，因此，雖然他們原本應在防衛、交流上占絕對優勢，現在卻只能悲哀地甘拜下風。對這個嚴重的薄弱點，福音派直今仍無法補救。」不過，薛華只是強調廣義的基督教傳統，而對宗教改革以來的新教倫理、清教徒觀念秩序論述不足；另一方面，他只是針對西方文明內部的危機發言，不曾討論東方及中國議題。我在本書詳細討論兩百

年的中國近代史和中國教會史，更指出華夏轉型的「發動機」乃是基督新教及其觀念秩序。

我有充分的自信，迄今為止，在華語思想場域從未有過一本著作，像本書這樣論述中國近代史、中國教會史及與西方近代化諸模式之關係。聖經說，認識耶和華是智慧的開端。我能寫這本書，不是因為我擁有多少智慧，乃是我有幸被聖經真理光照。如此，我如盲人今得看見，迫不及待地與讀者分享重見光明的甘甜與喜悅。這是上帝引導我看到的光明與真理，也是華人教會和華人社會的出路所在：英語民族何以催生普世價值？這是何其神祕而偉大的「三位一體」——首先，清教徒清新剛健、敬虔奮發的生活方式、觀念秩序及精神和心靈秩序，對婚姻、家庭及社區等小共同體的建構產生了點石成金般的轉化作用；其次，宗教改革的先驅們基於對上帝所造之人的罪性的認識，設計出權力分割與制衡的教會組織架構，現代民族國家的立憲共和政體即由此複製而來；第三，宗教改革中誕生了博大精深的喀爾文神學及政治哲學，由此衍生的英美保守主義政治哲學，至今仍是維持美國及英語國家強大的「定海神針」。對於個人來說，這三大要素乃是基於聖經的「人生說明書」；對於國家和民族來說，這三大要素乃是既有教堂、也有憲制的「大國崛起」之磐石。

中國破碎、重建及救贖的祕密皆在於此。

二〇二〇年七月初稿，十一月定稿
美利堅合眾國維吉尼亞共和國費郡綠園群櫻堂

日、月、星辰要顯出異兆，地上的邦國也有困苦；
因海中波浪的響聲，就慌慌不定。

——《新約‧路加福音》，21：25

第一章

秦漢秩序，
天下一統

秦漢官吏國家建立後，作為民族的中間環節沒有形成。因此，中
國人長期缺乏民族感，完全是「天下思想」。

—— 衛禮賢（Richard Wilhelm）

清末，世積亂離，風衰俗怨，禮崩樂壞，滄海橫流，既有烈士情懷又有先知洞見的譚嗣同對中國政治傳統的批判，圍繞「秦政制」這一概念展開：「常以為二千年來之政，秦政也，皆大盜也。」懷才不遇的近代翻譯家和思想家嚴復也指出：「秦以來之君，正所謂大盜竊國者耳。」與譚嗣同同為維新派的劉禎麟稱：「中國二千年之政術，皆為王者一家而設……愚民之術陰而密。」

二十世紀四〇年代，郭沫若寫出〈呂不韋與秦王政批判〉的論文，收入《十批判書》。郭沫若批評秦始皇將天下當作「一人之天下，非天下之天下」、「不讓任何人有說話的餘地」。當時是國民黨掌權，郭沫若以秦始皇影射蔣介石，向毛澤東效忠。毛卻不屑一顧。進入毛朝，毛公開讚美秦始皇。在「反右運動」中，毛自比秦始皇：「秦始皇算什麼，他只坑了四百六十八個儒，我們坑了四萬六千個儒。……我們與民主人士辯論過，你罵我們是秦始皇，不對，我們超過了秦始皇一百倍；罵我們是秦始皇，是獨裁者，我們一概承認。」

一九六六年八月五日，文革潮起，毛召見江青，讓她手記七律一首，題目是〈讀『封建論』呈郭老〉：「勸君少罵秦始皇，

焚坑事業要商量。祖龍魂死秦猶在，孔學名高實秕糠。百代都行秦政法，十批不是好文章。熟讀唐人封建論，莫從子厚返文王。」毛長達七年沒寫詩，第一次寫，竟是這樣一首。此詩在官媒隆重發表，風靡一時，其傳達的政治信號不言而喻：馬列非老祖宗，鐵血的無產階級專政，要上溯到「秦政法」那裡。郭沫若見風使舵，趕緊作自我檢討，勉強過關。

中國的觀念秩序並非肇始於子虛烏有的堯舜禹三代，也非肇始於百家爭鳴的軸心時代，而是肇始於秦朝、成形於兩漢。

從譚嗣同的「二千年來之政，秦政也」到毛澤東的「百代都行秦政法」，褒貶各異，但都說出了中國歷史上一個最大的祕密：秦政是中國政治文化的核心。

秦政的本質是什麼呢？思想史家徐復觀認為，秦「在立國精神上，實係以法家精神為骨幹，實係以商鞅所奠定的法家政治結構為基礎。離開了法家思想，便無法了解專制政治的根源及其基本性格」。靠法家思想作為支撐的秦政，是中國政治文化的主流：

　　兩千年來的歷史，政治家、思想家，只是在專制這架大機器之下，作偏補救弊之圖。……這架機器，是以法家思想為根源，以絕對化的身分、絕對化的權力為中核，以廣大的領土，以廣大的人民，以及人民散漫的生活形式為營養，以軍事與刑法為工具所構造起來的。一切文化、經濟，只能活動於此一機器之內，而不能逸出於此一機器之外，否則自由被毀滅。這是中國社會停滯不前的總根源。

歷史學者秦暉認為：中國社會的第一次轉型，即「周秦之

變」是將社會從小國寡民式的小共同體本位，轉變為一個以皇帝和官僚制度為核心的龐大的中央集權模式的國家。社會的重心，由分封而治轉向大一統。忠於獨一的至高無上的君主，成了自皇帝以下每一個臣民的「自覺」共識。

秦朝是第一個大一統王朝，也是最短命的王朝。秦朝亡於暴政，實施暴政的秦始皇是暴君。史家對秦朝和秦始皇多為負面評價，秦朝迅速滅亡證明嬴政乃是「無德之君」、秦朝已失去「天命」。[1]但弔詭的是，如美國學者福爾索姆（Kenneth E. Folsom）所指出的那樣：「儘管秦短命而亡，這個王朝已經出色地完成了它的任務，建立了為後世各代取法的政治體制結構。漢朝的開國皇帝幾乎原封不動地承襲了秦朝的典章制度，其法典基本上是法家式的。」歷代王朝統治者屢屢裝模作樣地表態要從秦朝滅亡之中吸取教訓，但他們大都亦步亦趨地「以秦為師」，只有以秦為師方能實現君權最大化，「中國的皇帝，比如漢武帝，儘管在許多方面從理論上服膺儒家的學說，然而卻傾向於實行獨裁統治，採納法家『人的終極目的是為國家服務』的觀點。」

秦政肇始於秦，並未在秦朝定型。秦朝短命，秦政到了漢代才升級換代、發揚光大。漢制是秦制的升級和完善，與秦制單純

1　司馬遷在《史記·秦始皇本紀》中說：「秦王懷貪鄙之心，行自奮之智，不信功臣，不親士民，廢王道，立私權，禁文書而酷刑法，先詐力而後仁義，以暴虐為天下始。」余英時舉例談及後世對秦始皇的評價：《三國志·王朗傳》注引《朗家傳》云：「會稽舊祀秦始皇，刻木為像，與夏禹同廟。朗到官，以為無德之君，不應見祀，於是除之。」經過兩漢三、四百年之久，會稽保留了獨祀秦始皇的民間宗教，因其生前曾到此祭祀大禹，並在會稽山上留下石刻文字，但地方官員廢除了此一民間習俗。對此細節，余英時分析說：「始皇和會稽有此一段香火之緣，因此後世民間對他還有所紀念。不過對整個中國而言，始皇畢竟是『無德之君』。王朗為會稽太守而禁民祭祀，其實也反映了多數中國人的想法。」

依賴暴政不同，漢制既用強權推行，也通過接受董仲舒「罷黜百家，獨尊儒術」的建議，使得儒家與法家合流，法家儒家化，儒家法家化，儒表法裡的統治模式由此確立。再到東漢，道教興起，佛教傳入，佛道既滲透社會下層，又登堂入室進入朝廷，同步成為君主專制之奧援。儒家、法家、道教、佛教，共同形成專制君主「霸王道雜之」的統治方式。

政治學者王飛凌將這套統治方式和意識形態命名為「秦漢秩序」。吸取秦二世而亡的教訓，漢制在秦制的基礎上有若干演變：

在政策實踐中，打磨掉了秦式極權主義政體的粗礪稜角；在意識形態上，通過將帝制國家擬人化為父系家長制，並借用上天授予的神力來降低統治成本；在功能上，秦漢政體是一個前現代的組織結構，它的政治治理、經濟體制和社會生活之間的關係保持著一致性。

隨著後世兩千年之發展蛻變，「秦漢秩序」的主要特徵豐滿而精密，環環相扣，牽一髮而動全身，它包括以下諸方面：以「儒表法裡、佛道奧援」為官方意識形態（道統），以大一統和中央集權的郡縣制為國體，以政教合一、「家天下」的皇權專制為政體，以家族制、科舉制和「編戶齊民」、「守土有責」為社會政策，以國有制和小農經濟為基本經濟制度，以「朝貢體系」和「劣質殖民」為外交原則。由此，中國走上一條與歐洲諸國競爭、政教並列、權力分割、地方自治、市場經濟、重商主義、海洋貿易的基督教文明分道揚鑣的歧途。進入十九世紀，這套綿密僵化的「秦漢秩序」成為中國現代轉型的最大攔阻。

第一節　法家：「法術之士」的國家恐怖主義

實踐法家理論的秦帝國是早熟的法西斯主義和國家恐怖主義。這個帝國需藉由無休止的控制和擴張，汲取其合法性和力量，直至達到世界的物理盡頭或者耗盡其自身的功能。它有一個必須不斷擴張的注定使命，即所謂「天下一統」之天命。在此意義上，秦帝國本質上不過是工具，是中華世界裡這個強大法家極權主義內在邏輯的物化。

在法家系統中，形塑秦政的四個關鍵人物是商鞅、荀況、韓非與李斯。其中，荀況與韓非是思想闡發者，商鞅與李斯是政治行動者，韓非和李斯又都是荀況的弟子。他們是秦制思想上和實踐上的締造者，最終都遭到其設計並建構的國家恐怖主義的反噬。荀況晚年躲在尚未被秦吞併的楚國，得以安享晚年；商鞅、韓非和李斯三人都死於非命，罪有應得、死得其所。

◎商鞅：早熟的法西斯主義者

司馬遷稱商鞅為「其天資刻薄人也」。商鞅「少好刑名之學」，看到秦孝公的求賢詔就去秦國，通過變法讓西北一隅的秦國崛起為軍事和經濟強國，為秦的統一奠定了基礎。商鞅提出一種早熟的法西斯主義、共產主義及國家主義的治國方略——如建立郡縣制和戶籍制、鼓勵告密和實行連坐制、重新分配土地、組建職業化軍隊、壓制商業、統一度量衡、強化君權等，比馬克思、墨索里尼、希特勒、史達林和毛澤東早了兩千年。

政治學者王飛凌認為，商鞅生前沒有看到秦帝國破繭而出，但他對「統一大業」作出的貢獻，比嬴政更大：

商鞅式的政權完成了一個不可思議的宏大事業,把一個地處邊陲、落後而弱小的秦國,打造成超級大國和霸主,進而消滅六國,建立了一個世界帝國……一個有史以來第一個中華天下世界帝國秩序。

那些對中華文化和政治傳統具備一定批判和反思能力,但未能突破大一統魔障的現代知識分子,仍對商鞅及其變法持全面或大部分肯定態度。[2]唯有突破大一統及中華民族主義觀念的知識分子,才會否定商鞅的遺產。如學者鮑鵬山所說:「經過商鞅改造的秦國成為『虎狼之師』,在七國之爭中取得最後勝利。六國失敗了,六國老百姓也失敗了,但秦國的老百姓成功了嗎?秦國本國的老百姓最慘,『什伍連坐,輕罪重刑,戰陷即全家為奴』。劉邦攻入咸陽,召集秦國老百姓,講了六個字,『父老苦秦久矣』。這一句話讓秦國百姓個個熱淚盈眶。」

商鞅變法是暴秦崛起的開端。商鞅成功地將秦國打造成東方歷史上第一個軍國。秦國的軍事動員能力和戰鬥力全球獨步。秦國成功動員其總人口的百分之八至百分之二十,而古羅馬共和國僅僅百分之一,希臘諸城邦僅百分之五。[3]

2　如薩孟武認為:「商鞅生於戰國時代,周天子之尊嚴已不存在,而諸國割據,攻戰不休,故他不主張尊王,而欲於諸侯之中,選擇一國,代周一統天下,使攻戰變為和平。然欲一統天下,必須利用武力,而既要利用武力了,就須富國強兵。」韋政通認為:「商鞅變法,是中國歷史上最成功的一次變法。」

3　秦國的軍隊成為極具戰鬥力的戰爭機器。《商君書》之《境內第十九》是士兵獎勵細則,以持有人頭數量作為獎賞標準:「其戰……得三十三首以上,盈論,百將、屯長賜爵一級。……能攻城圍邑斬首八千已上,則盈論;野戰斬首二千,則盈論。」

商鞅變法，獲利的是君王，受害的是百姓。學者蕭建生批判說：「商鞅變法，從長遠的歷史角度看，它為後世的專制暴君禍國殃民創造了有利條件，它對阻礙中國歷史的前進，產生了極為惡劣和極為深遠的影響。」

商鞅本人不會想到，他會荒謬地死在自己制定的制度上：在內部鬥爭中失勢後，商鞅倉皇出逃，跑到一個地方想住旅店。旅店老闆說，你要拿出官府的證明，才能入住。商鞅說，我要住店，我付錢，你怎麼不接待呢？老闆說，商君有令，老百姓沒有官府的特許不能亂走。商鞅長歎一聲，不得不面對自己的窮途末路。商鞅被捕，全家被誅滅，他本人受了五馬分屍的酷刑。成語「作法自斃」就是形容商鞅的下場。商鞅死無全屍，但其思想和實踐定格了兩千年的政治秩序，毛澤東和習近平都推崇商鞅。[4]

◎荀況：從「性惡」到「尊君」

荀子，名況，字卿，趙國人，一生如縱橫家般遊歷列國，仕途比孔子通達，曾任楚國祭酒、蘭陵令。晚年在蘭陵設帳講學，開創蘭陵學派。

荀況是先秦儒家最後一位大師，也是先秦法家第一位大師。

4　毛澤東是商鞅的崇拜者。少年時代，毛在學生作文中盛讚商鞅。一九七二年十二月十七日，毛澤東召集周恩來、張春橋、姚文元等開會說：「儒法兩派都是剝削本位主義，法家也是剝削，進了一步。」一九七三年七月十七日，毛會見楊振寧時說：「我們郭老……在《十批判書》裡邊，立場觀點是尊儒反法的。法家的道理就是厚今薄古、主張社會要向前發展、反對倒退的路線，要前進。」八月五日，毛對江青說：「歷代有作為、有成就的政治家都是法家，他們都主張法治，厚今薄古；而儒家則滿口仁義道德，主張厚古薄今，開歷史倒車。」習近平亦多次引用《商君書》中的文字彰顯其「治國理念」。

馮友蘭和德效騫都認為，荀況在中國哲學發展中的角色與貢獻，與亞里斯多德（Aristotle）之於西方思想史相似。韋政通認為，荀況是先秦思想批判者，也是先秦思想的綜合者，「他重禮而不輕法，形成由儒到法的之間的一道橋樑」。以色列學者尤銳（Yuri Pines）認為，荀況是第一個描繪出帝國架構的儒者，是中華帝國的締造者。荀況對戰國時代思想與政治的直接影響不及墨子或商鞅，對士大夫精神文化的長期貢獻不能與孔孟老莊相比，但他對秦漢以後歷來王朝及傳統政治文化的影響，卻超過其他思想家，他和韓非的思想代表了戰國時代政治思想的頂峰，為塑造帝制政治文化作出決定性貢獻。

追本溯源，荀況的政治哲學由其「天論」（「神論」）和「人論」所決定。荀況是原始唯物主義者，不承認有作為造物主的「天」的存在，在他看來，「天」只是自然規律。既然「天人之分」，那麼人性與天命便無關係，「天」不能干涉人事，人間的吉凶禍福，悉由自取。人類對天神的希求、怨慕、恐懼等感情的紐帶，遂全部切斷，由此傳統信仰的對象，從萬類主宰的意義，轉化為人力可以控馭的對象。

在「人論」上，荀況主張性惡論，「人之性惡，其善者偽也」。人與生俱來有好利、嫉惡之心、耳目聲色的慾望，人性與動物性一樣，都由本能驅動。荀況不認為人間存在普遍性的道德標準：湯、武在位時，百姓為善；桀、紂在位時，百姓則為惡。

荀況的性惡論，對人性的認識比孟軻的性善論深刻，卻與基督教及喀爾文神學中「人是全然敗壞的罪人」的觀念截然不同。荀況的「人之初，性本惡」與基督教的「人之初，性本罪」相比，雖只有一字之差，卻謬之千里。

基督教相信人是上帝所造，人犯罪墮落之後，身上仍有上帝

的形象和上帝的榮耀。人靠「吾日三省吾身」式的自我修煉不可能「克己復禮」，只能認罪悔改，才能來到上帝面前。基於對人的根深蒂固的罪性的深刻理解，良心自由、三權分立、聯邦共和、民主憲政等現代政治觀念和政治架構才漸次產生。

荀況的性惡論，只針對百姓，不針對君王，所以延伸出尊君的理念。他把推進社會的主要動力歸於聖人或聖王，認為君主承擔人類肉體生存和精神超越這兩大使命，必須擁有尊崇的社會地位和無邊的政治權力。「天下者，至重也，非至強莫之能任；至大也，非至辨莫之能分；至眾也，非至明莫之能和。」聖王具備至強、至辨、至明的品質和能力，「非聖人莫之能王」。國家社會是聖王組織的，禮義教化是聖王制定的，天下以聖人為王，推行王政，才最為善。「人君者，所以管分之樞要也。故美之者，是美天下之本也；安之者，是安天下之本也；貴之者，是貴天下之本也。」荀況不贊成對君主權力作制度性的限制，權力的分割和制衡反倒容易引發國家內亂。

由「性惡」到「尊君」這一奇特的轉折，使荀況從儒家轉向法家。南宋學者葉適曾批評荀況「謂天子如天帝、如天神」，「秦始皇自稱朕，命為制，令為詔，民曰黔首，意與此同」。譚嗣同說：「二千年來之學，荀學也，皆鄉愿也。」徐復觀認為，荀子在許多地方「從正面很嚴肅地批評當時的法家思想及秦國的法家政治」，但「在他重禮的思想中，竟引出了重刑罰、尊君、重勢的意味來，以致多少漂浮著法家的氣息，亦即是漂浮著極權主義的氣息」。這是因為仁愛的思想沒有在荀況的精神中生根，由他來強調的禮，完全限定於經驗界中，否定了道德向上超越的精神，實際便否定了人性對人與物的「含融性」：

荀子的用心，是要以禮來建立一種「各盡所能，各取所需」的合理的社會。但是，這種所謂合理的社會，卻僅靠外在的禮、法、勢等，作平面性地規定與安排，勢必墮入於強制性的權力機括之中，使社會有秩序而沒有和諧，沒有自由；此種秩序，終將演變成壓迫人類的工具。

　　儒法合流從荀況開始。荀況主張建立一個原始共產主義社會，經濟上是公有制，政治上是君主專制，社會生活上是集體主義。荀況所闡釋的早熟的唯物主義、國家主義和極權主義，後來成為東亞政治模式的主流。[5]

5　後世對荀況的評價一波三折。司馬遷在《史記》中將孟軻與荀況並列，孟荀不分軒輊。孟荀學術立場針鋒相對，就儒學正統而言，孟的地位遠高於荀。漢代，《孟子》列入官學，《荀子》始終未嘗列為官學。唐代韓愈首創「道統」體系，突顯孟軻的樞紐地位，將荀況排斥在外。北宋，宋明理學主張性善論，荀況的性惡說遭到否定。程頤認為，聖人之道失傳於荀況，「一句性惡，大本已失」，「荀卿才高學陋，以禮為偽，以性為惡，不見聖賢」。朱熹否認荀況是儒家，指責「荀卿則全是申、韓」。蘇軾指出：「今觀荀卿之書，然後知李斯之所以事秦者皆出於荀卿，而不足怪也。」明初，荀況遭到更多批評。張九功說：「若蘭陵伯荀況，言或近於黃、老，術實雜於申、韓。身托黃歇，不羞悖亂之人；學傳李斯，遂基坑焚之禍。」朝廷下令將荀況逐出孔廟。明末，諸子學興起，一些反理學的學者肯定荀況。歸有光說：「荀卿獨能明仲尼之道，與孟子並馳。」清代，考據學興起，荀況作為傳經大儒，再現風華。汪中說：「六藝之傳，賴以不絕者，荀卿也。」清末學風大變，維新派多抨擊荀子。梁啟超說：「清儒所做的學問，自命為『荀學』。我們要把當時壟斷學界的漢學打倒，便用『擒賊擒王』的手段去打他們的老祖宗──荀子。」民國以來，荀況地位更低，胡適批判荀學是「極端短見的功用主義」，是「專制的一尊主義」；吳虞認為荀況尊君權、講等級，故「最為君主所憑借而利用」。一九四九年後，荀子因為思想與唯物主義相近，受到共產黨政權之青睞。文革期間，毛澤東「批孔揚秦」，荀況因弟子韓非、李斯是法家而受到讚揚。

◎韓非與李斯：以「法」、「術」、「勢」建立邪惡帝國

　　韓非和李斯都是荀況的弟子。秦王嬴政讀到韓非的著作後，驚為天人：「寡人假如能見到作者並與之往來，死而無憾。」於是，秦國以武力逼迫韓國將韓非作為使節派遣到秦國。但早已在秦國擔任要職的李斯嫉妒韓非的才華，害怕其取而代之，竭力阻止嬴政與之見面，乃至設計將其毒死。李斯被秦二世腰斬並滅族之前後悔地說：「吾昔與韓非同游荀卿門下，而殺韓非，今若此，豈非天乎！」

　　韓非自視為「法術之士」，是兼「能法」與「知術」者，能法之士的特色是「剛毅而勁直」，知術之士的特色是「遠見而明察」，前者「足以矯奸」，後者「足以燭私」，「法術之士」則集二長於一身。韓非沒有料到，自己被同門的李斯害死，未能出將入相、未能將其思想付諸政治實踐，害死他的李斯偏偏踐行了其理論。

　　韓非對法家前輩商鞅最為敬佩，「公孫鞅為法……此人臣之師也」。韓非繼承老師荀況的「尊君」思想，將君權視為一切事物的決策核心，君權神聖不可侵犯，君主運用嚴刑峻法統御臣民，以建立中央集權國家。權力強大的國君，為維持權力，可不顧慮民心向背，法、術、勢並用，為達目標不擇手段。

　　韓非的現實主義政治觀念之陰險慘刻，西方政治史上的馬基維利（Machiavelli）和霍布斯（Thomas Hobbes）等近代政治思想家亦難以望其項背。作為專制理論基礎的韓非思想，由法、術、勢三塊基石而建成。法家理想的統治，法、術、勢三位一體，充分發揮其功能，建立法家模式的大帝國。

　　韓非重視法，他說：「國無常強，無常弱。奉法者強，則國

強；奉法者弱，則國弱。」他強調的法，不是基督教文明中上帝的律法及自然法，而是未經被統治者同意的、人間掌權者單方面頒布的「齊名之法度」，是「不可不刑」的「嚴刑峻法」。

韓非強調的術，是君王駕馭群臣和統治百姓的權謀之術。這種僅執於人主之手的「術」，是君王統御群臣進而提升施政效率的方法，與儒家聲稱的仁義相反，韓非說出了君王應當讓官吏恐懼而非愛戴的真相。

韓非強調的勢，即絕對的權力、最高的權力。雖然他意識到「勢者，養虎狼之心，而成暴亂之事者也，此天下之大患也」，但他並不主張對權力的分割與制衡，而堅持君主一人專制、一人壟斷「勢」。

韓非學說成為兩千年君主專制的「武功祕籍」。韓非否定有神，否定人的自由、尊嚴與生命的寶貴，既然「神論」與「人論」錯了，以下的路徑必定錯得一塌糊塗，其聰明只是小聰明而非大智慧。

韓非死不瞑目，李斯成為青雲直上的「造王者」。李斯輔佐秦王嬴政吞併六國，發展了商鞅變法中的內容，進一步建立郡縣制，統一車軌、文字和度量衡，並建議嬴政焚書坑儒，秦政的基本特徵是李斯幫助奠定的。

李斯在權力場中長袖善舞，卻不敵一名太監的陰險歹毒。秦始皇死後，李斯與太監頭子趙高串通，廢太子扶蘇、拱次子胡亥繼位。隨即，李斯與趙高爭權失敗，被下到獄中。李斯在獄中上書秦二世，痛陳自己的「七大罪」──其實是幫助秦國建立霸業的「七大功」，他期許這封信能打動秦二世，讓其鹹魚翻身。奏書呈上之後，趙高讓獄吏丟在一邊不上報，恨恨地說：「囚犯怎能給皇帝上書？」

李斯被判處受五刑，在雲陽街市公開行刑。臨死前，李斯回頭對兒子說：「我想和你再牽著黃狗一同出上蔡東門去打獵追逐狡兔，這又怎麼能辦得到呢？」隨即，李斯父子被殺，同時被滅族。

法家與獨裁君主之關係由此定型，法家思想被獨裁君主嫻熟地使用，而法家之士雖出將入相，最後大都不得善終。

第二節　儒家：華麗黃袍上的蝨子

套用張愛玲的話「生命是一襲華美的袍，長滿了蝨子」，如果說皇帝或皇權專制制度是一襲華美的袍，那麼儒家就是寄生其上的蝨子。歐洲的知識分子是從教士和騎士中產生的，或者兼兩者而有之，他們在國王面前保持了人身和精神的獨立性。而中華世界的儒生則是皇帝的奴才，他們的學問與人生的唯一價值就是為皇權提供合法性和合理性解釋。

美國學者列文森（Joseph R. Levenson）指出，儒家的「民意」觀念，並不具備任何「民主」的含義：

儒家堅持認為，不像那些無臉面的芸芸眾生，皇帝具有道德完美的可能性，所以儒家成了皇帝的依附者。當一個王朝還能正常運作時，他們便為王朝的君主們披上一件道德外衣，但這將掩蓋統治的真實基礎。當儒家虛偽地、甚至是奴才似的將道德獻給皇帝時，他們似乎真正地成了他的工具。

儒家寄生於專制皇權，當皇帝制度終結之後，儒家在中國已

成為「博物館」，「儒教中國不斷衰落，成為『歷史意義』上的歷史」。

◎儒家非宗教，孔廟非教堂

儒家以孔丘為祖宗。孔丘關注的焦點是人倫，而非天道，其思想是世俗政治規範和社會禮儀的統合。孔丘重視人與人之間的關係，「君臣」、「父子」、「夫婦」、「長幼」所代表的「五倫」構成社會秩序的核心。依韋伯看來，儒家所闡揚的「身分倫理」深根植於中國人的「靈魂」之中。

孔丘不關心形而上，不關心彼岸世界，不關心靈魂永生，不承認有位格、有愛和公義、創造並且護理世界的上帝。孔丘說的「畏天命」、「五十而知天命」、「生死有命，富貴在天」，都是在天賦、命運意義上而言。他認為，天賦並非上帝賦予，而是自然之生而有的稟賦；命運不是上帝安排，而是由一種盲目力量決定、與生俱來的必然遭遇，與人格化的至上神無關。孔丘歎息說，「天何言哉」，很明顯，他認為天不通過言語和行動與人間聯繫，這個天乃虛懸的一格。孔丘所建構的含有人文理性的理論體系，促成士民階層與傳統宗法制中的神權疏離。

M・G・馬森（Mary Gertrude Mason）認為，與其說孔丘是一個反宗教者，還不如說他是一個非宗教者，「由於他的氣質和悟力的冷酷性，他的影響對狂熱的情感發展極為不利，這種影響還對後來文人們的思維方式起了很大作用」。儒家是一種對既有社會形態作一定改革的世俗文明，他們的學說伴有清醒的歷史理性，總是感性材料的依據，以開創新的世俗道德為目的，從建立伊始就對鬼神權威和宗教傳統採取溫和然而有效的攘斥態度。

以基督教的觀點看，儒學體系的一個致命弱點是，孔丘對道德的理解上簡單地摒棄了精神領域的要素。根據基督教的教義，人性的純潔和完美必須依靠上帝的幫助。如果不與人格化的上帝發生親密關係，沒有確定的永恆生命，要想建立一個積極的倫理學體系更是不可能的。孔丘在有關未來生活問題上所表現出來的沉默和無知，是他的整個倫理學體系的一個嚴重和基本的失誤。

　　自稱「不語怪力亂神」、「敬鬼神而遠之」、「未知生，焉知死」的孔丘，卻被後世的王朝和儒生共同打造成聖人乃至神。歷史記錄顯示，孔丘被統治者推舉到超級聖人和神的地位，並不像一些事後援引者所認為的那樣，在很短時間內發生和具有自發性。在漢代，孔丘被賦予超自然的能力，成為傳說中的一位星宿神——黑帝——之子。《春秋演化圖》載：「孔子母徵在睡夢感黑帝而生，故曰玄聖。」就歷史記錄而言，孔丘的父親是不為人所知或者有爭議的。在杜撰的故事中，孔子的母親在夢中與黑帝相遇並在沐浴黑帝恩賜的「精」後受孕。黑帝言「天感生聖子」。孔丘令人聯想到基督聖嬰，是天上之父的兒子和化身。但此後，遵循理性主義的儒家並未將此類神話發揚光大。

　　無論是韋伯，還是大部分中國現代知識分子，都不認為儒家是一種宗教。而歷史學者黃進興認為，儒教是一種宗教，雖不是個人宗教，卻是國家宗教。只是到了清末民初才突然說儒教不是宗教，這是一種「觀念轉換」，即用西方一神教的宗教觀念來套儒家，發現套不上，而產生的「文化衝突」。[6]但是，一種宗教若不具備個人宗教的地位，國家宗教的地位亦無從談起。儒家學說既非皇帝的信仰，也非庶民的的信仰，至多是士大夫將信將疑的、心口不一的信仰。

　　黃進興從作為「一個神聖空間和一個聖域」的孔廟出發，來

論證儒教的宗教性。他指出，孔廟的從祀制度是帝國政治制度的核心，是一個文教的核心，也是帝國意識形態的一根主軸。在明代，孔廟有一千五百六十餘處，「自京師以達於天下之郡邑，無處無之」。在清代，雍正在上諭中肯定孔教「明倫紀、辨名分、正人心、端風俗」，且「在君上尤受其益」。在傳統的中華世界，孔子之教既是政教的指導原則，且是社會的凝聚力。但對於普通民眾而言，如果家中沒有讀書人，對孔廟是無感的，是敬而遠之的。孔子和孔廟跟他們日常生活的關係，不如佛教和道教，甚至不如媽祖、關公、財神等地方性、民間性的宗教信仰。

黃進興承認孔廟與教堂之差異在於：基督教有強烈的草根性，它基本上是一個社會運動，是從下往上的，它不像儒教的從祀制，是從帝國上端往下來的。基督教獨立於世俗政權之外，教會事務不受政權干預。而孔廟的從祀制一開始就由統治者所監控，最後的裁決權在人君手中。儒生對祭祀的細節會有激烈的辯論，但最後要統治者點頭。皇帝「點頭」的方式通常是含蓄的——中華帝國的正統信仰，是在朝廷上圍繞儒家學說爭辯的產物，對爭論做出最後決斷的權威是皇帝，但即使是最專制的統治者也避免總是發號施令，而是褒揚觀點正合其意的大臣的主張

---

6 黃進興證明儒家是宗教的「關鍵資料」並不可靠。他引用明代小說家馮夢龍在《古今小說》中所說：「從來混沌初判，便立下了三教：太上老君立了道教、釋迦祖師立了佛教、孔夫子立了儒教。儒教中出聖賢，佛教中出菩薩，道教中出神仙。」小說家言並不可信。又如，他引用明代弘治二年（一四八九年）《重建清真寺記》（明代中晚期之前，清真指猶太教而非伊斯蘭教）中的記載：「（愚）惟三教，各有殿守，遵尊崇其主。在儒則有『大成殿』，尊崇孔子。在釋則有『聖容殿』，尊崇牟尼。在道則有『玉皇殿』，尊崇三清。在清真，則有『一賜樂業殿』，尊崇皇天。」於中國而言，猶太教是外來宗教，為猶太教撰文的士大夫，並不理解作為西方一神教的猶太教與儒教之根本差異。

（如果說皇帝確有自己的觀點的話）。長此以往，孔廟的建築、儀式從祀系統，成為國家政教的一部分：

帝制時代，重視的是正統思想的齊一性，孔廟從祀人選概由儒臣廷議，最終由最高權威——皇帝裁決。其過程審慎而漫長。

儒家及孔廟系統與皇權的高度同構性，使得一旦皇權專制的政治模式終止（即便是表面上終止），儒家及孔廟系統即面臨「皮之不存毛將焉附」之窘境：「孔廟從祀制的停滯，儀式上象徵了儒家文化的結束或死亡。孔廟，及其所象徵的儒家文化即淪為博物館中的陳列物。」清末科舉制的廢除，再加上辛亥革命結束了帝制，孔廟系統也就無以為繼。儒家學者期許孔廟及儒家能實現「創造性的現代轉化」，但這並非易事：「處於當前，由誰來決定『道統』的性質或儒學的時代精神？又有誰足負社會的重托以審核或變動從祀人選？」

◎宗族制和科舉制：「病梅」是怎樣長成的？

作為意識形態的儒家思想，落實到政治權力和社會結構上就是宗族制和科舉制，如同飛鳥的兩翼般不可或缺。

宗族的事業，是祭祀祖先神靈、繁衍宗族子嗣。科大衛（David Faure）認為，把宗族這個理念推廣普及的理學家朱熹，等於中國的曼德維爾（Mandeville）：宗族的自私自利，卻能為國家與社會帶來公益。但實際上，中國的宗族跟歐洲建立在封建制基礎上的貴族制完全不同——後者是聖經之下的自治共同體，是權利與義務的對等性的給予與接受；而中國的宗族完全遵循儒

家倫理，與其說為虛無縹緲的祖先服務，不如說其最大的目標是服侍皇帝。《紅樓夢》中的莊園和《唐吉訶德》中的莊園絲毫不具可比性。

中華歷代的朝廷對進一步發展家族組織具有很大的興趣。朝廷感興趣的是家族組織的集體性——這種集體性將排斥那種以家庭為最小的單位的制度。宗族凌駕於家庭之上，進而奴役個體。具有基本的均平嗜好的君主，力圖利用這種絕對團結一致——亦即無等級意識的家族思想，來限制最基層的社會分裂。儒家的「五倫」學說正好成為宗族制的組織原則。

宗族是地方社會與國家整合的產物。自十六世紀開始普及的理學，關於王朝國家的理論，把祭祀祖先奉為圭臬，視祭祀祖先為王朝權力與地方社會的紐帶。地方社會通過儒家禮儀，把祖先作為地緣關係的基礎，也就分享了王朝的權力。因此，地方社會與王朝共謀，把宗族作為建立社會秩序的基礎。宗族社會對於王朝國家，對於地方社會，都是一種方便的建構。宗族代表著一種信仰，至多不過是對現實大概的模擬，在大多數時候、大多數地方，宗族是一種群體性的盼望。個人的最高理想就是光宗耀祖。

王朝對社會控制，在神經末梢是通過宗族而非官僚制度來實現的。很多時候，王朝不直接控制個體，而是通過宗族來實現此一功能。宗族制的核心是祖先崇拜——一個人首先必須是某個祖先的子孫，才能以宗族成員的身分祭祀這位祖先。而宗族成員的身分，既必須靠記憶和儀式來追蹤，也必須靠書面記錄來確認。這樣，人就被編制在宗法關係的網路之中，尤其在鄉村，宗族比「天高皇帝遠」的王朝對個人具有更嚴密而徹底的支配性。[7]

作為一種次宗教或準宗教的祖先崇拜，是儒家「孝道」的體現。孝道不是平等與正義的基礎，它強調敬畏與責任。在宗族制

陰影下，少數有異端思想的學者，既不滿意於從王朝到宗族的專橫，又不滿意於臨時發明並往往幼稚的民間宗教習俗，那麼他的方便之門，就是獨自修煉，以冀求精神的平安。這也算是一種東方式的個人主義，一種「窮則獨善其身」的逃避（儒家在此也吸納了莊子的逍遙思想），卻無法發展出政治上或經濟上的個人主義。

比宗族制稍晚發展完善起來的是科舉制。宗族之間的競爭是政治權力的競爭。宗族組織的重要功能之一，是創造更廣泛的接受教育的機會，使更多本宗族的年輕人接受儒家傳統教育並參加科舉考試。通過科舉考試進入仕途、掌握權力的宗族成員，能大大提升本宗族在地方上的位階。漢代以後，一套重視教育與學問的意識形態不斷強化，這套推崇學者（官僚、士紳）及其生活方式的觀念進而滲透到全社會，所謂「萬般皆下品，惟有讀書高」。

科舉制表現了儒家的最本質特性。科舉制度在唐朝初年初步定型。為了鞏固國家政權，擴大統治基礎，唐太宗重開科舉，後經高宗、武則天、玄宗三朝不斷增補，科舉制成為中華帝國除了

---

7 最極端的情形是由宗族負責實施的「浸豬籠」這項刑罰——它隱含著被懲罰者「豬狗不如」，投胎亦不得為人之意。「浸豬籠」又稱沉塘，主要是為了懲罰犯「通姦罪」的人，行刑者會把犯人放進用竹子編成的籠子裡，並在開口處捆以繩索再吊起來，然後放到江河中淹浸，輕則讓犯人頭部露出水面，重則會將犯人活活溺斃。在宗法勢力強大的廣東梅縣隆文鎮岩前村，村內有一處「綠窟潭」，潭內發現數十具人骨，都是過去被「浸豬籠」處以私刑的被害者。宗族制的生活壓抑和戕害了正常而健康的人性，剝奪了人的自由與尊嚴，其殺人不見血的恐怖殘忍，從五四時代小說家巴金的「激流三部曲」（《家》、《春》、《秋》）中，以及當代作家蘇童的《妻妾成群》和陳忠實的《白鹿原》等作品中，皆可見一斑。

皇帝獨裁之外的第二大特徵。

唐太宗在端門之上接見新科進士，見到新中舉的進士們個個彈冠相慶，喜不自勝地說：「天下英雄盡入吾彀中矣。」唐武宗時期的進士趙嘏寫詩云：「太宗皇帝真長策，賺得英雄盡白頭。」天下士子爭相往皇帝的「圈套」內鑽，「十年寒窗無人曉，一朝成名天下知」、「書中自有黃金屋，書中自有顏如玉，書中自有千鍾粟」成了士子們的夢想。余英時指出：

從社會結構與功能方面看，從漢到清兩千年間，「士」在文化與政治方面所占據的中心位置是和科舉制度分不開的。通過科舉考試，「士」就直接進入了權力世界的大門。

唐、宋之後，科舉制度成為帝國系統的一大支柱，無論是對「士」懷有很深敵意的朱元璋還是異族入主中原的清帝國，都不能不借重科舉的統合功能達成統治。就人才的區域分布而言，為了鞏固大一統，宋代在廢除王安石的「新法」之後，否定了歐陽修「國家取才，唯才是擇」的原則，確立了司馬光「逐路取才」的方式，讓各省都能分配到一定名額，使「地區統合在科舉制度中占據了樞紐位置」。這種模式，在當代中國的高考中仍加以沿用，以掩飾地區政治經濟發展的不平衡性。就社會流動而言，明清兩代有更多平民和商人背景的子弟通過科舉進入士紳和官僚階層。其好的一面，使得整個帝國系統有所調整，以照顧到商人階層的利益；其壞的方面，科舉將商人階層中的優秀人才吸納到士紳和官僚集團之中，反過來導致商人階層的優秀人才流失，對商業的發展頗為不利。

科舉制不僅是一種與選拔現代公務員類似的考試制度，也不

僅如艾森斯塔特（Shmuel Noah Eisenstadt）所說「統治者以此壟斷官僚職位的任命，並盡可能地任命忠實於自己和具有位執行其任務所需必要資格的那些人們」，它更是與孔廟祭祀系統互相支撐。關於奉祀孔廟的朝廷辯論，直接影響科舉以及納入科舉考試的預備課程。宋明以後，科舉考試的基本內容從「五經」轉向「四書」，意味著朱熹對孔子及儒家原典的闡釋權得到朝廷確認。通過科舉考試的人，往往在朝廷和文官系統中占據要職。因此，崇祀孔子、科舉考試及官員任命，在明清時代形成權力關係。通過科舉考試和孔廟祭祀，王朝使正統信仰得到制度化推行，延續了朱熹在《四書章句集注》中提出的一貫主張。

明清兩代，科舉以八股文為核心內容。對於考生來說，關鍵不在於你有沒有獨立思考能力，而在於你是否對聖賢書爛熟於心，或者更準確地說，你能否用聖賢話語為皇上錦上添花。在本質上，儒家的八股文跟明朝皇帝看重的道教青詞是一樣的。清代中期以後，以《儒林外史》為代表的譴責小說的出現，揭示了專制皇權之下「斯文多敗類」的士林風氣，預示著政治體制與觀念秩序即將崩解。

宗族制與科舉制，以及背後的儒家思想，如龔自珍所說，讓帝國成了兩千年不變的「病梅館」，士人成為「病梅館」中的「病梅」。明清兩代，宗族和科舉制，及奠基其上的皇權專制，成為攔阻中國走向近代化的三道深不可測的壕溝。

第三節　佛道奧援，自願為奴

艾森斯塔特認為，中國傳統社會並非一個顯著的宗教社會，

因為其至上的價值觀並不是宗教的價值觀。中國基本的意識形態強調現存社會組織的穩定性，並通過「天人合一」理論以帶有宗教色彩的術語表述出來。但中國也不是一個非宗教社會——任何一個社會都不可能離開宗教，儘管儒家和法家思想相當理性化，但若離開佛教、道教及混合的民間宗教，中華文化就無法成形。

中華意識形態，除了儒法互補，還有佛道奧援。儒家和法家的理性及現實主義態度可以滿足文人與統治階層的集體意識（儒生仍需要「居廟堂之高，則憂其民；處江湖之遠，則憂其君」的身分及價值轉換），但對芸芸眾生的心理需求，儒家和法家思想在解釋個人苦難時顯得無能為力。於是，道家與佛教趁虛而入，彌補這一缺口。

同時，佛教和道教也參與官方意識形態的塑造。帶有儒釋道色彩的各種民間宗教和地方崇拜，比如城隍、關公、媽祖等，也是「帝國隱喻」之一部分，如英國人類學者王斯福（Stephan Feuchtwang）所言——「利用神」不僅意味著控制，還是一種反向認同，即控制者和受控制者都向神去求助。

◎道教和佛教都是「建制宗教」

中土的道教和佛教未能如西方的基督教那樣，形成獨立於政治之外的一個維度，乃至與政治相抗衡，如余英時所說：

中國的超越世界沒有走上外在化、具體化、形式化的途徑，因此中國沒有「上帝之城」，也沒有普遍性的教會。六朝隋唐時代佛道兩教的寺廟絕不能與西方中古教會的權威和功能相提並論。

對此，學者張榮明指出，與西方基督教與世俗王權並列乃至凌駕於王權之上不同，中土的道教和佛教在興起的過程中迅速演變成為依附於王權並甘心為王權所用的「建制宗教」或「政治宗教」，也就是馬克思所說的「鴉片宗教」。這種轉變是必然的：在東方世界，一個國家只能容納一種形態的政治宗教，它是國家管理者控制民眾的工具，充當國教或準國教。當作為異端的另一種政治宗教出現後，或努力替代官方原有的政治宗教，使自己成為正統；或被官方消滅，最終同「亂臣賊子」一同敗陣；或進行自身改造，使其由異端政治宗教轉變為民間宗教，成為國家宗教或官方宗教的附屬物，成為歸順的奴僕。中國本土的道教與從印度傳入的佛教，作出了第三種選擇。

　　隨著佛、道之興，晉朝政府「始置僧司」。南北朝各國均設置有專門的宗教管理機構。從南北朝到北宋，歷代王朝或利用佛、道，或排抑佛、道，或刻意製造佛、道之矛盾以分而治之，統治手腕花樣繁多。宋代以後，佛、道地位下降，朝廷的控制日益嚴密，建立起由上而下的監控機構，制定「度牒」制度，規定每一個郡縣僧侶和道士的數額，由官府發給文書作為合法身分的證件。僧官制度和度牒制度的確立，使道教和佛教的生存和發展牢牢掌控在國家手中，「出家人」成了另一種「編戶齊民」，成了世俗政權統治下的馴民。

　　明清兩代，道教和佛教進一步被建制化。明朝時，禮部設有祠祭清吏司，負責祀典及天文、國恤廟諱諸事，同時兼管僧、道徒眾，轄制僧錄司和道錄司。祠祭司郎中為正五品，僧錄司和道錄司主管為六品，其官職皆由「精通經典，戒行端正」的僧、道人士擔任。就此機構而言，似乎是以僧治僧、以道治道。但實際上，僧錄司和道錄司並無實權，要聽命於祠祭清吏司和禮部，甚

至受皇帝直接控制（如果皇帝對此一領域有特別興趣）。在地方上，府設僧綱司和道紀司，州設僧正司和道正司，縣設僧會司和道會司。朝廷主導了僧道的等級化，將僧人分禪、講、教三等，將道士分全真、正一兩等。如此促使僧、道執事官僚化，有瓦解佛道宗教精神的作用。共產黨政權設置民族宗教事務委員會、宗教事務管理局，以及官方五大宗教協會，就是受明王朝及蘇聯的制度之啟發。

早年當過和尚的明太祖朱元璋，從和尚蛻變為造反者（他身邊的策士很多都有道士或僧侶身分），進而奪取天下。他深知宗教團體對政權具有威脅性。洪武二十四年（一三九一年），朱元璋下令清整佛、道二教，規定每三年國家下發一次度牒。度牒的數額有嚴格限制。當時規定每個府、州、縣只能保留規模較大的寺院、道觀各一所，府最多四十人，州最多三十人，縣最多二十人。同時規定，男子必須四十歲以上、女子必須五十歲以上，方有出家資格。此時，佛教和道教完全成了專制政府的掌中之物。

由此，儒、法、道、佛四教合流，合力打造出一道牢不可破的東方專制主義鐵幕。

◎道家與道教：從厚黑學到煉丹術

道家或道教的始祖為李耳（老子）。後世之道教門徒將其神話，稱之為「太上混元老君、梵形神寶玄真降生道德天尊」，通稱「太上老君」或「道德天尊」。唐代皇室，以老子李耳為同姓（其實李淵為突厥人，與李耳並無淵源），崇奉太上老君，累加尊號。唐高宗尊太上老君為「太上玄元皇帝」，唐玄宗三上尊號，稱「大聖祖高上大道金闕玄元天皇大帝」，立道教為國教。

宋朝帝室趙氏雖無法祖述老子，宋朝的皇帝卻癡迷道教，宋真宗於大中祥符六年（一〇一三年）加號老子為「太上老君混元上德皇帝」。明成祖朱棣崇尚老子為其化身真武大帝，大修武當，有「北修故宮，南修武當」之稱。孔丘受朝廷之冊封，最高稱號為「素王」；李耳則成為皇帝，地位高過孔丘。但歷代王朝的科舉考試，均以儒家經典為考試內容，排斥老莊之著作，儒家著作為經書，道家著作則為次一等的子書，所以儒家的地位實際上高於道家。

先秦諸子中，李耳是較多討論形而上議題的思想家，但他對現實政治有強烈興趣。與李耳相比，莊周更具自由主義和個人主義色彩，更不易為建制宗教和建制學術所吸納。台灣學者陳鼓應推崇道家尤其是莊周思想中發掘自由的成分，甚至認為道家思想才是中華文化的主流。

《道德經》論述修身、治國、用兵、養生之道，是早期中國哲學史上罕見的一部關於宇宙本體論的思辯書卷，被尊為「內聖外王」必學之書，以及「萬經之王」。弔詭的是，《道德經》的許多段落，呈現前後截然相反的氣質：前半段討論天上的神蹟，後半段回歸地下的人倫；前半段的作者如祭司，後半段的作者如酷吏；前半段之風格如羚羊掛角、無跡可尋，後半段之語氣則殺機四伏、陰森慘刻。

李耳及道家思想具有鮮明的反智論色彩。余英時指出：「老子『講無為而無不為』，事實上他的重點卻在『無不為』，不過托之於『無為』的外貌而已。故道家的反智論影響及於政治，必須以老子為始作俑者。」李耳公開主張「愚民」，他深切地了解，人民一旦有了充分的知識就沒有辦法控制了。李耳的「聖人」（李耳理想中的統治者）要人民「實其腹」、「強其骨」，

這是很聰明的，因為肚子填不飽必將鋌而走險，體格不健康則不能去打仗或勞動。但「聖人」絕不許人民有自由思想（「虛其心」）和堅定意志（「弱其志」），因為若有了這兩樣精神武器，人民便不會輕易奉行「聖人」訂下的政策。余英時指出：

《老子》書中的政治思想基本上是屬於反智的陣營；而這種反智成分的具體表現便是權謀化。

司馬遷將李耳與韓非並列（所謂「老子與韓非同傳」），並不是沒有理由的。李耳是比法家更早的帝王術、厚黑學的發明者，老子的思想是政治場域的「孫子兵法」，揭示了專制者統治民眾的祕訣，被專制者所利用，也被專制者所忌諱。[8]

對老子有深入研究的西方傳教士瓦斯特指出，老子的哲學是一種倫理的或更準確地說是一種「政治—倫理」體系，散發著專制主義氣息。老子蔑視每個社會成員的個性，阻礙機械工藝的發展，誇大王權的重要。中國社會對個人自由的限制力量如此之大，以至於到了十九世紀，這種情況依然如故，這與老子的影響不無關係。

道家的部分思想成為道教的淵源。歷史學者李零認為，秦漢以後的中國本土文化分出兩大系統，即儒家文化和道教文化。儒

8　二〇一九年三月六日，中國「全國哲學社會科學工作辦公室」發出一份題為《關於國家社科基金項目管理工作中嚴把政治方向關的通知》的文件，該文件宣布：「《西漢竹書老子注釋評介今譯》成果存在嚴重政治問題，已按照『國家社會科學基金管理辦法』有關規定予以撤項。」《西漢竹書老子注釋評介今譯》的作者尹震環教授是一位老子研究專家。根據網路流傳的這部書的目錄，有人懷疑可能是書中有些章節觸動了中共高層的敏感神經。

家文化以保存和闡揚詩書禮樂為職任，還雜糅進刑名法術，與上層政治緊密結合；道教文化是以數術方技之學為知識體系，陰陽家和道家為哲學表達，民間信仰為社會基礎，結合三者而形成，在民間有莫大勢力，甚至滲入宮廷政治。

道教分上層和下層兩部分。在上層，道教術士行走宮廷，較少提供治國方略，更多向皇帝貢獻丹藥、幻術、風水堪輿。在下層，道教徒組織起深深嵌入村社生活的祕密社團。

東漢末年，天下大亂，民間出現由老子學說衍生的太平道、五斗米道等祕密組織和武裝團體，其他農民起義集團多多少少亦具有道教成分。張陵在巴蜀鶴鳴山創立五斗米道，奉老子為教主。曹操意識到社會宗教運動的巨大力量，將各地有名的方術之士（具有「特異功能」之人士）招攬在身邊，既有控制，又有利用，一石二鳥。曹操對深懷醫療絕技的華佗下毒手，正是他內心深處的政治戒心在作怪（中國古代的醫學大都與道教有關）。

在政權的警惕和壓力之下，道教在魏晉南北朝時期發生了兩次自我改造和轉型。第一次是兩晉，代表人物是著有《抱朴子》的葛洪。葛洪認為，道教應當由反政府的宗教變為服務政府的宗教。他反對張角等「招集奸黨，稱合作亂」，強調道教主要追求的是「內修外煉」，開創道教之丹鼎派。他設立諸多道教規條，從儒家引入禮教規則，「欲求仙者，要當以忠孝和順、仁信為本」，「道者儒之本也，儒者道之末也」。他宣揚宿命主義，要信徒聽天由命、甘當順民。

第二次重要的改造發生在北魏。葛洪的影響主要在江南，寇謙之則擔當改造北方道教的任務。寇謙之以天師自居，又竭力去除天師教中的反政府特徵，將其納入官方政治軌道。他將自己說成是統轄方圓萬里領域的教主，又肩負著輔佐北魏君主的使命。

魏太武帝以寇謙之為國師，在其推動下，道教在北魏大盛。北魏後來的皇帝，即便個人信奉佛教，即位時都要到道壇舉行受符籙的儀式。

此後，道教向方術一邊倒，美國傳教士明恩溥（Arthur H. Smith）指出，「道教，至後世而變為一種魔術，而大借佛教以補其不足」。方術包括星象、占卜、圓夢及煉丹等，尤以煉丹為歷代帝王所崇尚。楊啟樵在《明清皇室與方術》一書中指出，唐代君主死於煉丹者數人，賢明如唐太宗者亦不免於其誘惑。明代出現方士輩因受帝王寵幸而干涉政治，擾亂國事，以嘉靖一朝尤為顯著，其歷屆內閣首輔之任免，竟取決於能否撰寫道教青詞。

嘉靖帝朱厚熜體弱多病，欲卻疾延年，羽士之煉丹、幻術正好投其所好，因此深信之，其遺詔中稍有反省：「只緣多病，過求長生，遂致奸人乘機誑亂。」嘉靖癡迷的方士，多來自湖北、江西、山西等地，反倒疏遠京師第一大觀白雲觀。因為白雲觀中皆全真教黃冠，作為道教北方分支的全真教重內心之修養，不講究長生之法。全真教「勤作儉食，士農工商因而器之」，卻不受皇帝喜歡。[9]嘉靖之奉道教，是重其祕術。其後，由長生之術轉向祕戲之術，更等而下之。嘉靖外表肅穆而內心荒淫，希望憑藉丹藥、祕術提升性功能，方術之輩每獻房中邪術而得寵幸。

朱厚熜長期服用道士為其煉製的「紅鉛」和「煉秋石」。所謂「紅鉛」，《本草綱目》載，即為婦人月經經血煉製的丹藥。《五雜組》載，取十三、四歲女童美麗端正者之經血，七度曬

9　余英時認為，全真教為道教轉向入世而產生的「新道教」，重視人世的事業，使俗世的工作具有宗教的意義。這種思想和基督新教的「天職」觀念至少在社會功能上有相通之處。但全真教僅為道教一分支，並非基督教那樣的全民宗教，對社會影響有限。

乾，合乳粉、辰砂、乳香、秋石等藥為末。《野獲編外補》載，嘉靖中葉，「帝命京師內外選女八至十四歲者三百人入宮」，此後，「又選十歲以下者一百六十人」，「蓋從陶仲文言，供煉藥用也」。所謂「煉秋石」，《本草綱目》載，即以童男或童女溺加石膏煉成，因提煉必在秋日，故名煉秋石。《五雜組》評論說：「倚賴於腥臊穢濁之物，以為奪命返魂之至寶，亦已愚矣。」為嘉靖煉此丹藥的顧可學官至太子太保、禮部尚書。帝制的衰敗、皇帝的墮落及道教的沉淪，由此可見一斑。

道教向方術、煉丹、風水等領域發展，是因為道家對長生的重視、對生命的眷念。道士相信法術，喜好煉丹以求長生，喜好冶金以求財富。然而，這些迷信並沒有逼出西方以數學為基礎、以實驗為指引的自然科學。道家天人合一的神祕主義更無法提供一個改造現世的政治哲學。道家的神祕主義不可避免地走入玄思一途，無法以行動來改變世界。

韋伯指出，道家和儒家對「罪惡」的概念都缺乏深刻認識。道家相信人性本善，無條件地肯定現世；儒家則本著樂觀的理性主義，相信經由人文教育與道德涵養，人性終可趨於完美。因此，中國人心理上「救贖」的觀念相當薄弱。中國人的心靈很難想像超越性的神祇，道教的諸神仍具濃厚的人間趣味——其身上的弱點比希臘諸神更突出，以致「凡」、「聖」之間的區別，無法涇渭分明。

總而言之，在代表中華思想的儒家和道家之中，無法找出一個「阿基米德」（Archimedes）的立足點，用以轉化世界。所以，在中國，傳統的意義秩序從未遭到根本性的懷疑。

◎中土佛教：沙門豈能不敬王者？

　　歷史學家陳寅恪說過：「自晉至今，言中國之思想，可以儒釋道三教代表之。此雖通俗之談，然稽之舊史之事實，驗以今世之人情，則三教之說，要為不易之論。」作為外來宗教，佛教居然能與中國本土的儒、道三分天下，不能不說是一件奇事。尼德蘭漢學家許理和（Erik Zürcher）甚至用「佛教征服中國」來形容佛教的傳入，但與其說是「佛教征服中國」，不如說是「中國征服佛教」──由「士大夫佛教」、「王室佛教」和「庶民佛教」共同構成的「中國佛教亞文化」成為儒家思想有力的補充。印度的「四大」與中國的陰陽五行說並行不悖，佛教多元化的有情世間、國土世間與中國以地球為中心的世界觀亦相安無事，「這標誌著中國的前科學明顯開始一分為二」。

　　佛教究竟是哪一年進入中國以及以什麼方式進入中國，恐怕永遠都是一個歷史之謎。據文獻記載，卒於西元前六年的劉向，就已說他讀過佛經。東漢初年，帝王之家信佛已有正史記載。漢明帝在永平八年（西元六十五年）派遣蔡愔等人往西域求佛法。永平十年，蔡愔偕僧人迦葉摩騰和竺法蘭以白馬載經像返國，漢明帝建白馬寺並譯四十二章經。

　　佛教在東亞廣泛傳播是在漢末分裂和戰亂期間，政治災難為接納新的觀念準備了接口。《後漢書・董卓傳》載，「人相食啖，白骨委積，臭穢滿路」、「長安城空四十餘日，強者四散，羸者相食，二三年間，關中無復人跡」。朝聞道，夕死可矣，但道在何處？儒教日趨式微，其安全和穩定的前提並未實現，對儒生優越性的信仰已灰飛煙滅，士大夫失其制約，導致行為的放蕩與精神的空虛。道教和玄學興起，在一定程度上彌補儒教之

不足，它們雖有一定的鎮定作用，卻無法提供終極性的安慰。而且，魏晉南北朝道教好煉丹，特別追求「外煉」，《世說新語》中有很多這樣的故事，非富貴之家沒有能力「外煉」，那時的道教具有濃厚的貴族宗教色彩，影響了其在下層民眾中的傳播。儒、道之缺陷，為佛教的傳播留下巨大空間。

佛教在中國興起有兩個有利條件。一是帝王崇信；二是外來僧人多能投合本土的風尚，一開始就被視為神仙方術之一種。兩漢之際，由符命、圖讖所製造出的整個學術氛圍，極有利外來宗教之傳入。換言之，佛教本身的教義並不與儒家發生劇烈衝突，佛教在中國傳播的過程中不斷吸收中國傳統思想和道德倫理。

中國歷史上信奉乃至癡迷佛教的帝王的代表，為南北朝時的梁武帝蕭衍。梁本為南朝強國，卻因為梁武帝佞佛而險些亡國。天監三年，梁武帝下了一道驚世駭俗的詔令《舍事李老道法詔》，明確宣布「老教為邪、佛教為正」，將在江南傳承已久的道教斥為邪派，尊佛教為正統。梁武帝本人四次捨身出家，為中國帝王佞佛之最。

梁武帝成年後方接觸佛教，在其《述三教詩》中說：「少時學周禮，弱冠窮六經。中復觀道書，有名與無名。晚年開釋卷，猶月映眾星。」儒教是入世哲學，是統治方略，對死後世界沒有做出解釋。道家推崇修真羽化，看起來是美好的希望，本質上仍是延長人的現世，對來世沒有幫助。佛教以其獨特的理論體系，對現世、來世的哲學關係作出奧妙解讀，並構建出往生的美妙希冀，這對梁武帝是非常解渴的。同時，梁武帝對文治武功卓絕且大力推廣佛教的印度阿育王極為推崇，專門組織人力翻譯《阿育王經》。在梁武帝看來，阿育王既是統治孔雀帝國的強大人王，又是推廣佛法的人間佛聖，兩重人格合二為一，是所有中國皇帝

沒有達到的境界。

梁武帝傾力資助佛教導致國庫空虛，郭祖深形容：「都下佛寺五百餘所，窮極宏麗。僧尼十餘萬，資產豐沃。」佞佛政策間接引發侯景之亂。叛軍攻占建康，梁武帝被軟禁在深宮中，憂憤成疾，口苦乾渴，索蜂蜜水，未得實現，絕食而亡。佛教並未幫助其實現良治。

當隋唐兩代的皇帝為新一輪的統一帝國著力嘗試之際，佛教的黃金時代開始了。這些皇帝甚至準備接受佛教為國教，並且將之用作帝國的文化和宗教的整合力量。

唐代中期，隨著帝國國力的強盛，出現遍設於帝國四方的寺廟。寺院之間存在一種等級制，寺院甘願臣服於帝國當局，甚至會因為帝王及高官顯貴的個人人格而變動不已。

朝廷對佛教的態度也屢屢發生波動。中國歷史上出現過「三武一宗法難」。「三武」指北魏太武帝、北周武帝、唐武宗；「一宗」指後周世宗。

此四位皇帝敵視並打擊佛教，並非佛教教義危及政權統治，而是佛教僧眾及寺廟體系迅速膨脹造成財政問題。佛教僧侶人數眾多，為不事生產、不納稅的「出家人」，占據大量土地，消耗大量資源，讓朝廷的財政汲取能力受到削弱，朝廷遂出手打壓佛教的發展，如艾森斯塔特所說：「在中國頻繁發生的宗教迫害通常首先是一種政治現象，卻很少是文化—精神現象。在中國，當國家或統治階層內部的權力群體對於其他群體累積起來的政治勢力與經濟勢力的憂慮有所增長，而這些群體又碰巧隸屬於一定的宗教派別之時，通常才會發生宗教迫害與宗教偏執。」

此前，佛教內部曾就佛教與世俗政權的關係有過一場爭論。法果和道安等僧人認為，佛教徒應當向世俗皇帝行臣禮，即「敬

王者」；慧遠則認為，佛教徒既已出家，就不是世俗臣民，不應向皇帝行臣禮，為此，他寫了《沙門不敬王者論》。然而，佛教在中土的發展趨勢，乃是一邊倒向「沙門豈能不敬王者」。艾森斯塔特認為，佛教未能在政權之外形成的一套相對獨立的組織系統：

在中國，不存在有組織的教會。唐朝的佛教寺院密切地接近於中央教會系統，但佛教寺院仍然與歐洲的天主教會毫無共同之處。沒有一種中國宗教曾變成恰當地組織起來的自治單位，教會或教區的概念對於中國人的頭腦是陌生的。

佛教花了一千年時間完成在中國的本土化，它動用幾乎所有的文化藝術手段，包括美侖美奐的敦煌壁畫、石刻造像、寺廟建築，甚至家喻戶曉的通俗小說《西遊記》。佛教成為中國信徒人數最多、影響中國人思維方式最深的外來宗教，在此意義上，佛教是成功的。正像基督教擁有了西方一樣，佛教傳遍了東方。

中國為佛教的發展做出的巨大貢獻超過除了印度之外任何一個國家——或許近代以來被日本所超過。佛教為什麼能做到這一點，是值得深思的問題。儒生們認為，這是平民百姓對新奇事物的喜好和芸芸眾生追隨某個精神領袖的傾向。早在十九世紀就對中國佛教的歷史和發展做過深入研究的西方漢學家艾約瑟寫道：「印度的佛教徒悄悄地來到中國人中間，教導中國人尊崇他們華而不實的宗教儀規和他們平靜、慈愛、思想豐富的神學。他們還向中國人傳播靈魂單獨存在、靈魂移居到動物體內的佛教教義。他們用遙遠世界的如燦爛畫卷般的美景滿足了中國人的想像，那裡處處充滿了陽光，居住著佛祖和天使，寶石、黃金把那裡裝

飾得富麗堂皇。他們就是用這種方法引誘中國人對佛教頂禮膜拜的。」艾約瑟進而認為，有助於佛教傳播的各種因素值得西方的宗教史學者們和傳教士們仔細研究並從中吸取有益的經驗。

余英時指出，作為一個極端出世型的宗教最後竟能和一個人間性的文化傳統打成一片，其間自不免要經過一個長期的複雜的轉化過程，不但中華文化本身必然因新成分的摻入而發生變化，佛教教義也不能不有相當基本的變化以求得在新環境中的成長與發展。在中國化的過程中，佛教失落了原始佛教中的一些核心教義和寶貴品質，如捨身飼虎，如怒目金剛，對正義的堅持和勇氣。這是一個漫長的中國化的過程，「道教也，佛教也，斯互相補互相攻，而其變更頗多」。佛教與道教一樣，逐漸成為中國人特有的「多神教、萬有教和無神論」信仰的一部分。

佛教中土化的重要標誌是禪宗的產生。走內在超越之路的惠能的新禪宗是中國佛教史上的一場革命運動，卻與西方的宗教改革大不相同。余英時指出，西方中古的基督教不但通過統一的羅馬教廷控制西方人全部精神生活，而且它與西方的俗世生活包括政治、經濟、風俗的關係也發展到無孔不入的境地。所以，宗教改革一旦爆發便立刻風起雲湧，撼動整個西方基督教世界。新教領袖路德、喀爾文等人必須在教義中全面地對基督教與俗世相關的各種問題提出明確解答。舉凡國家、家庭、經濟、法律、個人道德、社會組織等問題，路德與喀爾文無不分別從他們所持的宗教或神學觀點發表大量論述。非如此，他們的教派無法取得社會上有力團體和一般教民的了解和支持。從這一方面看，佛教在中華傳統社會中所扮演的角色遠不能和西方的基督教相提並論。而且，禪宗只是佛教的一個分支，禪宗革命實際上是靜悄悄地發生在宗教世界的一個角落之上，並沒有立即撼動整個俗世社會。

另外，作為佛教分支之一的藏傳佛教（喇嘛教），在西藏維持了上千年政教合一的神權統治。在清帝國時代，藏傳佛教因為在藏區和蒙古影響巨大，深受滿族統治者重視，乃至具有準國教地位。一九五九年，共產黨軍隊入侵西藏，藏傳佛教最高精神領袖十四世達賴喇嘛率領數十萬藏人流亡至印度，卻意想不到地將這一與世隔絕的神祕宗教帶向全球化。達賴喇嘛從小接受佛教教育及西式教育，推動在印度達蘭薩拉的流亡社區和流亡政府走向民主化，但藏傳佛教能否完成現代轉化仍是未定之數——達賴喇嘛本人的轉世制度如何延續即懸而未決。

中國的佛教與現實政治同構，失去了對現實的隔離度及批判性，甚至在一定程度上幫助專制政權完成對民眾的洗腦和奴化。在共產黨統治下，出現拼命斂財的少林寺方丈釋永信和性侵成癮的中國佛教協會會長釋學誠，亦不足為怪。而台灣的新興佛教勢力多半受國民黨的扶持。或許，今天華語圈的佛教需要完成一場比昔日的禪宗革命更為深遠的變革。

第四節　皇帝：奉天承運，一人獨裁

秦始皇自稱皇帝之後，皇帝制度成為專制政治的核心。此後，不同王朝的皇帝，都打上秦始皇之烙印，制度戕害人性，人性之惡又加劇制度之惡，皇帝必然是暴君。徐復觀認為：

秦朝的政體，秦政（嬴政）的性格，已經客觀化而成為專制政治制度，於是秦政個人的性格，也即是專制政治制度自身的性格。

皇帝一人獨裁的前提是「奉天承運」，即皇權有其神聖來源，這就需要為皇帝制度建立一套宗教化的闡釋系統。這套系統成為中國政治哲學的核心部分。

　　辛亥革命結束了兩千年帝制。太和殿龍椅上沒有皇帝，皇帝卻在其他地方層出不窮。袁世凱、張作霖、孫文、蔣介石、毛澤東、鄧小平、江澤民、習近平……這些不同背景的政治強人，其人生最高理想是當皇帝，很多人無皇帝之名而有皇帝之實。

　　若以「奉天承運、一人獨裁」的「秦漢制度」觀照中共政權，中共的本質不是馬列主義，而是帝制繼承者。毛澤東在《沁園春‧雪》中自比歷代帝王，「惜秦皇漢武，略輸文采；唐宗宋祖，稍遜風騷。一代天驕，成吉思汗，只識彎弓射大雕。俱往矣，數風流人物，還看今朝」。毛澤東公開表示欣賞秦始皇和朱元璋這兩個中國歷史上名聲不佳的暴君。

　　國共內戰末期，左派歷史學家吳晗寫《朱元璋傳》影射蔣介石，以為借此可獲毛之青睞，未料到毛並不欣賞此書。在毛心目中，蔣介石至多是被朱元璋消滅的陳友諒、張士誠之流，毛才是青出於藍而勝於藍的「當代朱元璋」。中共建政後，毛接見吳晗，命令其改寫此書，給予朱元璋正面評價。已貴為北京市副市長的吳晗賣力修改此書，始終不能讓毛滿意。文革前夕，吳晗再度奉旨寫作新編歷史劇《海瑞罷官》，歌頌敢於進諫皇帝的清官海瑞，不幸成為毛發動文革的標靶，慘遭批鬥，慘死獄中。吳晗一輩子都未能摸清毛內心深處濃得化不開的帝王情結。

　　王陽明說，破山中盜易，破心中賊難；同樣，取消名義上的帝制易，剷除每個中國人內心深處的皇帝情結和皇帝崇拜難。迄今為止，中國兩千年不變的政體就是皇帝一人獨裁、定於一尊、一字千金、句句真理；迄今為止，中國兩千年不變的國教既非儒

家，亦非佛教或道教，而是「皇帝教」。

◎君主的穹廬性名號：皇帝、天子、君父與聖王

中國君主專制源遠流長，逐漸形成一整套與之相適應的政治身分稱謂系統。君主的若干獨占性稱謂，字眼最為尊榮，如同穹廬般籠罩天下，壓迫每一個人。佛教中有四面佛，「皇帝教」中的皇帝也有四個面相。四個面相彼此相關，又各有獨立性，形成某種奇特張力。比如，皇室有六璽制度，皇帝有三璽，天子有三璽，各有不同用途和象徵意義，以此形成古代王權的二重性。

君王的第一個面相是皇帝。

皇帝之稱呼是秦始皇的發明。秦統一天下後，廷尉李斯等上書說：「我們恭謹地跟博士們商議說：『古代有天皇、有地皇、有泰皇，泰皇最尊貴。』我們冒死罪獻上尊號，王稱為『泰皇』。發教令稱為『制書』，下命令稱為『詔書』，天子自稱為『朕』。」嬴政說：「去掉『泰』字，留下『皇』字，採用上古『帝』的位號，稱為『皇帝』。」從此，嬴政稱秦始皇。「皇帝」成為後世歷代君主的稱呼。

漢承秦制，且更制度化和系統化。「漢天子正號曰皇帝，自稱曰朕，臣民稱之曰陛下，其言曰制詔，史官記事曰上。車馬衣服器械百物曰乘輿，所在曰行在，所居曰禁中，後曰省中，印曰璽。所至曰幸，所進曰御。」就連皇帝之死也有一大批諱辭，如大行、晏駕、崩殂等，死後還有諡號。

皇帝的稱謂結構和組織著秦漢以來政治模式，對帝王本人和臣民的精神世界亦產生深遠影響。

其一，皇帝觀念使得帝王當仁不讓地一人獨裁；其二，皇帝

觀念在儒生和民眾中形成自願為奴的臣民心態；其三，「君為政本」，即皇帝是政體的核心，成為古代政治學說的基礎，在中國政治思想史上，無君論者屈指可數，諸子百家爭論的不是君王權力是否具有合法性，而是君王如何行使其絕對權力；其四，皇帝觀念主導中國古代的宇宙觀、認識論，如「天人合一」首先是「天王合一」。總之，皇帝稱謂集合中國傳統政治文化的各種要素，凝集著中國人的政治信仰和政治價值。

君王的第二個面相是天子。

君王稱天子始於西周。周成王以後，王自命「天子」、「天君」、「天子元子」，所謂「天子惟君萬邦，百官承式」。周人信奉天帝，君王稱天子，「天子號天之子也」，即是賦予君王以神格，其基本內涵是：君王為天之子，受命於天，代天施治。《鹽鐵論》載：「天子以天下為家。」日本學者渡邊信一郎認為，如此可以說，在觀念上，天子以天下為一家，且其家為一種公共領域。換言之，天下雖為永恆的，但領有天下的卻是有限的個別之家。王朝命名了為個別之家所領有的天下，是為了與他家所領有的天下相區別。

以宗教意識而論，天子之稱呼顯示君權神授，「天子至尊也，神精與天帝通，血氣含五帝精」。以宗法意識而論，天與天子是父子關係，天子因而成為萬民的父母，「天子父母事大，而子孫蓄萬民」，這在觀念上使社會乃至宗法秩序獲得更完整的形態，強化了君主的宗法地位。以政治意識而論，君主代天行事，君命即天命，無須獲得民眾之授權，也不受民意和法律的約束。

為了配合天子的稱謂，增加其神祕性，又有「真龍天子」之稱，將帝王視為龍的化身。龍這種現實中不存在的奇特動物出現在中國歷史中。「九」為陽數之最且為龍的象形，「五」是天位

且居中處吉。帝王皆神龍之體，王位稱「九五之尊」。龍的形象被君王所壟斷，成為皇室標誌，成為至高無上的權力圖騰。

日本學者尾形勇認為，天子與皇帝兩種稱號的使用，是基於立體關係的「上下之別」和平面情況的「領域區分」。所謂「上下之別」，正如《白虎通·號篇》所載：「或稱呼天子，或稱帝王何？以為接上者稱天子者，明以爵事天也。接下稱帝者，明位號天下至尊之稱，以號令臣下也。」可見，有對上稱「天子」，對下稱「皇帝（帝王）」的區別。根據這個標準，就能「以天子之璽，事天地鬼神」。所謂「領域區分」，則是指「今漢，在蠻夷稱天子，在王侯稱皇帝」、「天子以行璽，策拜外國事」，也就是說，天子的稱號適用於同「外國」、「藩國」這些領域相關的諸事（外交）上。

君王的第三個面相是君父。

在《春秋》、《國語》中，君父是使用頻率最高的君主稱謂。漢以後，儒家思想長期占據統治地位，君父以及與之對應的子民的觀念成為專制政治理論的基礎之一，進而成為社會普遍共識。

既然君主是君父，君父就以天下為家，「國君一體」、「天下一家」。秦漢帝國的建立，使得天下成為「一家」。以「天下一家」的詞句表述天下合併統一的事實，當時國家在總體上確實被理解為一個「家」。「天下一家」完成了一種新的「秩序構造」，就是說，「天下一家」一語的意義是，在全部「私家」被廢棄的場域，「天下」的「一家」才得以成立。只有在「君臣」關係為媒介而實現的「無家」的基礎上，以「君」和「臣」為成員而建立起來的新「家」才是「天下一家」。

有了至高無上的君父，儒家之「王道三綱」得以最終定型：

君為臣綱、父為子綱、夫為妻綱。依據此理論，為子為臣，惟忠惟孝，「夫臣之事君，猶子之事父，欲全臣之恩，一統尊君」。日本學者尾形勇將此種關係歸納為三點：首先，「君臣」和「父子」兩種秩序，各自場域不同，都處於皇帝統治體制之下。其次，以「父子」關係為軸心的「家」，被理解為與「國」、「官」、「朝廷」相對置而存在。倡導「孝」的世界，被限定在「家」的範圍內。第三，在兩種秩序相對抗或互相競爭時，「君臣」優先於「父子」。當忠孝不能兩全時，就選擇盡忠。基於宗法倫理的君父與臣子規範，亦即「君臣大義」，是中國古代分量最重的一具精神枷鎖。

君王的第四個面相是聖王。

聖的本義是睿智聰明。《說文》：「聖，通也。」意思是察萬物則無所不通，興事功則無所不能，所謂「於事無不通謂之聖」。先秦諸子討論理想化的先王，皆稱之為聖王。聖王的觀念，使得聖與王一體，君與道統一。《史記》載，秦人稱秦始皇「大聖作治，建定法度，顯著綱紀」。暴君也是聖王，可見道德的評價標準是游移不定的。

聖化的極致是神化。聖人「窮神知化」，即為超人。在實踐中完成聖化與神化結合的是秦始皇，在理論上完成兩者結合的是董仲舒。台灣學者吳文璋指出，董仲舒在儒家體系中承上啟下的地位，如同韓非在法家體系中承上啟下的地位。國君的神話，荀況已開其端，由人本的思想到把君王聖化及神化，是儒家的一個跳躍式發展，董仲舒是關鍵人物。董仲舒說：「君人者，國之本也，夫為國，其化莫大於崇本，崇本者君化若神。」董仲舒將儒家法家化和神祕化，如此儒家更能與君權如影隨形。

皇帝、天子、君父與聖王四個面相，共同塑造了專制王權。

其當代版本是毛澤東的「四個偉大」──「四個偉大」作為一句口號，最完整的表達為：「偉大的導師、偉大的領袖、偉大的統帥、偉大的舵手毛主席萬歲！萬歲！萬萬歲！」四個「偉大」與三個「萬歲」連接得流暢完美。自其面世後，立刻顯示其權威性，一個字、一個標點符號都不能改，四個「偉大」的前後次序也不能顛倒。毛由此成為千古一帝。

◎「皇帝教」對空間和時間的壟斷

既然是「皇帝教」，當然離不開一系列宗教儀式，這些宗教儀式雜糅儒家、佛教、道教及各種民間宗教之特色，形成皇帝所壟斷、所獨占的典章、禮儀。這是中國的王權迥異於西方基督教國家的王權的重要特徵。在西方基督教君主國，君王有各式各樣禮儀和排場，但就宗教性而言，王室禮儀必須服從於基督教傳統，不可能獨立在基督教傳統之外另搞一套。而「皇帝教」的典章、禮儀、空間、時間等，凌駕於所有宗教之上，儼然是一種「超宗教」。

打造「皇帝教」第一步，是炮製皇帝的「出生神話」。有學者整理出有關皇帝出生神話的各種模式，包括秉氣型、生理超凡型、托夢型、龍子龍孫型、神人型、赤光感應型、托佛型等。其中，漢高祖劉邦的出生神話是龍子龍孫型。兩漢之際讖緯之風盛行，劉邦與龍的神話很快出現並進入緯書。《河圖》載：「帝劉季（劉邦，字季）口角戴勝，斗胸，龜背，龍股，長七尺八寸。」《合誠圖》稱：「赤帝（劉邦）體為朱鳥，其表龍顏，多黑子。」《詩含神霧》說：「赤龍感女媼，劉季興。」

基於天地人「三才」思想，皇帝被視為人才的代表，致力於

達成天地人三才之和諧。祭祀是達成和諧的手段之一，由此以皇帝居住的都城為中心的祭祀體系逐漸形成。其中，最重要的皇家祭祀，是以祭天為中心的及各類祭祀，包括祭地的地壇、祭日的日壇、祭月的月壇、祭農神的先農壇、祭社稷的社稷壇以及祖廟和皇陵等。

以祭天地的場地和儀式而論，圓丘的祭天禮儀以及方丘的祭地禮儀，是祭祀天地本身與宇宙全體的禮儀。天子通過這一祭祀來明確王權的正統性，同時通過祝祭陰陽、五行的政體運行，而將全世界據為己有。

皇帝對祭祀權的獨占，是對其統治合法性的確定。渡邊信一郎認為，儘管皇帝權力只是個別的存在，卻主張其權力的普遍性，正是緣於其為天所委任的、對於作為普遍政治社會的天下與生民的統治權力。為了實現作為普遍性存在的自我，皇帝權力必須以可見的形式不斷實證其對於天的影響與回應，這正是其權力根源之所在。這就是祭天禮儀，以此為中心構成禮制上層建築。祭祀確立「天命」之所在，根絕「皇帝輪流做，今日到我家」的篡位者的野心：

　　天下的絕對公共性原理（「天下乃天子之天下」），或者是自天授予有地者、賢人的委任統治原理（「天下為公」），與血統原理（即認為「天下乃高祖（太祖、太宗）之天下」，是憑借實力取勝得來的，應該由私人家族繼承）之間有明顯的矛盾。這一矛盾，在南郊祭天禮儀舉行之際，通過以王朝創業者（高祖、太祖等）配祀於主神皇天上帝（即天），至少在意識形態上得到揚棄。

如東漢光武帝劉秀，其王朝是用刀槍劍戟打下來的，他卻宣稱是上天神靈授予的，在祭天的禱文中宣稱：「皇天上帝，后土神祇，眷顧降命，屬秀黎元，為民父母。」如此，打天下之後才能穩穩地坐天下。

祭天等郊祭是經常性的、固定日期的祭祀，皇帝還有其他不定期的祭典，如封禪。所謂封禪，「封」特指在泰山頂上建築的壇，目的是為了接近眾神所居的上天，便於向上天稟告；「禪」是在泰山下的特定地方「除地」，以祭祀地神。封禪的前提條件是功成治定，出現太平盛世，也包括新王朝建立，「易姓而王，致太平」。秦始皇是封禪第一人，摒棄儒生提出的繁文縟節，製作並埋藏記錄其功德的石碑。漢武帝是第二位封禪的皇帝，將封禪制度化，「五年一修封」。文人司馬相如吹捧說，「大漢之德，逢湧原泉」、「名山顯位，望君之來」。

「皇帝教」的另一要素是祥瑞災異說，日月星相，自然災害等，皆納入其中。這是源自董仲舒天人感應之理論，天人感應的第一個環節是「天王感應」。上天將治世的責任交給皇帝，仍對人間事務高度關切。若皇帝治理得好，就降下祥瑞；若皇帝治理得不好，就降下災異。如東漢建武二十二年（西元四六年）九月戊申，「地震裂」，光武帝下詔曰：「日者地震，南陽尤甚。夫地者，靜而不動者也。而今震裂，咎在君上。鬼神不順無德，災殃將及吏人，朕甚懼焉。」又如，梁武帝因天象稱「熒惑入南斗，天子下殿走」，就赤腳下殿以應天象。之後傳來北魏孝武帝西奔的消息，得知此事後武帝羞慚地說道：「綁著辮子的胡虜也應天象嗎？」（由於天象應於北魏，意味天意認為北魏孝武帝才是正統天子）。[10]

最後，「皇帝教」還需要建構「神聖空間」，特別是宮廷、

園囿及政府辦公場所。作為明清兩代帝都的北京成為一座充滿「神聖空間」的「帝京」乃至「準聖城」。辛亥革命終結了北京作為帝京的歷史，但帝京宮苑相對完整地保留下來。在民國初年相當長的一段時間裡，這些宮苑作為皇權的象徵，依舊刺激著人們的情感記憶。

　　民國政府對帝都的「神聖空間」作了「去魅」處理。比如，將若干皇家祭祀場所和皇家園林開放為供公眾遊覽的公園，即宮苑開放運動，使宮苑的象徵意義發生顛倒，使其成為新的共和價值觀的見證。但另一方面，在實際的政治運動中，北洋政府不僅在人事上與前朝糾纏不清，還有意沿襲宮苑的政治功能。比如，在段祺瑞執政之前，中華民國中央政府（總統府）設在中南海，將南海寶月樓改為新華門，「取新中華民國之意」，又迴避原先的宮殿名稱，對挪用宮殿的辦公所在地重新命名，如頤年殿改為頤年堂，海晏堂改為居仁堂，佛照樓改為懷仁堂。命名本身強調的是空間政治性質的變化，以符合民國共和政體的價值觀念，但在實際政治運作中，這些空間又往往有意無意沿襲清朝宮苑的政治功能。如佛照樓本為慈禧太后舉行慶典、接待賓客的場所，袁世凱「仍清制，在此樓接見外賓，元旦在此受賀」。這種制度上的延續具有某種象徵意義，似乎在強調民國政府承接清朝而來的「正統」地位，顯示民國與清帝國之間若斷若離的奇特關係。

---

10 有人認為祥瑞災異說可以制約皇權。但從中國歷史來看，對專橫的君主來說，好喜不好憂，宣揚祥瑞，隱抑災異，皇帝對祥瑞災異以及據此上書的大臣的意見，可以採納（大多數時候推托給臣下，偶爾下不痛不癢的「罪己詔」），也可以置之不理，掌握最終解釋權和裁決權的還是皇上。所以，災異學說對皇權專制的修正功能十分有限。在古代中國，唯一能使專制帝王低頭的力量是農民武裝造反。

更有甚者，中華人民共和國建政之後，毛澤東拒絕古建築學家梁思成提出的在北京西郊另外興建中央機關和行政中心的建議，執意入住中南海，讓皇宮成為「社會主義的政治權力中心」，直至今日，中共之政治中樞仍在中南海。

新政權新建天安門廣場，使之由明清時期封閉的宮廷禁地發展成為世界上最大的廣場之一。但是，天安門廣場並非官方號稱的「人民廣場」，當民眾湧入廣場表達抗議的聲音時，中共立即以武力殘酷鎮壓，絕不允許其權威在此受到挑戰。學者洪長泰指出：

> 即使舊日的宮牆被拆除了，原來的地方不再被包圍了，實際空間也被大大拓寬了，但在思想空間上，天安門廣場仍然是世界上最封閉的空間之一。

毛澤東及中共對諸多代表皇權的「神聖空間」的占據，折射出中共政權仍是一個用共和國之名包裝的皇朝，毛澤東及其繼任黨魁仍是不穿黃袍的皇帝。

◎是君主獨裁，還是君主立憲：張君勱與錢穆之辯論

辛亥革命之後，帝制最堅韌的鼓吹者，不是清帝國的遺老遺少，也不是支持袁世凱稱帝的「籌安會」諸君子，更不是導演溥儀復辟醜劇的張勳和康有為，而是文質彬彬的儒者錢穆。錢穆的弟子余英時說，「錢先生有明確的價值取向——他信奉儒家的價值系統」，帝制就是儒家價值系統的核心部分。

然而，錢穆的思想和著述與他的現實生活是脫節的。余英時

回憶五〇年代初在香港新亞書院的一個細節：「我最初在新亞，聽錢先生的課，留下一個難忘的印象。錢先生當時氣大得很，拼命地罵美國。我最記得有一次，旁邊有一條狗，他罵杜魯門，什麼總統，穿個花襯衫，夏威夷衫嘛，你看那個狗，就比杜魯門有尊嚴。這很使我吃驚，覺得太主觀，太情緒化了。杜魯門穿花襯衫有什麼罪過呢？」為了捍衛儒家道統，錢穆反美、反西方、反帝國主義的情緒激烈而持久。正是在那段時間，錢穆所得到的研究資助來自於美國亞洲基金會和雅禮協會。也許因為走投無路，才不得不接受「嗟來之食」？

錢穆的思想和著述圍繞儒家信仰展開，他是一位有宗教情懷的歷史學家。愛屋及烏，為儒家辯護，自然就引申到為皇帝、皇權以及秦漢秩序辯護。錢穆的重要作品，如《國史大綱》、《中國近三百年學術史》以及《中國政治傳統》，皆圍繞此一主題下筆──中國傳統政治絕非可僅僅以「君主專制」簡單概括，實為「一種自適國情之民主政治」。

因主導起草一九四六年的《中華民國憲法》而被譽為「中國憲法之父」的政治學者張君勱，在晚年寫了一本篇幅十五倍於錢著的《中國專制君主之評議》，對錢著作出批判。當時，張君勱寓居海外，流離窮厄，以一己之力抗衡國共兩黨，讀了錢穆的著作之後，有感而發，正如其兒子後來回憶說，「錢先生為當代史學名家，他的看法若果流行，必將影響今後國人之政治思想甚大」，故而張君勱不惜「伏案勞形，燈下作書」，與之商榷。這是一場現代思想史和政治史上被忽略的、具有指標性的辯論。

錢穆為君主制辯護的主要論據是，中國自古以來即有一套精密的政治設計，如宰相、三省及文官體制，有力地制約了君權的獨裁和擴張。錢穆指出，秦以後的政治傳統，保留君職與臣職的

畫分，即君權與臣權之畫分，也可以說是王室與政府的畫分。宰相是政府領袖甚至是「副皇帝」，實際執掌行政大權。他對唐宋的中書、門下、尚書三省制讚不絕口，皇帝的詔書由三省共同完成起草、審核及覆審才算合法並生效，比之西方的三權分立更優，他舉出有大臣封還詔書乃至焚詔的例子加以證實。

對於錢穆的論述，張君勱首先指出，錢氏錯在對史實的敘述「掩其不善而著其善」，也就是精心選擇部分史實支持其觀點，而對與之觀點對立的史實視而不見，有違史家持守真相的基本職業素養：

> 宰相、三省、文官制，皆由君主制中所流衍而出，其制度之忽彼忽此，其人之忽黜忽陟，皆由君主一人之好惡為之，不能與今日西方國家之內閣總理與文官制相提並論。……錢先生以為君主專制之名不適用於中國之君主。試考秦、漢、唐、宋歷史，自秦始皇以下逮洪憲帝制，何一而非以一人之意獨斷獨行，視天下為一家私產者乎？

張君勱列舉歷朝歷代暴政之史實後指出：「至於女后之易代，宦官之橫行，外戚之寵幸，皇子之爭奪，權臣之竊柄，藩鎮之跋扈，流寇之猖獗，皆由專制君主同根而生之花果，自秦迄於清，無代無之。吾儕生於今日，對於舊日之傳統政治，奈何戀戀不捨哉？」

對君主專制之批判，不是始於張君勱。明代之李贄有打油詩曰：「皇帝老子去偷牛，滿朝文武做小偷。」黃宗羲說過：「為天下之大害者，君一人而已矣。」顧炎武說過：「人君之於天下，不能以獨治也。」唐甄說過：「自秦以來，凡為帝王者皆賊

也。」作為在日本早稻田大學和德國柏林大學受過現代學術訓練的法學家，張君勱特別注意到黃宗羲已指出歷朝歷代所行的都是「非法之法」：「其所為法者，一家之法，而非天下之法也。」

張君勱對君主專制的批判以及對錢穆的反駁，其長處在於用西方民主憲政體制來對照中國君主專制，如同照妖鏡般照得妖精纖毫畢露。他直言不諱地指出，錢穆「未登西方之堂奧」，而自己「留西較久」，故而能就中西政治之理論制度互相比較，且說明其所以優劣高下之故。

張君勱發現，傳統政治之缺失，在於君主為最高權威，為權力的根源，並無方法以範圍之，且君主之產生，復無一定之規則可尋。換言之，即缺少一部國家的基本大法，即憲法作為準則，中國的一切動亂，實根源於此。「我們今日切不要因為民族和文化的感情，對固有的傳統過於美化和理想化，而忽視或故意貶抑現代文化的進步因素。」

張君勱之著作，不僅僅是對錢穆觀點的批評，而是以其哲學之高深造詣和對西方民主憲政之了解，來批判中國傳統政治，剖析中國傳統政治之得失。中國政治的要害在於君主專制，由於君主為權力之根源，其權力無由限制，國家並無一部成文憲法以範圍之，於是君主得恣行其所欲。隨君主而存在之封建、外戚、宦官，乃得以操縱中國之政治，於是政治少上軌道。

「張錢之爭」過去半個多世紀之後，作為錢穆的弟子的余英時坦承：「在思想方面，我相信錢先生對我很有意見，而我也不能完全接受他的看法，但彼此只是心照不宣，從未說破。」余英時否認自己是新儒家之一員，他對儒家的未來的看法是：「我不敢妄測儒家的現代命運，不過從歷史上觀察，我們可以清楚地看到：儒家的新趨向大致是退出公領域而轉移到私領域。」他對

西學及西方民主政治的看法則是:「民主體制是開放而不是封閉的,一切必要的改變與革新都在和平過程中完成,可以避免傳統改朝換代所必然帶來的暴力。只有民主社會才是長期穩定的真實保證。」

張錢之爭,其實是胡適與錢穆爭的延伸,爭的是以「西學為體」還是以「中學為體」。這一場爭論至今仍未結束。

第五節　大一統:六合之內,皇帝之土

絕大多數中國人都以中國疆域之大為自豪。歷史學者呂思勉指出:「我國今日,巍然以大國立於世界矣。然此等局面,特自秦以來耳。」呂思勉以「大一統」為中國的國體,因為「論一國之國體,當主其常,不主其變。猶之論人之生理者,當主其平時,不當主其病時也。以變態論,自秦以後,分裂之時,亦不為少。然以常理論,則自秦以後,確當謂之統一之國,以分裂之時,國民無不望其統一,而分裂之時,必直變亂之際,至統一則安定也。」

呂思勉的這段論述是觀念先行,並不符合歷史真相。首先,對中國歷史而言,分裂未必是變態,統一未必常態,據歷史學者葛劍雄統計,統一和分裂的時間大致相等。其次,以人心所向而論,士人及庶民並非壓倒性地貶低分裂而褒揚統一,《三國演義》中說,「天下合久必分,分久必合」,這種對統一或分裂並無明確價值判斷的循環論才是主流。其三,分裂未必帶來戰亂,統一未必意味著安定。如兩宋時代,宋帝國接受與金、遼、西夏、蒙古等國並列的狀態,卻創造了極盛之文明;而統一的明清

時代之末期，民眾只能忍受暴政及其帶來的文明衰敗。

不過，大一統確實是歷代統治者不斷強化的信念。「大一統」思想在古代源遠流長，最早見於《公羊傳‧隱主後年》：「何言乎王正月？大一統也。」徐彥疏：「王者受命，制正月以統天下，令萬物無不一一皆奉之以為始，故言大一統也。」《漢書‧王吉傳》中有言：「《春秋》所以大一統者，六合同風，九州共貫也。」「大一統」之「大」，不是大小意義上的大，而是重視、尊重的意思；一統，指天下萬民皆統繫於天子。「大一統」，是指在國家政治上整齊畫一，經濟制度和思想文化上高度集中。

「大一統」的「國體」由五個要素組成：建立在郡縣制基礎上的中央集權、「編戶齊民」式的國家奴隸制、以鹽鐵國營為核心的國家資本主義經濟、以小農為主體的農業文化以及安土重遷的內陸文明、以朝貢體系建構的不平等外交關係。

◎如臂使指：建立在郡縣制基礎上的中央集權制

郡縣制始於商鞅變法，秦始皇統一天下之後向全國推廣，此後兩千年大致不變（漢初、明初都短暫實行封國制，結果演變為內亂，甚至諸侯奪取天下）。正是郡縣制取代封建制，才使得古代中國成為政治、制度和文化上具有同一性的帝國。學者葛兆光認為，這個帝國與其他任何帝國都不同：

以郡縣制建立帝國秩序，在其武力控制的區域內，皇帝具有絕對權力，軍隊統一調配，官員統一派遣，制度統一設置，文字、度量衡等也強行統一。

郡縣制是中央集權的根基，皇帝直接任命每一個郡縣的長官，皇帝本人將行政、立法和司法三權合一，郡縣長官也是行政、立法和司法三權合一。

郡縣制的要害，不在於郡縣這個行政層級的設置，而在於每個郡縣從未有過民意代表機構，民眾從未選舉過民意代表和行政長官。在此意義上，中國的郡縣制全球獨步。日本在明治維新之後改封建制為郡縣制，但日本的郡縣制跟中國只是同名，本質迥異。日本的郡縣制學習歐洲，地方享有高度自治權，地方行政官員由選民選舉產生，非由中央政府強行任命，其權力受地方議會和法院之制約。即便在憲法遭懸置的戰爭時期，地方自治也未被全部取消。以受過日本殖民統治的台灣為例，日治五十年間地方自治的實踐，成為台灣民主化的政治基礎。經過長期地方自治而形成的國民素質和民情民俗，是實現民主化的先決條件。

郡縣制也是歷代王朝對外擴張的工具，中國的對外擴張持續了兩千年，使國土增加數倍。在永無休止地對外擴張方面，中國與俄羅斯極為相似，只是俄羅斯帝國形成較晚，擴張主要集中在近代三百年間；中國則從秦朝統一中原之後，始終都在擴張，版圖的整體趨勢是擴大而非縮小。中國外長王毅宣稱的「五千年文明孕育的中國從來沒有侵略擴張的基因」是一句他自己也不相信的謊言。

帝國軍隊所到之處，郡縣制迅速鋪陳開來。例如，明清時代，中央政府對西南原住民生活區域的「改土歸流」政策，即以軍事手段實現推行郡縣制。雍正年間，帝國對貴州境內「生苗」地區進行武力「開闢」，先是雍正二年（一七二四年）用兵於定番州和廣順州的布依族和苗族地區。此後，以雍正六年（一七二八年）張廣泗率兵討伐八寨苗始，迄至雍正十一年

（一七三三年）哈元生平定高坡、九股苗為止，歷時五年多。經過大規模軍事討伐、反覆進剿，帝國軍隊對原住民實行種族滅絕式屠殺。在鎮雄「連破四寨，斬首二千餘，盡焚其壘」，在威遠、新平「斬擒千計」，在清水江和丹江「扼其援竄，突搗其巢」。軍事征服完成後，朝廷先後設置八寨、丹江、都江廳隸都勻府；古州廳隸黎平府；清江廳、台拱廳隸鎮遠府。此六廳之設置，標誌著清帝國對黔東南「生苗」地區武力開闢和政治統治的完成。此外，朝廷還對黔東北以臘爾山為中心的「紅苗」地區實行武力開闢和設官建制。「苗疆闢地二三千里，幾當貴州全省之半。」由此，大量土地、人口被納入清帝國版籍之內，登記編冊。朝廷派遣的「流官」對這些地方進行直接的統治，以達到改土歸流之目的。這種「文明化」過程，實際上是中國式的「殖民化」。

◎「編戶齊民」式的國家奴隸制

歷代王朝對中國「本部」的統治，採取「編戶齊民」式的「自我殖民」方式，也可稱之為「國家奴隸制」。

掌握人民必須先有戶籍制度，透過戶口加以掌握，稱為「編戶」。戰國中後期之後，貴族消亡，以往人民的等差逐漸消除，漸漸走向所有人都是國君的子民，形成「一君萬民」的社會，是謂「齊民」。「編戶齊民」是從東周到秦漢制度轉換的關鍵，也是此後兩千年歷代王朝基本不變的統治方略。

「編戶齊民」是世界上最早、也最成熟的戶籍制度和人身控制系統。在殷墟甲骨文中就有「登人」的記載，戰國時期各國在變法中出現里甲制度，秦漢帝國的「編戶齊民」日趨嚴密而精

緻，台灣歷史學者杜正勝指出：

中央能直接或間接干涉地方（封國）之內政，象徵「編戶齊民」的郡縣社會漸趨普及，轉捩點約莫在於西漢景帝七國之亂敉平、至漢武帝頒行「推恩令」之際；爾後在漢武帝之後的時代，中國的社會結構正式從古典諸侯國的封建城邦轉化成郡縣制政治社會。

「編戶齊民」的奇妙之處在於，中國從未像歐洲基督教國家那樣，很早便確立私有制、國家保護私有產權（尤其是土地產權），卻能將作為國民絕大多數的農民牢牢地固定在土地（本質上，土地並不屬於農民所有）之上。

中國統治者對百姓的態度極端輕蔑。漢、魏、六朝的州郡行政長官都稱為「牧」。《說文解字》解釋說，牧乃「養牛人也」；《左傳》中說，「馬有圉，牛有牧」；《淮南子·精神訓》直截了當地說，「夫牧民者，猶蓄禽獸也」。

「編戶齊民」是極權統治得以實現的制度基礎。首先，「編戶齊民」制度對民眾的居住、生產、生活實施全面干預和控制，國家甚至對民眾的作息時間、衣帽穿戴都做出嚴格規定。統治者「挑動群眾鬥群眾」，鼓勵和唆使民眾互相監視、彼此告密，締造出「互害」的、「原子化」的社會。

其次，「編戶齊民」制度剝奪民眾的遷徙權，而遷徙權是最基本的人身自由。商鞅變法實現了「四境之內，丈夫、女子皆有名於（戶籍）上，生者著，死者削」、民眾「行間無所逃，遷徙無所入」。商鞅自己即死於此制度。

第三，「編戶齊民」制度超出一般行政管理的範疇，由人身

控制達成經濟剝削和壓榨，是徵收苛捐雜稅的依據。戶籍制度是「國以之建典」，如《周禮》所說，國家利用其「以作民職，以令地貢，以斂財賦，以均齊天下之政」。

第四，「編戶齊民」制度讓整個社會成為一種準軍事化社會。這種寓軍事編制於居民編制之中的做法，稱為「作內政而寄軍令」，到了戰時可最大程度地汲取兵員。這已然是軍國主義國家之雛形。

一九四九年之後，共產黨政權先後用沿襲自蘇聯的現代極權主義模式及二十一世紀新興的網路科技手段，將古代的「編戶齊民」制度升級換代。近十四億中國人仍然是國家奴隸制之下的奴隸。中共實現了對所有人的信用等級評定，達不到一定分數的人甚至會禍及子孫──孩子考上了大學，大學亦拒絕錄取，這是比商鞅還要成功的株連制。在二〇二〇年武漢肺炎肆虐期間，中共以鐵腕手段對超過一千萬人口的超大型城市武漢「封城」，繼而在全國「封國」，並炫耀這是其抗疫和「國家治理」的經驗。與之相比，美國自建國以來從未有過戶籍和身分證制度，美國公民在國內可自由遷移。

◎利出一孔：以鹽鐵國營為核心的國家資本主義

食鹽和鐵器是農業社會不可或缺的兩種必需品。《漢書》中說，鹽是「食餚之將」，鐵是「農田之本」，「非編戶齊民所能家作，必卬於市。雖貴數倍，不得不買」。

戰國後期，山林池澤等禁地開放，百姓占山據地，煮鹽煉鐵，建立起民間的大規模私人企業。鹽和鐵這兩種產業，一方面利潤很高，一方面需要很多人力和資本，很容易形成大企業，成

功的經營者更成為豪富。在漢武帝之前，民間可自由從事鹽鐵兩項產業，只需按一般商業來申報課稅。

漢武帝時，朝廷因連年對外征伐造成政府財政困難，漢武帝任命東郭咸陽、孔僅兩人為大農丞，管理鹽鐵政策。東郭咸陽本是煮鹽業鉅子，孔僅則是煉鐵業富商，深知鹽鐵業的巨大利潤。他們建議說：「山上的礦藏，海底的物資，都是天地之間寶藏，論道理應該屬於皇帝所有；陛下您不願私用，撥給中央政府做國家經費，那就應該屬於國家。所以，鹽鐵兩業應改為公營事業。」漢武帝遂下令將全國鹽業、鐵業收歸國有，成立專賣機構管理。從此，鹽與鐵官賣，帝國增加了二項豐沛的財源。

到了桑弘羊出任大農丞時，鹽鐵官賣已成定制。全國共設鹽官三十七，分布區域包括二十六郡；鐵官則有四十八，分布區域包括三十八郡。而且，官賣範圍從鹽鐵擴展到酒。在唐代，又增加茶。到宋代，還將香料、藥材、明礬等物品也納入進來。

漢昭帝時，朝廷就鹽鐵政策和其他經濟政策展開辯論，辯論內容記載為《鹽鐵論》一書。代表法家的御史大夫勝過代表儒家的賢良文學，為國家資本主義政策樹立了典範

與歐洲基督教國家崇尚私有制、自由市場經濟不同，中國很早就走上國家資本主義（國有制）道路。國家壟斷經濟是確保專制王權的前提條件，《管子》記載：

利出一孔者，其國無敵；出二孔者，其兵不詘；出三孔者，不可以舉兵；出四孔者，其國必亡。先王知其然，故塞民之養，隘其利途。故予之在君，奪之在君，富之在君。故民之戴上如日月，親君若父母。

管仲念茲在茲的是確保王權暢行無阻，視民眾如畜生草芥。管仲看準了一點：若人民擁有經濟自由，必然會擁有挑戰專制王權的經濟力量和思想文化資源。

歐洲的近代化，首先是宗教和精神的近代化（宗教改革），其次是資本積累和流通以及資產階級革命。中國近代化延緩，正是因為專制王權「兩手硬」：以愚民政策和洗腦教育讓民眾「自願為奴」，以國家資本主義（國有制）讓民眾處於貧弱狀態而喪失反抗的能力與資源——在冷兵器時代，只有到「民不畏死，奈何以死懼之」的地步，人民才會「斬木為兵，揭竿為旗」。對於統治者來說，權力的鞏固、皇權的不墜才是「硬道理」（用中共的說法就是「穩定壓倒一切」），至於社會經濟和文化的發展是可被犧牲掉的。無論國家經濟如何衰敗，皇帝在宮廷中總是有酒池肉林——一九五九年至一九六〇年之大饑荒（用中共的說法是「三年自然災害」）期間，餓死三千萬至六千萬人，毛澤東的「罪己詔」只是一天不吃紅燒肉。

◎活著為大：以小農為主體的農耕文化

歷史學者曹永和指出：「中國歷朝均為農業國家，僅元朝是以商業國家為其性格。」元帝國並非中國的一個朝代，反之，中國「本部」（內地十八行省）只是其殖民地之一。

一八六〇年來華的英國傳教士麥高溫（John Macgowan）指出：「中國基本上是一個農業國家。這個國家的大部分人口都是農民，他們在遍及全國的無數農莊裡過著農耕生活，並以此度過自己的一生。」

在麥高溫眼中，中國窮困堅韌的農民既讓人「哀其不幸」，

亦讓人蕭然起敬：「從外表上看，中國農民與英國農民有很大差別，他們都鬱鬱寡歡，身材瘦弱，臉色蒼白，一眼看上去就知道他們是幹苦力的人。他們的身上沒有一點多餘的肉，平日裡毒日的暴曬和野外生活的影響，致使他們的臉和手都變成了暗褐色。如果這個農民已經不年輕了，他的手會因為長期抓鋤頭而變形。……他的腰背從來就沒有挺直過。他的背微微向前彎曲，且有些向左傾斜。這是由於他必須親自去幹那些搬運的活的緣故。……為了生計，他們不得不去進行艱難的抗爭。狹隘的心胸使他們不能接納足以支撐並且慰藉他們心靈的宗教信仰。」

一八六九年，傳教士楊格非（Griffith John）在經歷了一場災難性洪水之後的漢口看到，從農村移居這座新興商業城市的人們跟西方的城市居民相比仍有顯著之不同：「這是令人十分驚奇的……中國人如此耐心和幽默地承受著一切。他們半裸著，談笑風生、賭博、抽煙、喝茶、行樂，對於他們來說，好像什麼事情也沒有發生似的。」楊格非在衛理公會的同事威廉・斯卡伯勒（William Scarborough）如此描寫在同一場洪水中的漢口難民：「這些人陷入了窘境：他們的房屋被沖毀，生計被切斷；他們擁擠在一起，面臨著瘟疫的威脅，處在飢餓的門檻，卻都變現出一種平和、安寧甚至滿足的心態。」

他們的人生觀並非來自四書五經，而是來自浸透儒家、法家、佛教和道教思想的戲曲和演義小說。帝國太大，他們太小；帝國如鯨，他們如蟻。二〇二〇年的病毒受害者與一八六九年大洪水的受害者有何差別？

農民意識的一大特徵是封閉保守。《漢書・元帝紀》載：「安土重遷，黎民之性；骨肉相附，人情所願也。」他們逆來順受，乃至麻木不仁，如此才能「好死不如賴活」。「活著」唯一

的目標，正如歐本海默（Franz Oppenheimer）所說：「農民由於附著在土地上，慣於規則性的工作，既然無法離開土地，勢必只有投降並向征服者（遊牧民族）繳納賦稅，這便是舊世界陸上國家誕生的過程。」國家性格如此，國民性情亦如此。

迄今為止，中國人仍是農民，無論是高級官員、大學教授、富商巨賈、技術工人乃至早已移民海外的華人僑胞，都無法擺脫具有超穩定性的農業文化或農民文化的影響，此一「心靈戳記」比膚色等生理特徵更根深蒂固。

他們沒有公民意識和公民身分，沒有公共空間和公共關懷，沒有選舉權和被選舉權以及其他基本人權、自由與尊嚴。美國傳教士明恩博（Arthur H. Smith）指出：「支那政府，怠於公務；支那人民，乏於公共心。……不問政府如何處理公共之財，苟非直接於其各自之身上之關係而有損失，則視之如觀對岸之火，聊無痛癢之感。……支那人者，以山川（即國土）為皇上之私產，定為帝之所得有。道路，亦為帝所有。故亦無論何事，不思出力為之也。……而道路遂成溝渠。」

中國並非地大物博之國，除了江南、湖廣和成都平原等少數地方，大部分土地貧瘠，自然條件惡劣。由於人口激增，人多地少的矛盾日漸突出，農民終年辛苦躬耕而難以飽腹，更不可能從田地中出產太多用於商品交換的農作物或經濟作物。在近代之前，作為政治中心而非經濟中心的城市，亦不可能容納太多農民，不可能完成從農民到城市居民（如商人和工人）的身分轉換——此一轉換，直到二十世紀九〇年代，中國加入全球市場，成為世界工廠，才實現了一半。農民可進城打工，但農民仍非城市市民，只是作為「低端人口」的「農民工」。

在近代之前，當生存矛盾激化之時，就會發生大規模的災荒

和社會動盪，如十九世紀中葉的太平天國叛亂，造成差不多三分之一的人口損失。中國農民身上一切惡劣品質，如蒙昧、僵化、吝嗇、狡詐、說謊、骯髒等，並非農民這一職業或中國人這一族群所與生俱來的，而是專制暴政、自然災害及悲慘的現實生活所致。

◎尺板不得出海：封閉僵化的內陸文明

一七一五年十一月十五日，位於日本大阪的竹本座劇場首次演出人形淨琉璃劇（偶劇）《國姓爺合戰》。這部劇由著名作家近松門左衛門創作，以鄭成功的抗清故事為藍本，虛構了一位中日混血的英雄「和藤內」，從日本渡海、收復南京、驅逐韃靼的故事。該劇上演後大獲成功，創下連續演出十七個月的紀錄，成為江戶日本「時代物」（歷史劇）的經典作品。

鄭成功的故事在東亞一帶廣為傳頌。日本人讚頌鄭成功，正如《國姓爺合戰》所表現的，在於其大義忠君、堅守中華正統（日本幕府政權與朝鮮李朝一樣，一度堅持明朝為正統，認定清朝為蠻夷竊據中原），也因為他有一半日本血統。而有清一代，鄭成功因為反清而頗受朝廷貶抑，鄭氏政權覆滅後，清帝國將鄭氏後人押解至北京軟禁至死。唯有到了清末，漢民族主義興起，「反清復明」從祕密會黨的價值變成革命黨人的政治訴求，由此形成近代「驅逐韃虜，恢復中華」之新史觀，鄭成功因趕走荷蘭殖民者、收復台灣並繼續抗清而被譽為「民族英雄」。一九四九年至今，中國及台灣對鄭成功的認知，又摻雜了「漢賊不兩立」及「統獨」之論爭。參差交錯、剪不斷理還亂的歷史闡釋背後，是當代意識形態的糾結不清。

然而，若超越單一國家民族的視角，對鄭成功或許能看得更清楚：鄭氏海商集團，是海禁時代東亞最為成功的海上跨國貿易和軍事集團。其興起和衰落，直接體現了早期全球化和近代東亞格局重組，對本地區歷史走向所產生的巨大影響。鄭氏的崛起成為歷史絕響，鄭氏走向海洋的選擇是封閉僵化的中華內陸文明中的異數。

　　在地理上，中國並非內陸國家，長期控制東北亞地區長達一萬公里海岸線，航海技術一度領先全球。中國後來與海洋疏離，並非地理和技術的因素，而是文化和政治的緣故——大海被視為對大一統王朝的嚴重威脅。統治者沒有海權意識，認為占領的土地才算是「王土」，波濤洶湧的海洋無法征服。直到清末，還發生了一場左宗棠的塞防和李鴻章的海防孰輕孰重的國防政策之爭論，前者取勝，左宗棠經略西北，吞併新疆；後者失敗，北洋海軍在甲午戰爭中全軍覆沒。

　　由於大一統思想影響，歷朝統治者更注重朝向內陸的經營，使中國在觀念上龜縮為「大陸文明」，而不像十五世紀以來的歐洲，對拓殖海洋傾注極大熱情。最典型的例證，就是明清以來的「海禁」、「閉關」政策，打擊了地方經濟，切斷了沿海百姓生計，迫使更多商、民鋌而走險，加入武裝海商集團，成為盜寇。汪直、顏思齊、李旦、鄭芝龍等前後數代海商兼海盜首領，從東亞多邊貿易中聚集大量財富，又周旋於中、日、葡萄牙、西班牙、尼德蘭幾大勢力之間，成為從東海到南海最大的海上軍事集團，控制著海禁時代從日本、中國、東南亞諸島到暹羅的貿易通途。

　　明帝國建立後，朱元璋三番五次發布禁海令，所謂「尺板不得出海」。清帝國強化此一政策，在本國民眾造船、出航及外國

船隻入港等方面均作出嚴格限制。在造船上，造船者事先必須備齊親戚、鄰居的保證書，然後向州縣官府和海關提出造船申請書，必須取得政府機關發出的執照和造船材料的購買許可證。完成之後還要提出報告書，接受知縣檢查，通過合格的話，就會在船體烙印上船號與船戶姓名並發給船的登記證。當船要出海時，還要提供保證書給海關，由海關檢查各種證件及船員人數。再憑藉著巡撫發行的部照、布政使發行的司照、知縣發行的縣照、海防廳發行的廳照這四種證件來取得渡航許可證。之後，再由水師檢查證照及貨物，核發准許文件，如此才能出海。而且，許可證上詳細記載出海的目的地和返航期限，禁止去其他地方及超過期限的停留。朝廷對內陸地區的管理，政權僅及於縣級行政單位，鄉村交由士紳代為治理；而對沿海地區的管理，嚴格縝密到每艘船、每個水手都不放過，這背後是對海洋極其恐懼的心態。

對於外國船，尤其是歐美船，帝國政府則根據種類、性質規定入港的港口和手續。由於規定繁瑣而苛刻，導致西方商人頻頻抗議。如英國商人詹姆斯・弗林特對廣州貿易的限制感到不滿，於一七五五年從澳門直接乘船到寧波要求開放貿易。此後持續三年均到寧波，一七五九年甚至到天津。此舉反而引起清廷對入港船隻進行更嚴格的管制。清廷限制歐洲船一律在廣州入港，且管制在廣州停留的歐美人的居留、行動。廣州成為唯一從事海外貿易的港口，被稱為「一口通商」體制。直到一八四〇年，這一近乎閉關鎖國的體制以及背後兩千年來穩如磐石的大一統觀念秩序，才被英國的船堅砲利所打破。

第六節 「朝貢體系」與「劣質殖民」

◎「朝貢體制」：樂此不疲的賠本買賣

　　二〇一八年六月十五日，曾在伊拉克戰場上戰功卓著的「瘋狗將軍」、美國國防部長馬提斯（James Mattis）訪問日本時，用「大明王朝」諷喻中國企圖恢復「朝貢體制」的野心：

　　當今的中國似乎想要恢復明王朝的冊封體制。也許是想把周邊地區全部納入自己的勢力範圍。不過在現代世界裡，這種做法絕對行不通。

　　二〇一八年九月四日，美國國家情報總監科茨（Dan Coats）在「情報及國家安全峰會」上指出，美國「愈來愈了解中國的野心」，中國的野心主要在於削弱現行的國際體系，使自己獲得最大利益。

　　習近平的「一帶一路」計畫，必須放在「朝貢體制」傳統之中才能理解。漢代以來，能否讓「四夷賓服，萬國來朝」，以及朝貢國的多少，成為衡量王朝合法性的重要指標。美國學者費正清（John K. Fairbank）曾經提出「中國世界秩序」之理論：一千多年以來，無論從政治、經濟與歷史發展角度而言，中國皆居於東亞地區中心位置。在以中國為中心的世界秩序中，處理與周邊地區關係，或者說與「非中原」民族之間的關係時，中國都帶有濃厚的中心主義與優越自負的色彩。「中國世界秩序」的實踐，同時具有「等級制」與「同心圓」特質，分為中原地帶、內陸亞洲地帶與外圍地帶，由內向外擴散，並藉由朝貢制度、朝貢貿

易、冊封、宗藩（內、外藩）等模式來呈現。

　　歐洲國家將貿易擴張作為政策的最終目的，中國的王朝則將「懷柔遠人」、使「四夷賓服，萬國來朝」作為最高目標。明朝洪武年間，桂言良在《上太平治要十二條》中提出輕貿易重政治（面子）的政策取向：「夫馭夷狄之道，守備為先，征討次之，開邊釁，貪小利，斯為下矣。」在西方勢力進入中國以前，此一朝貢體系乃中國對外關係的基本框架，為中國君主與外邦之間外交與貿易事務提供實踐範本。歷代皇帝藉此制度，賦予鄰邦統治者王位、官銜與地位，確立其政治上的正統地位，外邦統治者則承認中華文明，甚至奉中國皇帝為正朔，以交換商業貿易等利益，彼此各取所需，互蒙其利。

　　明代是朝貢體系建立得最完備的朝代之一。有明一代，朝貢國家和地區數量之多（一百四十八個），朝貢規模之大，朝貢管理之制度化水準，為以前歷代所不及。明朝設置市舶司「掌海外諸藩朝貢市易之事」，地點原來設在太倉黃渡鎮，後因海防的緣故，移至寧波、泉州、廣州三地。在地點的選擇上，朝廷有一個特別考量，「以海夷點，勿令近京師」。當時，明帝國的首都在南京，皇帝不願外國船隻接近南京，皇帝本能地感到「海上來客」性情狡詐、敢於冒險，對其陸上帝國具有威脅性。

　　頗具諷刺意味的是，海禁政策隨後與朝貢制度配套，「明朝對外是結合『朝貢』與『海禁』，建立起由國家統一管理外交和貿易的體制」。

　　朝貢貿易是一件賠本買賣，興師動眾、勞民傷財，唯一的收穫是皇帝的面子和虛榮心。朝廷對朝貢國採取「厚往薄來」政策，「凡貢使至，必厚待其人；私貨來，皆倍償其價」。朝貢國進獻貢物，會得到比市場價格高出若干倍的回報。以龍涎香

為例，此物「貨於蘇門答剌之市……一斤該……中國銅錢九千個」，即一斤合九貫錢。據《明會典》記載，朝廷給朝貢國的價錢是每斤四十八貫，高出市價五倍有餘。

明帝國對貢品的定價實行區別政策。比如，為在經濟上扶植弱小而「恭順」的琉球，給其貢品的定價比其他朝貢國更高。一般情況下進口錫的價格，每斤不過五百文，朝廷給琉球的是八貫，高出市價十六倍。正常進口蘇木是每斤五百文，朝廷給琉球的是十貫，是市價的二十倍。胡椒在產地每斤十九文，運到明帝國的市價是每斤三貫，朝廷給琉球的是三十貫，是市價的十倍，是產地的一百六十倍。朝貢的蘇木和胡椒太多，市場無法消化，朝廷將其分發給文武百官作為俸祿，由此引發官僚群體的抗議。

除了按貢物給錢，大明王朝對朝貢國還例有「回賜」，回賜之物通常是精美的絲綢和瓷器以及由官營手工業作坊生產的「特供」產品。此外還有一個名目叫「賞」，對朝貢國的國王、官員和使臣「有貢則賞」，以表彰其恭順，所賞之物大都價值不菲。

大明一朝自開國之初，就陷入財政困局。陳秀夔編著的《中國財政史》指出：「明朝自太祖開國至穆宗時代，外患內憂，人民痛苦，國政已瀕危難。」朝貢貿易是造成明帝國財政困難的重要原因之一：各國紛紛來「貢」，使得朝廷「歲時頒賜，庫藏為虛」。一三九〇年，明太祖對禮部尚書李厚吉說：「海外諸國歲一貢獻，實勞吾民。」到了明朝中後期，朝貢制度日趨衰落。

明朝時來華的傳教士利瑪竇看透了朝貢制度的荒謬真相：朝貢關係的本質，「不是世界向中國朝貢，而是中國向世界朝貢」。違背國際貿易和自由貿易的原則，以朝貢取代貿易，最終是損己人利人、得不償失。

◎「劣質殖民」：伴隨著屠殺輸出的文化毒素

馬列主義史觀進入中國以來，中國歷史學者為政治服務，將近代歷史編造成一部「落後挨打」的「半封建半殖民地」悲情史，從而享有「受害者」的道義優越感及反抗西方的正當性。

與此同時，中國人拒絕承認對中國「本部」的周邊地區及國家的殖民侵略。對於歷代王朝的開疆拓土、東征西討，中國人首先會沿襲「大一統」的歷史觀念和「中央—邊疆」的視角，其次也會受晚清以來「五族共和之中國」與「中華民族是一個」的國族意識的影響，再次還會承續古代「華夷」與「文野」的歷史記憶。如此，中國人對其歷史中汙穢幽暗的部分做出合理化解釋。

但是，若站在弱小國家和弱小民族立場上，中國歷代王朝比近代西方殖民者更殘暴凶狠。而且，中國的殖民統治是「劣質殖民」，伴隨著武力所及，輸出文化毒素。在東亞大陸，受中國荼毒最烈的兩個國家，一個是位於中國南方的越南，一個是位於中國北方的朝鮮。

越南與中國中原王朝關係複雜。越南之北部古為百越地，南部為占婆之地。西元一一一年南越國被漢朝滅亡後，越南北部被置於中國皇朝統治之下達數世紀之久。九六八年，丁部領統一境內割據勢力而建國，宋朝承認其主權，此後越南成為中國的朝貢國或藩屬國。

明成祖永樂年間，越南陳朝政治紛亂，明朝派兵推翻篡位權臣胡氏的政權，並著手進行直接統治，設郡縣、置交趾承宣布政使司，推動儒學，嘗試漢化統治。明成祖死後數年，黎利發動藍山起義，將明軍驅逐出越南。明朝對越南的直接統治僅維持二十多年。

西元一七八八年（乾隆五十四年），法國大革命前一年，越南腐敗衰朽的黎朝即將被日漸強大的阮氏武裝集團顛覆，黎朝統治者向宗主國清帝國求救。好大喜功的乾隆皇帝不願放過充當「東亞警察」、顯示其赫赫天威的好機會，命令主戰的兩廣總督孫士毅出兵安南。清兵先打了一個勝仗，進入黎朝首都。然而，清兵燒殺劫掠，大失民心。很快阮氏集團發動突襲，清軍兵敗如山倒。

乾隆怒火中燒，正要派出大軍征討，阮氏政權呈上求和書，願意向清帝國賠罪，條件是得到清帝國冊封。乾隆順水推舟，宣布前線大捷，堂而皇之地將征安南之役列入「十大武功」之中。

但是，此前向朝廷求救的黎朝該怎麼辦呢？《論語》中不是說，天朝應當「興滅國，繼絕世，舉逸世，天下之民歸心焉」嗎？「興滅繼絕」不是天朝上國的對藩屬國應盡的政治義務嗎？

乾隆有辦法自圓其說：大清出兵是為了「興滅繼絕」，這是春秋大義；出兵後發現天心厭棄黎氏，大清「順天而行」，轉而支持天命歸屬阮氏。由此，赤裸裸的現實主義考量被「天命觀」賦予理直氣壯的道德意味，將自相矛盾變成「真理在我」。

如何處置黎氏廢王，乾隆再度展現出中國式權謀。他命令黎氏一眾剃髮，「歸化大清」。如此一來，黎氏一族的人身安全得到乾隆的親自保障，不再擔心被阮氏政權引渡回去遭斬草除根；另一方面，阮氏政權亦不必擔憂黎朝復辟，黎氏一族已成大清子民，喪失了反攻安南的合法性。

近代以來，法國勢力滲入印支半島。清帝國與法國爆發中法戰爭，雖一度獲勝，仍無法挽回越南等中南半島國家被法國吞併之趨勢。強悍的越南人從未將中國視為「父母之邦」，法國的殖民統治畢竟為越南注入近代文明，清帝國對越南內政的干預反倒

破壞了越南走向近代化的努力，在中國官方史書中被描述為抗法英雄的黑旗軍，卻被越南人視為燒殺搶掠的外來盜匪。

二戰結束時，中華民國軍隊駐守越南北方、接受日軍投降。迫於中國和法國雙方的壓力，越共領袖胡志明同意北越將作為「自由國家」留在法蘭西聯邦之中。胡志明勸說革命同志接受這筆暫時的交易：「白人在亞洲完了，但如果現在中國人留下，我寧願接下來五年聞法國人的屎，也不願後半生吃中國人的屎。」這句話生動地揭示了越南人對中法兩大宗主國的不同印象：法國很壞，中國更壞。

中共建政後，出人出錢幫助越共抵抗法、美兩大強權，血戰多年，南北越統一，中越兩國有一段短暫的蜜月期。很快，兩國因紅色高棉政權而鬧翻。越南出兵推翻中國支持的紅色高棉政權，並遠交近攻，投靠蘇聯，對抗中國，發動排華運動。毛死後，鄧小平掌權，實行對外開放，為獲得美國的資金和技術，給美國的投名狀就是發動對越「自衛反擊戰」。鄧小平訪美期間，主動向美方提出打越南。此戰轉移了文革後民眾對共產黨的不滿，刺激起民族主義情緒，幫助中共度過難關。直至今日，中越在南海仍存有領土爭端，越南與美國結盟對抗中國。

另一處無法擺脫中國陰影的地方是朝鮮半島。韓國總統盧武鉉曾對美國總統小布希說：「中國是在歷史上侵略韓國多達數百次的國家，我們豈能忘記如此刻骨般痛苦的往事呢？」盧武鉉是左派，被認為親北韓、親中國，但其內心對中國充滿仇恨。

中國自視為東亞盟主，歷史上多次凌虐朝鮮。隋唐兩代多次由帝王親自率領大軍討伐朝鮮，唐太宗即因征高麗失敗、中毒箭、服丹藥而亡。

明清易代之際，清帝國發兵懲罰忠於明朝的朝鮮，逼迫朝鮮

君主臣服。自詡為「小中華」的朝鮮吞下此奇恥大辱。

　　十九世紀下半葉，清帝國自身難保、被迫融入「萬國平等」的西發里亞現代民族國家體系，卻仍不忘在朝鮮面前耀武揚威。李鴻章一度威脅說要取消朝鮮獨立、廢除朝鮮國王、在朝鮮建立行省，朝鮮使臣慷慨陳辭說：「鄙國雖小，然風雨鳴晦，雖然唐宗元祖，猶未得志焉！」

　　此時，清帝國在西方列強逼迫下步步退縮，日本則在明治維新之後蒸蒸日上，東亞權力板塊出現位移。朝鮮菁英分子看在眼中，思在心頭，何去何從，不言而喻。閔妃勸說國王啟動改革，成立新軍。改革觸動既得利益集團，一八八二年，舊軍和守舊派為反對新軍和改革，發動「壬午兵變」，守舊派領袖、國王之父大院君取代閔妃集團執政。清帝國派三千淮軍控制朝鮮政局，將大院君綁架到清帝國，強迫朝鮮簽訂包括《中朝商民水陸貿易章程》、《仁川口華商地界章程》在內的一系列不平等條約，獲得領事裁判權、海關監管權、外交監督權等特權。中國的近代史敘事，大肆渲染被西方列強侵略、被迫簽訂不平等條約的悲情，卻隻字不提自己在同時用同樣的方法侵害朝鮮主權，作為殖民者的面目並不溫柔敦厚。

　　鑑於國勢危急，一八八四年，金玉均等朝鮮開化黨人發起「甲申事變」，暗殺守舊和親中的權臣，挾持國王，尋求脫離清國控制，實現國政獨立，推動維新改革。金玉均等提出廢除身分等級制度、廢除宦官、修正地租法規、充實國家財政、以才擇人、以人擇官等改革政策。

　　事發之後，清廷派駐朝鮮的「監督」（相當於總督，權勢宛如「太上皇」）袁世凱率軍突入朝鮮王宮，壓彈新黨，震懾駐朝日軍。短短三天之間，朝鮮人獨立、改革的努力灰飛煙滅，朝鮮

失去了自強改革的歷史契機，史稱「三日天下」，比清帝國之「百日維新」還要短暫和悲慘。這是清帝國對朝鮮的霸道蠻橫的武裝侵略。隨後，袁世凱坐鎮朝鮮，全權干涉朝鮮內政，擔負朝鮮的「維穩」。這段歷史，撕裂朝鮮民心，對朝鮮影響深遠。清日兩國也由此交惡，日後引發甲午戰爭，清帝國戰敗後，喪失了朝鮮宗主國的地位，朝鮮很快淪為日本的殖民地。

二戰之後，中國和蘇聯扶持金日成在北韓成立共產黨政權，一九五〇年，金日成悍然出兵南下，引發韓戰。麥克阿瑟率領聯合國軍隊由仁川登陸，北韓人民軍全線潰敗。中國派出掩人耳目的「志願軍」參戰，趁機將投降的國民黨軍隊送入絞肉機般的戰場消耗掉。韓戰險些釀成第三次世界大戰。中國以傷亡近百萬官兵的代價，幫助金日成保住半壁江山。此後，朝鮮半島維持分裂局面、北韓淪為全球唯一的三代世襲的極權國家，兩千五百萬北韓國民堪比現代奴隸，這一切亦是拜中共出兵所賜。

從中國支配下的越南和北韓的命運就可看出，從傳統帝制到共產帝制，名稱變了，但大一統、朝貢體制和劣質殖民的本質始終如一。與中國為鄰，宛如與魔鬼為鄰。

他們將人的吩咐當作道理教導人，
所以拜我也是枉然。

—— 《新約‧馬太福音》，15：9

第二章

現代化的敗局

這個帝國是一具木乃伊，它周身塗有防腐香料、描畫有象形文字，並且以絲綢包裹起來：它體內的血液循環已經停止，猶如冬眠的動物一般。所以，它對一切外來事物都採取隔絕、窺測、阻撓的態度。

——赫爾德（Johann Gottfried Herder）

「鴉片戰爭」不是關於鴉片的戰爭，而是關於貿易的戰爭；「鴉片戰爭」也不是中國近代史的起點，卻撼動了兩千年的天下秩序。

　　早在「鴉片戰爭」爆發之前八年，英國就已派遣「羅爾‧阿美士」號帆船從廣州北上，途經廈門、福州、寧波、上海、威海衛，直至朝鮮、琉球，進行偵察和測量航道。英國已發現中國水師不堪一擊。廣東海防重鎮南澳的七十八艘戰船跟商船差不多，南澳鎮總兵旗下五千餘人的軍隊只存在於名冊裡。率隊的英國軍官林賽和郭士立認為，「由大小不同的一千艘船隻組成的整個中國艦隊，都抵禦不了一艘英國戰艦。」一八三五年，他們在給外交大臣巴麥尊（Palmerston）的信件中表示，侵略中國只要一艘主力艦、兩艘大巡洋艦、六艘三等軍艦、三十四艘武裝輪船，加上六百人的艦載陸上部隊就足夠了。這支艦隊「會在很短時間內把沿海中國海軍的全部威信一掃而光，並把數千艘土著商船置於我們的掌握之下。」

　　英國人的自負不是沒有理由的。美國歷史學家傑克‧戈德斯通（Jack Goldstone）指出，進入十九世紀，英國的技術優勢被迅速運用到軍事領域的革新之中。蒸汽動力的軍艦使得東西方軍

事力量的天平發生了翻轉。英國的奈美西斯號戰船是第一艘被派往中國的由蒸汽動力驅動的明輪鋼鐵戰船，因其吃水僅五英呎，它可以在沿海的淺水中航行而不需要藉助風力或潮水的推動。「一八三九至一八四二年的鴉片戰爭代表了……西方軍事技術和戰略革新的一個重要的歷史性時刻，蒸汽驅動的船隻在海軍戰爭中成為一個重要的力量。」由於無法抵擋鐵甲軍艦的機動性和眾多功能，清帝國被迫臣服，從而第一次在近代戰爭中敗給西方勢力。

清帝國落後的不僅是軍事技術，其朽壞遍及政治結構和社會生活的每一方面。清帝國是「泥足巨人」的真相早被英國人看破。一八三六年的《中國叢報》指出，清帝國「抱持著不合群、陰沉的自尊自大，視其他所有國家為其屬下，以為自己的文明、資源、勇氣、藝術及武備遠為優越……整個組織沒有自行粉碎誠為異數。」實際上，「外國只要瞄準，然後有力地一擊」，清帝國「就會踉蹌倒地」。一八四一年十一月下旬，英國特使璞鼎查（Henry Pottinger）指出：「清國整個決策體制顯示，不管皇帝對臣民有什麼感情，王公大臣及一切軍官除了符合自己的利益之外，對其他事務都無動於衷。」

當戰爭打響之後，南方各省的民眾認為這是一場事不關己的「皇帝戰爭」，很多人主動受雇於英軍充當腳夫。既然朝廷從未善待臣民，臣民對朝廷亦毫無忠誠度。一名英國上尉評論說：「這真是一個不可思議的國家！你在這一地方打、殺、摧毀他們，換一個地方他們還是跟你做生意。」戰爭期間，官兵殺百姓，百姓組織的民團殺官兵，以及來自不同省分的官兵之間的自相殘殺，造成的死亡人數，遠超英軍的攻擊。很多時候，英軍成了清國內戰的旁觀者，然後出面收拾殘局。維持地方秩序的英軍，深受民眾歡迎，在

他們撤走時，讓許多地方的民眾戀戀不捨。

這場戰爭之後，清帝國的天下觀破碎了，由此走上「被近代化」之路。晚清七十年的近代化經歷了四個步驟：變革器物的洋務運動、變革政體的維新變法、變革國體的辛亥革命、變革文化的「五四」運動。然而，每個步驟都遭遇失敗、然後激化，再進入新的失敗、新的激化的新一輪循環。失敗得越大，激化就越大，此一趨勢無從遏止，亦無人能改弦更張。

第一節　「鴉片戰爭」：「亡天下」的開端

◎清帝國為什麼要打一場幾乎「穩死」的戰爭？

一八四〇年，英國對清帝國開戰之後，在長達一年多時間裡，沒有任何一個清帝國的官員敢將英方的外交文書向道光皇帝呈報。道光皇帝始終未能掌握真相、進入狀況，他一直以為是海盜騷擾、不足為慮。這不是因為道光皇帝能力不足、智慧不夠，而是他被各級官員上奏的錯誤資訊誤導，一錯再錯、一敗塗地。

直到英國艦隊從南到北一路攻城略地，道光皇帝才意識到事態嚴重，先後撤換幾批欽差大臣和前線指揮官——從漢族能臣林則徐，到身經百戰的老將楊芳；從深受寵愛的親侄兒奕山，到頗具人望的蒙古貴族裕謙，能用的人都用了，卻統統敗下陣來。大小官員個個謊報軍情、欺上瞞下，明明是「屢戰屢敗」，卻號稱「屢敗屢戰」，以此騙取朝廷的賞賜。[1]

七十歲的老將楊芳，此前平定白蓮教、天理教和張格爾叛亂，戰無不勝、攻無不克。但眼前的英國人是「陌生的敵人」。

他對付英國人的錦囊妙計是「傳令甲保遍收所近婦女溺器，載以木筏，出禦敵人」。當這一招不管用之後，楊芳私下裡派廣州知府告訴英國特使義律（Charles Elliot），假如皇上還要作戰，他會先行告知，雙方可以在廣州城外某個安全的地方，友好地安排一場假戲假做的戰役。那時，還未發明攝影機，否則楊芳真有可能拍攝一段雙方假作戰的影片，送到紫禁城裡道光皇帝御前，逗皇上開心。戰場上的勝負不重要，皇上開心才重要。

前線吃緊，道光皇帝派出身為「提督九門步軍巡捕五營統領」的堂侄奕經南下「討逆」。奕經抵達蘇州後，急於享受蘇州這個溫柔鄉的程度遠大於對英軍開戰。他從未認真擬定作戰方案，他是旗人，又是附庸風雅的士大夫，喜好書法、辭章、詩歌和繪畫。其隨營畫家窮數月心血，畫好一幅《如意指揮圖》，主角奕經威風凜凜，將洋人打得落花流水。奕經動員有文才的幕僚，舉辦一場作文比賽，徵求詞藻最華麗、最動人心弦的「勝利宣言」。一位幕僚讀了中頭獎的雄文之後說：「洋洋巨篇，典麗堂皇。」奕經拿出跟楊芳相似的妙計：反攻寧波之前，由軍費中撥錢出來，買了十九隻猴子，想把鞭炮綁在猴子身上，丟到英國軍艦上。但因找不到帶猴子靠近英國軍艦的人，勇敢的猴子們未能出征。等到英軍上岸攻城略地，飼養員馮氏匆匆逃逸，這批

1 雖然戰敗，奕經卻向皇帝報捷說，官兵對英國軍艦取得驚人勝利，用火筏燒毀敵方多艘軍艦，數百名英軍被燒死和溺死，這些大約是從《三國演義》之「火燒連營」中抄襲的細節。英方的記錄中，此戰並無傷亡。道光帝聞訊賜予奕經雙眼花翎。戰報如此不可思議，以至於浙江巡撫劉韻珂公開提出質疑。道光帝命令對戰績加以查證，奕經回奏：「若再另行查探，迭尋佐證，歷時既久，事轉遊移，將使奮勇有為之士不得即時論功行賞，恐不免墮士氣而寒兵心……無需複查。」道光帝認可此一說法。

「孫悟空」慢慢餓死在其前廳，成為人類異想天開及粗心大意的犧牲品。

　　歷史學家蔣廷黻指出：「我們的軍器和軍隊是中古的軍隊，我們的政府是中古的政府，我們的人民，連士大夫階級在內，是中古的人民。我們雖拼命抵抗，終歸失敗，那是自然的。」歷史學者茅海建指出，對近代化的敵人只能用近代化的手段解決。不是滿朝文武不努力，而是他們渾然不知近代化為何物。《清史稿》評論說：「奕山、奕經，天潢貴胄，不諳軍旅，先後棄師，如出一轍，事乃益不可為。其人皆庸闇不足責，當時廷臣不能預計，疆吏不能匡救，可謂國無人焉。」奕山、奕經如此，道光帝亦如此。道光帝救不了大清，即便康熙大帝復活亦無能為力，正如美國學者藍詩玲（Julia Lovell）所說：

　　這種情況不免讓人心生懷疑：清代中國是怎樣的政治、社會聚合體，一場抵抗外國侵略者的血腥鬥爭，對很多人而言竟變成不容錯過的好機會，可以詐欺政府，驅使無知、沒受過訓練的人民，去打一場幾乎穩死的戰爭。……從十八世紀進入十九世紀，中國被視為流氓國家：一個龐大、軍事化、不相容、有敵意的國度，拒絕按照最近由歐洲發明的國際遊戲規則行事。

　　戰爭期間，帝國的外強中乾一覽無餘：皇帝瞎指揮、大臣和將官瞞和騙、民眾袖手旁觀，上下級之間的信息溝通渠道完全堵塞、斷絕。缺乏現代國家意識，失去凝聚力和核心價值的「命運共同體」，只要遭遇外力輕輕觸碰，就如同蛋殼般破碎了。

　　戰後，「鴉片戰爭綜合症」成為久治不癒的沉痾，直到今天中國仍深陷於其中而不能自拔。什麼是「鴉片戰爭綜合症」？即

秦漢天下秩序蘊含的反現代化本質，在遭遇現代西方的全球貿易衝動和西發里亞的國際體系衝擊時，產生的排他性「過敏」反應。

軍事的失敗不是致命傷，《南京條約》也不是多大的恥辱——其中關於國際貿易的條款，很多是一個半世紀後中國加入世貿時渴求得到的待遇。失敗以後不明瞭失敗的理由，不願改革，那才是致命傷。道光、咸豐年間的人沒有領受軍事失敗的教訓，戰後與戰前的精神狀態完全一樣，麻木不仁、妄自尊大。

對清帝國，「鴉片戰爭」只是皮肉之傷，除了東南沿海幾個省分，老大帝國其他區域無動於衷，它所造成的實際傷害遠不及十多年後的太平天國叛亂。一般士大夫只是將之視為「島夷騷動海疆」，魏源事後追記，用的標題居然是《道光洋艘征撫記》，彷彿朝廷打了勝仗。

◎中興名臣胡林翼為何看到洋船入長江就嘔血而亡？

胡林翼是清帝國「同治中興」的四大名臣之一（曾國藩、胡林翼、左宗棠、李鴻章），是湘軍中僅次於曾國藩的第二號人物。[2]

---

2 曾撰著《湘軍志》的晚清學者王闓運說：「中興之業，實基自胡。」清人唐文治在《胡文忠公語錄序》中對胡有兩句贊語：「此其量，江海之量；此其心，江海之心也。」民國的「護國戰神」、儒將蔡鍔曾將曾國藩和胡林翼兩人的論兵言論編輯成《曾胡治兵語錄》，作為雲南新軍的「精神讀本」。蔣介石對曾、胡治軍方略推崇備至，一九二四年將此書奉為黃埔軍校必讀教材，並增編《治心》一章，以《增補曾胡治兵語錄》之名出版。一九四三年，共產黨八路軍《軍政雜誌》曾出版《增補曾胡治兵語錄白話句解》；一九四五年，八路軍山東軍區重印出版。可見，內戰期間，國共雙方都尊奉胡林翼。

《清史稿》中說，胡林翼年僅四十九歲即嘔血而死，是哀悼咸豐帝之死悲傷過度，以此將其塑造成忠臣之典範。其實，胡林翼之死另有原因。曾為曾國藩幕僚的薛福成在《庸庵筆記》中記載，胡林翼臨死前，正是清軍圍攻安慶之時。只要攻克安慶這一「鎖鑰」之地，即可將太平軍勢力分而殲之。在安慶戰役之前，胡林翼前往視察戰場地形，胸有成竹地笑道：「此處俯視安慶，如在釜底，賊雖強，不足懼也。」但行之江邊時，他見到兩艘洋船鼓輪西上，速度之快，非尋常風帆所能及，遂「變色不語，勒馬回營，中途嘔血，幾至墜馬」。

面對聲勢浩大的太平天國運動，胡林翼頗有周瑜「談笑間，檣櫓灰飛煙滅」之氣度。太平軍是內憂，是農民起義，是冷兵器的戰爭，歷史上經歷過太多次，用老祖宗傳下來的經驗足以應對。然而，當他看到洋人的蒸汽渡輪開到內河，清廷卻還在用快馬驛站來傳遞消息，洋人之強與中華之弱，天差地別。帝國夜郎自大太久，早已被西方遠遠拋離。與即將鎮壓下去的太平天國叛亂相比，洋人的船堅砲利才是難以招架的外患。此時此刻，胡林翼大概想到「防兵潰散，鳥駭獸散」的失陷的京城，想到死不瞑目的皇上。因思慮過度，病情加重，不數月間，就病歿於軍中。不過，他因此不必像曾國藩，雖力挽狂瀾、位極人臣，偏偏因為處理天津教案向洋人屈服而招致謗滿天下，幾乎晚節不保。

胡林翼的憂慮並非杞人憂天。西人的到來，讓菁英階層的儒家知識和歷史經驗變得不夠用。廣東巡撫黃恩彤上奏說：「迨英吉利互市開頭，粗就條理，而米利堅、佛蘭西各使踵至，均不免非分之幹。其餘各小國亦竊睍其旁，妄生覬覦。洵數百年來中外一大變動也。」薛福成說：「自古邊塞之防，所備不過一隅，所患不過一國。今則西人於數萬里重洋之外，飆至中華，聯翩而通

商者不下數十國，其輪船之捷，火器之精，為亙古所未有，恃其詐力，要挾多端。違一言而瑕釁迭生，牽一髮而全神俱動，智勇有時而並困，剛柔有時而兩窮。」李鴻章更是將此「變局」提升到數千年未有的更高層級：

歷代備邊多在西北，其強弱之勢、客主之形，皆適相埒，且猶有中外界限。今則東南海疆萬餘里，各國通商傳教，來往自如。麇集京師及各省腹地，陽托和好之名，陰懷吞噬之計，一國生事，諸國構煽，實為數千年未有之變局。輪船電報之速，瞬息千里；軍器機事之精，工力百倍；炮彈所到，無堅不摧，水路關隘，不足限制，又為數千年來未有之強敵。

胡林翼之嘔血而亡，李鴻章之「數千年未有之變局」意識，是「亡天下」的危機迫在眉睫。「亡天下」比「亡國」更可怕。按照明末清初思想家顧炎武的說法：「易姓改號，謂之亡國。」意即皇朝更替、國號變更是「亡國」。「保國者，其君其臣，肉食者謀之」──保衛政權，是當政者的事，跟老百姓沒有關係。換言之，「亡國」只是上層權力轉移，不必為之哀哭切齒。

比王朝更重要的是「華夏」，即「文化中國」。《春秋左傳正義》中說：「中國有禮儀之大，故稱夏；有服章之美，謂之華。」「華夏」族是以文化畫分的。孔子的「華夷之辨」──判斷某人是否屬於華夏民族，不以種族血緣為標準，而以文化禮儀做度量。以此而論，元、清兩代入主中原，於血統而言乃外族入侵，在文化上卻奉中華正溯，依然屬華夏文明史的一部分。

與「亡國」對立的概念則是「亡天下」。「仁義充塞，而至於率獸食人，人將相食，謂之亡天下。」若文化被連根拔起，倫

理被拋棄，則天下秩序就被顛覆了。

簡言之，政權覆滅而文化不亡，是為亡國；政權覆滅且文化斷絕，則是亡天下。士大夫可以接受明清易代，雖是異族入主中原，華夏衣冠不存，但三綱五常仍被統治者當作「萬世不易之理」，所以算不得亡天下。但到了清末，西學直接撼動儒家文化根基，亡天下的危機近在眼前。

曾以犬羊論夷夏又以夷夏比中西的中國人，第一次嘗到被別人歧視的滋味。中國曾亡於蒙古人和滿洲人，但蒙古人和滿洲人多多少少接受中國的教化，甚至被中華文化同化，中國人的自尊心得以彌補。這一次，西方人不僅用船堅砲利打敗中國，而且從根本上否定中華文化的優越性。英國外相巴麥尊自始即把中國歸入「半開化」國家，參與起草《天津條約》的美國傳教士衛三畏（Samuel Wells Williams）在日記中稱中國人是「蒙昧的民族」，做了清帝國總稅務司的李泰國（Horatio Nelson Lay）把雇主稱作「亞洲的野蠻人」。中國的華夷之辨被這種前所未有的「逆向種族歧視」徹底翻轉。

清帝國的統治者和士大夫階層如何回應「數千年未有之變局」及「亡天下」的危機呢？

第二節　洋務運動：師夷長技而不能制夷

鴉片戰爭的失敗，並未讓清帝國立即開始改革。二十年之後發生「庚申之變」，英法聯軍攻入北京，火燒圓明園。「苦命天子」咸豐帝出逃熱河，一年後回北京已是一口靈柩。上一次的烽火遠在天邊，這一次的硝煙近在眼前，從當時人使用的「痛心慘

目」、「創巨痛深」、「天翻地覆」等詞彙可以看出,「庚申之變」對中國人精神打擊既深且重。

於是,「自強」一詞在奏折、諭旨和士大夫的文章中經常出現,「自強」成為士大夫回應西方的群體意識。這表明菁英階層至少承認現狀是積貧積弱,否則何必「自強」?人們認識到需要一種新的政策,以應付清帝國在世界上的地位所發生的史無前例的變化。

清帝國掀起轟轟烈烈的自強運動,大力興辦現代工礦企業,修築鐵路,改革外交,整理財政,向西方購買大量槍炮和戰艦,打造海軍及新式陸軍,號稱「師夷長技以制夷」,一時間花團錦簇、像模像樣。

然而,甲午一役,洋務運動頓時被雨打風吹去。洋務運動的操辦者李鴻章晚年如此反躬自問:「我辦了一輩子的事,練兵也,海軍也,都是紙糊的老虎,何嘗能實在放手辦理,不過勉強塗飾,虛有其表,不揭破,猶可敷衍一時,如一間破屋,由裱糊匠東補西貼,居然成一淨室,即有小小風雨,打成幾個窟窿,隨時補葺,亦可支吾對付,乃必欲爽手扯破,又未預備何種修葺材料、何種改造方式,自然真相破露,不可收拾,但裱糊匠又何術能負其責?」

李鴻章的這段「實話實說」表明,洋務運動在根本上就錯了。馮桂芬在《校邠廬抗議》中指出,洋務運動的宗旨在於「以中國之倫常名教為原本,輔以諸國富強之術」,也就是後來張之洞在《勸學篇》中概括的「舊學為體,新學為用」(或「中學為體,西學為用」)。然而,正如歷史學者楊國強質疑的那樣:這種預想跟現實並不符合,一方面,幾千年來累積而成的「中體」沒有預備一種現成的空間可以容納借來的西法,是以借來的西法

移入中國一定會互相牴觸（如同電腦軟體之升級換代，新版本必然取代、覆蓋舊版本）；另一方面，西法不是單個的，而是彼此聯結的，是以一種西法一定會帶來另一種西法。就前者而言，西法不能不要求中國原有的物事讓路；就後者而言，西法不能不節節擴張。這些都內在於效法西法以圖自強的過程之中。總之，「局部變法」是不可能的，「諸國富強之術」不是一種能夠同「中國之倫常名教」和睦相處的東西。觀念中預設的「本」和「輔」、「中學」和「西學」，在實踐中是守不住的防線。

單單「師夷長技」不能「制夷」。你把人家當「夷人」看待，並不能在實質上貶低別人，而只能羞辱自己。「夷人」的長處不僅在於「技」，即看得見、摸得著的「船堅砲利」。「夷人」的「技」是從更深層的「政教」中生發出來的。只學「夷人」的「技」而拒絕其「政教」，就如同只摘花朵而不要枝幹和根系，這朵美麗的花怎麼可能持久開放呢？

◎自強運動，自欺運動？

最初，自強運動在中央的倡導者是滿族王公大臣恭親王奕訢和文祥。早在一八六〇年清廷與英法和約談判期間，法國就已主動提出幫助中國鑄造大炮，朝廷卻不敢接受，懷疑法國不安好心。一八六四年，恭親王和文祥開啟自強政策：「自強以練兵為要，練兵又以製器為先。」這是朝廷面臨生存危機時的本能反應，卻是一種本末倒置的抉擇。

接下來，隨著太平天國之亂後實權從中央下沉到地方督撫手上，自強運動以地方督撫為主力。曾國藩在平定太平天國的戰爭中看到西方火器的厲害，意識到「師夷智」的必要性。一八六二

年，曾國藩在日記中寫道：「欲求自強之道，總以修政事，求賢才為急務，以學作炸砲，學造輪舟等具為下手工夫。」一八六二年，李鴻章與太平軍激戰於上海時，即已意識到「用夷變夏……而求自強之術耳。」次年，李鴻章在給曾國藩的信中說：「若火器與西洋相埒，平中國有餘，敵外國亦無不足。」後來證明他的這一判斷過於樂觀。

李鴻章進而意識到，使用和生產西方新式武器，需要一套嶄新的知識系統和具備此知識系統的新人，這就涉及一種連續、系統的變革。一八六四年，李鴻章在給恭親王的信中提出「變法」建議，他認為中國文武殊途是軍事建設的致命弱點：

中國士夫沉浸於章句小楷之積習，武夫悍卒，又多粗蠢而不加細心。以致所用非所學，所學非所用。無事則嗤外國之利器為奇技淫巧，以為不必學；有事則驚外國之利器為變怪神奇，以為不能學。不知洋人視火器為身心性命之學者已數百年。

李鴻章是較早意識到文教需要做出根本改革的朝廷重臣。他感歎說，連日本幕府也派遣名門子弟到西方工廠當學徒，以獲得「制器之器」，日本這個比鄰的小國都能如此，大清為何做不到？他提出在科舉制度中設立專門科目，以選撥「制器之人」。然而，這一建議從未被朝廷認真考慮，對科舉做出根本性變革還要等待差不多四十年。

在不斷增大的內部和外部壓力之下，朝廷做出一些破天荒的行政改革。比如，中央設立總理各國事務衙門以處理外交事務。該衙門名義上是軍機處的一個機構，卻逐漸超越軍機處而對清帝的政策和政綱處於一種戰略性地位。[3]又比如，朝廷聘請英國人

赫德（Robert Hart）擔任總稅務司，赫德幫助清政府建立了一個高效率的海關服務機構，海關稅收逐漸成為清帝國財政中舉足輕重的一部分。

最難的是文教領域的改革。各地創設很多新式學校，但只要朝廷的文官制度和科舉制度不變，這些新式學校不可能吸引到一流人才。中央開辦培養翻譯人才的同文館，但滿、漢兩族的七十二名報考者大都是失業的中年人，這些憔悴的窮苦文人並無多少學習西學的熱情，他們並非超越成見的束縛，僅僅是看重衙門支付的津貼。第一批被錄取的學生有三十名，畢業的只有五人。

洋務運動中，各地興辦大量兵工廠和造船廠，因為其依托的政治經濟制度沒有改變，大都徒具外形、無足稱道。一八六八年，江南製造局造出第一艘六百噸的輪船，其造價比英國產的輪船貴一倍。一八七三年年底，江南製造局生產出四千兩百枝林明敦式來福槍，其造價高於進口的同類槍枝，品質也差勁，連李鴻章的淮軍都拒絕使用。船政大臣沈葆楨在福建辦馬尾船政局，有行家告訴他，兵船為了避免招砲招風，需要船身狹深而船面低平；商船為了能夠多裝貨客，需要船腹寬大而上面有樓。沈葆楨

3　西方外交官將總理衙門形容為「拖延部」，一八八三年至一八八四年曾任英國駐北京公使的巴夏禮（Harry Smith Parkes），談到總理衙門時曾說，要想讓總理衙門定下一件事，好比用一隻無底的桶從井裡打水，幾乎是不可能的。八國聯軍統帥瓦德西（Alfred Graf von Waldersee）在占領北京期間，專程往由德國衛兵守護的總理衙門一探究竟，他發現：「該衙門正與其他各大衙門情形相同，建在一條狹窄汙穢橫街之上，係由多數房子聚成，各房皆只有一層，而且往往互相交錯成為角形，其外則繞以牆垣。余略一過眼，即已看夠。當余復離此種殘碎汙穢之混亂地方以後，乃不勝慶幸脫離地獄。此處昔日曾經作過帝國外交部之衙門，若非居留北京四個星期以後，萬不能令人了解者也。」

異想天開地主張，「應該改為半兵半商之制，使得兩適其用」。結果造出來的船既不適宜作商船，也無法用於作戰。後來，船廠造出一千四百五十噸位的輪船，但開動起來速度慢、消耗高，使用木製船殼和單梁機，以十九世紀七〇年代的歐洲標準來看，應在被淘汰之列。所造之船，用於中國內河則太大，用於對付外國威脅則太小。問題的關鍵在於：船廠缺乏一個更懂技術的領導，領導無法自行決定政策的改變。

對於洋務企業的事倍功半、以洋務之名行貪腐之實，當時有評論指出：「自開辦海防，各省操辦軍裝，不知靡費幾何矣。其勾通洋行加價報銷者，果得精器，猶可言也；甚或外洋趕造不及，即以舊貨裝飾作抵充。」與槍械比，「外洋工料尤易浮冒，報價每至四五倍之多」。就連洋務派也承認，所造的槍炮彈藥，「以剿內寇，尚屬可用，以御外患，實未敢信」；所造的兵船，「可以供運輸，不能備攻擊，可以靖內匪，不能御外侮」。光緒帝在上諭中指責說：「中國製造、機器等局不下八九處，歷年耗費不少，一旦用兵，仍需向外洋採購軍火，平日工作不勤，所製不精，已可概見。福建船廠歲需銀六十萬，鐵甲兵艦仍未能自製；湖北槍炮、煉鐵各局廠，經營數載，靡帑已多，未見明效。」

由於朝廷不敢對政治制度作出變革，想靠複製洋人的船堅砲利解決問題，自強運動很快淪為自欺運動。自強運動持續三十年，「自強」一詞與其說是一個號召為革新而作真正努力的呼籲，不如說是一個用來自我辯護和為官僚既得利益集團服務的口號。甲午年的日清戰爭，號稱實力亞洲第一的北洋艦隊灰飛煙滅，彈丸小國日本將「東亞病夫」打回原形，宣告所有被稱作是為防禦外國列強而制定的政策完全失敗。若用一句時髦的話概

括，洋務運動必敗的原因是：笨蛋，不是武器或技術問題，而是制度和人的問題，更是背後觀念秩序的問題！

美國學者芮瑪麗（Mary Clalaugh Wright）認為，同治中興及自強運動不敢處理儒家文化的問題。同治中興不但是清帝國的中興，而且是儒家文化的復興——在思想上和政策上，儒家文化被重新肯定，而不是被質疑、批判和否定。這是一種根本性的矛盾：「事實證明，近代國家的確要與儒家（社會、政治）秩序的需要直接衝突。……愈來愈明顯的是人們必須作一個基本的抉擇：是選擇儒家遺產呢，還是選擇國力日益擴張的妖魔似的新世界？」自強運動的代表人物所要保存的是中國的傳統而不是西方的「國家」——因為他們常用感性的語言來稱道的「中國」是一種生活方式，而不一定是一個國家（現代民族國家的觀念尚未形成）。他們要救亡圖存，也想效仿西方，但不能不問救亡的代價：他們的政策可以調整，但不能把儒家社會的基本要素都讓步掉，那麼這不是救亡，而簡直就是滅亡：

同治中興的失敗異常清楚地表明，即使在最有利的形勢下，也不存在把一個有效的近代國家移植到儒家社會之上的途徑。

◎官辦企業，東方必敗

輪船、電報、鐵路、礦務和機器織布，時人統名之商務。商務原本是民間自發的經濟活動和經濟過程，是物力和財富的增殖。就近代化的本義而言，它代表了更深的程度。然而，中國的獨特性在於，這種近代化的深度是由國家權力造出來的，是政治干預經濟的結果。

洋務運動的倡導者們熱衷於創立官辦企業（國有企業）以及官辦企業遇到問題後稍加演變的「官督商辦」企業，他們自然而然地選擇了計畫經濟模式。[4]中國沒有個人自由（包括經濟自由）和基本人權（包括財產權）觀念，中國的官僚沒有海耶克的擔憂——「計畫經濟不僅將影響人們的經濟利益，而且還會嚴重干涉更為基本的生活價值」。但是，即便只是在經濟領域，官辦企業和計畫經濟、政府和官僚的干預，從長遠來看必將破壞市場、預後不良。對於洋務運動來說，其創辦的近代工業沒有一個是具有資本主義和市場經濟性質的企業，最後的結局只能是「東方必敗」。

官辦企業之致命弊端有三。

其一，長官意志，事倍功半。

清末地方督撫坐大，各行其是，將辦洋務作為個人政績。張之洞辦漢陽鐵廠，對技術一竅不通，實行衙門式管理，下達行政命令，造成巨大損失。他既沒有勘定鐵礦，也不知道煤礦在什麼地方，就致電駐英公使劉瑞芳、薛福成向英商訂購煉鋼機爐。英國梯賽特廠回曰：「欲辦鋼廠，必先將所有之鐵、石、煤焦寄廠化驗，然後知煤、鐵之質地若何，可以煉何種之鋼，即可配何種之爐。差之毫釐，謬以千里，未可冒昧從事。」張之洞固執地認為，憑著中國之大，什麼東西沒有？何必先找到煤、鐵再購機

4　所謂「官督商辦」的企業，是因為朝廷財政困難，且難以引進外資，不得不吸納本國民間資本而產生的一種企業運作模式。在招商局等官督商辦的企業的章程中，雖然規定「官」只是居於超然的監督地位，不問企業的具體經營和盈虧，但實際上，官卻干預所有事務，鄭觀應指出：「官督商辦之局，權操在上。」相比之下，即使商股占大頭，商股在企業中仍無實權。因此，商人和士紳通常不願投資其中。

爐！遂回電駐英公使，只須按英國所使用的機器，購買一套即可。

張之洞初任兩廣總督，原定在廣東設廠，待至機爐定畢，張已調任兩湖，又決定移廠湖北，又各處尋找鐵礦和建廠之地。鐵礦和廠址選定後，各處尋覓煤礦，四處鑽掘，最後在馬鞍山發現煤礦。找到了煤，卻不懂如何煉焦，又徵求煉焦之法，掘地如坎，終日營營，而不知馬鞍山的煤不適合煉焦。最後，只好從德國購買數千噸焦炭，用船載來，寶若琳瑯。興師動眾，花錢如流水，卻不曾產出一噸可用的生鐵。據統計，前後六年時間，耗費白銀五百六十餘萬兩。

一八九三年，張之洞又在武昌興辦南紗局，向外國訂購機器設備。及其先運到上海再轉運湖北，卻因張之洞調任兩江，又從湖北運到南京，可是南京不能安裝，只好再運到上海。凡運鄂、運江、運滬之費，儲存於上海之租金、保險之費，外國技術人員之薪俸，洋行借款之利息，統計近八十三萬兩。這些遠涉重洋運來的機器，擱置在上海楊樹浦的席棚之內。上面淋雨，下面透風，歷時五年，機底機箱陷入土中達二三盡深。從上到下，人人知道，但從無一人過問。後來機器運到通州安裝時，剔除腐爛部分，堆積得如同一座小山。

張之洞遭到彈劾，罪名之一就是以辦理鐵廠、鐵路、開礦等項，到處勒捐，並奏留巨款，社會上也風傳張好大喜功，別出心裁，花錢如泥沙。光緒帝下旨讓兩江總督劉坤一查辦。劉張都是洋務派大員，豈能互相拆台？劉為張辯護說：「香帥勇於任事，力為其難，若再從而苛求，實足寒任事者心，以後國事誰肯耽承？此事為中國創辦，機器購自外洋，工匠雇自外洋，鎊價時有漲落，斷不能以中國例價相繩。即令多費若干，亦涓滴都歸公

用，並未以分毫自肥其私。」

這種將企業經營當作政治成就來處理的模式，此後還會重演若干次，比如文革剛結束時華國鋒大肆購買西方機器的「洋躍進」就與張之洞的做法極為相似。

其二，近親繁殖，結黨營私。

盛宣懷是洋務大員，官至郵傳部尚書，因強推鐵路國有政策引發四川保路運動，再引發武昌起義，是另一個意義上的清帝國的顛覆者。他是電報局主事者，其叔父、堂弟、堂侄、姻親、外甥、女婿等在電報局各個地方分支機構擔任負責人的有三十一人。漢冶萍鐵礦的一千兩百名職員中，大半為盛氏之廝養及其妾之兄弟，純以營私舞弊為能。

洋務派最大的企業招商局淪為「兄授其弟，父傳其子」的獨立王國。媒體評論說：「試觀歷來之總辦，何一非挾巨力之大官乎？各船之買辦，何一非臣公之私人乎？蓋不特其私人而已，其私人之私人，靡不充滿其間。」一名英國人記錄了他無法理解的現象：「在中國人經營的工廠裡，都可看到一個令人驚異的情況：每部門都有一些衣服華麗而懶惰的士紳，各處偃息，或專心研究經書。我們向英籍經理詢問，才知道他們是主管官吏的朋友，雖然對於工作一無所知，但他們都領薪水，當監督，並有相稱的好聽頭銜。這些裝飾門面的指揮者們，得自由地來往出入，他們唯一要按時做的工作，只有領月薪一項而已。」

沈葆楨主持福州船政局時，因為他本人是湘系官僚，「凡湘人之失職者，一概入局」。其用人原則是省籍而非才能。

即便以清廉著稱的左宗棠亦不能免俗。英文媒體《華北捷報》評論左宗棠的蘭州織呢局時說：「局中安置了一大堆冗員，乾領薪俸，絲毫沒有學習使用機器的願望。」

當權者任人唯親，是因為缺乏公開透明的人才選拔機制。蔣介石喜歡用浙江人，習近平打造「習家軍」，都是同樣的權力邏輯。

其三，貪汙腐敗，隻手遮天。

因為缺乏監督，且企業所有權和經營權不明確，貪汙腐敗嚴重滋生。漢冶萍煤礦的坐辦林志熙一個人貪汙公款三十餘萬兩，媒體評論說：「如林志熙者，殆不可勝數，不過互相包庇，無人發現耳。」

英國領事在商務報告中談及台灣基隆煤礦：「煤礦的行政很腐敗，每個高級官員都可以派個私人代表，在礦場任冗職。……十分慘苦的挖煤手、木工、鐵工與小工的工資，已低到使這些官員們沒有多少中飽私囊的餘地。可是他們還是想盡方法找機會搜刮。」

北洋海軍獲得巨額經費，李鴻章並沒有把錢用在刀刃上。外國人諷刺說，有許許多多府台、道台以及諸如此類的官員樓附在海軍的索具上。事實上，樓附在北洋海軍索具上的外國人也不少。另一位觀察家注意到，「常年有許多買賣的代理人，川流不息地從各地區和海洋上的各島嶼走向天津的總督衙門。其中有出賣槍炮的人；有出賣軍需品、劍、馬兵裝備、步兵裝備、炮兵裝備、藥品、外科器具、醫院設備、帳篷、旗幟的人。」他們與李鴻章的部屬和翻譯交朋友，甚至「拜會李的廚師，奉承他的理髮師」。

一個多世紀之後，台灣購買法國拉法葉戰艦而引發連環腐敗案，不正重演了同樣的歷史劇嗎？陳水扁任總統時宣稱不惜動搖國本也要徹查到底，最後依然虎頭蛇尾、不了了之。

◎龍旗飄飄的艦隊：不是被日本打敗，是被自己打敗

一八六三年，朝廷聘請的總稅務司、英國人李國泰因為擁有幾艘可以攻擊太平軍的炮艦而飛揚跋扈，連軍機大臣都不放在眼中。恭親王和文祥等滿族親貴深受刺激，他們雖然在傳統上厭惡一切海上的事物，卻不得不下定決心：清帝國必須建立自己的艦隊。

現代海軍是人類歷史上空前複雜而龐大的戰爭機器，是新教觀念秩序的完美展現——海軍所需要的專業技術和合作、嚴謹的紀律與刻苦精神，沒有新教倫理與資本主義精神是無法達成的。新教強國同時也是海軍強國，如十七世紀的尼德蘭、十八和十九世紀的英國、二十世紀至今的美國，其世界霸權很大程度上是由強大的海軍實現的。就練兵製器所體現的取向而言，北洋艦隊以其所得到的西方軍事技術而堪稱洋務運動的高峰。但它所面對的矛盾和困難也在於此——一個不具備新教倫理和資本主義精神的國家，能打造一支強悍的艦隊嗎？

首先，近代海軍所包換的高度技術化是一種因技術發展而需不斷更新的系統，又是一種需要養護的系統。因此，海軍需要巨餉。清帝國尚是一個農業國，財政遠未現代化。雖以帝國之大，勉強可以湊出海軍軍費來，但清帝國的財政制度漏洞百出，國事與家事相交纏，是非利害皆成局迫——朝廷從海軍軍費中提出兩百六十萬兩討好慈禧太后、修建頤和園，任何現代國家都不可能發生此種荒唐事。一八八八年後，朝廷停止添購新的軍艦。然而，技術因變化而在發展，占有上風者始終是據有新技術者。陳舊的技術與沒有技術相去並不遠。

同時，海軍需要專門的機構和專業的領袖來管理。但清季自

同治初年興辦海軍，二十餘年間朝廷竟無專職大臣負責，常為外人傳為笑柄。中法戰爭後，經朝野上下不斷呼籲，方設立海軍衙門，卻由一名毫無海軍經驗的滿族親貴主持，徒添一個新的官僚機構。北洋艦隊的戰力很快被日本超過。

其二，創建近代海軍對於清帝國乃是一項極大的挑戰。近代海軍本為一支綜合科技的新兵種，不論是船砲設備、機械操作、航海技巧、人員教育，以及艦隊的組織訓練、行軍布陣，無不需要專門的知識與技術，這樣才能有效地管理與操縱，發揮其捍衛國防、維護海權的功能。這在當時既無近代工業設備，又無近代科技教育的清帝國，自然會遇到不少難題。技術的轉移不能速成，必經過長期培訓，方能運用純熟。尤其是人才的培養，更不是一天兩天，乃至一年兩年所能完成的，正如美國傳教士和外交官何天爵（Chester Holcombe）所說：「中國不能在任何市場購買有訓練的軍官和有紀律的士兵。」

就海軍而言，高度的技術所發揮的整體的作用，總是借助細密的分工實現。高度的技術和細密的分工需要紀律。知識與紀律要成為可以籠罩一切人的規範，則不能不講制度。與技術相對應，知識、紀律與制度歸根結底都關涉到新式的人才。在北洋艦隊，本已有限的知識難以化為規範，源於西方的制度也難以生根，人與技術的不相適應始終是一種長久的困擾。就海軍特別強調的紀律和技術分工而言，其背後是新教倫理、資本主義和工業化所塑造的新型人格。工人或城市市民轉變成海軍士兵很容易，農民則很難順利轉型為海軍士兵。

其三，國民的海洋意識、海權觀念對於海軍發展，也有相當影響。西方海權發達國家，其國民多視海洋為生命，富於冒險犯難的精神。而其政府能制定宏觀遠大的海洋政策，鼓勵海上的活

動。因之乃能以強大的海軍為後盾，不斷地通商、傳教、殖民，向外擴張，開創十九世紀的海洋時代。但中國傳統上是一個大陸國家，僅有陸權思想，而無海洋精神。除沿海各省少數地方之外，絕大多數國民皆視海洋為畏途，只能望洋興歎。

　　美國海軍戰略家馬漢在早年的名著《海權對歷史的影響》一書中指出，「利用及統治海洋，在世界史上實為一重大因素」。馬漢指出，海權不單單包括海軍，還包括商業生產、海外航運、殖民基地、國際市場等，海權思想乃是一種西方海洋文化的「叢結」。

　　馬漢晚年的著作《海軍戰略論》，直到第二次大戰時方有節略的中文譯本出現。日本卻不然，在甲午戰前即將此書翻譯成日文，並配發給每一艘兵艦上的艦長，人手一冊，作為必讀材料。因而從其著作中得到許多理論的根據，亦步亦趨，一一付諸實現。日本《帝國海軍史》的作者笠原長生指出：「海上權力為近世中無敵一大勢力，關係國運之隆替，決定勝敗之大局。」欲擴充海軍，必先使國民一般海軍思想之發達，舉國一致，為開展之原動力。歐洲大陸諸國如此，日本亦如此。日人常常夢想成為「東方的不列顛」，其對海軍的重視遠勝於清帝國，至為顯然。

　　中日兩國同因西方海權國家之挑戰，而以創建海軍作為回應，但成敗之因，早已埋下。歷史的悲劇在於，洋務派官員們一方面在大張旗鼓地推行海軍近代化，使海軍在技術領域發生巨大變化，北洋艦隊在硬體上堪稱亞洲最強大的艦隊；可另一方面，深植於文化心理深處的閉關鎖國觀念沒有變化，國家戰略中沒有增添海洋意識，這就注定了海軍近代化失敗的命運。

　　北洋艦隊的硬體一度讓西方刮目相看，日清甲午戰爭之前，大部分西方評論家認為，清國之勝算較大。但只要對北洋艦隊

「外強中乾」的真相稍有了解，就知道它不堪一戰。作為北洋統帥的李鴻章，對此心知肚明，他一味避戰、反戰，不是不敢戰，乃是深知不能戰、戰必敗。

北洋海軍的腐敗早已深入骨髓。北洋艦隊高級將領方伯謙在自訂的《益堂年譜》中記載，在短短六年間，他就在福州、威海、煙台、劉公島等處購買或修建五處豪宅。他娶有兩房姨太太，在艦隊常去之地，分別金屋藏嬌。方氏的開支和資產不是正常的薪水所能支撐的。海軍最高將領丁汝昌在劉公島上蓋鋪屋出租，收取租金，並與方伯謙在出租房產之事上發生爭執。丁還自蓄家伶演戲，生活驕奢淫逸。丁汝昌與方伯謙同溺一妓，丁的官職雖更高，但妓以丁年老貌劣，不及方之壯偉，誓願嫁方，丁百計經營無能如願。

每當北洋封凍，海軍例巡南洋時，官兵皆淫賭於香港。北洋海軍還用軍艦載客跑運輸掙錢，甚至利用軍艦的豁免權，從朝鮮走私人參。每船每月包乾的數百兩行船公費，為購置燈油、機器房車油、棉紗繩，以及油船所用，管帶則常私扣歸己，致使船艙機器擦抹不勤，零件損壞，大炮生鏽。類似的報導，亦常見於今天的中國海軍。今天的中國海軍雖擁有航空母艦和核潛艇，其腐敗比起當年的北洋艦隊來有過之而無不及——軍艦出訪香港、澳洲等地，官兵爭相搶購的物資是嬰兒奶粉，因為國產奶粉無法讓父母放心。

北洋海軍是洋務運動的最高成就，也是最慘痛教訓。打敗北洋艦隊的，不是第一次對外開戰的日本海軍，而是北洋艦隊及洋務派自己。歷史學者王家儉指出，清季洋務運動的基本性格，乃是一個求富強的現代化運動。建設海防，發展海軍是其中一個重要環節，也與洋務運動其他事業一樣，遭遇到很多適應文化變遷

的困難，一是中西文化的衝突與調和，一是傳統與現代的矛盾與適應。其他尚有體用之輕重、利害的權衡等，有些是屬於觀念性的（如維新與保守），有些是屬於技術性的（如科技轉移），但有些是屬於制度性的（如專制主義與官僚制度）和社會性的（如家族社會、儒教倫理及價值取向），錯綜複雜，交光互影，形成一極其曲折而又複雜的光譜。北洋艦隊的覆滅給洋務運動畫上句號，一支艦隊的滅亡是一個時代的結束。救亡運動被迫步入第二個階段。

第三節　維新變法：一鍋咽不下的夾生飯

◎從郭嵩燾到張蔭桓：滿載癡頑共一船，那容一枕獨安眠？

一八七六年，首任駐英法公使郭嵩燾抵達倫敦，召集使館所有人員，約法五章：「一戒吸食洋煙、二戒嫖、三戒賭、四戒外出遊蕩、五戒口角喧嚷。」並比諸摩西之十誡，認為是「中國出使西洋立教之祖」。

清帝國一向以天朝自居，英國卻是十九世紀後半葉的世界第一強國。就在次年（一八七七年）元旦，英國首相迪斯累利（Benjamin Disraeli）正式宣布大英帝國成立。老大帝國遇到新興帝國，不可能相安無事。

郭嵩燾是洋務運動中見識最為高遠卻命運最為坎坷之人，他的建言不為洋務運動所用，卻啟迪了維新變法的後輩。

在出使之前的一八七四年，郭嵩燾即指出洋務運動之病根所在：「西洋立國，有本有末，其本在朝廷政教，其末在商賈。造

船製器，相輔以益其強，又末中一節也。……捨富強之本圖，而懷欲速之心以責於海上，將造船利器，用其一旦之成功，遂可轉弱為強，其餘皆可不問，恐無此理。」這種把「造船製器」同改造國家政治制度結合起來的觀點，整整超越時代二十年。

出使英國使得郭嵩燾一度置身於西方文明的中心。他獨具慧眼，窺得近代文明背後的學術原動力，「此邦術事愈出愈奇，而一意學問思辨得知」。他發現，英國文明秩序的維持有賴於法治，英國政治之善也在於法治，法治經由教化，浸淫人心，成為一種習俗習慣，故能行之不悖：

朝廷又一公其政於臣民，直言極論，無所忌諱。庶人上書，皆與酬答，其風俗之成，醞釀固已深矣。世安有無政治教化而能成風俗者哉？西洋一隅為天地之菁英所聚，良有由然也。

郭嵩燾還意識到，「泰西富強之業，資之民商」，他雖未使用資本主義、市場經濟等概念，但亦離此不遠。

郭嵩燾反過來考察中國歷史發現，漢唐時常與外族平等往來，南宋理學興起之後才閉關鎖國且妄自尊大。同治初年，江西南昌的士大夫群起搗毀教堂，巡撫沈葆楨稱讚士大夫的「正氣」，郭嵩燾斥責沈氏頑固。郭嵩燾是那個時代少有的超越華夷之辨及中華本位立場的士大夫。歷史學家楊聯陞指出，郭嵩燾從未把西洋人比作牲畜。不僅如此，郭氏認為，洋人的文明實已出中國之上，「西洋文明之高、製造之精、船砲之堅利，非中國可敵」。所以，「西洋之入中國，誠為天地之一大變」。相比之下，一般士大夫「始則視（洋人）如犬羊，不足一問；終又怖之如鬼神，而卒不求其實情」，郭嵩燾親眼目擊往昔排外的總督瑞

麟見到洋人倒地便拜，可藉此一葉而知秋。

郭嵩燾對洋務的識見高人一籌，對「內務」同樣洞若觀火。保守派恥談洋務，洋務派忽視內政，郭氏不僅將洋務與內政連接起來，且認為內政若不能整頓與振作，花力氣搞洋務亦枉然，「未有人心風俗流極敗壞，而可言富強者也」，他贊同友人劉蓉所說，「非英夷之能病中國，而中國自為病耳」。以郭氏之見，中國走向世界的挫折是因為對西方認識不足，更由於傳統政體與社會之衰弱，以致無力應變。郭氏強調，洋務不能速成，尤其是教育及人才培養不是一朝一夕之事：「製造之精，竭五十年之力為之，亦庶幾什一望其涯略，若此者，其源皆在學校，學校之起必百年而後有成。」他發現日本學習西方而迅速崛起，中國依然「君驕臣諂」：「日本求礦學於德國，求塘壩工程於荷蘭，經營招致，進而未已。兼聞其修造鐵路求之英法兩國，安設電報求之丹國（麥），一皆用其專精之學為之。日本為中國近鄰，其勢且相逼日盛。吾君人夫，其旰食乎？」

郭嵩燾說出的只是常識，卻不為輿論所容，招致全國上下鋪天蓋地的謾罵，說他「有二心於英國」。湖南名士王闓運寫對聯罵他說：「出乎其類，拔乎其萃，不容於堯舜之世；未能事人，焉能事鬼，何必去父母之邦。」甚至說「湖南人至恥與為伍」。郭嵩燾不為所動，自我勉勵說，「謗毀遍天下，而吾心泰然」。但他終究未能進入洋務運動的核心，未能拯救洋務運動的挫敗。

洋務運動在甲午戰爭的硝煙中戛然而止。洋務運動的目標和手段都錯了：李鴻章、張之洞等人辦洋務「窮委而昧其源」，其最高理想是「富國強兵」，以「富國強兵」維持皇權專制和儒家綱常；又拒絕引入西方政教，以憲政體制鍛造現代公民，以自由市場經濟促成工業革命。「自強」的主體是國家和政府，洋務

運動在尋求富強的同時，又造成國家和民生脫節，國家至上化使得民生邊緣化，如郭嵩燾所言：「言富強者，視以為國家之本計，與百姓無涉。」辜鴻銘寫道：「滿街都唱《愛國歌》，未聞有人唱《愛民歌》。」普通民眾對洋務運動「事不關己、高高掛起」。洋務運動必敗無疑。

如果說郭嵩燾是洋務運動不被承認的精神先驅，那麼張蔭桓就是維新變法被遺忘的「主心骨」。歷史學者蔡登山評論說：「在晚清人物中，若以才識之卓越、仕途之坎坷、死事之壯烈而言，當推張蔭桓。」民國學者黃秋岳指出：「張蔭桓之生平，則極關政局，為甲午至戊戌間之幕後大人物。」歷史學者何炳棣在〈張蔭桓事跡〉一文中認為：「非蔭桓之先啟沃君心，則維新之論不能遽入，非蔭桓之為有先容，則變法之計不能驟行。」可見張蔭桓在戊戌變法中所扮演角色之重要。

張蔭桓非科舉正途出身，但「駢散文皆能卓然成家，餘力作畫，亦超逸絕塵，真奇才也」。一八八四年，清廷面向全國選拔外交人才，張蔭桓以通英語、知外務而被召進京，得到慈禧太后和光緒帝賞識，授予三品卿銜，命其在總理衙門行走。時隔一年，張被任命為駐美國、西班牙和秘魯大使。

在美三年，張蔭桓不辱使命，辦理華工被害案等多項交涉，且觀察、研究美國社會，多有心得。他指出：「美為民主之國，應譯其創國例備覽。」他在日記中將蔡毅翻譯的美國憲法全文抄錄，讚不絕口。但他對美國憲法所依托的基督教信仰卻知之甚少且評價甚低：「西俗新舊教異流同源，而皆歸宿於上帝，謂耶穌為上帝化身，救世者故崇奉唯謹。耶穌年三十而卒，生平無著述，足跡不出國門，竟能聳動西人至以其生年紀歷，此大不可解者也。中西文字各殊，西教士遊歷吾華粗諳華文，遂舉耶穌事跡

附會成編，遠遜佛經內典為中國文人譯說者耳。」中國士大夫的心靈世界多為半儒半佛，出仕為儒、隱居為佛，或中年為儒、晚年為佛，「達則兼善天下，窮則獨善其身」，佛教契合儒家觀念秩序；而基督信仰徹底顛覆儒家觀念秩序，基督教之「人之初，性本罪」與儒家之「人之初，性本善」格格不入，士大夫接受基督信仰極為艱難。

張蔭桓回國後，累遷至戶部左侍郎，賞加尚書銜，先後兼署工、刑、兵、禮、吏部等五部。慈禧召見臣下，往往隔著簾子對話；召見張蔭桓，卻將簾子捲起來與之交談，過後還賞他吃飯。慈禧說：「汝辦事認真，今予汝外官，當能為國家出力。」又說：「你有才能會辦事，難免遭人忌恨，國家要靠你們輔佐，絕不會被那些閒言閒語所干擾」。

張蔭桓也是光緒帝最信賴的朝臣。瞭解內情的維新黨人王照在《小航文存》中說：「張蔭桓蒙眷最隆，不入樞府（軍機處），而朝夕不時得參密務，權在軍機大臣以上。……是時德宗親信之臣，以張蔭桓為第一。」蘇繼祖在《清廷戊戌朝變記》中說：「南海張侍郎曾使外洋，曉然於歐美富強之機，每為皇上講述，上喜聞之，不時召見。其為人雖無足取，然啟誘聖聰，多賴其力。」據張蔭桓戊戌年日記記載，自新曆一月二十二日至八月二十二日，他被單獨接見二十四次，屢問新法。在光緒帝心目中，凡涉及西方事務，張蔭桓的意見有一定的權威性。

康有為等維新派人物，也是由張蔭桓引薦給中樞和光緒帝的。張、康都是廣東南海人。西方觀察家認為，廣東是商業最發達的省分，維新變法從某種程度上代表新興商人的利益，廣東商人中最優秀的人士慢慢有了歐洲自由主義的知識。「廣東人在朝廷中也擁有相應的勢力，危機爆發前他們的領袖是張蔭桓。」

戊戌變法失敗後，張蔭桓被捕下獄，目睹一同關押在刑部大牢的楊深秀等被提出監獄，「有肆口罵詈者，譚嗣同語尤悖戾」。他本已做好赴死準備，卻未被提出牢房。因英國公使竇納樂（Claude Maxwell MacDonald）、日本公使林權助和伊藤博文的施壓，李鴻章經榮祿說服慈禧，張蔭桓得以保命，改判流放新疆。張氏性格狂放不羈，流放途中居然對沿途接送的官員謔稱：「老太太跟我開玩笑，差我到關外走一回。」[5]

庚子拳亂之初，八國對清廷的排外政策表達不滿，新疆巡撫饒應祺上書要求請求釋放張蔭桓，讓其處理外交。慈禧太后害怕張蔭桓利用洋人勢力，協助光緒帝復位親政，在徐桐等頑固派的鼓譟下，乃下詔將張蔭桓處死於戍所。[6]張蔭桓沒有在戊戌年成為第七名殉難的「君子」，兩年後仍難逃一死，庚子之亂平息後方得以平反昭雪。[7]

5　由於謠傳張蔭桓的英國朋友莫理循（George Ernest Morrison）要將其劫走，刑部派遣王慶保、曹景郕兩名候補知縣負責押送，兩人將一路的情形記錄為《驛舍探幽錄》呈送朝廷。文中記載：「苗參戎率馬隊四人，在車前巡哨，步隊二十人，分三班，擎槍翼車而行，兩哨官率馬隊在後擁護，戈什四人，分班輪值，夜間三人輪替，率兵勇值宿，自始至終，不得鬆懈。」

6　慈禧太后嫉恨張蔭桓，一是因為張本是她提拔起來的人，卻轉向帝黨，慈禧認為張忘恩負義；其二，張深受西方人士的尊重，慈禧恨其借助外力施壓朝廷。

7　辛丑議和時，美公使柔克義（William Woodville Rockhill）照會李鴻章，說張蔭桓「出使該國時盡力盡心，使兩國邦交加厚，華盛頓人民聞其被戮，均為悼惜」，稱其為「美國心契之友、中國宜力之臣」，相信清政府必將還其公允昭雪，請求「將張蔭桓一切罪名開除，賞還原銜，追予諡典」。次日，英公使薩道義（Ernest Mason Satow）亦照會李鴻章，說張蔭桓為祝賀英女王登基五十周年大典特使，又為前任公使歐格納與竇納樂所敬服，凡屬英國舊識，對其冤情「無不慘悼」。他們一致要求將張蔭桓開復原官、以敦邦交。清廷在壓力之下允其所請，為張蔭桓恢復名譽。

郭嵩燾和張蔭桓的悲劇命運，昭示著清末從洋務運動到維新變法的「屢戰屢敗」。郭嵩燾晚年詩云：「挈舟出海浪翻天，滿載癡頑共一船。無計收帆風更急，哪容一枕獨安眠？」既是寂寞先知心情的寫照，亦是清帝國及其價值系統崩解的預言。

◎陳寶箴及湖南的維新變法：
家國舊情迷紙上，興亡遺恨照燈前

歷史學家陳寅恪言及維新變法的思想淵源，稱言：

當時之言變法者，蓋有不同之二源，未可混一論之也。咸豐之世，先祖亦應進士舉，居京師，親見圓明園干霄之火，痛哭南歸。其後治軍治民，益知中國舊法之不可不變，後交湘陰郭筠仙侍郎嵩燾，極相傾服，許為孤忠閎識。先君亦從郭公論文論學，而郭公者，亦頌美西法，當時士大夫目為漢奸國賊，群欲得殺之而甘心者也。至南海康先生治今文公羊之學，附會孔子改制以言變法，其與歷驗世務欲借鏡西國以變神州舊法者，本自不同。故先祖先君見義烏朱鼎甫先生一新「無邪堂答問」駁斥南海公羊春秋之說，深以為然。據是可知余家之主變法，其思想源流之所在矣。

陳寅恪指出，受郭嵩燾影響且從實際經驗中得知須借重西法改舊法的陳寶箴，與從「今文」經、「公羊」學中推導出「孔子改制」之說的康有為，有著思想淵源的不同。此一評論，具有指向性意義。

維新變法有兩個不同的群體及路徑。以時間節點而言，狹義

是指戊戌年「百日維新」，廣義則是指從甲午戰爭戰敗、洋務運動終結之後清帝國地方和中央展開的一系列政治、經濟和文化變革，中間經歷了百日維新失敗和義和團運動及八國聯軍占領北京等頓挫，一直延續到清末新政（清末最後十年的新政，相當部分是重啟百日維新時被擱置的政策）。

就變法的操刀者和影響面而言，一個維新變法是康有為引導光緒帝在中央發動的變法，雖居高臨下，但光緒帝權力有限，政令不出紫禁城，且很快被慈禧太后等頑固派撲滅；另一個維新變法是地方督撫等實力派在各地切實推行的變革，總督級人物以李鴻章和張之洞為代表，巡撫級人物以陳寶箴為代表，很多改革在百日維新失敗後被迫中止，仍有不少得以延續，與後來的清末新政相銜接。長期以來，史家只注意到前一個維新變革，忽視了後一個維新變法。

戊戌政變發生後，張之洞和李鴻章多少受到波及。張之洞的心腹楊銳成為被殺的戊戌六君子之一，李鴻章亦被歸入「康黨」受到參劾。慈禧太后將奏摺拿給李鴻章看，李鴻章當面承認這一頂帽子：「臣實是康黨，廢立之事，臣不與聞。六部誠可廢。若舊法能強國，吾國早已強矣。即變法則為康黨，臣罪無可逃，臣實是康黨。」慈禧太后聽了後默然。

督撫中在維新變法的實踐上走得最遠的是陳寶箴。陳寶箴早年為曾國藩之幕僚，屬鎮壓太平天國而形成的湖湘集團之一員。陳寶箴後來得到張之洞的提拔，官拜湖南巡撫，獨當一面。湖南民風守舊而強悍，當年郭嵩燾出使歐洲後回鄉即遭百般詆毀；但在陳寶箴等的推動下，湖南成為變法維新的發祥地和模範區。

湖南新政取得若干實際成果。經濟方面，陳寶箴致力於開發地方資源，鼓勵創辦實業。一八九五年十一月，奏請朝廷，設立

礦務總局，開發礦產。總局設立不久，先到常寧水口山開採，頗獲厚利。其他如平江黃花洞之金礦、新化錫礦山銻礦、益陽板溪銻礦等也規畫開採。

隨即，湖南出現若干私人創辦的近代企業，如士紳梁肇熒創辦的湖南水利公司、湘潭監生張本奎創設的化學製造公司、張祖國創辦的和豐火柴公司、黃自元創辦的寶善成公司等。

政治方面，陳寶箴設立課吏館和保衛局。前者對官員進行培訓，設有學校、農工、工程、刑名、緝捕、交涉六類課程，使得大小官員「講求居官事理，研習吏治刑名諸書」。後者仿效西方國家的警察制度，為新式地方自治機構，將一般公共安全事務交由士紳主持，是「一切政事之起點，而治地方之人權」。

在思想文化和教育傳媒方面，學堂、學會和報刊「三位一體」的「新學」迅速傳播——時務學堂、南學會和《湘學報》、《湘報》先後出現，得到陳寶箴的首肯或支持。短短數年間，湖南風氣大變。《國聞報》評論說：「湖南風氣漸開，較之江海各省，有過之而無不及也。……人盡憤發，士皆淬厲，為楚有材，於斯為盛。新學之盛，此邦殆其嚆矢歟。」梁啟超說：「自時務學堂、南學會既開後，湖南民智驟開，士氣大昌，各縣州府私立學校紛紛並起，學會尤盛。人人皆能言政治之公理，以愛國相砥礪，以救亡為己任，其英俊沉毅之才，遍地皆是。」

思想史家張灝指出，甲午之後是一個訊息傳播模式劇烈變動的時代，諸如期刊報紙、新式出版業、新式學校與教育系統、學會等，均蓬勃發展。同時，知識階層的定位亦隨之變迭，「一個獨立於政府之外、不以科舉制度定義的知識階層逐漸形成」。得到陳寶箴支持的梁啟超是這種自覺調整其角色的士人，「由中央賦予的名位不是唯一的權力源頭，由報刊集結起來的公共意見也

可以讓他們產生影響力，成為另一種權力的來源」。

陳寶箴不僅著力於湖南本省事務，還關注全國政治動向。他與張之洞聯銜上奏變法科舉，建議考試內容加入「時務策五道，專問五洲各國之政、專門之藝」。此折得到光緒帝肯定。但戊戌變法失敗之後，科舉照舊。

舊派不甘心其既得利益在變法中受損，慈禧太后發動政變，幽禁光緒帝，處死戊戌六君子。陳寶箴是受到最嚴厲處分的維新派地方大員。朝廷處分陳寶箴、陳三立父子的上諭用語相當嚴厲：「湖南巡撫陳寶箴，以封疆大吏濫保匪人，實屬有負委任。陳寶箴著即行革職，永不敘用。伊子吏部主事陳三立，招引奸邪，著一併革職。」朝廷對湖南新政的改革設施毫不容情，責令湖廣總督張之洞：「湖南省城新設南學會、保衛局等名目，跡近植黨，應即一併裁撤。會中所有學約、界說、箚記等書，一律銷毀，以絕根株。著張之洞迅即遵照辦理。」湖南新政就這樣被停止和毀滅了。

陳三立對此極為沉痛，隔年敘及此事，還有不能已於言者：「府君所立法，次第寢罷。凡累年所腐心焦思廢眠忘餐艱苦曲折經營締造者，蕩然俱盡。獨礦物已取優利，得不廢。保衛局僅立數月，有奇效，市巷尚私延其法，編丁役自衛，然非其初矣。」陳氏父子所痛心者，並不是己身的去職丟官，主要是改革圖強、「營一隅為天下倡」的願望化為泡影。

陳寶箴在家鄉南昌西山住了一年多便突然去世。陳三立的記載是：「是年（一九〇〇年）六月二十六日，忽以微疾卒，享年七十。」近人戴明震先父遠傳翁《文錄》手稿中記載：「光緒二十六年（庚子）六月二十六日，先嚴千總公（名閎炯）率兵弁從巡撫松壽馳往西山峴廬宣太后密旨，賜陳寶箴自盡。寶箴北面

匐匐受詔，即自縊。巡撫令取其喉骨，奏報太后。」學者劉夢溪結合箋注陳三立之《峴廬述哀詩五首》等詩文，證明陳寶箴確實是被慈禧太后下旨殺害，跟張蔭桓被殺害幾乎同時。

◎康有為：大同猶有道，吾欲度生民

以康有為為首的中下層文官策動的百日維新，與以陳寶箴、張之洞等封疆大吏在地方上切實推行的維新變法，是兩副面孔，旨趣與方略各不相同。勉強讓兩者有所連接的，是康有為的弟子梁啟超，梁啟超既參與中樞的維新，也在湖南新政中發揮重要作用。

很不幸的是，朝廷沒有將張之洞、陳寶箴等調到中央承擔全國性維新變法運動的總指揮，卻讓康有為這個中學和西學都不通、毫無政治經驗、性情乖張且野心勃勃的「士林邊緣人」成為百日維新的「總設計師」。

康有為的張揚與自誇，很大程度上出於其本性。早年，康「同門見歌哭無常，以為狂而有心疾矣」。歷史上的變法者，往往都有此種人格模式，如商鞅、王莽、王安石、張居正等。近代的反叛者和革命者，如洪秀全、孫文、毛澤東，多半亦如此。較之日本明治維新，所謂「明治維新人」，均為兼具卓越之學養與人品，長期在地方和朝廷擔任要職，且曾親身出使西方列國的重臣。同樣是新政，誰來做，結果將大不相同。

近代史家蔣廷黻指出：「孔子是舊中國的思想中心。抓住了孔子，思想之戰就成功了。皇帝是舊中國的政治中心，所以康有為的實際政治工作是從抓住皇帝下手。」可惜，康有為的「兩手抓」都錯了，且錯得離譜。

首先，康有為之「康學」的核心是《孔子改制考》。康氏認為，孔子以前的歷史無據可考，孔子遂假托堯舜等古聖先賢的言論行事而作六經，其目的是為「托古改制」。康氏虛構出一個首創「改制」的孔子，把孔子打扮成托古改制的「素王」，為其變法造勢。他自己同樣是在「托孔子而改制」，故而成為「新孔子」。康有為在《我史》中刪掉的原文驚心動魄——「忽思孔子則自以為孔子焉」、「忽自以為孔子則欣喜而笑」——這是他心中最大的祕密：他自以為是孔子再世！堅持「中學為體，西學為用」的張之洞對其看得透徹，在《勸學篇》中斥責「迂謬書生，食古不化」、「邪說暴行，橫流天下」，「吾恐中國之禍，不再四海之外，而在九州之內」。

　　其次，康有為確實抓住了光緒帝，光緒帝一度對其言聽計從，但光緒帝是缺乏實權的「兒皇帝」，事事需要徵求慈禧太后同意，帝后之矛盾已日積月累，變法成為矛盾爆發的觸發點。康有為最為愚蠢的做法是，企圖挑動帝后乃至帝黨與后黨之矛盾，讓光緒帝獲得實權，甚至異想天開地讓譚嗣同去鼓動袁世凱，以武力包圍頤和園，逼迫慈禧太后「裸退」。此種政治幼稚病，如同一九八九年改革派知識分子以為依靠趙紫陽就可完成政治改革，為了讓趙紫陽擁有實權，策動民間打出反對鄧小平「垂簾聽政」的口號，結果誘發鄧小平的文革後遺症，悍然決定開槍殺人，以趙紫陽為首的改革派遂作鳥獸散。

　　百日維新之前，若干新政已開始，如經濟特科、大學堂、新法練兵等。戊戌年四月二十三日，光緒帝經過慈禧太后批准，下詔書以定國是，康有為參與此詔書之起草。詔書包含廢除八股、設置鐵路礦務總局、允許司員士民上書、設農工商總局等。至七月，改革達於高潮，光緒帝罷免禮部六堂官，任命楊銳、譚嗣

同、劉光第、林旭為軍機章京，參與新政。

康有為在新政的策略中犯了兩大致命錯誤。他認為，新政最要緊的有兩件事，第一，科舉考試的內容從八股文變為政治經濟的策論，第二，調整行政機構，裁撤許多無用的衙門和官職。如此，打破無數人飯碗，「被改革者」遂殊死反抗。慈禧太后正是抓住官僚的「官心」和士子的「士心」，於八月初六一舉發動政變，奪回大權，將新政歸零。

康有為的很多變法主張是不切實際的空想，不可能付諸實踐。比如，他在《上清帝六書》中主張，以全國礦產作抵押來借款，並出售「邊外無用之地」，以籌資五、六億兩來進行改革。以不能確定具體收益的開礦權為抵押進行商業貸款，沒有一家銀行肯提供不用於開礦而從事新政各業的貸款；也由於其收益不確定，無法發行定期定息的債券。

至於出售「邊外無用之地」，康有為只是一種推斷，且試圖將西藏賣給英國。但是，他對國家之間出售土地的知識有誤，如俄國賣阿拉斯加給美國，價格並非「數萬萬」，美國也沒有拿這筆錢來「築鐵路、興學校、購鐵艦、增海軍」。而且，當時西方列強並沒有購買清帝國任何一塊土地的意圖，列強強租的不是邊外無用之地，而是邊內有用之地。此類建策，明顯暴露出康有為不理解相關的近代金融與世界歷史的基本狀況。

事後，張之洞的幕僚辜鴻銘在其英文著作《中國牛津運動故事》中，將張之洞等人的變法比喻為英國模式，將康有為等人的變法比喻為法國雅各賓派革命：

　　康有為的雅各賓主義已然脫離了張之洞的革新方案，……馬修・阿諾德所言的那種追求優雅與美好的牛津情感，使得張之洞

憎恨康有為雅各賓主義的凶暴、激烈和粗陋。於是，在康有為及其雅各賓主義處於最後關頭時，張之洞便捨棄他們，折了回去。

此處，辜鴻銘提及的馬修‧阿諾德（Matthew Arnold）為英國詩人和文學評論家，曾任牛津大學英詩教授。馬修‧阿諾德所言的那種「追求優雅與美好的牛津情感」，不單單在文學方面，它背後是英國良好的政體及民情。英國政治哲學家沃爾特‧白哲特（Walter Bagethor）對英國憲制有類似於伯克（Edmund Burke）那樣的衷心禮讚。沃氏認為，英國是一個「隱蔽的共和國」，其憲制包含「尊崇的」與「效能的」兩個部分，人「不但是一種理性的動物，還是一種激情和想像力的動物」。英國女王以及貴族，代表英國憲制尊崇的部分，議會下院、首相及政黨政治屬於實質性控制英國政體的部分，但是英國憲制的尊崇外表投合了英國人民對於傳統精神的喜好，凝聚了人民的信仰，致使英國憲制獲得人民穩固的支持與忠誠。英國憲制充分利用了能使最高權威獲得「神聖性」的影響力：「對於王室的尊崇……在古老的貴族周圍生長起來的尊敬……高雅精緻的禮貌，以及裝飾著、鼓舞著文明人民的國內關係的社會善意。」總之，英國成功地達到白哲特所謂的任何一個古老憲制都必須做到的兩個目標：「首先必須贏得權威，然後再利用權威；它必須首先取得人們的忠誠與信任，然後再利用這種效忠進行統治。」

然而，康有為參與的戊戌變法以及此後支持的張勳復辟，不僅沒有增進帝制或君主立憲制的美德，反倒顛覆了其權威及魅力——當然，其對立面的慈禧太后起了更大的破壞作用，再加上滿漢民族衝突，使得中國無法實現像英國那樣的光榮革命。

當光緒帝在慈禧太后死前一天死去，康有為手上的兩張牌少

了一張，他只剩下孔子了。在流亡生涯中，康的思想由「孔子改制」發展到將儒家「儒教化」。

在清末「典範轉移」的兩千年未有之大變局中，讀書人發現，儒教已淪為懸空的、高高在上的菁英的宗教，若要在讀書人與老百姓之間塑造共同價值，需要尋找一個接口，將儒教往私人宗教上推移。其靈感來源、取法對象，是佛教、道教、民間宗教以及外來的基督教。

一九〇一年，梁啟超寫道，康有為「以孔教復原為第一著手」，乃「孔教之馬丁・路德也」。這個比喻言過其實。康有為對基督教的精神內涵和組織形式一知半解，認為「耶教全出於佛。其言靈魂，言愛人，言異術，言懺悔，言贖罪，言地獄、天堂，直指本心，無一不與佛同。其言一神創造，三位一體，上帝萬能，皆印度外道之所有」。他堅信中國不需要基督教，因「民情不順」，且「一切之說，皆我舊教之所有」。康氏倡言變法，學習西方，卻拒絕西方的根本——基督教文化，豈非買櫝還珠。

康有為將儒學轉化成宗教的努力，此前在其變法中即已提出。一八九五年，康氏建議清廷在全國傳播孔子學說，把一切未經許可的寺廟都改為孔廟，並派遣孔教宣教士到海外向華僑傳教。一八九八年的戊戌變法中，他正式提議以儒教為國教並建立孔教會。入民國，康氏的這一思想更加頑固和執著，全然不顧與時代浪潮格格不入。一九一三年，他建議民國政府的國會將儒教認定為國教，並在全國各地的孔廟舉行周期性的宗教儀式。

清末民初，康有為的此類請求未被當政者接受——清廷雖以儒家思想為立國思想，卻不願接受康有為版本的儒家；民國政府忙於內戰與財政，無暇理會此類異想天開的建議。無論是舊派還是新派的士大夫階層都不能認同康的這一做法。守舊的儒者曾廉

指出，康將孔子提升為「教主」，將孔子視為摩西，而自以為耶穌，而成教皇。雖然曾廉對基督教比康有為更無知，卻一眼看出康氏是「借孔子之名而遂其個人的野心」。現代知識分子及其他宗教信仰者，對康有為的此設想也極為反感，因為它違背了《約法》中確立的宗教信仰自由的原則。[8]

康有為在一九〇二年底完成驚世駭俗的《大同書》，汲取嚴復所譯之《天演論》中的社會進化論思想，認為在大同世界，「天擇鐵律」演化而成之最高級的「新人種」將具有白種人的形貌與黃種人的心智。人類將不再有人種、民族、階級之分，也沒有國家之別，國界也隨之而破，全世界將依經緯度精準畫分。人類透過「大同公政府」所管理的複雜通信網路來相互聯絡。這個「大同公政府」如何組成，康有為語焉不詳。

一九四六年六月，中國共產黨即將奪取政權，建立宛如一張白紙的「新中國」。這時，毛澤東手上正在讀的，不是馬列主義經典，而是《大同書》。毛澤東對另一個理想世界的追夢者——《大同書》的作者康有為做出判斷：「康有為寫了《大同書》，他沒有也不可能找到一條到達大同的路。」毛在《論人民民主專政》一文中，宣稱自己找到了這樣一條路。十三年之後，毛的這條「大躍進」之路將數千萬中國人引入死亡之路。

---

8 康有為性格和私德上的嚴重缺陷，也導致其孔教運動的失敗。整個孔教運動缺少情感上和精神上的吸引力，很難稱之為宗教運動。康的最後一搏是參與張勳復辟，此事耗盡了他最後一點政治資本。從此，他不僅是民國多餘人，也是前清遺老中的異數，最終於一九二七年在青島疑似被人毒殺。

第四節　辛亥革命：
一場先天不足、後天失調的革命

◎《十九信條》：遲到的憲法不再是憲法

　　清末新政是維新變法的延續，是維新變法與辛亥革命之間清帝國最後一次自我拯救。十九世紀最後一個新潮是維新，二十世紀最初一個新潮是革命。在十九世紀與二十世紀之交，維新還不願歇手，革命卻已經露頭。改良是溫和的革命，革命是激進的改良，改良與革命賽跑，革命終究獲勝了。其根本原因在於，清末新政在最核心的環節「立憲」上失敗了。

　　日俄戰爭是中國思想界轉向立憲的一大契機。「通國上下望立憲政體之成立，已有萬流奔注，不趨於海不止之勢」。首先是駐外使臣孫寶琦上書請求立憲，然後是多名駐外使節聯名奏請變法且立憲。他們認為，日本「頒布憲法，於是君民上下一心，遂成鞏固不搖之勢」，「歐洲各國，除俄與土耳其外，皆為立憲之國，而尤以英德之憲法為最完備，此英德兩國所以能俯視列強，鞏成大國也」。當時的社會輿論也是如此，《中外日報》認為，亞洲同為黃種人的小國日本打敗歐洲白種人的大國俄國這一事實證明，憲政優於君主專制，中國該選擇哪個國家為榜樣不言自明：「橫覽全球，凡稱為富強之國，非立憲及共和，無專制者。使以日俄之勝負為吾國政體之從違，則不為俄國之專制，必為日本之立憲。」

　　一九〇六年九月一日，清廷發布《宣示預備立憲先行釐定官制諭》，邁出政治體制改革的第一步。一九〇八年，頒布《欽定

憲法大綱》等文件，確定立憲的路線圖和時間表。袁世凱在其中充當了關鍵角色，立憲派領袖張謇指出：「自七月十三日朝廷宣布立憲之詔流聞海內外，公之功烈，昭然若揭，日月而行。」

然而，憲法大綱與預備清單的發布，其於憂心國事，以及具有政治覺悟的國民而言，等於是一針輕微的麻醉劑，和一張沒有兌現把握的遠期支票。當時人們所要求的，是希望在兩年或三年之內，即行召開國會。而依預備清單及清廷的上諭，卻要等第九年一切預備工作完成後，到第十年才能召開國會。時間上的距離如此之大，無法滿足人們的希望和要求。所以，在憲法大綱及預備清單發布之後，國會請願運動經過極短暫的平靜，又如火如荼，蒸騰以起。

最失人心的是《預備立憲大綱》中對皇權沒有任何限制，皇帝的權力比日本天皇和俄國沙皇更大，這不是君主立憲，而是「披著憲法外衣的絕對君主專制」。朝廷任命的內閣總理大臣和內閣政務大臣，跟原來的滿漢各半相比大幅退步，變成滿七漢四，且蒙古、漢軍旗依附於滿族，漢人不足三分之一。陸軍部等要害部門全掌握在滿族親貴手中。這個內閣被稱為「皇族內閣」。面對清王朝的背信棄義，立憲派及民眾紛紛強烈反對。

保路運動成為壓垮駱駝的最後一根稻草——清帝國政府絲毫不尊重私有產權，四川民眾集資修建的鐵路，說國有就國有，跟如今某些非洲國家及南美的委內瑞拉、玻利維亞等國的暴力國有政策如出一轍。而此時的民眾早已不再是皇帝予取予求的順民，他們要為自己的權益奮力一搏。清帝國學西方、辦洋務已經半個多世紀，卻連西方走向現代化的首要條件是保護私有產權都沒有弄明白，它的滅亡就是毫不值得同情的了。

有保路運動，才有武昌起義。武昌起義後不到一個月，各省

先後宣布獨立。驚慌失措的清廷於十一月二日頒布《憲法重大信條十九條》並在宗廟宣誓，這是對明治維新時「五條誓文」的模仿，但時勢迥異，成效懸殊。

在近現代立憲史上，這是具有重大轉折意義的憲法性時間，卻瞬間就被各地起義的硝煙遮蔽了。學者高全喜認為，如果說前此的《欽定憲法大綱》中的君主立憲徒有立憲之名，是一種義大利政治學家薩利托（Giovanni Sartori）所謂的「名義性憲政」；那麼《十九信條》所宣誓的君主立憲制，則是一種真正具有憲政性質的虛君共和制，從中可以找到英國憲制的影子。學者尚秉和指出：

《十九信條》深得英憲之精神，以代議機關為全國政治之中樞，苟其施行，民治之功可期，獨惜其出之太晚耳。倘能早十年宣布實行，清祚或因以不斬，未可知也！

然而，若非武昌起義，滿清皇室會推出《十九信條》嗎？正如遲到的正義是「非正義」，遲到的憲法也不再是憲法。生不逢時的《十九信條》瞬間便被辛亥革命大潮席捲而去。

◎從《清帝退位詔書》看誰是共和之父：是張謇，而不是孫文

敲響清帝國喪鐘的是清帝國當家人。武昌起義之後，各省督撫無法控制局面，死命對抗革命乃至以身相殉者是極少數（如自殺的江西巡撫馮汝騤、閩浙總督松壽，被殺的山西巡撫陸鍾琦、署理四川總督趙爾豐），大多數略作抵抗便棄職或稱病辭職。

在上海的前兩廣總督岑春煊被起用為四川總督，一度謀「取道豫陝，轉戰入蜀」，短短數日長江中下游便已變天，大勢已去，只得哀歎說：「獨居租界，惟聞四方土崩瓦解，望風歸順。自來民心離散，疆宇喪失，殆從無如是之速者。蓋禍機早伏，一觸即發，民之離散久矣。」

當時的媒體評論：「二三年來，立憲既經絕望，人人心中即有革命之意。今日武漢事起，全國知之，如銅山西崩，洛鍾西應，人心所趨，有莫知其然而然者。或以瓜熟蒂落喻之，理義甚合。」御史胡思敬說：「朝廷力行新政，原以圖富圖強圖存，而不料轉以速貧速亂速亡。」第二次出洋考察憲政的大臣于式枚說：「行之而善，則為日本之維新；行之不善，則為法國大革命。」

美國傳教士、美國國務院顧問布朗對清廷覆亡有這樣一番觀察：清朝政權崩潰如此之快，表明滿族統治的基礎已經腐朽，中國人民正為自身的尊嚴和秩序而鬥爭。在如此遼闊的國家，能將革命進行得如此之快、如此和平，這是人類歷史上前所未有的。參加革命的軍隊建制很小，整體規模不大。整個革命死傷甚少，遠不足與美國內戰和日俄戰爭中任何一場戰鬥的死傷人數相提並論。在大部分地區，革命形勢欣欣向榮，以至於很多帝國官員不戰而降。四川革命爆發的五個月裡，以及漢口光復的三個月時間內，十八個省中有十五個省進行了革命。起義勝利的浪潮席捲整個長江流域。傲慢的大清皇帝以天子之名統治將近三百年的「天朝上國」已經滅亡。

清帝國不是被武昌起義推翻的，而是從內部瓦解的，再失去列強的外部支持，就轟然倒下。一九一二年二月十二日清帝遜位，主要是清皇朝沒有得到各省的信任，以及外國的支持而發生的。在第一次世界大戰之前的外交中，英、美、德、法、日、俄

六大強國沒有遵行一種協調的政策。從十九世紀末開始，清廷的財政就無法自主，大舉借債不僅沒有讓清帝國得以自強乃至「與列強競爭於世」，反倒走向「借款自亡」之路。列強此時拒絕給予清廷財政上的援助，實際上等於承認了革命黨。他們堅持一種不干涉態度，或事實上鼓勵革命黨，而聽任帝制和皇朝土崩瓦解。列強容許帝制政體被推翻和皇朝遜位，並支持袁世凱為新的共和國的元首。

一九一二年二月十二日，走投無路的清廷發布《宣統帝退位詔書》。詔書中說：

前因民軍起事，各省響應，九夏沸騰，生靈塗炭。……今全國人民心理多傾向共和。南中各省，既倡議於前，北方諸將，亦主張於後。人心所嚮，天命可知。予亦何忍因一姓之尊榮，拂兆民之好惡。是用外觀大勢，內審輿情，特率皇帝將統治權公諸全國，定為共和立憲國體。

立憲派領袖張謇為《宣統帝退位詔書》起草者之一。[9]《宣統帝退位詔書》是《十九信條》精神的延續和超越，如學者高全喜所說，它屬於現代中國的一部分，其實質已屬於肇始之際的新

9　曾任南北和談北方代表的北洋高級將領唐在禮回憶說：「傳聞最盛的是南方張季直與趙竹君所擬之稿，用電報傳至京，後經汪袞甫、徐世昌等修改。」胡漢民在自傳中說：「清帝溥儀退位之宣言，由張謇起草，交唐紹儀電京使發之。」曾為張之洞幕府的趙鳳昌，其居所惜陰堂曾為南北和談場所，其子趙尊岳在《惜陰堂辛亥革命記》中說，退位詔書是張謇應其父趙鳳昌所請而起草的，「張手稿存『惜陰堂』有年，某年《申報》國慶增刊，囑余記辛亥事，因影印以存其真，惟張譜失載其事」。

中國——中華民國的重要組成部分，有機地納入革命建國的新傳統之中，並做出了自己的貢獻。它是奠定中華民國立國之本的憲法性法律文件之一，甚至具有與《臨時約法》同等重要的意義。清帝國也以自我和平遜位的方式參與到革命建國和人民制憲的憲法主題之中，以自己形式上的死亡，與這個國家和民族共同贏得新生。

在國共兩黨的官方敘事中，辛亥革命只有一個，即孫文和革命黨人「根正苗紅」的辛亥革命；其實，正如維新變法有兩個，辛亥革命也有兩個，被遺忘的另一個是袁世凱和張謇等改良派、立憲黨人的辛亥革命。袁世凱以北洋的武力逼迫清帝和平退位，以張謇為代表的立憲黨人則致力於維持各地新政權並達成南北和解。

孫文及革命黨人多為社會邊緣群體，甚至是會黨等黑暗力量。美國學者白樂日（Etienne Balazs）指出：「在所有問題都要求在數年或十數年的狂熱時期一舉解決的中國歷史的轉捩點，傳統要素與革命要素常常是相互結合而發揮作用的。」孫文即是其代表人物。孫文本人中學和西學皆一知半解，「不中不西」，且在中外皆無信用，人稱「孫大炮」。孫文的成功在於他將邊緣知識分子與底層社會、祕密會社的力量結合起來，形成以之為核心的革命運動。革命黨人擅長殺人放火，卻無力建構穩定的政權。他們蔑視協議和契約，濫殺無辜，糜爛地方，對投降的滿人實施種族屠殺，這一幽暗面被正史掩蓋。

以浙江為例，浙江光復與政權和平交接，端賴立憲派士紳的努力。諮議局議長陳黻宸、副議長沈鈞儒、民團總理湯壽潛等與清軍將領貴林談判，促使其放下武器，並承諾「杭州為天下倡」，不會殺戮旗人。英國領事在報告中指出：「革命在表面

上純粹是軍方幹的，但從本地報紙看來，它是湯壽潛和諮議局扶助和組織的。」湯壽潛之所以願意出任都督，「徒以杭有旗營，慮不我下，則省城塗炭，兼慮他省駐防，以杭為前車而鋌而走險也。私冀發揮人道主義和平解決，庶杭防下，而凡有旗防者皆易下，以符政治革命之旨」。貴林在談判中提出不殺旗人一人的要求，湯毫不猶豫簽字答應。但革命黨人褚輔成等事後出爾反爾，擅自將討要軍餉的貴林父子等四人捕殺。湯、陳等憤而辭職。

清末最具紳士品格——即便與歐洲第一流紳士相比亦毫不遜色的，不是康有為、梁啟超，而是張謇。張謇以狀元之顯赫身分，辭職「下海」經商。[10]經商取得巨大成功，繼而以實業家和士紳領袖的身分從政，一九〇九年被推為江蘇諮議局議長，一九一〇年發起國會請願活動，一九一一年任江蘇議會臨時議會長。辛亥革命期間，張謇奔走南北，促成和談，居功甚偉。

以張謇為代表的清末立憲派、地方議會代表和受社會各界信任的士紳，在建立民國過程中的貢獻比孫文等革命黨人更大。作為縱跨政、學、商三界的士紳菁英，張謇把一生的事業與中國古今轉型的立憲變革結合在一起，他的立憲事業典範性地代表了革命黨和清王室大臣之外另外一股民間社會立憲建國力量和理念。理性、審慎、穩妥和漸進地推進立憲改良，是他們致力於改造政治的基本方略，正如張謇所說「一生之憂患、學問、出處，亦常

---

10 張謇先後創辦大生紗廠、廣生油廠、復新麵粉廠、資生冶廠等近代企業，形成南通唐閘鎮工業區，並在唐閘西面沿江興建天生港，天生港又興建發電廠。南通成為中國早期的資本主義工業基地之一。張謇還創辦多所新式學校，如中國第一所師範學校通州師範、吳淞商船專科學校、吳淞水產專科學校、同濟醫工學堂、上海商科大學及中國第一所特殊教育學校——聾啞學校等，還創辦了中國第一所博物館——南通博物苑。

記其大者，而莫大於立憲之成毀」。可惜，中國如同分量太大的麵團，張謇等人如同分量太少的酵母，太少的酵母無法將太多的麵團發酵，麵團很快就酸掉了。

◎「共和」為何與中國失之交臂？

孫文沒有建國，袁世凱也沒有竊國。孫文不是華盛頓，而是洪秀全；袁世凱不是克倫威爾，而是拿破崙。這不單單是因為他們兩人人格的缺陷，而是由中國的民情與觀念秩序所決定的。孫文在歐美社會生活了半輩子，袁世凱從事洋務亦近半輩子，但他們對帝王學、權謀術的喜好，超過了對共和憲政的嚮往。

孫文和袁世凱都未能明白他們當過元首的「中華民國」英文譯名中「共和」一詞的真實內涵。在儒家政治傳統中，「共和」是曇花一現的貴族寡頭共治。史書中記載的「周召共和」，並未形成一種持續性的制度，很快恢復為絕對君主專制。在辛亥革命之後，真正的現代「共和」制的嘗試，在中華民國北京政府一路走來，跌跌撞撞，好不艱辛。到了一九二七年，人們對水土不服的「共和」失去耐心，選擇了似乎可以讓中國立竿見影實現大國崛起的秦漢秩序加蘇聯的黨國模式。

此共和與彼共和風馬牛不相及。《史記‧周本紀》載，周厲王施行暴政，導致「國人暴動」，「召公、周公二相行政，號曰『共和』」。據《呂氏春秋》、《竹書紀年》及《清華簡》，還有青銅製品上面的銘文，此處「共和」指當時一個名叫「共伯和」的人物。「共伯和」即諸侯國「共」的伯爵，名叫「和」。他是小國國君，但德高望重。周厲王逃跑後，包括貴族、官僚和平民的暴動者，將共伯和請來攝政，周定公、召穆公做宰相，共

同治理國家，維持臨時中央政府。「共和」的意思，首先是「共伯和」的名字；其次是以「共和」為年號。歷史的偶然性是，「共和」這兩個字本是人名和年號，本身亦有「共同和諧」之意，人們就認為「共和」是貴族們聯合起來、共同管理和協調國家事務。

近代以來，中國人翻譯來自西方的觀念，常常將古已有之的詞語拿來「古為今用」，便於讓國人接受外來思想。嚴復第一個用「共和」這個古語翻譯「Republic」，指稱他所理解的「數賢監國」的政治模式（「如古之共和」），與君主制和民主制並列。但嚴復對「Republic」的理解並不準確，用「共和」來翻譯是一種不求甚解的「錯譯」——西方的「Republic」並非儒家政治傳統中的「周召共和」（貴族寡頭共治）。自從嚴復以「共和」翻譯「Republic」之後，「共和」的「誤讀」成為知識界的普遍共識。[11]

這種「美麗的誤會」貽害無窮：一百多年來，華人對「共和」之本質始終不甚了了。儘管海峽兩岸的「兩個中國」——中華人民共和國和中華民國——國名之英譯都使用「Republic」這個詞彙，但何謂「共和」、何謂「共和國」，恐怕從政治人物、法學家到普通民眾都一頭霧水。

民國初年首屆國會兩次制憲嘗試都以失敗告終，占據行政權和壓倒性軍事力量的袁世凱及北洋系負有相當之責任，占據國會多數派的孫文及國民黨人負有更大責任。一九一三年的國會排斥

---

11 比如，一九〇四年，陳獨秀在《安徽俗話報》上發表《十四年共和》一文，將「周召共和」界定為「貴族共和」：「國民新創共和制度，不立國王，公舉周公（周公旦的後人）、召公（召公奭的後人）二人，為全國國民的代表，協辦內外一切國政，號約共和。政體性質，彷彿和西洋人所說的貴族共和政體相同。」

袁世凱北洋派的制憲參與，採用封閉性的國會制憲模式，選擇抗爭性的單獨制憲，實際上是拒絕任何妥協的政治行為。一九一六至一九一七年相似的歷史場面再次重演。當時的國民黨系政團益友社不顧袁世凱死後軍人力量崛起的政治現實，堅持立即實現以削弱地方實力派為目標的省制入憲，拒絕北洋政府與地方實力派在省制問題上的反對意見，致使省制問題流產，給予軍人干涉制憲的藉口，制憲進程再度失敗。國民黨系的政治人物孫洪伊認為，民國建立以來主要是北洋派與國民黨之爭，「北洋派與國民黨能互相諒解，則國家舉手可定」。以此而論，二十世紀中國政治「全贏或全輸的模式」開始於民國初年國會政治菁英的制憲活動。

接下來，北洋政府出現曹錕賄選、段祺瑞解散國會並廢除《約法》乃至張作霖以大元帥之名掌控中央政府，國民黨方面則是孫文由非法的「非常國會」推選為「非常大總統」乃至在蘇聯的支持下建立割據政權再黨軍北伐——由此建立的南京國民政府不具備中華民國之法統，不再是《臨時約法》與《宣統帝退位詔書》所共同鑄就的中華民國之共和國，而淪為一黨獨裁的黨國。再取而代之的共產黨政權，則是全能式極權主義，不僅奴役本國國民，且向全球輸出革命和病毒。

一九一三年二月四日，美國國務卿致參議院外交關係委員會主席的信件中，有一份名為《關於承認「中國共和政府」的備忘錄》的附件。備忘錄指出，培根參議員提出盡快承認「中國共和政府」的聯合決議案。這一決議案基於目前中國政府是「代議制的」、「長久的」和「穩定的」這一假設，但國務院無論是從其內部的代表還是從在華有重大利益的其他國家政府所獲得的資訊都表明，即使這個政府在原則上或是共和的，但它目前既不是真

正的代議制，也不是「長久的」，其穩定更是一個懸而未決的問題。

第五節　「五四」運動：沒有自由和人權，民主和科學是空中樓閣

辛亥革命之後數年，共和制度仍無法有效而穩定地運作。就推翻帝制而言，辛亥革命成功了；就走向共和而言，辛亥革命失敗了。一九一九年，「五四」運動爆發，中國進入「五四」時代。「五四」對如何建立現代國家提出新的設計和願景。余英時指出：

「五四」以來，民主和科學始終被奉為中國所必須追求的兩大價值。當然，與之相關聯的還有其他的價值，如「自由」，這是民主與科學都不可或缺的先決條件；如「人權」，則是民主所要實現的終極目的。

余英時對「五四」的定義，與中共官方對「五四」所持的「三位一體」的論述迥異。中共以「愛國」來定義「五四」，而淡化「民主」與「科學」。

而即便以「民主」與「科學」而言，這兩種在十九世紀末在西方成形的觀念本身就有局限性，再傳到中國之後，二度扭曲變形。如余英時所說，科學在中國主要表現為「科技」，是「藝」而非「道」；為真理而真理的科學精神尚未充分建立。民主的地位則是「尊」而不「親」，甚至還時時有取消國籍、遣返西方的

呼聲。在此意義上，「『五四』尚未完成」。

◎中國捨美國而學蘇聯，棄威爾遜而取列寧

正如有兩個維新變法、兩個辛亥革命，也有兩個「五四」運動。

若從時間節點而論，狹義「五四」乃指發生於一九一九年五、六月間的中國民眾採取各種行動（高潮是從五月四日到六月三日間北京學生的遊行示威，乃至火燒趙家樓等出軌事件）來行抗議日本強迫北洋政府接受出讓山東、南滿、東蒙部分主權的「二十一條」。這場運動，是北洋政府、梁啟超及巴黎和會談判代表有意洩漏消息，在國際談判中利用「民氣」作為籌碼，並不完全是民間自發的。

這場運動又有蘇聯的力量悄然介入。蘇聯取代帝俄之後，雖然政權尚未鞏固，即與日本在東北亞特別是滿洲和中國北方展開激烈競爭。蘇聯煽動中國國內的反日情緒，繼而在中國傳播馬克思列寧主義，希望將中國變成其衛星國。

在此過程中，不善進行宣傳戰的日本淪為輸家。日本對中國當然不友善，但對中國更暴虐的蘇聯反倒隱而不彰，仇日情緒開始深埋於中國人心中。

美國是另一個大輸家，這是美國失去中國的開端，也是中國拒絕美國所代表的觀念秩序的開端——在此意義上，中國是最大的輸家。

一戰之後，美國總統威爾遜（Woodrow Wilson）給予所有受壓迫民族和國家以民族自決的美好許諾，中國人視之為「威爾遜主義的福音」——中國將不需要等到變得富強之後，才享有國

際正義，中國當下就可擁有。中國人將希望押在威爾遜和美國身上，以抹去他們過去所受的羞辱。

然而，威爾遜的承諾無法在錯綜複雜的國際政治格局中實現，即便在今天的國際社會亦無法實現。威爾遜低估了人性的幽暗面，以及由此衍生出的國家利益的競逐和「實力為王」的原則。當時，當過政治學教授的美國駐華公使芮恩施（Paul Samuel Reinsch）向威爾遜提出警告：「如果中國此刻的信心在後來落空，發展自身精神和政治的理想被打破，結果將是一場災難，我們將會遭遇龐大又唯利是圖的軍事勢力，且被它無情地掌控，而非看見太平洋彼岸的中國民眾對我們的理想加以贊同。」此後一個世紀中國發展的軌跡、中美的敵對關係，被其不幸而言中。

廣義的「五四」，是一場西化且試圖將中國傳統實現現代轉化的「全面現代化」的思想文化運動，它肇始於一九一七年的張勳復辟失敗（張勳復辟短短十二天就失敗了，但對民國知識人造成極大的心理震撼），終結於一九四九年中共取得政權，用歷史學者周策縱的話來說，「這個運動必須被看作是整個歷史發展的一個階段，事實上它是中國在經歷了上一個世紀西方的衝擊後，實行變革以適應現代世界的漫長歷程中的一個關鍵卻又巨變迭起的時期」。

若以代表人物及其思想觀念而論，過去的論者一般將「五四」分為以胡適為代表的右翼和以陳獨秀為代表的左翼，但我更願意以周作人和毛澤東作為其左右兩翼的代表。

被自由主義陣營視為精神領袖的胡適，雖少年成名、在學界地位遵崇（先後掌握北大和中央研究院之權柄，可謂民國時代擁有最多資源的「學閥」），但其文字貧乏、思想淺薄、學術成就有限，並不能代表「五四」思想文化的最高成就。與之相比，周

作人雖生性淡泊、不擅交際，且因為在抗戰期間出任「偽職」而身敗名裂，但其思想之敏銳、文字之優雅、著述之廣博且對人性有極深的洞察，在「五四」諸子中無出其右，足以代表右翼「五四」的最高成就。

左翼知識人的教父陳獨秀（年輕一輩共產黨人稱之為「老頭子」）攜《新青年》雜誌離開北大、南下上海，組建中國共產黨並成為第一任總書記。但陳獨秀很快在組織上與蘇聯操縱的中共決裂，繼而在思想上與激進左派決裂，晚年回歸英美民主價值，不宜被視為左翼「五四」之代表。相比之下，毛澤東在「五四」前後如饑似渴地吸收進步青年引以為時髦的詞彙、主義和學說，其精神導師從王陽明變成梁啟超再變成《新青年》諸君——特別是北李（大釗）與南陳（獨秀）。在國共第一次合作期間，毛躍升為國民黨中央宣傳部長。國民黨清共之後，毛又成為由馬列主義思想「武裝」的現代土匪，占山為王，以農村包圍城市，一步步掌握中共最高權柄，進而擊敗國民黨，打造出一個堪與蘇聯並肩的極權主義大帝國。毛才是左翼「五四」的典型代表。

◎周作人的「五四」：個體的解放與自由

周作人登上新文化運動的舞台時即與眾不同。他通過評論和新體詩的創造，為運動注入日本白樺派對於個人與人類之覺醒的思想，顯示了一個清新的人道主義者的面貌；還有那種通曉日、英、希臘三國語言的誠實的文學啟蒙主義者，以及與其兄魯迅不相上下的執著的因襲傳統之批判者的形象；不久，他放棄激進的反傳統主義，漸漸將這一切消化於對傳統文學本身的「再生」之中，作為獨特的散文藝術家不斷加深其沉潛的深度而鑄就凝重蒼

鬱的風格。由此，周作人與左翼漸行漸遠，發生若干論戰，甚至埋下與魯迅兄弟失和的遠因。[12]

　　一九一八年年底，在《每周評論》雜誌籌備期間，周作人先後撰寫《人的文學》、《平民文學》、《新文學的要求》、《思想革命》、《聖書與中國文學》等文章，構成一個完整的體系，為新文化運動打下最有深度的精神底色。周作人指出，新文化與舊文化之差異就在於，新文學將「人」的發現與文學的發現統一起來，除了表達方式的差異（白話文取代文言文）之外，更是思想和精神的差異，「文學革命上，文字改革是第一步，思想改革是第二步，卻比第一步更為重要」。

　　一九二〇年代初期，周作人對宗教與文學的關係產生濃厚興趣，他並不贊同蔡元培「以美育代宗教」的理論，認為最優秀的文學都帶有宗教性或與宗教相通，對於「新時代的文學家」來說，必須擁有「新宗教」──「人道主義的理想是他的信仰，人類的意志便是他的神」。

　　一九二〇年代中後期，相當多知識分子拋棄「五四」個性主義的部分，走向「無產階級戰鬥的集體主義」，周作人堅持「五四」精神的本質乃是「個體的解放與自由」，「依了自己的信的傾向」，選定自己的角色，開闢「自己的園地」，他找到了自己。他將尊重個性獨立與自由作為不可逾越的底線，呼籲作為時代菁英的知識分子不要盲目從眾，「真正的文學發達的時代必

12　一九二三年，周氏兄弟失和，不單單是文學史家錢理群所說的「純屬家庭內部的糾紛」，而與政治、思想和人生選擇上的分歧息息相關，所謂「道不同不相為謀」。觀念秩序的分歧必然影響人與人之間的關係，周氏兄弟遲早都要分道揚鑣，只是家務事的衝突讓這個過程加快和更加戲劇化，帶給彼此造成的傷害也更大。

須多少含有貴族的精神」。他在談文學和文化問題，何嘗不是在談政治和社會問題？

周作人的精神底色有三個來源，一是希臘文化（特別是希臘神話），二是日本文化（尤其是日本民間文化和現實主義作家），三是基督教文化，再加上他長期對女性和兒童權利的關切，對民間文學和民俗的搜集整理，使他的思想和創作與偏左的「五四」的主流截然不同。

以希臘文化而論，周作人晚年只能做匿名的翻譯工作，「我所覺得喜歡也願意譯的，是古希臘和日本的有些作品」。在晚年，他不譯荷馬、不譯柏拉圖、也不譯亞里斯多德，卻譯哀曲、短詩以及希臘化時代一名敘利亞籍機智辛辣作家的對話集——《路基阿諾斯對話集》。路基阿諾斯作為周作人生前完成翻譯的最後一位作家，也是他一生最鍾愛的古希臘作家，承載了他最多的期許。進入生命後期的周作人，針對早年批評的中華傳統文化的弊端，重新思考這一龐大的文化系統，建立其獨特的中華文化認知，其核心是「兩個夢想」：倫理之自然化，道義之事功化。他在傳統中找到「中國思想界之三盞燈火」——漢代王充、明代李贄、清代俞正燮，他們的共同特徵是「疾虛妄、愛真實」，並由此上溯到墨子、顏回、大禹。周作人認為，古希臘路基阿諾斯對認識此一傳統有益，將翻譯路氏作品作為最後心願：「余一生文字無足稱道，唯暮年所譯希臘對話是五十年來的心願，識者當自知之。」

以日本文化而言，周作人對日本民俗、兒歌、民間宗教尤有興趣，亦高度評價日本現代文學。他在日本占領北京的「落水」期間，發表了一篇題為《草囤與茅草》的文章，介紹日本作家江馬修及其妻子江馬三枝子的作品。小說中日本山民昏暗的茅屋、

背簍中漆黑的臉上叮滿蒼蠅的嬰兒，在田地裡辛勞的農婦，都讓其深受感動：「有吾與爾猶彼也，或你即我之感，這是一種在道德宗教上極為崇高的感覺。人們常說，亞細亞是一個。這話當然是對的，我也曾這樣說過，東亞的文化是整個的，東亞的命運也是整個的……日本的詩人文人從前常說東洋人的悲哀，和西方的命運和境遇迥異的東洋人的辛苦，我讀了很有感觸，覺得此是中日文藝一致一切美好關係的正當基調。」在中日殊死搏鬥的當下，此中之微言大義、長歌當哭，知音有誰？[13]

以基督教文明而言，周作人在《聖書與中國文學》一文中表達得最為充分。首先，他指出，舊約是希伯來的文學，希伯來人是宗教的國民，其文學多含宗教的氣味。文學與宗教的關係本來很是密切，希伯來思想裡的宗教分子比別國更多。

周作人進而指出，基督教思想的精義在於各人的神子的資格，與神人的合一及人們相互的合一，如《福音書》所說，「使他們合而為一；正如你父在我裡面，我在你裡面，使他們也在我們裡面」。他認為，「這可以說是文學與宗教的共通點的所在」。

周作人認為，聖經與中國文學的關係可分為舊文學與新文學兩部分。舊的一方面，新舊約的內容正和中國的經書相似：新約是四書，舊約是五經——《創世紀》等紀事書類與《書經》、《春秋》，《利未記》與《易經》及《禮記》的一部分，《申命記》與《書經》的一部分，《詩篇》、《哀歌》、《雅歌》

---

13 日本學者山木英雄在數十年後讀周作人的這段文字感慨說：「多重曲折陰晦的行文，亦在細心拂去已然常態化的晚期被占領狀態下幾乎像空氣一樣黏在皮膚上的欺騙、恐懼、敵意等各種異常的感覺，而僅向我們表達了遼遠的思緒。正因為如此，他那澄澈的思緒反而能活生生地從內在的深層給我們持久的刺激。」

與《詩經》都很有類似之處。他更注意到，西方的聖經研究「不僅是神學的，還有史學與文學的，成了實證的、有系統的批評，不像中國的經學不大能夠離開微言大義」。所以，「現今歐洲的《聖書》之文的考據的研究，有許多地方可作為中國整理國故的方法的參考」。

在新的方面，「便是說《聖書》的精神與形式，在中國新文學的研究及創造上，可以有如何影響」。周作人認為，近代歐洲文明的源泉，起於「二希」，即希臘及希伯來的思想。兩者實在只是一物的兩面，但普通稱作「人性的二元」。這個區別，便是希臘思想是肉的，希伯來思想是靈的；希臘是現世的，希伯來是永生的。希臘以人體為最美，所以神人同形，又同生活。希伯來以為人是照著上帝的形像造成，所以偏重人類所得的神性，要將他擴充起來，與神接近以至合一。這兩種思想當初分立，互相撐拒，造成近代的文明；到得現代漸有融合的趨向。

這就是周作人的「五四」，「個體的解放與自由」的「五四」，由希臘文化、日本文化和基督教文明打底的「五四」。如果這樣的「五四」成為現代思想的主流，中國豈不順利走向英美里路徑？可惜，這個「五四」很快被毛澤東的「五四」顛覆、遮蔽與湮滅了。

◎毛澤東的「五四」：
布爾什維克就是以武力奪取富人土地

毛澤東於《新民主主義論》中聲稱：

「五四」運動……是在俄國革命號召之下，是在列寧號召之

下發生的。「五四」運動是當時無產階級世界革命的一部分。五四運動時期雖然還沒有中國共產黨，但是已經有了大批的贊成俄國革命的具有初步共產主義思想的知識分子……它在思想上和幹部上準備了一九二一年中國共產黨的成立，又準備了五卅運動和北伐戰爭。

　　毛的說法並非空穴來風，「五四」的親身參與者孫伏園回憶說：「受到十月革命後蘇聯輔助弱小民族外交政策的鼓舞，見到巴黎帝國主義分贓和會對於中國的蔑視，學生們憤怒的氣勢抑止不住了。」顯然，青年學子因對威爾遜失望，迅速轉向列寧。美國的形象不再是解放者，當美國的形象黯淡無光之際，蘇聯則如朝陽般冉冉升起。在中國及很多「第三世界」國家，列寧的道路取代了威爾遜的道路。

　　「五四」運動標誌著中國大部分知識人由擁抱西方轉向反對西方。在一九一九年以前，他們曾求助於西方的民主與自由主義，這往往是因為他們找不到其他模式。然而，民國初年建立共和的失敗，歐洲各國慘烈的大戰，戰時對中國的瓜分、戰後對中國的蔑視，加劇了中國人的憤怒和失望。

　　一九一九年的中國人就像溺水之人抓住一根稻草，看到了另一種方案。歷史學者瑪格蕾特·麥克米倫（Margaret MacMillan）指出，這個不同的方案不是回歸傳統的老路（張勳復辟的失敗使這條老路再也無人問津），而是蘇聯的那套新秩序。俄國革命為所有傳統社會和古老帝國提供了一個範例：俄國曾與傳統中國差不多，但用一次波瀾壯闊式的行動跳躍到了未來。中國人在一九一一年後悲慘地體驗了西式民主，對西方的幻滅加上從俄國身上看到另一種明確的方案，這些因素匯總到一

起，使得共產主義成了解決中國問題的辦法。

在一九一九年的「五四」運動中，中國出現了一些知識分子團體和青年學生團體，其中有一部分在尋找振興國家的思想和經驗，他們對社會主義的各種派別，包括對蘇聯的經驗表現出越來越大的興趣。當時國內主要政治軍事集團的許多領導人都對爭取外部的，其中包括來自蘇聯的政治、軍事和物質支援感興趣。而蘇聯對中國學生運動和左派團體的各項支援相當「慷慨」。

接受「五四」洗禮的毛澤東，在社會身分、觀念秩序和語言風格上完成了其人生第一次劇變。此前，毛是北大圖書館工友，是不名一文的窮學生和「北漂」。如今，毛是發行量高達五千分、幾個小時內售完的《湘江評論》（湖南版《新青年》）的主編兼記者，圖書出版商，甚至短暫操辦過一家小棉廠。這一年年底，他還作為湖南驅逐軍閥張敬堯運動的代表赴北京請願。

更重要的是，毛跟大部分知識分子一樣，迅速拋棄威爾遜和美國。他在《湘江評論》上發表一系列簡短而辛辣的文章，譴責《凡爾賽和約》，說威爾遜「在盜賊克里蒙梭、勞合·喬治和奧蘭多之間非常孤立」。此前一年，毛對「俄過激黨」（布爾什維克）還口誅筆伐，此時轉而讚美說，「俄過激黨」的影響力到了南亞的阿富汗和印度、東亞的高麗，「過激黨這麼利害！各位也要研究研究，到底是個什麼東西？切不可閉著眼睛，只管瞎說……」。他在另一篇文章中指出，「過激黨」的拉丁文為「bolshevicki」，這個名詞對普通中國人來說是「不可理解的」，「但當我們說社會主義必須採取武力從富人手中奪得土地，就比較好理解了」。毛的政治敏銳度和語言天才在此凸顯無遺，沒有哪個共產黨人能像毛這樣迅速將馬列主義中國化和通俗化。

毛與「五四」的相遇，最大的收穫是學會運用白話文寫作。白話文貼近口語，貼近地氣和人心，誰嫻熟使用白話文，誰就掌握話語權。白話文背後是一套新的觀念，「白話文作為寫作媒介的採用，一種基於人道主義、浪漫主義、實在主義、自然主義等各種理論等新文學的創立，新聞和普及教育的迅速發展等，使得新的標準開始形成，整個知識階層的人生觀、世界觀有了擴大和改變」。毛為吸引農民支持共產黨，拋出「打土豪，分田地」的口號，真是「為人民群眾所喜聞樂見」，引車賣漿之流皆能聽懂，單靠這六個字就可驅使數以億計的農民心甘情願地參軍打仗、充當炮灰。相比之下，蔣介石敗退台灣之後的口號，仍是「毋忘在莒」、「莊敬自強」之類食古不化的成語，普通人哪裡懂得這些成語典故，不僅唸著拗口，寫都寫不出來，宣傳效果之差可想而知。

　　毛的宣傳術勝過政治權謀，政治權謀又勝過軍事才華。一九二五年秋，戴季陶的國民黨中央宣傳部長一職由毛接任，毛是受到汪精衛的賞識而得到這個職位的——儘管這時國民黨政府只是控制廣東省部分地區的小小割據政權。

　　毛和戴為接近畫筆和紙展開了競爭，「圍繞國民黨是否應該把整個民族塗上自己主張的顏色，尤其是應該由哪個派別來掌握畫筆這個問題，他們打起了筆仗。兩人都有很好的理由相信中國是一張白紙，因為孫文已經成功地為中國第一個黨治國家清空了場地，並已開始『感化』和『黨化』中國」。毛澤東擊敗了戴季陶，預示著以後他將擊敗蔣介石。

　　澳大利亞學者費約翰（John Fitzgerald）指出，中國的史家通常忽略毛澤東個人發展中的這一階段，將其視為農民動員的短暫轉向。實際上，毛對國民黨中央宣傳部的領導，是他走向革命

導師過程中的一個關鍵時刻——

　　隨著一九二六年三月蔣介石的政變，毛失去了在國民黨中央宣傳部的職位，回到共產黨內部的職務上來。在那裡，他廣泛的利用自己在國民黨中央宣傳部的經驗，來設計自己的主義和戰略，並在自己領導之下及時發動了一場紀律性的革命運動。……毛澤東所設計的是一套民族革命的戰略，它將在策略允許的範圍內加劇社會階級的對立，以便用他自己的專政模式取代國民黨的黨治國家。

　　媒體控制、政治清洗、群眾運動以及塑造激動人心的革命目標等手段，成為毛澤東的奪權祕訣，到了文革時代已爐火純青、打遍天下無敵手。

　　毛用白話文搞宣傳，毛的文膽（田家英、陳伯達、胡喬木、李銳等人）均受過「五四」之洗禮，能嫻熟地操作一整套嶄新的左翼革命文化話語，向大眾傳達激進理想主義的意識形態；而蔣介石及其文膽（陳布雷、戴季陶、陶希聖、秦孝儀等人）所受的多為傳統教育，與「五四」保持相當距離，文風及用詞不脫儒家之陳詞濫調，行事為人遵循士大夫因循守舊之傳統。所以，有「五四」加持的毛和他的團隊打敗了沒有「五四」加持的蔣和他的團隊。

◎「五四」的三大「病灶」：
絕對民主、科學萬能和「反帝」的民族主義

　　「五四」有陽光，亦有陰影。

西方文明的主流，即以希伯來文明和希臘文明為源頭的古典自由主義和保守主義，以及十六世紀宗教改革以來的清教徒的信仰、生活方式和政治哲學，始終未能引起中國知識分子和民眾的足夠重視。「五四」高舉「德先生」（民主，democracy）和「賽先生」（科學，Science），這兩個翻譯本身就浸透了儒家倫理（道德）和進步主義（競賽）的毒素；卻忘記了還有「瑞先生」（共和，Republic）、「理先生」（自由，liberty）和「沃先生」（秩序，Order）──後面這三位先生比德先生和賽先生更重要。

　　「五四」為何未能締造出民主、自由、憲政、共和的現代中國，是當事人及後人必須面對和反省事實。「五四」有三大「病灶」，從此三大「病灶」可透視「五四」何以墮落為文革，兩者之間草蛇灰線、有跡可循。[14]

　　「五四」的第一個「病灶」是神化「民主」，將「民主」這一只是「最不壞」的政治手段絕對化。首次用中國古語「民主」（《尚書》中說：「天惟時求民主，乃大降顯休命於成湯。」）來翻譯英文「Democracy」的是美國傳教士丁韙良（W. A. P. Martin），「民主」一詞在近代中國的復活是西方傳教士啟蒙的結果。但「五四」知識者將傳教士的「民主」重新演繹成本質是「平等」的一種新理念。「民主」一詞在《新青年》雜誌上出現三百零五次，加上「德謨克拉希」和「德先生」則共有五百一十五次。「五四」知識人期望從「民主」那裡要求更多東

---

14 當然，不能忽略中間漫長的起承轉合，而輕率地得出是「五四」導致共產主義崛起的結論，正如不能讓尼采的「強力意志」哲學為納粹、希特勒的興起全部負責──晚年的胡適面對來自蔣介石和國民黨人否定「五四」的類似指責時，仍奮力為「五四」辯護。

西，陳獨秀認為，「民主」和「科學」這兩位先生「可以救治中國政治上道德上學術上一切的黑暗」。如此，「民主」成了包治百病的良藥。

在現代知識分子中，周作人最早意識到，與民粹意義上的民主相比，另一種民主必不可少——即「保護少數」的「民主」，「不能以多數的方法來下唯一的判決，君師的統一思想，定於一尊，固然應該反對；民眾的統一思想，定於一尊，也是應該反對的」。思想史家林毓生最早意識到神化民主是「五四」的負面遺產：「民主本身並不必然保證自由，因為符合民主形式的許多東西不但不必然保證個人自由，而且可能直接破壞、阻礙和壓迫個人自由；例如，法西斯納粹是以完全合乎民主的形式上台的。」不能保障少數人權益的民主，失去自由內核的民主，乃是極權的先聲。

當共產黨進而將「民主」轉化為「民主集中制」之後，「民主」淪為多數暴政，淪為暴民專制和暴君專制（暴民必然擁戴暴君），這正是獨裁者善於操弄的政治模式。「中國式民主」的頂峰，是文革時代毛澤東倡導的「大民主」、「大鳴大放」，其本質是徹底而空前的專制——鳴放的矛頭絕對不能對準毛本人，那就是「惡毒攻擊領袖」的滔天大罪。

「五四」的第二個「病灶」是「科學」萬能，將「科學」當作籠罩一切的絕對真理，認為「科學」不僅可解決政治問題，實現富國強兵；還可取代宗教，提供「正確」的人生觀。清末以來，思想界對待現代文明複雜成分的熱情和渴望，正像它過去把儒學的價值態度體系和中國人生活中的儒教、道教綜合起來一樣。所有這些計畫及其反計畫（新思想運動、學生運動、其他種種運動），都自信地給自己貼上完全科學的標籤。科學精神取代

儒家精神，「科學」被認為提供了一種新的生活哲學。

　　「五四」期間，「科學」迅速從諸多西方價值中脫穎而出，成為與「民主」並肩而立的、「唯二」的旗幟和標桿。對「科學」的推崇產生了「唯物論的唯科學主義」，這種「唯物論的唯科學主義」成為被國共兩黨及走中間道路的自由派知識分子共同分享的「替代宗教」或「宗教替代品」。無論是傾向國民黨的吳稚暉、傾向共產黨的陳獨秀，還是持自由派立場的胡適，雖論述方式有所不同，但都對科學頂禮膜拜。林毓生指出：

　　當中國知識分子把帶有宗教性的強勢意識形態當作真理頂禮膜拜的時候，他們懷著純潔的信心，系統地陷入了重大的錯誤與歧途。例如，馬列主義是以具有科學性質的姿態展現在中國知識分子之前。在「五四」時期瀰漫著對科學崇拜的氣氛中，馬列主義的「正當性」由於被認為是「科學的」而增加，所以更使人對其有信心。這樣的信心增強了許多中國知識分子陷入重大錯誤的衝力，也更系統地導中國入歧途。

　　思想界一直在為讚賞「科學」作準備。所有具有現代意識的中國人都在為此作出努力。最終，共產黨的理論家分享了這一遺產的惠益和設定。他們借用它最廣泛的結論，發展了它最絕對的語言，預言了其世界觀的最後勝利。他們將這種世界觀等同於科學遺產本身（一種循環論證）。共產黨理論家，如艾思奇、陳伯達、李達、胡繩、郭沫若和毛澤東，在取得最後勝利之前的歲月中，已然向為奪取政權的意識形態的鬥爭提供了他們自己的傳統。在近代中國引起廣泛爭論的馬克思主義的辯證法，結果成為「思想的科學」乃至具有至高地位的「科學」。

許多現代中國的思想領袖都未能把批判態度和方法論權威、科學客觀性與絕對理性、科學規律與不變的教條區別開來。這必然導致開啟一個新時代——一種超級思想體系的一統天下。這就是中國共產黨創建的新世界——一個否定所有的蒙昧、不科學的「科學為王」的新世界（胡錦濤時代的思想理論即為「科學發展觀」）。「不科學」成為中共迫害宗教信仰者時最常用的手段。然而，極具諷刺意味的是，這個將科學等同於真理的世界，卻出現了否定科學、蔑視科學、超越科學的「大躍進」。大煉鋼鐵、畝產萬斤、除三害等違背科學常識的做法成為國家政策，最終導致數千萬民眾在人為的大饑荒中餓死。

　　「五四」的第三個「病灶」是「反帝」的民族主義。自古以來，中國只有王朝而無國家和民族觀念，清末維新派為了給國家尋找政治理論基礎，在一九○三年首次使用「民族」這個概念。維新派言論領袖梁啟超發明了「中國」和「中華民族」等概念，後者特指共有同一地域和同一先祖的種族，它既是有機的又是全體性的單位，很快成為至高無上的價值乃至宗教般的信念。革命派則高舉「漢民族」這個更純粹的民族概念，將其革命染上反滿的種族革命之特質。

　　與民主和科學等從西方引進的「先進理念」一樣，民族主義進入中國之後，賦予「反帝」這一政治立場以不可質疑的政治正確性。「五四」之於個人，是從被命名為「封建主義」的儒家秩序、家族倫理中得到解放；「五四」之於國家和民族，則是從被命名為「帝國主義」的西方列強塑造的國際秩序和不平等的條約體系中獲得解放——既然老師不顧念學生，學生就可顛覆老師制定的遊戲規則。

　　「五四」之後，「反帝」成為國共兩黨共享的核心觀念。

「五四」確立了「反帝」的道義和歷史的正當性之後，國共兩黨都以「反帝」為標榜並建立其統治合法性。從孫文和蔣介石的國民革命再到毛澤東的共產革命，「反帝」的立場愈來愈強烈。一九二七年的黨軍北伐部分完成「反帝」使命（廢除部分條約和租界），一九四九年中共建政則號稱使「中國人民站起來了」。

中共建政之後，「反帝」成為其統治合法性的重要來源——直至今日，共產黨的宣傳機器將黨塑造成領導中國與「亡我之心不死」的西方帝國主義戰鬥的先鋒隊。在這一點上，中共有一種義和團式的癡迷，中共用「不愛國」來打擊任何親西方的思想和人士：毛澤東時代，「崇洋媚外」本身就是一大罪行，鄧小平時代，所謂「清除精神汙染」和「反對資產階級自由化」，都是針對西方思想文化。

「反帝」這一思想淵源也深刻地形塑了習近平的世界觀。中國歷史學者馬勇指出：「中國在一九六〇年代與蘇聯關係惡化後並沒有轉身投入西方陣營，中國在那個時代向國內所描述的世界，對這一代人世界意識的形成影響巨大。這個世界意識就是對世界充滿敵意，就是毛澤東一直告誡全黨的：帝國主義亡我之心不死。因而這一代人內心深處不會輕易相信西方。這一點，又與中國近代史研究一直宣揚『悲情』，宣揚『挨打』，一直抱怨帝國主義侵略等有關。」在文革中長大、被迫中斷學業的習近平，比起有過留洋經歷的鄧小平、江澤民以及受過相對正規和完整教育的胡錦濤來，對西方懷有更大的敵意。

「五四」傳播的西方近代文明之中，以上三大「病灶」像吞噬人身體中健康細胞的癌細胞一樣，卻成為邊緣知識分子改變自身命運和改變中國處境的法寶。由此，作為啟蒙運動的「五四」發生位移，左翼壓倒右翼。周作人那一翼的「五四」，即舒衡哲

（Vera Schwarcz）所說的「只有先保障具有批判思維能力之公民的人權，一個真正現代的民族國家才有實現的可能」的觀念被徹底邊緣化；毛澤東那一翼的「五四」，即張灝所說的「不斷革命」、「永遠革命」，將「靜態的烏托邦」轉變成「動態的烏托邦」的激進思想，成為中共黨史的主軸：

> 從這個觀點去看，不但可以了解到為何共產主義革命思潮以「五四」到自由民主思想為出發點，而最後卻接受馬列思想到權威主義與集體主義；也可以了解為何這革命思潮會走上狂熱的烏托邦主義與個人的神化思想道路。從這個觀點也可以認識為何毛澤東的革命觀念，對三〇年代到七〇年代的人有這樣大的魅力和影響力；為何這革命思潮能長期掀起高度的狂熱與激情；為何中共的革命思潮在毛澤東思想籠罩下，呈現強烈的宗教性。

這種「徹底改造世界乃至人心」的激進理想主義始於清末。要理解一九一九年，必須回溯到一八九五年。「五四」新文化的源流在清末，其倡導力量是第一代「近代知識分子」的代表，也是第一代「近代主義者」。深重的民族危機的歷史環境，與適逢其會的歷史僅見的教育背景，賦予這一代「近代主義者」強烈的歷史性格。

早在清末，梁啟超就提出「新民說」，認為中國面臨的首要任務是將「部民」（部落之民）轉變為「國民」，新的國家要由具有若干新特質的民眾組成，並建立有機的統一和有效的秩序。梁啟超所尋求的不單單是物質層面的富強，更是精神層面的更新。到了「五四」時期，「新民說」被少年中國學社等激進青年社團重新闡發，啟發了毛澤東塑造「社會主義新人」的想法。張

灝指出：「毛版的中國共產主義是以激進理想主義的心態為基礎去吸收馬列主義，因此在中國共產主義思想裡，凡是與激進理想主義心態接近的馬列主義觀念，如階級鬥爭，革命實踐，演進史觀等，就被收入毛版的中共思想核心。」

中國古代的統治者至多聲稱「奉天承運」，尚不敢取「天」而代之；毛澤東與歷代統治者的最大不同，即是竊取「天」的超越性和神聖性，他不僅壟斷「天命」，更要「與天鬥」，且其樂無窮。毛發動文革，是要對全黨、全民進行思想控制、精神改造。毛要建立一個集政治權威統治、精神權威統治與道德權威統治於一體的「政教合一」的國家、社會、思想體制。毛的集權統治，「不僅注重政治、社會的改造與控制，更注重對人思想與心靈的改造與控制」。

在此意義上，文革是「五四」的異端，也是「五四」的極端。

我實實在在的告訴你們，你們找我，
並不是因見了神蹟，乃是因吃餅得飽。

——《新約·約翰福音》，6：26

第三章

為何總是
選錯老師和教材？

這個龐大帝國對於其他國家無節制交往的開放並不是來自其內部的一個逐漸的演變過程——它是遠東保守力量跟西方進步力量之間一系列碰撞的結果。

——丁韙良（William Alexander Parsons Martin）

中國近代化始於鴉片戰爭以來「天下觀」的破碎。思想史家張灝指出，一八九五年之後，中國的政治危機和文化危機激發出「歷史理想主義」，形成個人自覺（如自由的觀念與極端的人本意識）與群體意識（如激進的民族主義、積極的烏托邦思想和全民主義式的民主觀）。「這種革命思潮，以激進的理想主義心態為基礎，變成馬列主義在五四後期進入中國的踏腳石，也形成中國共產主義散布的思想媒介。重要的是，這激進理想主義不但為共產主義鋪路，而且進入共產主義的思想內層。」

近代中國人一直在努力學習西方，偏偏與英美「正道」和「大道」擦肩而過──中國的民族性、觀念秩序與盎格魯─撒克遜的民族性、觀念秩序如冰與火般遙遠。近代中國人熱衷於學習的是「歧途」與「逆流」，錯把毒藥當作「速效救心丸」。

中國近代化之路上第一個學習對象是日本。留日學生學到的是已被日本反芻過的西方文化的糟粕。

歷史學者周策縱指出，日本化的二手「西學」助長了中國的左傾化思潮：「從一九〇三年開始，包括五四運動那一段時間內，中國留學生留日占最多數。這些學生不少成了五四運動的領袖人物，包括運動中的激烈分子、新文學作家中的多數領導人物

及許多革命極端分子如民族主義者、社會主義者和無政府主義者等，同時也包括反對五四運動的軍事方面和民政方面的官吏。」中國學日本最熱切，反日也最強烈。誰也沒有想到，二戰之後，作為戰敗國的日本拋棄軍國主義走向民主，作為戰勝國的中國偏偏選擇了共產極權的不歸路。

中國近代化之路的第二個學習對象，以信奉絕對理性主義和啟蒙主義、致力於徹底摧毀傳統社會的法國為師。

中法兩國的民族性如此相似，以至於法國革命模式進入中國之後，嚴絲合縫，毫無水土不服之反應。如同伯克對法國大革命的批判，中國左翼宣傳家們「向群眾灌輸一種黑暗野蠻的殘暴精神」，「竟致於誘使可憐的人們以麻木的忍耐力承擔著財產權方面劇烈的痙攣和變動帶給他們的苦難」，人們處於「受壓迫的卑賤的奴役狀態」，又處於絕對自由的無所約束、無所顧忌的無政府狀態。留法派的周恩來、鄧小平在中共政權中占據重要位置，法國人革命悲劇的中國版就是「史有前例」的文化大革命。

中國第三個學習的對象，則是民族主義和民粹主義的德國路徑。

作為「後發展國家」的德國，為趕超「老牌帝國主義」的英國和法國，訴諸於極端的、狂熱的民族主義和民粹主義，以快速實現富國強兵。德國從一戰的廢墟中迅速崛起的奇蹟讓中國人眼饞。既然德國的路德宗信徒大都將選票投給希特勒，作為名義上的基督徒的蔣介石推崇法西斯主義又何足為奇？作為「文化基督徒」的劉小楓迷戀納粹法學家施密特（Carl Schmitt）亦在情理之中。然而，日本在明治維新期間學習德國很成功，日本的民族性跟德國頗為相似，兩國在二戰中也成為親密盟友；但中國「一盤散沙」和「差不多」的民族性，跟德國人混凝土般的集體主義

和分毫不差的科學觀念迥異，使得學德國時只能畫虎不成反類犬。

　　中國更是急不可耐地學習十月革命之後的蘇聯路徑——在歐洲的邊緣，由薩滿教—東正教與列寧—史達林主義雜交而成的怪胎。美國法學家伯爾曼（Harold J. Berman）指出，「蘇維埃的馬克思主義無神論乃是基督教的異端」，「在蘇維埃俄國的法律中，缺少法律高於國家並約束國家最高領導層的概念；缺少土地和生產工具個人所有權；壓制言論、出版、宗教和其他基本的自由；共產黨獨裁和總書記與政治局在黨內獨裁」。國民黨和共產黨都是蘇聯扶持起來的列寧式政黨，後者的極權程度超過了師兄，更超過了師父。中共建政之後第一個十年向蘇聯「一邊倒」，中共當局告訴國民，蘇聯的今天（土豆燒牛肉、電燈電話）就是中國的明天。結果，東方版本的共產主義，比西方版本（儘管俄國和東歐只是西方的邊緣）更為卑賤暴虐（中國、北韓、越南、紅色高棉無不如此）。

　　中國近代化的最大悲劇在於，看不到前車之鑑，欣欣然地重蹈覆轍。知識分子像無知的小學生，以錯誤的榜樣為師，將錯誤的教材奉若聖經，效仿非英美模式的諸種歧途。中國不願以英美為師，在每一個歷史的轉折關頭，都與英美道路擦肩而過。關鍵在於，盎格魯—撒克遜之民情、基督教一神論傳統以及清教徒觀念秩序，與中國的儒法佛道文化、大一統天下秩序差異太大，兩者一相遇就產生強烈的排斥反應，如同微軟和Apple的軟體是兩個不相容的系統一般。於是，拒絕英美模式與拒絕上帝信仰互為表裡，成為中國近代化過程中無法躲避的魔咒。

第一節　以日為師，事半功倍？

◎為什麼以日本為師就離基督教更遠了？

一九一○年九月，滿洲的愛爾蘭基督教長老會傳教團與蘇格蘭長老會聯合召開會議，對中國正在發生的變局及傳教遇到的新難題，向各自的總會提交報告，其核心內容是：

> 目前讓中國皈依耶穌基督的關鍵是讓更多的中國學生信仰基督。接受新式教育的中國學生，在這個國家擁有巨大的影響力，這種影響力是其他國家學生無與倫比的。……現在中國的年輕人不像之前那樣對現代知識滿懷焦慮，不過他們也沒有表現得太過於追求功利。另外，還有一點，提請總會注意，由於中國現在以日本為師，一旦中國人受到了日本人的影響，接受了他們的思維方式，中國人與基督教的距離就更遠了。

這份報告沒有進一步解釋為什麼中國以日本為師，中國人與基督教的距離就更遠了。但這個結論發人深省。

日本文明從來不是中華文明的附庸。余英時指出，日本無論作為一個文明、社會或國家，自始即獨立於中國之外，日本一直拒絕參加中國的朝貢系統。從隋唐到清帝國末年，中日兩國從未建立國與國之間的正式關係，雙方的往來主要限於文化與經濟方面的交流。日本雖深受中華文化的影響，曾引進中華文化的每一個方面，但在大量引進中華文化的個別成分之後，卻根據社會的內在需要另作組織安排，其結果則是自成一格的日本文明。英國學者山姆森（George Samson）亦指出，日本在表面上大量向外

面「借用」許多東西，卻從未放棄其「內在的文化堡壘」。

這種「內在的文化堡壘」在日本近代化過程中堅硬如昔。日本引入西方的船堅砲利、服飾飲食、工業化和城市化、君主立憲制度，卻始終拒絕基督教。從幕府時代血腥鎮壓天主教到明治時代對宗教信仰自由作出種種限制，日本官方和民間對基督教的敵意從未減弱。

一八六〇年代，幕府派出「千歲丸」號訪問上海，這是近代日本到中國的第一個半官方的考察團。考察團成員看到上海有教堂、有西方傳教士、有中國人信徒，即懷有深深的敵意。他們痛恨洋教，對洋學卻有濃厚興趣，四處求索，惟恐不及。然而，西方人在上海譯介洋學，與教會和傳教士關係密切。上海最早的西洋書籍翻譯和印刷機構都是教會辦的。[1]只要洋學，不要洋教，豈非在空中修建樓閣？

明治維新表面上成功了。日本出人意料地擊敗了俄國和清帝國、吞併朝鮮，與西方列強平起平坐，如此輝煌的成功讓日本人沒有意識到他們只成功了一半——另一半的缺失，可能是致命的。德國傳教士、漢學家衛禮賢評論說，儘管日本通過幾次大膽的軍事行動，令世界刮目相看，但「日本患上了心理痙攣症，它的生命之精髓受到了非常沉重的致命的傷害」。然而，短期而

1　納富介次郎寫道，有兩個中國書生上門傳教，「我的朋友拿過一看，是耶穌的邪教書，大怒，將其書扔掉，大家爭論起來，最後把他們推出門」。他歎息道：「清國連讀書人都尊奉這個，更何況愚民呢！」日比野輝寬看到教堂和西方傳教士，「怒髮衝冠，目皆張裂，不由得仰天長歎」。高杉晉提醒說，要提防西方傳教士的醫療宣教手段：「西人教師之施教於外邦，必攜醫師，有士民病且窮者，乃治其病使入教，是教師致於外邦之術也。我邦之士君子不恐怖預防也。」他警告說：「夫夷狄奪人之國則先取其心。或以厚利啗之，或以妖教蠱之，黎民聽信，一舉滅其國，易如摧枯。」

言，日本畢竟是唯一非基督教文化圈實現近代化的國家——日本模式成功，讓處於困境中的中國人意識到，如果複製日本模式——可速成的、剝離基督教的富國強兵，或許是不錯的選擇。

一切都可追溯到明治維新時代。日本思想家丸山真男指出，從那時候開始，日本的傳統宗教，沒有一個能與新時代的意識形態進行思想交鋒、並通過交鋒使傳統發揮自覺再生作用。新思想一個一個地被無秩序地積埋，使近代日本人精神上的「雜居性」愈演愈烈。日本的近代天皇制試圖將權力核心同時作為精神「機軸」，用以對付這種事態。然而，這種努力從一開始起就包含著成為決定性桎梏的命運。最終，天皇制與軍國主義的結合讓日本走上慘烈的戰爭之路。這種路徑，中國能學習嗎？

◎清國人吃驚地注視著明治日本的崛起

德川末期的日本和鴉片戰爭之後的清帝國，對待西方的態度已然出現根本性差異。在清帝國，當政的官僚階級是通過科舉制度，主要從士大夫階級中選授的，其處世觀是強烈反對改革的儒家的。士大夫階級是儒教正統派小心翼翼的保護人，對於正統的順從乃是晉升官僚階級的關鍵，他們無視或輕視西方文明。中國的行政長官，不同於對幕府政權已存二心，且久為江戶幕府的階級身分制所阻隔的武士官僚；這些儒教文人浸淫於古制而不能自拔，對任何遠大的改革都踟躕不前。此一官僚階層力圖將蕪雜的行政機構加以修補，但無濟於事，直至其土崩瓦解並與之同歸於盡。

幕府則迅速啟動改革。一八五六年，幕府直接求助於法國，建造第一個造船廠。消息很快傳到清帝國。次年，王文韶任漢口

道台，漢口是外國人雲集之地，他不得不跟外國人打交道。二月二十七日，法國領事來訪，談及此事說：「東洋日本國近年來與法國和好甚摯，學造輪船，學製兵器，學習戰陣，無一不取法於法國，數年之後，必成為大國，為其力求自強也。」王在日記中感慨道：「惟東洋與中華最近，其力求自強如此，於我不無可慮耳，識之以告有志之士。」他承認日本是一個現代文明國家，且已預感到日本很快會超過中國，構成威脅。中國士大夫對日本態度的改變，王文韶無疑是較早的一人，尚在明治天皇即位前一年。然而，王文韶後來升任軍機大臣，只是循規蹈矩辦理點洋務，在維新變法中明哲保身、毫無作為，被稱為「琉璃蛋」。

早在甲午戰爭之前，不少中文媒體在報導日本的西化成就時，已發現日本的近代化遙遙領先於中國。由西方傳教士在上海創辦的《上海新報》，讚揚日本對西學「信之深而效之速」，「殫心竭慮，不厭精詳，故一切事均蒸蒸日上」；並首次對中日近代化改革進行對比，得出「日本人學習西國諸法後於華人，而華人所學究不若日本人」的結論。

由江南製造局主辦的國際時事譯報《西國近事彙編》肯定日本明治維新的成就，「亞洲諸國多循舊制……維日本國君改革舊俗，政令一新，西人皆以為奇」、「盡除其舊，泱泱乎霸國之風也」；與之相比，洋務運動「尚製造者，期於船堅砲利而已，講訓練者，止於步伐止齊也。此非務本之政也」，兩國差距明顯。

被譽為「晚清現代化運動之根源和外籍傳教士言論之總樞紐」的《萬國公報》的相關報導更詳細和深入。該報報導日本親王在德國兵營中「講求營制考校武功」，將日本皇室與當年俄國的彼得大帝並列。該報報導美國格蘭特將軍訪日，親自檢閱日軍操演，稱其「兵法頗善、精明靈巧、兵餉頗省」，其用兵之法

「盡善盡美」，如上戰場，日軍一定「便捷輕利一往直前」，令對方「莫敢御」。該報總結日本立憲說，「日之富強，實自改從西法始……其國勢之隆，豈有量哉！」，僅用十數年就「怦然列於大國之林」。又比較中日之差距說，「日本改除舊章，悉用新法，頗有一往無前之態，而中國則株守如常，不思振作」。《萬國公報》以近代西方的價值觀評價日本維新改革，充分肯定其殖產興業、富國強兵、文明開化、脫亞入歐、民主立憲等措施，認為由於全盤西化，使日本國勢日漸振興。僅就學習西方而言，任一具體方面中國都難以與日本比肩，且差距越來越大。甲午前夕，日本在本質上已類同近代西方國家，中國還是一派傳統景象。

　　甲午之後，「師法日本」成為清帝國各階層的共識。由於「借用」西方的成功，明治維新以後的日本已取得東亞文明的主導地位，這使得過去以大朝自居的清帝國被迫轉而處於求教的位置。余英時從政治、學術思想和企業三個主要領域舉例加以說明：其一，在戊戌變法時，康有為編寫《日本變政考》和《俄皇大彼得傳》呈送光緒帝，希望光緒帝「以俄國大彼得之心為心法，以日本明治之政為政法」，其重點更在於後者，因此又說中國變法「莫如取鑑於日本維新」、「如欲保全，不能不變法，欲變法又恐其錯誤，則日本為吾前驅矣」。

　　其二，張之洞在《勸學篇》中指出，學西洋的捷徑是學東洋，「西學甚繁，凡西學不切要者，東人已刪節而酌改之」，「出洋一年，勝於讀西書五年……入外國學堂一年，勝於中國學堂三年」，「至於遊學之國，西洋不如東洋……中、東情勢風俗相近，易仿行，事倍功半，無過於此」。張之洞還下令編輯一份留學指南，該指南成為留日學生的必備參考書。這種取巧的方

法，似乎可救急，卻也使得中國的西化淪為「二手的西化」，埋下巨大隱患。

其三，張謇在甲午之後棄儒就賈，在創辦和經營現代企業時，特別學習日本的工業管理模式。他為職工建造宿舍，使他們對工廠產生歸屬感，就是日本企業的做法。一九〇三年，他赴日本訪問，對日本的政治體制和工業經營方法稱讚備至，他對北海道開拓非常感興趣，看到山東農民在札幌取得的成功而深受感動。一九〇四年六月，張謇翻譯日本憲法提交朝廷，還致信袁世凱，勸其「實現君主立憲成為中國的伊藤博文」。

清末新政的中流砥柱袁世凱，將學習日本作為新政的關鍵部分。直隸省創辦和普及新式教育、興辦實業、改革司法制度（包括警察和監獄制度）以及實踐地方自治，都是學習日本經驗。一九〇三年，直隸派派學校司總辦王景禧赴日考察學制，同時送二十三名青年到日本讀師範科。袁世凱親自接見這批留學生並訓話說：「直屬經庚子兵亂，諸生皆身歷其變。痛定思痛，我國文武皆不如人，宜如何奮勵，此次東行數月之期，豈能深求。不過得其大概，歸來可以教授學生。惟需潛心向學，不可惑於邪說。如平等、自由之議論，皆與國家為敵。豈有國家培養人才，而令其與之為敵者。北洋武備學生在東甚多，與人往來皆須留意，勿染習氣，最為重要。」

袁的這段訓話透露出若干不同尋常的信息：其一，袁承認中國文武皆不如人，科舉制度和儒家學說無法支撐帝國的正常運作，袁非科舉正途出身，承認這一點比其他科舉正途出身的封疆大吏更為容易。

其二，袁擔心留學生在日本接受平等、自由等具有顛覆性的新觀念，因此先給他們「打預防針」，讓他們遠離「異端邪

說」。可是，學生們到了日本之後不可能生活在真空中，他們受怎樣的薰陶，袁鞭長莫及、無法控制。

其三，袁提醒這批留學生跟已在日本的北洋武備學生保持距離，他意識到北洋武備學生接受新思想之後對朝廷的忠誠度已成問題，後來新軍果然成為清廷的掘墓人。袁本人則陰差陽錯地成為「國家培養人才而令其與之為敵」的獲益者，依靠北洋新軍的力量輕易顛覆清帝國。

◎留日學生終結帝制和天下秩序

其他的變革都沒有教育的變革影響深遠。中國從古典思想向近代思想轉變，日本起了關鍵性作用。日本似乎為訓練中國學生提供了最誘人、最經濟和最不出亂子的來源——然而，「亂子」偏偏出在留日學生身上，他們有的學武，有的學文，毫不留情地用武力顛覆清帝國的統治，同樣毫不留情地用新觀念顛覆儒家維持兩千年的天下秩序。

在二十世紀最初的十年中，中國學生前往日本留學可能是世界史上最大規模的學生出洋運動。它產生了民國時期的第一代領袖。一八九九年，留日學生只有一百人；一九〇五年，增加到八千至一萬人；一九〇六年，更達到兩萬人。在留學風潮達到最高峰時，學生中有舉家赴日的，如父親陪兒子，年輕姑娘和纏足婦女也赴日學習。日本設立許多專門學校，為中國學生提供語言和預科課程，著名的有日華學堂、高等大同、東亞商業、弘文學院等。僅弘文學院就招收七千多名中國學生，其學生中有黃興、陳獨秀和魯迅。

留日學生、日後的國民黨元老張繼在一九〇三年說：「學生

為一國之原動力，為文明進步之母。以舉國無人之今日，尤不得不服於學生諸君。而東京之留學生，尤為舉國學生之表率。」其以「學生諸君」對應「舉國無人」，頗能體現當時社會變遷在思想層面的反映；而學生中又以「東京留學生」為表率，那種自負和責任感，躍然紙上。

這並非留日學生的自我標榜。辛亥革命之後，留美學生梅光迪承認，「不能不崇拜東洋留學生」，他們辦的雜誌為革命成功奠定了輿論基礎——以康有為和梁啟超為首的改良派和與孫文、章太炎為首的革命派所展開的論戰，即在日本展開。密切關注這場論戰的讀者，大都是留日學生。胡適後來說，中國「晚近思想革命、政治革命，其主動力，多出於東洋留學生，而西洋留學生寂然無聞焉。其故非東洋留學生之學問高於西洋留學生，乃東洋留學生之能著書立說之功耳」。

甲午之後，清帝國除了派遣大量留學生東渡扶桑、探求日本的富強之道外，又聘請若干日本專家來華，作為新政顧問。美國學者任達（Douglas R. Reynolds）指出，粉碎了兩千多年帝制政府模式及其哲學基礎的，不是以孫中山及其同伴為中心的一九一一年的政治革命，而是一九〇一至一九一〇年以晚清新政為中心的思想和體制的革命。在此過程中，中國的社會思潮、流行語彙以及教育制度、軍事體制、司法體制都從日本「組織移植」而來。

在這中日關係的「黃金十年」，日本各界積極給中國提供直接且實質性的幫助，使中國快速打破傳統控制向現代化邁進，其速度之快一度超過明治維新的進程。結束帝制後的中國，正是以新政及其成就作為基石才得以決定思想和體制的發展方針。晚清的體制革命與思想革命不可分割：如果不是日本人以漢字慣用語

翻譯西方著作，從而得以直接用於中文，使思想能驟然突破；如果沒有中國在日留學生的思想覺醒；如果沒有為中國政府服務的日本教習和顧問及時的支持，新政體制改革不可能發生，辛亥革命也不可能一舉成功。從戊戌維新到辛亥革命，中國思想文化學術和政治經濟軍事中的日本痕跡非常顯著。

留日學生入日本名校完成學位課程的比例相當低，大部分只是草草完成部分速成課程，他們中的很多人對真正的西學一知半解。但他們回國後迅速將這些尚未消化的或早已失其精髓的西學廣為傳播。梁啟超如此反思這段歷史：

晚清西洋思想之運動，最大不幸一事焉，蓋西洋留學生殆全體未嘗參加於此運動；運動之原動力及其中堅，乃在不通西洋語言文字之人。

西洋留學生與國內思想言說的疏離，使得東洋留學生越俎代庖，其結果是西化運動「垂二十年，卒不能得一堅實之基礎，旋起旋落，為社會所親」。梁氏的這一反思也將自己包含在內——梁氏為晚清思想界提供的是一道道未經精心烹飪卻可快速充飢的「速食」。然而，從日本販賣來的「二手的西學」比「二手煙」更危險，這些「二手的西學」偏離了西方近代文明的正道，既讓日本的現代化陷入危機，也讓中國現代化滑入泥潭。

◎日本是俄國激進思潮輸入中國的中轉站

近代俄國激進思想並非如中國歷史教科書所說，因為「十月革命一聲炮響」而直接從俄國輸入中國，而是從日本這個轉轉站

輾轉而來。這是中國師法日本過程中遭遇的又一個陷阱，以「飲鴆止渴」來形容並不為過。

俄國激進思想從日本進入中國有兩個階段，第一個階段是十九世紀末和二十世紀第一個十年的無政府主義，第二個階段是二十世紀一〇年代末至二〇年代的共產主義。

早在十九世紀八〇年代，日本就出版了關於俄國虛無主義的著作。日本的激進派認為，他們在一八八二年成立短命的東洋社會黨之事即與這些著作有關。一九〇二年，早稻田大學一位教授寫了一本介紹俄國革命運動的著作，將這一運動分為革命文學、宣傳鼓動和暗殺恐怖三個階段。這本著作對中國革命派產生很大影響。日俄戰爭進一步助長日本人對俄國的興趣。在此前後，無政府主義這個術語和概念通過日本譯文傳入中國人的語言和思想之中。俄國革命派的英雄人物成為中國留日學生效仿的典範。晚清從事暗殺滿清大臣的革命黨人，很多都有留日背景。

一九〇五年的俄國革命失敗後，若干俄國流亡者前往長崎。孫文通過黑龍會介紹與這群人會面，並讀到他們在日本出版的刊物《革命評論》。這是孫文第一次接觸俄國革命的人物和思想。這是中國近代史上一個危險的轉折點。兩者之間發生的某種「化學反應」，十多年之後醞釀成熟，將中國帶往萬劫不復之深淵。

中國革命黨人在東京創辦《民報》，為了與梁啟超主持的《新民叢報》競爭，大量汲取日本左翼出版物如《光》、《平民新聞》、《直言》中的思想觀念，越新潮、越激進的思想，對年輕人越有吸引力。他們不親日（章太炎對日本文化和日本人的抱有強烈批判傾向），也不親西方。一個耐人尋味的現象是，「留學生來的時候是親日派，回國的時候是反日派」，顯然是民族主義思想發酵的結果。這些革命派留日人士，與日本本土的激進派

一樣，處在左翼思想狂潮中，齊聲譴責西方以及資本主義社會和制度的弊病。[2]

　　兩國的激進思潮不能孤立起來加以考慮，對留日的一代中國留學生而言，日本的激進派是私人朋友和道德巨人。景梅九的日記指出，對一個有影響的中國留學生來說，聽到幸德秋水和大杉榮的講話是多麼重要——而且他們都是知行合一、以身殉道的「人格者」。[3]

　　緊接著，共產主義也經由日本傳入中國。在一九一七年李大釗寫《我的馬克思主義觀》之前，其留日時期的同學、北京《晨報》主筆陳溥賢就已翻譯、介紹日本馬克思主義者河上肇等人寫的馬列主義文獻——河上肇翻譯的《資本論》，是《資本論》的第一個亞洲語言譯本。陳氏作為特派員訪問東京期間，對吉野作造的黎明會非常關注，向國內介紹了「幸德秋水大逆事件」後「寒冬時代」暖風緩緩吹來的日本社會主義運動。陳氏關注日本的社會主義，是因為他認為中日兩國要解決山東問題等懸案，達到「真正的親善」，首先必須將日本改造成不是由軍部或資本家、而是由工人來當家做主的社會。李大釗的一系列介紹馬克思主義的文章正是基於陳溥賢的翻譯之上。李大釗並不精通俄語和其他歐洲語言，無法直接閱讀第一手文獻，閱讀日文的馬克思主

2　日本左派譴責資本主義，因為日本確實在資本主義道路上大步前進。中國並無強大的資本主義，中國留日知識分子對資本主義的道德上的責難和審判，以無政府主義的激進主義表達，但很大程度上歸因於他們自身傳統中反對資產階級物質主義的哲學思想。

3　幸德秋水因謀畫刺殺天皇被處決，其絕命詩「區區成敗且休論，千古惟應意氣存。如是而生如是死，罪人又覺布衣尊」堪比譚嗣同的絕筆「望門投止思張儉，忍死須臾待杜根。我自橫刀向天笑，去留肝膽兩崑崙」。

義著作及日本學者的相關著作對他來說更容易。

　　一九二〇年十二月，日本社會主義同盟在東京成立，李大釗立即參加該組織。常駐北京的日本記者丸山幸一郎將李大釗介紹給日方人士。次年，李大釗在北京大學成立馬克思主義研究會，他靈活運用河上肇的著作理論，闡發了通過「宇宙精神」基礎上的民眾倫理覺醒來進行社會變革的馬克思主義理論——無疑，這是一種「具有日本特色」的馬克思主義。由於此後中日交惡，中共官方歷史中將這一段俄國—日本—中國的馬克思主義傳播的「三國演義」遮蔽了。

　　在地理位置上，日本位於東亞世界邊緣；但在此一歷史時期，日本處於東西交匯的樞紐，成為中俄之間的橋樑。日本在接納歐洲文化基礎上產生的新思潮，成為中華世界重生中不可缺少的能量。在洪秀全扭曲基督教而創設「拜上帝教」和太平天國運動、新文化運動中提倡民主主義和科學主義之後，對中國近現代史產生巨大影響的馬克思主義的引進，即來自這一邊境的新風潮。

　　日本始終未被「全盤赤化」，這一點比中國幸運。戰前和戰爭期間，日本政府和軍部嚴厲打擊日本共產黨和馬克思主義思潮，日本共產黨在強力打壓之下宣布解散。戰後，美軍占領日本，大力推廣美式民主，幫助日本創制新憲法。日本左翼思潮在戰後一度強勁，社會民主黨和共產黨在議會中一度奪取頗多席次，「反美」和「親中」（親中共）思想在知識界風靡一時。但在美蘇冷戰的國際格局之下，美方與日本政府一起竭力阻止共產主義思潮之氾濫，就整個日本社會而言，右傾的保守主義是多數共識。

　　與之相比，一群留日或長期在日本活動的中國激進派人士，

相繼主導中國二十世紀政治和文化的發展方向。無論是閻錫山、孫傳芳等實力派軍閥，還是南京政權的締造者蔣介石；無論是殺人如麻的「農民王」彭湃，還是在日本頗受尊崇的、中共終身總理周恩來；無論是中共首任總書記陳獨秀，還是左翼文學旗手魯迅，都是日本培養的「弟子」。日本在思想觀念引入的意義上對中國造成的後續傷害，甚至大於甲午戰爭和中日戰爭造成的即時傷害——日本發動中日戰爭的理由之一是「反赤」，結果卻事與願違，反倒促成「紅彤彤」的共產黨取代「小粉紅」的國民黨，今天中國仍深陷赤色沼澤無法自拔。當然，如果說這是一樁犯罪案件，日本只是從犯，而非主犯；最大的責任者是中國人自己，是中國人選擇了這條歧途。

第二節　以德為師，後來居上？

◎「黃禍」近了：德皇威廉二世的「匈奴」演說

一九〇一年九月四日，柏林，當車站緩緩駛過五輛四輪式馬車時，波茨坦衛戍教堂響起《永遠忠誠與坦蕩》的樂曲。馬車沒有軍人護送，在新宮前也沒有舉行高級代表團來訪時的歡迎儀式。從馬車上走下四名乘客，個個頭戴黑色小瓜皮帽、身穿花色絲綢長衫、拖著大辮子。他們是醇親王率領的清帝國「請罪團」。

在新宮，醇親王向威廉二世遞交賠罪書，並向德皇三鞠躬。這是中國傳統的、表示屈服的標誌。威廉皇帝可心滿意足了，他獲得了徹底的勝利。他在總結講話中說：「如果中國皇帝陛下敦

促他的政府以後嚴格按照國際法則和文明民族的禮儀行為來辦事，他們的和平的願望才能實現。」之後，威廉皇帝和醇親王走出宮殿，兩人檢閱儀仗隊。這一幕為一年前義和團和清軍在北京和其他地方對西方人及中國基督徒的殺戮事件畫上句號。歐洲最強大的帝國與亞洲衰落中的帝國，以這種戲劇性的方式相遇。

在義和團暴亂中喪命的地位最高的西方外交官是德國公使克林德男爵。[4]克林德被殺讓德皇及德國全國陷入狂怒之中。一九〇〇年七月七日，德國政府向軍隊發出最高命令：組建遠征軍開往中國。至八月，一萬五千人的遠征軍組建完成。先遣部隊於七月二十七日從不萊梅港起航，威廉二世親自送行並發表有名的「匈奴演說」：

像中國人這樣的民族，居然敢拋棄千年的古老國際法，以殘暴的方式嘲弄外交公使的神聖和客居權的不可侵犯。這是世界上未曾有過的事件，而且是一個為其數千年文化而自豪的人民所為。從中你們可以看到，一個不是建立在基督教精神之上的文化

---

4 德國使館武官謝伯特詳細描述了整個過程：一九〇〇年六月十九日下午四點半，各國公使收到總理衙門的最後通牒，要求他們在二十四小時之內撤離北京，否則不能保證其安全。當晚，克林德以個人名義照會總理衙門，告知次日早上九點去總理衙門面談。次日早上八點半，克林德與謝伯特等乘轎出發，公使館兩名中國傭人騎馬陪同。克林德決定不帶武裝隨從，以避免刺激遍布街頭的義和團。當他們來到崇文門附近的牌樓，一名身穿軍裝的旗兵衝過來，在離轎子僅一米處，對公使開槍射擊。謝伯特大叫「住手！」對方繼而向其開槍，謝伯特被擊中小腿，奪命狂奔。街上站滿中國人，面無表情地圍觀慘劇發生。謝伯特逃入美國傳教團，一進門就昏了過去。轎夫和兩個傭人逃回公使館，他們告知，兇手是皇家旗兵，這是一次精心策畫的預謀行為。八國聯軍占領北京後，兇手恩海被捕並被德軍處決，他是甘肅回民騎兵董福祥的部下。

會變成什麼樣子。

威廉二世對清帝國屠殺外交官的暴行的批評沒有錯,「基督之外無文明」確實是那個時代的普世價值。但他在演講中鼓吹復仇和殺戮,並不符合基督教教義。他鼓勵國官兵學習匈奴王埃策爾(Etzel)的做法「遇到敵人就殺掉,不要寬恕他們,不要留活的」。這篇演講是歐洲「黃禍論」的高潮。

早在十三世紀,蒙古人入侵歐洲時,歐洲人就恐懼地稱之為「韃靼之軛」。俄國人深信反基督勢力必將從亞細亞出現,因而抱有某種歷史性的恐懼。近代「黃禍論」的始作俑者正是威廉二世。威廉二世關於「黃禍」的論述,大量見諸於與俄國沙皇尼古拉二世的通信中,且有一幅《黃禍圖》流傳於世。畫面上除了德皇的簽名,還有譯成英文的一句話:「歐洲各民族!聯合起來,保衛你們的信仰和你們的家園!」畫外之音是,威廉二世將在捍衛基督信仰的新十字軍中扮演核心角色。

◎大清憲政考察團:「溯始窮源,正當以德為鏡」

謝罪之旅完成了,可清廷的新政剛剛開始。一九〇五年,清廷在內外壓力之下,派重臣出洋考察憲政,這一舉動比日本岩倉使團整整晚了三十三年。出洋大臣共五人:載澤、紹英是滿族親貴,戴鴻慈、徐世昌是部院大臣,端方是封疆大吏。[5] 八月二十六日,五大臣啟程準備出洋,在火車站遭到革命黨人吳樾炸

---

5 從其人員組成可見,變法的主導者離不開此三類人:一在於宗室,一在於廷臣,一在於疆吏。

彈攻擊，吳樾當場死去，載澤受輕傷、紹英受重傷。次日，慈禧太后召見五大臣中未受傷的戴鴻慈、徐世昌、端方，「慨然於辦事之難，淒然淚下」。

因紹英傷未痊癒，由出使比國大臣李盛鐸兼代；徐世昌接任新成立的巡警部尚書，不能分身，亦由山東布政使尚其亨代之。重新組團的五大臣分兩路出發，載澤、尚其亨、李盛鐸考察日、英、法、比四國，又以日、英、法為重點。端方、戴鴻慈考察美、德、奧、俄、義五國（途中又接受邀請考察北歐三國及尼德蘭），又以美、德、俄為重點。《申報》評論說：「朝廷派遣之宗旨，係注重考察德日兩國憲法，蓋以德日亦係君主之國改為立憲，中國大可採用其法，若如英國之半主，則與中國之不合。」

五大臣出使共花費七十四萬四千八百餘兩，除了戶部撥付的公款之外，還有私人捐助的款項，供其購買書籍並在上海組織編譯。五大臣回國後向朝廷提交報告，據傳報告是由流亡在日本的通緝犯梁啟超捉刀完成。[6]梁啟超流亡在海外，卻能主導清末立憲進程，這大概是其死敵慈禧太后做夢也想不到的事情。

載澤使團在考察日本之後總結說：「大抵日本立國之方，公議共之臣民，政柄操之君上，民無不通之隱，君有獨尊之權。」在英國考察的結論是：「大抵英國政治，立法操之議會，行政責之大臣，憲典掌之司法，君主裁成於上，以總核之。……惟其設官分職，頗有複雜拘執之處，自非中國政體所宜。」在法國考察

---

6 以這些大臣及幕僚的知識水準，不可能寫出高水準的報告。報告宛如梁啟超和張謇之政見。在日俄戰爭之後，端方曾與梁啟超書札往來。梁啟超曾幫助端方等代草考察憲政、奏請立憲、請定國是、赦免黨人的奏折，前後超過二十萬字。法部尚書戴鴻慈曾因為法部與大理寺權限之爭，函電並發，向梁請益。從這些情況來看，出洋大臣的考察報告即便不是梁親自起草，至少也深受其影響。

後，他們認為：「法蘭西為歐洲民主之國，其建國規模非徒與東亞各國宜有異同，即比之英、德諸邦，亦不無差別。」

端方使團在美國考察的結論是：「大抵美以工商立國，純任民權，與中國政體本屬不能強同。」對俄國考察的結論是：「其政體久以專制著稱……戰敗之後……此次宣布（立憲），在政府不能不曲從輿論，而斷不能滿其所欲，深慮亂事難以消泯。」在德國考察的結論是：「中國近多歆羨日本之強，而不知溯始窮源，正當以德為鏡。……在中國雖不必處處規隨，而其良法美意行之有效者，則固當急於師仿，不容刻緩者也。」端方使團特別奏陳覲見德皇之情形，德皇以隆重禮儀接見使團成員，似乎一掃五年前兩國兵戎相見的陰霾。德皇稱：「從前本國喜談哲學，今數十年始考究礦路、格致、製造各項實業專門，是以年來進步較速。」論及中國變法，則謂「必以練兵為先，政治措施，宜自審國勢，各當其機，貴有獨具之精神，不再徒摹形式」。

在考察團出訪的列國中，德國給予其最高規格待遇和精心安排。在德國的考察日程由德方負責人制定。德國外交部決定負擔除柏林住宿費外一切住宿費及交通費，並從普魯士王國鐵路總局取得考察用客車兩輛的使用許可。端、戴一行的考察在德意志帝國和普魯士王國政府最大限度的支持之下進行，他們先後參觀了帝國議院議事堂、上至帝國法院下至地區法院、監獄、警察總局以及消防署等官方機構。

很多德國企業都高度重視考察團，邀請他們參觀工廠，以期獲得清帝國的訂單。正如德國的國勢在歐洲列強中後來居上，德國與清帝國的貿易額以及在清帝國攫取的利益也後來居上。在一八九五至一八九六年間，德國對華海運的船隻數量，僅次於英國而名列第二；德意志帝國極有可能是清帝國的第二大出口國；

德國在清帝國建立的商行數，也在英國之後名列第二；德華銀行是除英資銀行外在清帝國建立的首家外國銀行。

端方和戴鴻慈的上奏文中，強調德國軍國主義的特徵，且具體指出國家維持的軍事力量、國民的尚武精神的重要性，還提到日本的改革是以德國為模範進行的。清廷理應將作為軍事大國的德國當成其軍事改革的榜樣。

端、戴二人還指出，教育在國力增強和培養國民上非常重要：

> 德國則行政燦燦乎大備，專門之程度既高，普及之教思尤廣……而日本學制專仿德國，至今學士、博士遊歷調查，絡繹相望，多有著述以資改良，同風遂為強國。

他們引用德國學者提倡義務教育的演講，強調免費初等教育的必要性。

與軍事改革息息相關的德國科技力量及工業發展也吸引了端方等人的關注。

他們最終的結論是，教育、軍事、工業對於國家建設至為重要，富國強兵要經過以立憲為核心的內政改革才能達成，中國應當取法德國。然而，他們的報告還來不及具體實施，清帝國就覆亡了。

◎學習德國的軍國主義，畫虎不成反類犬

中國學習德國，除了學習偏重君權的德國憲法，最渴望學的是德國的軍事。

早在一八八八年，李鴻章即奏請朝廷選派北洋武備學堂學生出洋，赴號稱陸軍最強大的德國學習軍事。當時，段祺瑞考取第一名。次年春，段祺瑞等五人抵德國，以官費入柏林軍校，系統學習軍事知識。段氏又單獨入克虜伯砲廠實習半年。由此，段祺瑞眼界大開，思想大變：「祺瑞至德國，益稱素志。既習歐西軍學，復與彼都人士時相周旋；呼吸海外之空氣，觀摩漸漬亦既有年。由是學識大進，思想亦日新，慨然有澄清祖國之志。嘗與同志討論世界之大勢，每就軍事上之學識，研究中國軍人之弱點，欲一新其制度。頗擬著書立說，以先覺為己任，故此及歸國，已頭角嶄然矣。」

段祺瑞在德國僅留學一年半，如此之短的時間，既不可能精通德文，也不可能在軍事上有多深造詣。不過，這段旅德生涯讓段氏對西方憲制有了切身體認，這或許是一九一二年他領銜並聯絡四十七名將領電請清帝遜位的原因。這份由徐樹錚起草的電文形同叛逆：「祺瑞受國厚恩，何敢不以大局為念，故敢比較利害，冒死陳言，懇請渙汗大號，明降諭旨，宣示中外，立定共和政體。」此電公布後，清帝意識到軍心動搖、大勢已去，不得下詔退位。

段祺瑞在德國學的是炮兵，但他領軍作戰時在炮兵的運用上未見有特別表現。民國前期軍閥混戰，段祺瑞雖為皖系軍閥之領袖，卻不以軍事見長，沒有一支自己的鐵桿部隊，少數幾場勝仗都是徐樹錚幫他打的。

南京政府時期，尤其是一九二七至一九三七年的「黃金時代」，也是中德的蜜月期。雖然並沒有一種作為文化輸出的單一的德國「發展模式」，德國經驗卻向南京政府的領導人提供了同一個外國進行合作的可能性，而這個外國的發展道德觀——正如

蔣介石和其他人所理解的那樣——是與他們自己的觀念協調一致的。

蔣介石的德國軍事顧問塞克特（Hans von Seeckt）說，國家並非「冷冰冰的概念」，而是有血有肉的東西，它需要一種個人從屬於整體並為祖國盡責的信念。必須建立一支精銳的攻擊部隊，不但在道德上而且在技術上都要勝過對手，這對中國和德國都應如此。蔣介石認同其觀點，企圖把建立這種新力量的價值觀用以教育人民大眾，使舉國上下「軍事化」。

南京政府的工業和軍隊這兩個領域成了德國「勢力範圍」的基礎。在這兩個領域，德國人被認為能勝任與中國的一切合作。南京試圖建立重工業、交通與整軍相結合的「統制經濟」，迫在眉睫的戰爭威脅又使這一進程的速度加快。南京政府成立的一些重要機構，如經濟部、國防設計委員會、國家資源委員會等，都是按照德國模式建立的。

先後擔任教育部長、交通部長、國民黨中央委員會祕書長、中央調查統計局局長、行政院副院長等要職的朱家驊，擁有德國柏林大學的博士頭銜，是南京政府中親德派的代表人物，中國與德國的若干合作協議都是他在其中穿針引線。同樣是留德背景的俞大維擔任兵工署長之後，德國在擴建長江流域兵工廠、創建新的兵工廠、彈藥廠和研究軍隊裝備的發展等方面，逐漸取得支配地位。德國軍事顧問塞克特幫助南京政府制定了一個「創建適應十八個機械化師所需要的軍事工業」的計畫，蔣介石肯定此一計畫，俞大維則負責實施。

一九四一年，太平洋戰爭爆發後，中德合作停止了。德國幫助蔣介石訓練的德式軍隊尚未成形即被送往淞滬戰役的戰場，迅速消耗殆盡。直到戰爭後期國軍接受美式裝備和美式訓練，才逐

漸恢復戰鬥力。

　　那些具有留德背景的技術官僚的事業戛然而止，他們後來在台灣繼續發揮其才華。台灣所有重要的工業均被國民黨控制，在十六個關鍵的工業企業中，有九個由一九三○年代或一九四○年代留德的中國人所管理，包括台灣電力公司、台灣煤礦開發公司、台灣糖業公司、台灣肥料公司、台灣造船公司等。台灣省工業研究院和台灣煙酒專賣公司的負責人也是留德人員。台灣經濟部的三任部長皆是留德的。兵工專家俞大維出任國防部長，前駐柏林武官唐縱出任內政部副部長和台灣省政府祕書長。日治時代，日本在台灣實行「統制經濟」；國民政府遷台之後，這些留德人士的德式訓練正好適合接收日本前殖民地的國有企業。德國—日本—中國的又一輪「小循環」居然在台灣上演。

　　從清末、北洋政府到南京政府，中國經歷了三個階段學習德國軍事、政治、工業的過程，但都失敗了。中國並不具備日耳曼民族的民情，無論是段祺瑞還是蔣介石，都無法將中國打造成德國式的軍國主義國家。

◎蔡元培「以美育代宗教」之謬誤

　　德國思想影響近代中國，蔡元培是一個標誌式人物。民國時代曾任教育總長、北大校長、中央研究院院長的蔡元培，對民國教育及文化學術思潮有著決定性影響，而他的若干思想觀念均來自德國。

　　一九○七年五月，蔡元培在駐德公使孫寶琦的資助下到德國留學，先在柏林學一年德語，繼而在萊比錫大學研究三年哲學、美學、心理學和民族學，他深受德國教育家和哲學家洪堡德

（Alexander von Humboldt）之影響。

　　蔡元培堅持「思想自由，兼容並包」（此為北大真正之校訓）之原則，對「五四」之後貌似學生運動、實為政黨「運動學生」的趨勢相當警醒。他反對左翼的共產主義，一九二七年以國民黨中央監察委員身分發起「護黨救國」運動，支持蔣介石清黨。由此觀之，他算是國民黨右翼。然而，蔡元培在德國所接受的思想觀念中早已悄然埋下左翼之毒素。他所提倡的「兼容並包」偏偏不包括對宗教的寬容，他本人在「五四」後毫無警覺地參與共產國際在幕後策畫的「非基督教運動」，助長了北大及全國思想界的反基督教思潮。這一負面遺產，至今尚未得到梳理和反思。

　　一九一七年，蔡元培在北京神州學會的講演詞，即發表於《新青年》雜誌的《以美育代宗教說》，是其美育論著的經典之作。蔡氏指出，宗教利用藝術「以激刺人心，而使之漸喪其純粹之美感」，由此不能使美育附麗於宗教、受宗教之累，「莫如舍宗教而易以純粹之美育」。[7]蔡氏在德國研讀康德、席勒等人理性至上的論述，一生提倡科學和美育，希望發揮美育功能，符合現實利益，有利於人們身心健康，改善社會精神生活。然而，這種願望脫離社會實際，更沒有看到美育、藝術與宗教之間本質的和功能的區別，更沒有對宗教改革之後基督教與西方近代文明的關係做出深入思考。此觀點當時即引發激烈論爭。[8]

　　學者潘知常指出，蔡元培提倡「以美育代宗教」，是對於二十

7　蔡元培「以美育代宗教」的思想，在〈賴斐爾〉、〈對於教育方針之意見〉、〈教育獨立議〉、〈以美育代宗教〉、〈美育代宗教〉等文中，都有所發揮。一九一五年，蔡即提出「以文學美術之涵養，代舊教之祈禱」。

世紀初中華民族所遭遇的意義困惑、中華傳統文化中終極關懷的缺席以及西方宗教文化（特別是基督教）大舉入侵這三重時代課題的回應。遺憾的是，這是一次錯誤的回應，在邏輯上、學理上都無法自圓其說，且遮蔽了對於這三重時代課題的正確思考。

「五四」時期大行其道的科學主義與進步主義思潮，德國理性主義哲學的視角，使蔡元培迷失了正確方向。在蔡元培看來，宗教並不具備永恆不變的神聖地位，只是一種愚昧時代的「迷信」。隨著時代進步，理應被取代。然而，只要人類最為深層的生命困惑存在，宗教就必然存在。在中國遭遇意義困惑與終極關懷在傳統文化中缺席之際，蔡元培避而不從西方宗教文化去尋找精神資源，轉而以缺乏終極關懷與神性維度的美育做為安身立命之地，企圖以美育代宗教，不單是其個人思想觀念的誤區，而且是那個時代的集體謬誤。潘知常指出：

新文化運動在人與自然的維度引進「科學」，在人與社會的維度引進「民主」。但科學屬於認知，民主關涉倫理，均未涉及

8　如楊鴻烈在〈駁以美育代宗教說〉中，指出蔡元培及其擁護者的觀點，對於美育與宗教的本質是「有見於同，無見於異」，「分不出二者範圍上的大小」。他舉出西方美學家哈托孟的意見：「宗教是人類對宇宙絕對本體的關係，這本體是人類精神生活的根本，又是它進行的究竟目的。宗教是人類所以超越有限有障礙的現象存在，而復歸於精神生活的根本，所以信仰是人文發達最終又最強的動機。」楊鴻烈認為，美之所以為美，宗教之所以為宗教，有歧異高下之處。「美又是補哲學宗教之所不及，那麼宗教和美的範圍是有大小的不同了。如何能代替呢？」又如趙紫宸在〈聖經在近世文化中的地位〉一文指出，宗教不是美藝，乃是完全的生命；聖經不是美術教科書，乃是完全的生命書。美術只為生命的一部分，不是生命的全體，萬無代替宗教之理。文化中間，不可一日無美術，但美術不能一日代宗教；美術不能一日代宗教，世上再也沒有一件文化的元素可以代替宗教了，沒有一種勢力可以把聖經束之高閣了。

人與靈魂的維度，也始終未能引進「信仰」。因此，面對存在問題始終存在著困惑。王國維、蔡元培等第一代美學家意識到這一困惑（蔡元培稱之為「今日之重要問題」），但又絕對不希望「信從基督教」。於是，「以美育代宗教」的呼籲就順理成章地應運而生。……由此，贖罪之路轉向審美之路。

然而，美學或審美在形而下層面不能提供建構現代民族國家的策略，在形而上的層面不能提供靈魂安頓之所及永生的盼望，在二十世紀國家民族的挫敗和個人命運的苦難中，無法滿足國人的需要，也無法抵抗共產主義思潮的衝擊。蔡元培從德國引入的「以美育代宗教」理念很快成為無人問津的夢囈，直到二十世紀八〇年代的美學熱中重新被發掘（在當時欠缺言論自由的環境下，劉曉波等人以美學來包裝其文化及政治批判），卻再次在一九八九年天安門的槍聲中枯萎。

一九三七年，在抗戰硝煙中，蔡元培遠遁香港，三年後病逝於這個實行「英國憲制」的孤島，幸虧彼時太平洋戰爭尚未爆發，否則他將承受日本占領的羞辱。臨終前，蔡元培對未來深感絕望，在這種絕望中，他是否對自己參與的中國近代化走上歧途有過若干反思？

八十多年之後，中國的政治、經濟與人心再度崩壞。在香港的「反送中」運動中，居然有一名來自中國的義和團式暴民，專程到「香港仔華人永遠墳場」，下手破壞蔡元培的墓碑，並在網路上炫耀，以此恐嚇香港的反抗者。蔡元培不能歸葬北大校園，其墓地遠在香港亦無法避開中共之魔爪。[9]在浙江以拆毀教堂和十字架而聞名全球的、習近平的心腹夏寶龍空降香港成為「太上特首」，將中國的宗教迫害模式移植到香港。沒有上帝，人便肆

無忌憚地作惡。蔡元培若地下有知，會修正其「以美育代宗教」
的謬誤嗎？

第三節　以法為師，革命到底？

◎法國大革命的「中華接受史」

　　精通西學卻又擁抱中華傳統文化的辜鴻銘在其代表作《中國
人的精神》中說過：「世界上似乎只有法國人最能理解中國和中
國文明，因為法國人擁有一種和中國人一樣非凡的精神特質。」
他揭示了法國跟中國在精神層面的相似性，至於其精神特質是否
「非凡」，另當別論。

　　從許多方面看，中法兩國有驚人的相似性。首先，兩國都
是文明古國。德國史學家諾伊曼（Karl Friedrich Neumann）評論
說：「中國人早在遠古時期就培育出了一種偉大的獨特文化，並
把這種文化傳播到了許多國家和島嶼，傳到了北亞和南亞，傳到

9　二〇一九年十一月十四日，網民為「哀極無淚」的左派人士，於微博上載照片，
　　指「給現任中堂大人的恩師蔡元培的墓碑打磨了一下」，他在蔡元培的墓碑上張
　　貼死於國共內鬥的中共早期領導人汪壽華和趙世炎的遺像，並稱如果香港警察要
　　拘捕他，「只要打電話給我，我就會自首」。此人稱其此舉是反對香港中文大學
　　的學生「褒賞蔡元培」（中文大學學生讚譽「堅定為他的校園及學生挺身而出」
　　的校長段崇智為「當代蔡元培」，由此累及蔡元培成為極左派的眼中釘）。他更
　　留言指「在知識分子們的吹噓下，蔡元培成了完人，彷彿四一二大屠殺中血流成
　　河，與蔡元培無關一樣，然而蔡元培的命是命，汪壽華、趙世炎的命就不是命
　　嗎？看看廢青的標語就知道，廢青們無知」。中共當局默許和縱容此種行為和言
　　論。

了琉球群島和日本。」法國雖不是「四大文明古國」之一，但從羅馬帝國覆亡之後，法國逐漸成為歐洲的「中央大國」，法語成為歐洲最時髦、最高尚的語言。兩國都崇尚文藝，為世界帶來頂級烹調藝術。兩國人都缺乏時間觀念，喜好玄想，輕視法律和契約。在中國，人們強調「世事洞明皆學問，人情練達即文章」；或是如同法國人常說，「如果從門裡進不去，就從窗戶外跳進去」的靈活變通方法。

其次，從國家治理的政治和經濟模式看，中法兩國奉行國家至上的中央集權政府，迷信威權統治和強人統治。中國人推崇毛澤東，法國人懷念拿破崙。很多到法國訪問的中國代表團均對法國科層嚴密的行政模式興趣強烈，認為法國的經濟運營方式特別是政府對國有企業的管控與中國有異曲同工之妙。作為中央集權的象徵，同為全國政治文化中心的北京與巴黎，其結構和布局亦有眾多相似之處，首都高高凌駕於其他城市之上，集中全國之菁華，帝都派頭十足，宮殿氣勢之宏偉，城市布局之嚴整，在其他國家中僅見。

第三，從民族心理上看，中法兩國民族自尊心極強，珍視其光輝的過去，像「沒落貴族」般對自己在當今世界的地位不滿。中國人津津樂道於「四大發明」，以「天朝大國」自詡。近代以來，中國淪為「東亞病夫」，遂渲染百年悲情，力圖報仇雪恥，從義和團到當代「戰狼」，帝國夢不醒。法國人則自視為「世界的肚臍眼」，認為天下最好的國家是法國，最聰明的人是法國人。二戰後，法國國力式微，淪為二流國家，恢復大國地位是其外交的首要目標。戴高樂將法國打造成核武大國，退出北約，故深受國人愛戴。中法兩國都瀰漫著「反美主義」，既是官方意識形態刻意為之，又是民間自戀與自卑糾結的變態情緒。

近代中法兩國的相遇，除了英法聯軍在一八六〇年攻陷北京、火燒圓明園之外，最大的交集是法國大革命的餘波在中國的百年迴盪。

　　鴉片戰爭前後，在魏源的《海國圖志》、徐繼畬的《瀛寰志略》中，已出現法國大革命的記載。《瀛寰志略》載：「王好漁色，內寵擅權擾民，民不能堪。乾隆五十四年，國大亂，尋廢王弒之。」又說：「歐羅巴用武之國，以法蘭西為最。」比起明末顧炎武在《天下郡國利病書》中道聽塗說且充滿惡意的記載「法蘭西，古無可考，素不通中國。……往來窺伺，熟我道途，略買小兒，烹而食之」來，已較為接近真相。與林則徐有交往、在中英交戰期間防守台灣的姚瑩，於《康輶紀行》中的記載最為詳盡：「新王（路易十六）嗣位，時北方亞墨里加（美國）與英吉利交戰。王助亞墨利加戰勝，然其餉錢漸減，故爵僧民三品會集，行聚斂之法，國人棄王弒之。七年國政混亂，有臣曰那波利（拿破崙）以武功服眾，嘉慶八年為王。九年恃強黷武，旋敗失位。」當時中國人一般認為法國革命只不過是路易十六的權力轉移到拿破崙手中時發生的插曲，君王因荒淫無道而失去天命和王位，在中國歷史上司空見慣。

　　進入十九世紀七〇年代，首次出現中國人寫的法國史專著，即王韜之《法國志略》。王韜早年幫助西方傳教士翻譯聖經，是最早遊歷英國和法國的中國文人，也是中國近代政論記者之鼻祖。他因致信太平天國將領李秀成而遭清廷通緝，避居香港。王韜認同基督教文明，受洗為基督徒，稱頌英國的憲制。他認為西方立國有三種模式：一為君主之國，一為民主之國，一為君民共治之國。君主之國，除非君主為堯舜，方可長治久安；民主之國，法制多紛更，心志難專一；惟君民共治、上下相通為最優，

其代表即為英國,「泰西諸國,以英為巨擘,而英國政治之美,實為泰西諸國所聞風向慕,則以君民上下互相聯絡之效也」。

王韜以英國為標準來觀察法國之盛衰,見解相當透徹。他認為,法國革命爆發的原因有三個。首先,是思想上的原因,孟德斯鳩、伏爾泰、盧梭等「大儒」的「自主學說」深入人心。其次,是經濟上的原因,路易十四以來的放任財政政策,讓法國陷入經濟危機,民眾「終歲勤勞,僅償稅額」。第三,是社會性原因,大部分貴族和教士堅持享有特權,與平民矛盾激化。這三個原因歸結到一點,就是路易十四以來法國王權的集中形成「君民黨爭」,開議會也無法解決。王韜從法國王室覆滅的歷史總結教訓說,立憲是避免暴力革命的唯一方法:「故欲其國之永安久治,以制國憲定君權限為第一義也。」他對波旁王朝君權集中的指責,明顯包含了對中國君權統治現狀的不滿。《法國志略》既是寫法國歷史,也是對中國的「警世恆言」。可惜,清廷對王韜的呼籲如風過耳,直到辛亥革命爆發,才追悔莫及。滿清皇室沒有像法國國王和王后那樣被革命黨人送上斷頭台,但滿人遭遇了一場極為殘酷的種族屠殺。

◎梁啟超:以革命求自由者,必得專制

一九〇三年,流亡日本的梁啟超發表了一篇預言體小說《新中國未來記》。書中有一段是兩名中國留學生關於法國大革命的辯論。

一位是就學於柏林大學的黃克強(與革命黨人黃興的字「克強」巧合),他是法國大革命的懷疑派:「從前法國革命的時候,羅伯斯庇爾、丹敦一流人,當初豈不是都打著自由、平等、

親愛（博愛）三面大旗嗎？怎麼後來弄到互相殘殺、屍橫遍野、血流成渠，把全個法國都變做恐怖時代呢？十八世紀末葉的法國人豈不是誓把滿天下民賊的血染紅了這個地球嗎？怎麼過了不到十幾年大家卻打著伙，把那皇帝的寶冠往拿破崙的頭上奉送呢？」

另一位是留學巴黎大學的李去病，他或許因為「近朱者赤」而理解、讚美法國大革命：「法國革命哪裡是什麼羅伯斯庇爾、什麼羅蘭夫人這幾個人可以做得來？不過是天演自然的風潮，拿著這幾個人做登場傀儡罷了。……你說法國就是沒有這場大革命，依著那路易十六朝廷的腐敗政策做下去，這法國元氣就不傷嗎？……尚使當時法國人民，忍氣吞聲，一切都任那民賊怎麼擺布便怎麼擺布，只怕現在地理圖裡頭，早已連法蘭西這個名字都沒有了。」

世紀之初，中國的言論界迎來法國革命論的最初高峰。《新中國未來記》作為小說，相當雄辯地刻畫出當時法國革命論中中國人進退兩難的心情。法國革命能否成為未來中國改革的榜樣？即使是主張有必要革命的人士，也無法對革命的代價避而不見，正如梁啟超在《論進步》中所說：「吾讀一千七百八十九年之歷史，見殺人如麻，一日死者以十數萬計，吾未嘗不股慄。」另一方面，反對革命的人，也無法對法國革命的歷史意義和成果視而不見，同樣是梁啟超所說，既然中國的暴政和饑荒造成比法國大革命更嚴重的「直接間接之殺人」，中國是「破壞亦破壞，不破壞亦破壞」，所以「人為之破壞」或許是可行的選擇。如何評價法國革命，已然成為測試不同陣營的人士政治立場或思想立場的試金石。

梁啟超對法國大革命的兩難心態，直到他訪問美國之後終於

解套。一九〇三年，梁啟超開始其計畫多年的訪美行程，這是他第一次親身體驗共和制國家。百聞不如一見，但對於這位具有理想主義和浪漫激情特質的政治評論家而言，現實中的美國不如想像那麼美好。他發現美國政治生活中的某些陰暗面——能力一流的人物傾向於遠離政治生活，導致十九世紀不少美國總統都是平庸和缺乏生氣的人物。梁氏認為政黨分贓制是政治生活的一大退化。

儘管如此，梁啟超仍肯定美國的民主制度，相信美國國力正迅速增長，將成為世界第一大國。他感歎「美國的政治是不可思議的政治」。梁啟超的美國觀察固然比不上托克維爾那麼富於洞見，卻比同時代的中國人更為深刻。他指出，美國政治制度的產生，必須有其產生和發展的特定條件。首先，美國的自由主義是在美國革命前即已存在的基礎上發展起來的，並植根在殖民時代各地方的自由制度中。假如將美國的政治制度比作建築，在建築之前，若干小屋（自治共和國）就已零散地存在，它們無論是建築時間還是建築樣式都要早得多，它們的存在絕不會被大樓（聯邦政府）所取代。小屋不是以大樓為前提才存在，大樓卻是以小屋為前提才存在。他發現，「獨立自治共和國」是美國的政治和社會的根基，「美國之共和政體，非成於其國，而成於組織一國之諸省；又非成於其省，而成於一省之諸市」。

美國的自由，與其說來自於獨立戰爭和國家的成立，不如說來自於殖民地時期的自治傳統。美國的獨立戰爭，其目的正是為了維護原有的自由，即英國憲制所賦予的自由。殖民地人民反對的是英國政府對殖民地壓榨性的稅務政策，而不反對英國的憲制。這對梁啟超來說，是一個全新的發現。正是這個發現，促使他與法國革命訣別：

世界無突然發生之物。故使美國人前此而無自由，斷不能以一次之革命戰爭而得此完全無上之自由。彼法蘭西，以革命求自由者，乃一變為暴民專制，再變為帝制專制，經八十餘年而猶未得如美國之自由。

梁啟超從對比法國和美國制度得出的一個教訓是，民主制度只有在地方自治的基礎上經過很長一段時期才能建立，這也是法國和拉美自由主義制度脆弱的原因——在那裡民主制度不是長期傳統演化的結果，而是產生於革命行動。

然而，梁啟超的發現並未被國人認同和接納。很快席捲而來的革命浪潮將法國大革命奉為拯救中國的「葵花寶典」，近代中國走上了革命接踵而至且一次比一次劇烈的的不歸路：昨日的革命派，今日成為反革命，被新的革命派革了命；今日的革命派，又被明日的革命派視為反革命，等著上斷頭台。

◎鄒容：革命者，天演之公例也，世界之公理也

法國大革命成為清末之「政治正確」，不是留法學生的功勞，而是留日學生的貢獻——因為大規模的留日比大規模的留法早了十年左右。改良派與革命派的論戰，其中重要議題之一是如何評價法國大革命，這場論戰首先在留日學生及流亡日本的政治反對派中展開。

這場論戰差不多告一段落之後，一群留法學生在巴黎創辦了一份名為《新世紀》的雜誌。那些憧憬或厭惡法國大革命的留日學生大都沒有到過法國，但在法國的這群留學生偏偏對這場論戰不感興趣，他們接受的是更新潮的思想觀念——從俄國傳入法國

的無政府主義,而在他們所生活的法國,法國大革命的遺跡已被雨打風吹去,人們正在追逐更時髦的十月革命的理念。

在日中國留學生首先翻譯了日本人寫的關於法國革命的著作——日本再次充當「二傳手」。一九〇一年,中江兆民《革命前佛朗西二世記事》的中譯本《法國革命前事略》由日本出洋學生編譯所出版。一九〇二年,福本誠著、馬君武譯的《法蘭西近世史》出版。一九〇三年,青年會翻譯了奧田竹松的《佛蘭西革命史》,以《法蘭西革命史》為書名在上海出版。中譯本《人權宣言》的出版,也在這一年。二十世紀初期,中國人迅速積累了大量有關法國革命的知識。

這些翻譯的關於法國大革命的著作,成為革命派打擊改良派的有力武器。革命派模仿梁啟超「少年中國」式的語言風格,很快青出於藍而勝於藍。其中,最具代表性的是英年早逝的鄒容,鄒容使用「升級版的梁啟超」的白話,比其同伴章太炎佶屈聱牙的古文更激勵人心。這位沒有完成學業的留日學生以《革命軍》這本小冊子風靡一時——這種政論小冊子的模式,是歐洲宗教改革時代馬丁·路德的發明,幾乎每個改教家都是小冊子寫手,印刷術普及使得小冊子廣泛流傳,這是宗教改革成功的關鍵。在法國大革命前後,小冊子成為摧垮看似固若金湯的王權的思想武器,幾乎每個啟蒙思想家和革命家都是小冊子寫作者。這種情形重現於清末。梁啟超出乎意料地被更激進的學生們擊敗——這些革命派的年輕人是讀梁的文章長大的,並竭力模仿其文風,這種模仿一直延續到毛澤東這一代人,但他們已經對梁日趨保守的立場感到不耐了。

鄒容在《革命軍》開頭寫道:「革命者,天演之公例也;革命者,世界之公理也。」天演,是嚴復對進化論的翻譯。達爾文

的進化論及盧梭的民約論是鄒容革命思想的基礎。不過，鄒容的學養和見識比梁啟超差太遠，當梁啟超已清晰地區分英美模式和法國模式之際，鄒容仍將不同性質的「革命」煮成一鍋粥：

　　聞之一六八八年英國之革命、一七七五年美國之革命、一八七〇年法國之革命，為世界應乎天順乎人之革命，去腐敗而存良善之革命，由野蠻而進文明之革命，除奴隸而為主人之革命，犧牲個人以利天下、犧牲貴族以利平民、使人人享其平等自由之幸福。

　　這種使用梁啟超式的排比的論述，讀來酣暢淋漓，實際上漏洞百出且謬之千里。時間上的錯誤不必論，觀念上的錯誤才最致命——要求「犧牲個人以利天下」，從來成為專制者壟斷的麻醉劑，而英國革命和美國革命恰恰是為了捍衛個人利益與自由（特別是宗教信仰自由）。

　　一九〇五年，鄒容病死獄中，他的充滿激情的、直白的文字，再加上以身殉道的傳奇人生所起的輔助作用，使《革命軍》對二十世紀第一個十年的中國人影響巨大，既超過梁啟超的「新民說」，也超過孫文的「三民主義」。在中國，寫作者本人被美化的道德操守，可掩蓋其著述的錯謬，甚至賦予其著述超越其觀念本身的神聖性。《革命軍》打開了阿里巴巴的大門，法國革命及其升級版的蘇聯革命，成為中國一代代年輕人的最高理想。

◎鄧小平：我在法國「直接找上了共產主義」

　　日本在二十世紀第二個十年扮演的向中國傳輸俄國共產主義

思想的中轉站的角色，在二十世紀第三個十年迅速被法國所取代——辛亥革命前革命派迷戀的法國大革命，在這個新的歷史時期，被旅法的更年輕一代中國人視為「舊式革命」，包括中國的辛亥革命也是「舊式革命」，唯一配得上「新式革命」稱號的是新發於硯的俄國革命。

一九二〇年十月十九日，法國人引以為傲的安德魯·勒鵬號郵輪抵達馬賽。據當地晚報報導，從船上下來一百多名中國青年，他們身穿西裝，頭戴寬邊帽，腳蹬尖頭皮鞋，沉默地待在那裡。他們先乘車去巴黎，次日便被分配到一些中文學校接受專門法語和其他科目的培訓。其中，一個名叫鄧希賢的個子矮小年輕人被安排到諾曼底巴耶中學。他後來回憶說，頭五個月的學習「一無所獲」。他沒有學會幾句法語，但他將責任歸給學校，並不認為自己有錯。若干年後，當他以鄧小平之名成為中國最高領導人時，他的這種剛愎自用、委過於人的性格一如往昔。

這群中國青年是從一九一九年到一九二一年間赴法勤工儉學的一千六百人中的一部分。[10]他們來的不是時候，戰後的法國正面臨經濟衰退和失業大潮。這些中國青年大都來自殷實之家，經過考試而獲選赴法，希望學習現代科技以報效國家。但他們只能找到最低級的工作，如在重工業、化學工業的工廠和礦山做沒有技術的苦力活。他們多半只能當學徒，薪水比普通工人低得多。鄧小平在施奈德兵工廠時，分派到的工作是用大鐵鉗把燒紅的鋼

---

10 這個運動由此前在法國留學的無政府主義者李石曾和吳稚暉發起的，他們認為法國是民主、工業先進的國家，深信能將教育和革命銜接起來。一九一二年，他們在法國成立「留法學生儉學會」，依據「工作一年，讀書兩年」為前提，期望中國學生在法國企業工作就可自給自足。然而，這兩位國民黨反共元老不會料到，這場運動成為中國共產黨的人才儲備和訓練的速成班。

塊從噴著火的鼓風爐裡拖出來。他不到十七歲，只有一米五的身高，這樣的工作對他來說勉為其難，他只做了三個星期便辭職了。

鄧小平不願循規蹈矩地接受正規教育，也不願在工廠做苦工，剩下的唯一選擇就是做職業革命家。一九二三年夏，他擁抱共產主義，加入「中國社會主義青年團旅歐支部」，從那時起就全身心投入危險的布爾什維克革命之中，再也沒有做過任何正常的養家糊口的職業。鄧小平隨即成為該組織機關報《少年》的編輯，他從中獲得基本生活費用——所謂「革命經費」大都來自俄國。

對於鄧小平來說，投身革命並非因為對共產主義的精髓有深刻認識，而是希望藉此革除資本主義強加在他身上的傷痕與羞辱，他的「階級意識」被喚醒了。「你們的資本家，」多年之後鄧小平告訴來訪的法國外長羅蘭・杜馬（Roland Dumas），「使我和我們這批人受到教育，走上了共產主義道路，信仰馬列主義。」他強調說：「我從來不曾受過其他思想的影響，我直接找上共產主義。」也是在一九二三年夏，鄧小平與此後長期擔任其上級的周恩來相識，鄧小平視之為兄長。（在毛時代後期，鄧小平成為毛澤東用以制衡周恩來的一枚棋子，奉命對周發起惡毒的攻擊。那是後話了。）一九二四年一月，鄧小平在共青團內擔任書記，七月被選入常委會。一九二五年四月，鄧小平正式加入共產黨（旅歐支部）。

一九二〇年代的法國媒體和知識界大肆報導列寧和托洛茨基的傳奇事跡，他們非常支持俄羅斯的革命分子。法國大革命已是一百年前的往事，法國左派從俄國革命中嗅到比法國大革命更強烈的血腥味道。雖不懂法文，鄧小平想必零零碎碎地聽到來自俄

羅斯令人激動的事態。「在法國，鄧小平發現了西方、馬克思主義、勞工世界、黨的組織工作、中國的地位、社會和地方的差別以及他的安身立命之本。」法國也影響了鄧小平的嗜好，他喜歡喝紅酒咖啡，吃乳酪麵包。更重要的是，當鄧小平在二十一歲那年離開法國時，已成為立場堅定、富有經驗的革命領導人。從那時起直到七十年後去世，中國共產黨始終是鄧小平生活的中心。

經過法國的中轉而增添了「玫瑰色」的俄國革命，迅速征服數百名留法中國學生的心靈。在中國以外，在法國的中共黨員在此後的革命中發揮了巨大的作用。一九四九之後，從法國回來的人在共產黨政權中承擔重要角色。

與中共大多數領導人相比，包括一九四九年之前從未邁出國門的毛澤東（毛澤東一度計畫赴法勤工儉學），這些旅法歸來的人有著更開闊的國際視野。除了周恩來和鄧小平，其他一些從法國歸來的人，在計畫經濟（李富春）、外交（陳毅）、軍事科技（聶榮臻）、統戰宣傳（李維漢）等各個領域擔任關鍵角色。他們沒有像在政治鬥爭中一敗塗地的「留蘇派」那樣形成「一榮俱榮、一損俱損」的「法國派」，但他們對中國需要做什麼有著特殊的理解。

在法國期間，鄧小平得到父親賣地後匯給他的生活費，卻拒絕父親為他安排的婚姻，為此他與家庭決裂。他在法國基本上沒有上過學，並沒有閱讀多少關於法國歷史和法國大革命的著作，對攫取法國大革命果實的拿破崙亦知之甚少。

半個世紀之後，鄧小平成了「中國的拿破崙」——如果說毛澤東像史達林，鄧小平就像拿破崙。毛死後，沉溺於偶像崇拜的中國人仍需要一位皇帝，鄧小平便施施然地登基。他青年時代走過的巴黎的街頭流過太多鮮血，「殺人有理」是革命鐵律，所以

一九八九年他毫不猶豫地下令軍隊向抗議他「垂簾聽政」的學生和市民開槍。天安門屠殺是中國現代化失敗的烙印，鄧小平在法國五年的生活印記使他走上拿破崙的道路。保羅・約翰遜（Paul Johnson）如是說：

在悲慘的二十世紀，每一位獨裁者都很明顯地呼應著拿破崙式的原型。……確然，波拿巴主義的巨大罪惡──戰爭與武力的神祇化、全能與集權的國家、以文化造勢活動來神話獨裁者、指揮整個民族去追求個人與意識形態的權力──在二十世紀最終達到了令人可恨的成熟。

第四節　以俄為師，認賊作父？

◎「所有的中國報紙幾乎全部都將被我們利用」

此前，中國在近代化路徑的選擇上，無論是學習日本、學習德國還是學習法國，都是中國採取主動；被當作老師的日本、德國和法國，是被動的，當然這些國家樂於被中國當作老師，也利用老師的身分擴大在中國的影響力及利益，尤其是藉此提升雙邊貿易。

蘇聯模式進入中國，則是蘇聯「輸出革命」外交政策的一部分，是外科手術般的「嵌入」。歷史學者徐澤榮指出，蘇聯不僅向中國輸出「主義」，更輸出金錢、共產黨的宣傳和組織模式、槍炮及軍事和政治顧問。這種「外來物種」入侵的規模和程度前所未有。由此，中國二十世紀的歷史被蘇聯徹底改寫──辛亥革命之後國內政治秩序的潰敗，以及在巴黎和會上外交的備受羞

辱，使知識分子迫切需要尋找一條新的「救亡」之路，「十月革命一聲炮響」點燃了中國人的希望。蘇聯因素潮水般地從北方湧來，比古代遊牧民族入侵還要猛烈。在此之前，從來沒有哪個外國如此深刻地影響中國的歷史進程，對中國發動過戰爭的英國和日本都不曾做到這點。

俄國十月革命成功之後，成為執政黨的俄共，首先要應付國內戰爭和外國干涉，傾全力於鞏固政權，同時它還面臨著在處理國際關係的背景下管理一個泱泱大國的新課題。隨著在國內戰爭中取勝，「輸出革命」成為俄共外交的主軸。列寧等蘇維埃領導人一度認為，應該在「世界蘇維埃社會主義共和國」的框架中，用革命民族團結一致的關係來取代「舊式外交」，這種「革命外交」就是一方面跟外國政府建立正常的外交關係，另一方面組織和支持該國的反政府的革命運動。這是一種比沙皇政權侵略和擴張式的外交更陰毒的外交政策，它顛覆了傳統外交的基本原則。

一九一九年三月，在尚未肅清境內的白軍及外國干涉軍之際，共產國際在莫斯科成立。此後，蘇聯的外交便由外交部（外交人民委員會）和共產國際兩個不同機構同步展開。共產國際第一次全會和第二次全會的文獻一再指出：帝國主義的武裝干涉與戰爭一再證明，工人的解放運動已不再是一個區域性的或民族的問題，而是一個國際性的問題。因此，反對帝國主義的工人解放運動應該在一個世界性的組織，也就是在共產國際的統一指揮下一致行動，而且民族的利益要服從反帝的世界革命的國際利益（其實就是蘇聯的利益）。

一開始，列寧等蘇聯領導人將焦點聚集於歐洲。列寧是德國人用封閉的列車偷運回俄羅斯的，列寧對德國的報答是將德國變成跟俄國一樣的共產黨國家。然而，在西歐的德國和匈牙利等國

的一連串革命行動接連遭到失敗。列寧的在工業化的西歐進行反對帝國主義的工人解放運動的理論遭到重挫，不得不走一條迂迴的道路，這就是托洛茨基那句後來被共產國際不斷重複的名言：

到巴黎去，最近的路是經過北京和加爾各答。

於是，俄共和共產國際轉而制定世界革命的「東方」路線，將眼光轉向遠東，組織一些靠俄羅斯共產黨人幫助並與之攜手進行反帝鬥爭的力量。一開始，俄國選中的「輸出革命」的對象是日本和印度。但是，日本在明治維新之後建立起強大的現代體制和觀念秩序，而英國治下的印度也對共產思想具有相當的免疫力，使蘇聯的企圖落空。於是，孱弱的中華民國出現在列寧等人的視野中。

一九一九年二月（距「五四」還有八、九十天），後來擔任蘇聯駐華大使的加拉罕就東方宣傳工作致信列寧：「為中國人舉辦了宣傳訓練班……經過一定的訓練，中國和朝鮮的宣傳員被派到遠東，同無產階級民主組織建立聯繫。」信中詳細匯報說：每個宣傳員的派遣費用加上回來後發的獎金都相當優厚──赴中國北方和朝鮮者一萬盧布，赴中國南方者二萬盧布。

一九二〇年六月，蘇聯派遣到上海的特務頭子魏金斯基（Gregori Voitinsky，漢名為吳廷康）致信俄共中央委員會遠東局說，他們開始將中國各地的革命小組聯合為一個集中的組織，「『聯合出版委員會』就是一個中心，可以把這些小組團結起來」。信中提到俄國物色到「籌備中的一次華北社會主義者與無政府主義者代表會議」的領導人：「當地有一位教授陳獨秀，聲望甚高，影響很大，他正給各城市的革命者發信，以確定代表會

議討論的議題，以及會議的地點和時間」。這封信詳細報告了在中國的情報和宣傳工作：「我們會格外注意情報工作。六月一日在上海《大陸報》刊登了一篇關於緩衝國的社論，用的是我給他們抄寫的材料。今天這一期全文刊載了《致世界勞動人民書》。這是一家很大的美國報紙，我們可以利用。所有的中國報紙幾乎全部都將被我們利用。」即便在一個世紀之後讀到這份報告，仍讓人寒毛直豎。如今，中共在全球範圍內展開「大外宣戰略」，用糖衣砲彈全面滲透和利用西方喪失保守主義觀念秩序而全面左傾的主流媒體，就是以俄為師，且青出於藍而勝於藍。

魏金斯基的「所有的中國報紙幾乎全部都將被我們利用」的說法並非虛張聲勢。僅兩個月後的八月十七日，他在給俄共中央委員會西伯利亞局東方民族部的信中指出，他已在上海成立了包括陳獨秀等四名中國革命者及他本人在內的五人革命委員會，委員會有出版處、情報鼓勵處和組織處。出版處已有印刷廠，印刷各類小冊子。眼下有十五種小冊子和傳單待依次付印。情報處組建「華俄通訊社」，該處向三十一家中國報紙提供資料，並在北京建立分部。組織處從事學生工作，對他們進行宣傳，引導他們去同工人和士兵建立聯繫。「現在我們的任務是，在中國所有的工業城市裡，建立像上海革命委員會這樣的組織，然後借助代表會議的代表們，把委員會的工作集中起來。」中國共產黨不是自發建立起來的。

中國的反日思潮也是蘇聯煽動的結果。一九二〇年九月一日，一名被共產國際派往遠東工作的幹部在給共產國際支委會的報告中說：「給我的指示可歸納為以下幾點：我們在遠東的總政策是立足於日美中三國利益發生衝突，要採取一切可能的手段來加劇這種衝突……必須積極幫助朝鮮人和中國人建立游擊隊

組織;一九二〇年二月,根據中央的決定,我去海參崴執行中央關於防止蘇聯同日本發生衝突的決定。以及:在掌握中國學生運動方面做了很多工作。學生運動是特別見效的工作對象。整個中國被學生組織覆蓋,共有學生組織一百九十三個,基本口號是『大家都來同日本帝國主義作鬥爭!』」「五四」之後的學生運動已不再是獨立和單純的學生運動,而是蘇聯及中國共產黨奪權的炮灰。中國學生未能將英美憲制及其背後的觀念秩序當作信念,青春熱情一遇到「反帝」的春藥便不可遏制迸發,直到今天依然如是。

◎「孫中山不是凱末爾,他是我們的人」

蘇聯的對華政策首先是尋找代理人。蘇聯解體後,蘇共祕密檔案對外公布,其中不少涉及蘇聯對華政策。這些文件顯示,蘇聯嘗試過支持張作霖、吳佩孚,接連碰釘子之後,才轉向孫文。一九二三年一月二十六日,蘇聯派駐中國特使越飛向俄共、蘇聯政府和共產國際領導人寫信,強烈建議蘇聯扶持孫文。[11]早在一年之前,越飛就建議俄共要當「中國的救命恩人」,向孫文集團提供兩百萬金盧布貸款,但被俄共中央委員會政治局否決,當時蘇聯經濟狀況不允許這樣做。這一次,越飛再度提議,要給孫文經濟援助,還要給武器和顧問,「中國正處於其歷史上一個最有決定性意義的時刻」。

早在一九二〇年,共產國際就注意到失意的孫文。儘管孫文

---

11 收信者包括蘇維埃人民委員會主席列寧、革命軍事委員會主席托洛茨基、共產國際主席季諾維也夫、中央委員會政治局委員史達林、蘇維埃人民委員會副主席加米涅夫、俄共中央委員會委員拉狄克、外交人民委員部契切林。

在上海閒居，是手中無一兵一卒的過氣政客，但共產國際認為，孫文是「中國青年的靈魂」，「他正不斷向左靠攏，在他身上體現了中國革命運動的智慧和力量」。所以，應當給孫文一盞俄國的指路「明燈」。孫文需要「明燈」，更需要錢和武器。

越飛在信中說，儘管他知道「我們的人現在政治上的『心思』在何處……大概不會有人看我的信」（當時俄國密切關注歐洲各國戰後的合縱連橫），他仍呼籲中央領導人考慮幫助孫文消滅陳炯明，然後實行孫文的異想天開的計畫：從四川省出發，避開吳佩孚的轄區，通過甘肅、寧夏等省調動那裡的十萬軍隊（這些軍隊只存在於孫文的想像之中）赴蒙古邊界，與蘇聯建立直接的聯繫，由蘇聯提供先進的武器裝備，由此展開最後一次「北伐」，那就「穩操勝券」，屆時列強的任何干涉都不足為懼。

鑑於此前蘇聯支持土耳其的凱末爾遭到失敗，越飛特別安慰中央領導層說：

> 孫中山遠不是凱末爾，他更加親近我們，是我們的人，也具有更多的革命性。如果我們與他團結起來，他絕對不會背叛我們。中國在世界上的比重無論如何不小於土耳其。[12]

最後，越飛幾乎是發出苦苦哀求：「難道這一切還不值那兩百萬盧布嗎？」

孫文生前等來了蘇聯的支援，他的廣東割據政權就是蘇聯幫助創建的。孫文死後，蘇聯的援助更是源源不斷運到廣東。據學者徐澤榮考證，在北伐前後的三十三個月中，蘇聯資助廣東方面的總量不少於五千萬銀元，即每月一百五十萬以上。它主要用於以下五個方面的開支：政府機構、黃埔軍校、海陸兩軍、省港罷

工、北伐戰爭、顧問薪金、西北友軍等。它不可能是完全充裕的，廣州國民政府和西北軍仍需自行補充課稅籌款。蘇聯曾調運煤油、木材來粵以拯匱乏，但應從未向中方提供過大筆民用款項，那樣它也負擔不起。

關於蘇聯援助的軍火，僅槍枝一項就極為驚人。從遠東的海參崴、黑海的奧德薩運抵廣州、汕頭的槍枝應有四船近七十五萬支（後來應有一船三十萬枝祕密供中共三處蘇區，假手陳濟棠祕藏南雄梅嶺鐘鼓岩），用於裝備廣州國民政府轄下六個軍和黃埔軍校學生。時任廣州政府炮兵總監的鄧演存（鄧演達兄）記載，北伐即將開始之時，蘇聯運來一船軍火，泊於黃埔軍校海面，中方動用「四、五十艘大駁船運了四、五天」。

俄共奪取政權之後，開始只有兵力十萬，但由於各家兵工廠在手，餘糧徵集制遂行，不出三年，兵力便增至百萬，白軍便可一舉蕩平。所以，蘇聯當局、蘇軍顧問頗有信心在中國複製此種「餉到械足謀周，千日可贏對手」的「外部出錢出槍，內部出人出力」模式，多名蘇軍顧問的回憶錄中都明白無誤地表現出此

---

12 越飛認為，蘇聯扶持凱末爾失敗是因為「我們過去太過急功近利，缺乏遠見」，「不清楚凱末爾領導的運動會發展到多大規模，在關鍵時刻他是否會背叛我們」。亞美尼亞學者瓦拉姆‧泰爾—馬特沃森（Vahram Ter-Matevosyan）在其近著《土耳其、凱末爾主義和蘇聯：現代化、意識形態和解釋問題》一書中指出，當初，蘇聯認為土耳其在中東的特殊影響力可以幫助蘇聯反對歐洲強國，土耳其革命是在蘇聯強大的背景下才獲得成功，並獲得包括技術、資金、交通以及管理等蘇聯的各項援助。但凱末爾奪取政權之後，很快與蘇聯決裂，一九二九年宣布共產主義等同於叛國。凱末爾能抵禦共產主義，不僅是因為他個人的鐵腕手段，更因為土耳其傳統中具有強大的突厥民族主義以及作為一神教的伊斯蘭教的宗教及社會結構。而在中國，維持傳統秩序的儒家抵禦現代化失敗並且破碎之後，再無可以對抗共產主義的思想觀念。蔣介石效仿凱末爾背叛蘇聯，成為蘇聯顧問季山嘉眼中的「凱末爾夢魘」，但最終其政權仍被蘇聯扶持的中共所顛覆。

種樂觀態度。果然，在蘇聯「三管（餉、械、謀）齊下」的支持下，北伐軍和西北軍經過品質建軍，戰鬥力大大提高，於一、二期北伐中一舉擊敗第二代北洋名將吳佩孚和孫傳芳，底定中原。然後再擊敗奉軍，占領北京。「新洋務軍」麻雀變鳳凰，戰勝人數更多的「舊洋務軍」（直軍、奉軍及省軍），起決定性作用的是蘇聯的軍事援助。國軍最深層的底色是蘇聯的，而非後來增加的德國及美國。

◎康生和蔣經國：蘇聯培養的兩個特務頭子

在扶持代理人的同時，蘇聯決定開設專門的學校，培養忠於蘇聯的東方國家的革命者。蘇聯以重金在莫斯科開辦了東方大學、中山大學，這些學校的中國畢業生逐漸取代此前的留日和留英美青年，占據國共兩黨之要津。

二十世紀「以俄為師」的兩個典型人物是康生和蔣經國，他們分別成為共產黨和國民黨內讓人聞風喪膽的特務頭子。他們在蘇聯的生活有四年重合期，那時康生是中共駐共產國際代表團副團長，是蘇聯扶持的中共領袖王明的副手；而作為「人民公敵」蔣介石兒子的蔣經國，則是被王明和康生隨意羞辱的人質。同在天涯，身分迥異。

康生出身於山東大地主家庭，曾就讀於傳教士創辦的青島禮賢中學——這段學生生涯對他的世界觀毫無影響，這表明西方教會在中國創辦的教育系統已失去傳播基督教觀念秩序的能力，因為它們的創辦人自己都不具備此種觀念秩序，其學生自然被十九世紀末以來的左翼進步主義所俘獲。

後來，康生來到上海，參與共產黨的革命活動。一九三三

年，共產黨在上海的中央機關崩潰，康生奉命赴莫斯科受訓，在此後的四年中完成其政治教育並成為政治恐怖方面的全才。他頻繁而密切地同蘇聯祕密警察來往，度過了史達林「大清洗」時期最黑暗和恐怖的日子，逐步深入了解在一個共產黨國家裡祕密警察的價值。[13]

康生不是「大清洗」的旁觀者。自封精通馬列的王明、康生主導了「大清洗」中的「小清洗」——即針對在蘇聯的中共黨員群體的肅反，他們全面照搬蘇聯的辦法：對看不順眼的同事做出開除黨籍、勞動改造、流放、坐牢甚至處死的處罰——蔣經國就是受害者之一。在異國他鄉，他們為了迎合蘇聯政治的需要而上演了同室操戈的一幕。

康生是國民黨在上海對共產黨的圍剿戰的倖存者，對恐怖的環境並不陌生。但他發現，蘇聯是一個真正的警察國家，與蔣介石的統治在性質上有所不同。康生在蘇聯並不只是掌握了逮捕、拷問和處決對手的簡單技術細節——他更發現了如何使用恐懼來作為壓制政治異端的手段，如何將最荒謬無稽的虛假招供轉變成強有力的工具，以及如何使那些可能會告發他或試圖取代他的敵人緘口不言的方法。

康生和王明回到延安後，發現毛澤東已是黨內冉冉升起的新星。與具有山大王氣質的毛相比，只會引用馬列教條的王明頓時黯然失色。王明在與毛爭權失利後，康生迅速投靠毛澤東，他運用的一招妙棋是「美人計」，他向毛澤東引薦美豔的文藝女青年

---

13 為了標明這是其生命中另一個新階段，康生最後一次改名，丟棄了「趙容」之名，採用「康生」之名——意思是「健康的生命」。「生」在儒家傳統中還有學者的含義，康生精通書法，嗜好古書，被譽為中共黨內最具古典文化修養的高官。他的古典文化學養絲毫沒有軟化祕密警察頭子的嗜血本性。

江青——當年，江青的母親是康生家的洗衣傭人。工於心計的江青讓毛著迷並成為毛的新夫人。這種政治結盟讓康生受益匪淺：一九三八年八月安全機構的大改組中，康生被任命為延安兩個最有權力和最凶險的組織的負責人：軍事委員會情報部，它協調所有軍事情報工作；社會保衛部，它處理內部的安全工作和對反共敵人的情報工作。

在毛澤東確立黨內最高領袖地位的延安整風運動中，康生充當其首席打手。作家蕭軍是整風運動的親歷者，他在日記中記載：七月十五日，康生在中共中央直屬機關幹部大會上作「搶救失足者」的動員報告，此後「搶救運動」進入一個高潮。[14]僅一九四三年，邊區內四萬名幹部和學生中有一萬五千人被打成「特務」。抗日軍政大學發明了一種通過「照相」來炮製「特務」的方法：在開會時，一批人被叫上台站好，讓台下人用眼睛給他們「照相」。如果台上的人面部表情沒有變化，就可以過關；如果變化了，就被打入另冊。康生隨意在幹部名冊上畫圈抓人，毛澤東的俄語翻譯師哲當時在康生手下工作，他問康生抓人是否有確鑿證據時，康生回答說：「有材料還要你們審問幹什麼？」當師哲告訴康生自己弟弟的名字也被打了圈時，康生隨即將其畫掉。師哲趕忙解釋：「該抓就抓，不能因為是我弟弟。」結果康生又把名字旁邊的圓圈改為點。

這場整風運動是由毛澤東策畫、康生實施，是兩人第一次完美的合作，也是文革之預演。延安整風不僅將中共鍛造成為一個

---

14 危險一度逼近蕭軍本人，「康生在大會上說有人過去曾替王實味辯護過，招待所的人們就說這『有人』是我了」，更有「黑丁在坦白大會上曾指我為日本特務，並說敢與我對證」。

統一號令、統一紀律、統一思想的鐵的團體，也為中共建國提供了一整套統治方式和動員程序。如歷史學者高華所說，延安政府重建了以毛澤東為絕對主宰的上層結構，奠定了黨的全盤毛澤東化的基礎，其間所產生的一系列概念、範式在一九四九年後改變了億萬中國人的生活和命運。

康生在延安推廣的方法和公安工作形式，一直延續到文化大革命及以後的時代。他那種將間諜活動的問題融入日常政治生活的傾向經常復發。他將一種痛苦的、血淋淋的、永久的遺產贈給中國的共產主義運動。中蘇關係在一九六〇年代破裂了，康生這名「留蘇派」卻在其他「留蘇派」被清洗之際，升任政治局常委和黨中央副主席，權力之大，僅次於毛。

康生在蘇聯只生活了四年，蔣經國在蘇聯則整整生活了十二年。第一次國共合作期間，孫文遺囑希望國民黨與蘇聯「合力共作」，莫斯科中山大學應運而生。國民黨要員子女中有五十人赴蘇留學，與蔣經國一起抵達莫斯科的還有馮玉祥女兒馮弗能（兩人一度戀愛並同居）、于右任的女兒于秀芝等，鄧小平差不多同時從巴黎來到莫斯科。蔣經國先後加入中國共產主義青年團和蘇聯共青年團，他寫了一篇名叫〈革命必先革心〉的文章，鼓吹「在中國建立起蘇維埃政權」。這一篇蔣經國在留蘇期間最早的文字記錄，被中山大學貼上布告欄《紅牆》。校方十分欣賞這篇文章，將這位年僅十五歲的作者拔擢為《紅牆》的編輯。

蔣經國在蘇聯的十二年，過著亦工亦農亦軍的生活，比養尊處優的康生艱困得多。他曾被下放到工廠做苦工，到農村種地，他在回憶錄中寫道，「農民是毫無智識的，不講道理的。我初到的時候，因為我是外國人，沒有一家肯借床鋪給我睡。第一夜我就睡在一個教堂的車房裡」。最艱難的日子是基洛夫刺殺案之

後的肅反高潮，蔣經國被內務部監視起來，每天都有兩個人跟蹤他，除了工廠就是宿舍，不能見任何人，更不能和戀人蔣方良相見。他處於半軟禁狀態，隨時可能被捕。蘇聯經驗使他有超越於一般國民黨政客的智慧、手段和韌性，最終擊潰黨內群雄，順理成章地繼承了父親遺留的最高權位。

蔣經國回國之後聲稱他完成了從「媚蘇式共產主義」到「反蘇式共產主義」的思想轉變，但實際上蘇聯模式伴隨其一生──聯共（布）黨內各種思潮以及蘇聯社會主義革命與建設的史達林模式，包括殘酷鎮壓敵對勢力、肅反擴大化、加強政治工作、控制意識形態、計畫經濟、統制經濟、集體農業等，給他打上深深的思想烙印。抗戰期間，蔣經國在贛南推行《建設贛南三年計畫》，正是模仿蘇聯五年經濟建設計畫的產物。一九四八年，他在上海「打虎」，推行的也是統制經濟。他仇視資本主義，號稱打倒「豪門資本」，包括與蔣家有姻親關係的孔、宋家族。所以，孔、宋家族長期不信任他，稱之為「俄羅斯兒子」──更何況他帶回了俄裔妻子。蔣經國敵視富人，聲稱「他們的財富和洋房，是建立在人民的骨骸之上」，這明顯是受托洛茨基民粹主義思想影響──他在莫斯科中山大學時，曾被當做托派受到批鬥。

蔣經國和大多數獨裁者一樣，缺乏文化素養、摧殘人權、不尊重生命。台灣學者吳乃德指出：

除了來台灣之前或許讀過古書王陽明之外，蔣經國似乎沒有閱讀當代較嚴肅的作品，無論是人文還是社會科學的著作。他的一些言論和著作顯示，他最喜歡、最精讀的書是他父親推薦的傳教書籍《荒漠甘泉》。他最常引用的是《荒漠甘泉》以及他父親的著作和言論。

《荒漠甘泉》是一本傾向感性的、抒情式的基督教書籍，不具備宗教改革之後清教徒教義的嚴謹性，對蔣氏父子的治國方略沒有產生什麼影響。蔣經國連蔣介石那樣虛有其表的基督徒都算不上，他的行事為人更像史達林那種無神論的獨裁者——在私人感情上，蔣經國的漠然顯得幾近冷酷。

　　蔣經國認為，一個治理國家的領導人必須兩條腿走路——計畫經濟與祕密警察。前者可以抓住民心，後者才能抓穩政權。他曾寫信告訴蔣介石，史達林為了提防內部反對勢力圖謀不軌，無情地槍決了八大紅軍將領。打勝仗需要千軍萬馬，但如果敵人在領導人身邊埋藏一兩個奸細，就可以打敗千軍萬馬——這是國民黨失去中國的重要原因之一。國民黨敗退台灣之後第二年，蔣介石任命蔣經國擔任國防部總政治部主任和總統府資料室主任（後改為「國家安全局」）。前者是軍隊中的政治機構，後者是「特種監察網組織計畫」的變體。直到一九八八年去世，蔣經國都是台灣情報、安全、特務系統的總掌。他是台灣「白色恐怖」的主要實施者，與史達林的大清洗有異曲同工之處。除了以逮捕、監禁的方法鎮壓反對者之外，他與幾個重大的政治案件很難脫離關係，如林義雄家的滅門血案及江南刺殺案。他強調「幹部決定一切」，重視培養幹部、培養青年，也是史達林的工作方法。他在台灣推動「十大建設」，明顯是史達林熱衷於大型工程的特點，與自由市場經濟的原則背道而馳。

　　國民黨用重金資助的美國學者陶涵在為蔣經國所作的傳記中，將蔣經國描述為台灣民主化的推手。這個結論愈來愈不為台灣民眾所認同。蔣經國從來不是民主主義者。他在去世前解除了實行三十八年五十六天的「戒嚴令」，並開放「黨禁」和「報禁」——這可能是他唯一不是在蘇聯學到的東西。但這絕對不是

其良心發現的結果，而是他在美國和民間的雙重壓力之下，被迫採取的決定。

一九七九年十月二十六日傍晚，南韓總統朴正熙在中央情報部祕密宴會廳內，被中情部長金載圭槍殺。此事對蔣經國造成極大震撼。蔣經國在日記中寫道：「朴有如此眾多親信和嚴密的黨和情報組織，對於如此重大預謀之事，竟無一人預告密報，這是不可想像之事，值得吾人警惕，人心可畏矣。二、三十年來李承晚、吳廷琰、朴正熙諸事，以政治性質而論都是大同小異，凡是堅決反共的領導人，無不由共產黨以借美刀殺人之方法以除之，先製造輿論，由輿論而煽動社會，下一步即用徹底的陰謀方法，以作根本之剷除。」他既懷疑是共產黨的策畫，又推測有美國的介入，對自身的安全和處境更是如驚弓之鳥、惶惶不可終日。於是，政治改革成了他本人和國民黨政權能存續的唯一選擇。

蘇聯百年來對中國的影響超過了日本、英國、法國、德國和美國，無任何一國能及。蘇聯雖已解體、共產黨在俄羅斯淪為無足輕重的在野黨，但俄羅斯威權主義強人普丁仍是中共黨魁習近平最大的偶像。直到今天，俄國與中國之間的虐待—受虐關係遠未落幕。

第五節　不知上帝，何論英美？

◎兩個西方：世俗化的歐洲與宗教的美國

美國社會學家彼得・伯格（Peter Ludwig Berger）在《宗教美國，世俗歐洲？》一書中指出，西方民主國家大致可分為兩大

陣營：世俗的歐洲與宗教的美國（包括部分「英語國家」）。

在世俗的歐洲，多元主義和世俗化成為不可質疑的「政治正確」，基督教傳統無以為繼。近年來，作為「超級世俗國家聯盟」的歐盟，發展成為碩大無朋的「官僚怪獸」，既無力處理發生在家門口的科索沃戰爭，更無法應付來自伊斯蘭原教旨主義及數百萬穆斯林移民的衝擊。福利國家體制拖垮經濟，左派意識形態腐蝕人心。歐洲前景堪憂。

近代以來所有的極權主義學說，都是在歐陸誕生的，在神學意義上，「恐怖統治是第一個現代例子，顯示了把神的屬性賦予人所帶來的危險」。進而言之，如果「用激情或意志取代理性，用藝術取代數學，用民族習俗取代普遍權利，用魅力超凡的領袖取代官僚集團」，那麼「浪漫主義的民族主義以及後來的法西斯主義和納粹主義正是這一發展的後果」。

對應「世俗的歐洲」的是「宗教的美國」。早在美國建國之前，「新英格蘭的清教徒就把神聖的律法、蒙恩的方式及聖靈置於世俗和宗教社會的中心，而同時還要堅持各種共同的、綜合性的新教教義的基本原理」。正是由於清教徒傳統根深蒂固且無遠弗屆，使美國充滿活力的宗教與它強勢的政治、經濟、文化、教育等社會生活各個層面相映生輝。

社會學家貝拉（Robert N. Bellah）指出，美國不立國教，但有其「公民宗教」。這種「公民宗教」並不公開表現為基督教，但它的靈魂是基督教的。基督新教是美國的「隱性國教」，也是美國政體建立的基石。美國重大的公共儀式和典禮總是從禱告開始，最後以「上帝祝福美國」結束。儘管沒有挑明，這個上帝就是猶太教和基督教的上帝。法學家小約翰·維特（John Witte Jr.）指出，基督教為個體發展和社會團結提供了所必需的重要價

值源泉，「良心自由、自由實踐、多元主義、平等、政府與教會分離、禁止確立國教等原則鑄成了這種作為美國屏障的最基本的混合體」。

法國學者尼摩（Philippe Nemo）認為，民主毫無疑問地尤其是從喀爾文教義中汲取養分。法國胡格諾派教徒、尼德蘭起義者、英國清教徒、美國革命的所有宣講者，都是受過「唯獨聖經」極端教育的喀爾文教派成員。反之，那些宣稱敵視聖經文化遺產的政治哲學家全似出於鼓吹非民主的中央集權論，亦即對國家的重新神聖化，或者是獨裁及專制主義形式的國家（馬基維利、霍布斯、盧梭、黑格爾、莫拉斯……），或者是極權形式的國家（德國國社黨的新異教徒）。當國家或民族的概念取代上帝和聖經，反聖經教義者包括人民至上（他們忘記是聖經中說，人具有上帝的形象，人不能被他人奴役）的民主原則。所有由「革命者」發起的革命和起義，從一八四八年的暴亂恐怖時期到巴黎公社或俄國十月革命，尤其屬於此類情況。

近代以來，中國知識分子執著地向西方取經，卻自以為是地以世俗化的歐洲為師，即便留學英美的第一流人物，也對英美根植於新教倫理的觀念秩序缺乏最基本的認知和理解。十九世紀末以來，西方社會內部產生了一種對基督新教觀念秩序的反動，首先是達爾文的生物進化論升級為社會進化論，進而衍生出激進的馬克思主義以及溫和的進步主義這兩種思潮。於是，留學英美的學生霧裡看花、水中望月，取其糟粕，去其菁華：作為盜火者，他們拿來的不是火種，而是謬種；作為取經者，他們載回的不是聖經，而是達爾文、馬克思、羅素和杜威。

◎嚴復：「天演論」能成為中國富強的催化劑嗎？

　　學者曹聚仁曾說，他讀過近代以來五百餘種回憶錄，發現這些人「很少不受赫胥黎《天演論》的影響」。魯迅能背誦其中的重要篇章，胡適的名字來自於「適者生存」，毛澤東讀了嚴復很多譯本。嚴復在近代思想界的影響力，大概只有梁啟超可比擬。

　　嚴復入福州船政學堂時，選擇用英文教學的駛船學堂，而非用法文教學的造船學堂，這一選擇決定了他一生的道路。英文是他汲取西方思想的媒介，英國成為他理想國家的範本。英國人的思想支配了他的思想發展。隨後，嚴復赴英國學習海軍，與在英國擔任公使的郭嵩燾結為忘年交。郭嵩燾認為，西方的富強中包含政治制度、法律制度、社會秩序以及價值觀念和思想意識等眾多內容。嚴復通過旁聽英國法庭的判案而領悟「英國與諸歐之富強，公理日伸，其端在此一事」。他認識到中國皇權專制的根基在於孔子與韓非的結合，西方與中國的差異在於：「西洋之言治者曰：國者斯民之公產也，王侯將相者，通國之公僕隸也。而中國之尊王者曰：天子富有四海，臣妾億兆，臣妾者其文之故訓，猶奴隸也。」

　　嚴復在英國學習期間，其志不在於學軍事、成為海軍軍官，其閱讀和思考重心轉向政治社會領域。他在史賓塞（Herbert Spencer）的體系中發現西方「成功」祕密的線索。嚴復說：「《物種起源》，自其出書，歐美二洲幾於家有其書，而泰西之學術政教，一時斐變。論者謂達氏之學，其一新耳目，更革心思，甚於奈端氏（牛頓）之格致天算，殆非虛言。」達爾文的理論不只是描述了現實，還規定了價值觀念和行動準則。這個理論

是「力量源泉」。達爾文的生物進化論作為一門科學的價值並未使嚴復產生多大的興趣，他關心的是史賓塞將達爾文的真理在人類事務中的運用。嚴復對達爾文主義主要原理的初步解說，用語已是社會達爾文主義的了：「『物競』者，物爭自存也；『天擇』者，存其宜種也。」

嚴復趕上西方這一輪的進步主義思潮。他與史賓塞一樣，在近代西方文明這一日趨複雜的複合體中，看到西方浮士德式的能力，西方文化的浮士德性格導致對外部自然界普羅米修斯式的征服，以及人類社會內部社會政治力量的極大增長。這種西方文化的浮士德─普羅米修斯性格，導致西方空前富強。

在嚴復看來，十九世紀末英國經濟發展道路是唯一的道路，經濟自由、政治自由、法治和民主是不可分割的有機整體的組成部分。他對西方其他發展模式有準確的觀察和評論：他注意到德國五十年來驚人的發展，「近世國家，於教訓小民之政，最為留意者，末若德國。而其效遂大可見。時平，則見於工商耕作之業；世亂，則見於戰守攻伐之間。……此德所以能於五十年之中，轉弱為強，由貧而富也」。他對俄國模式不以為然，彼得一世的改革「歸根到底都為著一支正規常備軍的建設」，而他相信，一支忠誠的義務兵軍隊，才是自由國家可依靠的武裝手段。俄國一味窮兵黷武，不採取維持國家力量的政治、經濟和法律的措施，只能使自己變成外強中乾的龐然大物。「其外雖強，要不能望其長治。俄用彼得之制以興，亦將由彼得之制以廢。」

嚴復因為「負氣太盛」（郭嵩燾語）、「狂傲矜張」（曾紀澤語），一生事業不順，晚年轉向儒教和帝制。一九一三年六月，他擁護孔教會，且贊同孔教會請願要求認可儒教為國教，「在實現軍國社會之前的宗法社會，孔教與讀經具有道德維繫的

重要功能」。《孔教會章程》本身為一種政治文件，它論證一個國家不能沒有共同信仰而存在，儒教可為民眾的宗教信仰提供一個依托的中心點。嚴復對孔子的讚揚摻和著對馬基維利的肯定，也摻和著對法家和強人曹操、李世民的祈求。他走向袁世凱，支持袁世凱稱帝。劉成禺、張伯駒所著《洪憲紀事詩三種》引《後孫公園雜錄》說：「嚴氏幾道（復），游曲阜孔林，獲周宣王冕旒，歸進項城曰：此姬周八百年中興聖主宣王之古冕也，在曲阜出土，敬呈大皇帝，願朝葉延綿，威德赫奕。」你能想像這是留學英國的哲人的言行嗎？袁世凱稱帝失敗後，嚴復遭到通緝，退出公共生活。一九二一年，他回到老家的村子，投向老莊的神祕主義及虛無主義。

蕭公權稱嚴復為「開明之保守主義者」。台灣學者黃克武認為，嚴復是「五四」啟蒙論述的開創者，也是「五四」啟蒙論述的批判者與傳統價值的支持者。嚴復開創了中國現代史上政治與文化的保守主義，在其自由、民主觀念中包含著道德培養的部分，即儒家式的「克己成物」、群己平衡。

黃克武指出，近代大多數中國知識分子仰慕盧梭，強調「天賦人權」、「公意」，卻很少有人認真探究英國保守主義者伯克的觀點。這與近代知識分子追求徹底改造的革命心態有密切的關係。嚴復卻是例外，其自由與民主想法與英國保守主義者伯克的觀點有關。嚴復批判盧梭，認同伯克，尊重傳統之積累，承認現實之「惡」無法根除，因此「政治是一種可能的藝術」，是在歷史與現實的妥協之中，平穩地追求群體的進步，以建立一個文明社會。

然而，黃克武將嚴復與伯克並列，並不符合嚴復思想的真貌。嚴復讀過一本關於伯克的著作，卻未留下論及伯克的文

字。[15]伯克的保守主義背後是清教徒觀念秩序，若沒有清教徒觀念秩序，還有什麼值得保守的價值呢？中國並不具備清教徒觀念秩序，若是保守儒家、法家乃至老莊，看上去是保守，但保守的價值和內容已然不同，就不再具有英美保守主義的靈魂。

嚴復在英國留學期間，對基督教側目而視，甚至以西方思想本身（進化論）為武器反對傳教士。他從未對傳教士們的宣傳有興趣，在其思想中，無論是傳統還是反傳統，都沒有使他傾向於贊同有神論宗教。他只是偶而以一個在野政治家的身分高度讚揚基督教對社會倫理的影響，特別是對民眾的影響。在《原強》中，他比較了西方對民眾進行的廣泛而深有影響的宗教倫理教育和中國忽視對民眾進行道德教育的狀況——這是一種工具論的、實用主義的看法。但是，他對基督教神學的根本反感是相當清楚的。這就注定了他不會去閱讀乃至翻譯喀爾文及若干清教徒的著作。

那是一個由嚴復的翻譯主導中國思想界的時代：他翻譯什麼書，中國便接受什麼思潮。由於對清教徒觀念秩序的隔閡與無知，使嚴復對英國思想傳統的理解和翻譯都產生極大偏差。比如，亞當·史密斯（Adam Smith）的目的不是純粹經濟的，其最終目的是個人幸福，其背後是清教徒觀念秩序。嚴復則認為，經濟自由之所以是正確的，是因為它會使國家「計畫」的擴大成為可能。嚴復的這一論點與斯密的學說極其出乎意料的相背。

嚴復從英國輸入中國的核心價值是社會達爾文主義，這種思

---

15 北京國家圖書館發現了一本嚴復手批的約翰·莫萊（John Morley）所著之《埃德蒙·伯克評傳》（Burke），其上有一九〇二年七月五日嚴復的簽名，顯示其開始閱讀時間。

想觀念不是保守主義。社會達爾文主義是一種「最早對中國社會產生強烈影響的科學理論」，它符合當時中國知識青年「救亡圖存」的急迫心態。在清末民初，中國如何擺脫東亞病夫的汙名，而躋身強國之林，成為首要解決的問題。「物競天擇、適者生存」的社會達爾文主義對個體適用，更對國家和民族適用。如學者杜贊奇（Prasenjit Duara）所說，社會達爾文主義使得「中國知識分子得以參與到一個國際性的話語體系之中，革命的知識分子對話語進行改造，使之適合於中國的實際，使自己編織出一部天衣無縫的國史」。社會達爾文主義的廣泛傳播，為稍後馬克思主義的輸入做好鋪墊，成為二十世紀激進思潮滋生的胎盤。這大概是嚴復始料未及的結果。

◎胡適：沒有基督信仰，能夠再造文明嗎？

留英的嚴復未能洞察英國富強的根源，同樣，留美的胡適亦未能洞察美國富強的根源。

英國傳教士、漢學家蘇慧廉（William Edward Soothill）與胡適同為英國庚款委員會委員，他的女兒謝福芸與胡適是同代人，曾在旅途的火車上與胡適有過一番長談，她將這段採訪寫入《中國女士》一書中。

胡適說，中國人是唯物主義者，即便是祭祖，也是功利主義的，沒有什麼精神性可言。謝反問：「我想您忘記了基督徒。一九〇〇年，一萬名教徒寧願死，也不放棄信仰。這不怎麼唯物吧？」

胡適說：「宗教，是人民的鴉片。這話有人說過，我重複一遍，堅信它是對的。大煙鬼什麼都能做得出來。所有宗教的基礎

都是神話，看看《創世紀》！」胡適在此居然正面引用馬克思的名言。胡適接著說：「上帝存在的概率太小了。我是無神論者，不是不可知論者。我不迎合虛幻的東西。我不是說我不知道上帝是否存在，而是說我相信上帝不存在。只有物質生活，沒有精神生活。」胡適一生都是堅定的無神論者。晚年在台灣，他看見梅貽琦的夫人為病中的梅先生做禱告、唱讚美詩，覺得不可理喻：「他還沒有死，一屋子愚蠢的女人在唱著歌祈禱，希望升天堂。——這些愚蠢的女人！」他毫不掩飾對基督教的敵視和對女性的蔑視——胡適的名言是，寬容比自由重要，但中國自由派知識分子的寬容從來都是有限度的，並不包括宗教寬容。

當這兩個年輕人在為上帝是否存在辯論時，蘇慧廉正好經過他們身邊，他將手放在胡適肩上，盯著坐在那裡的胡適。謝福芸說他父親的眼睛是「那麼真誠，幾乎要透出光亮」：

「親愛的夥計，」爸爸親切地說，「看到你的人都不會相信你是物質的。你本人就不符合你的理論。」

在這場對話中，胡適提及「我最後一次進教堂是在十年前，我再也不想去那個地方了」。那是胡適在留學康乃爾大學期間，他首先碰到的西方文化因素之一是基督教。一九一一年二月，胡適在美國友人艾思的邀請下第一次參加基督教集會。他所在的借宿家庭「告訴中國留學生，受美國教育……更重要的和更基本的還是從美國生活方式和文化方面去深入體會……讓他們知道美國基督教家庭的家庭生活的實際情況；也讓中國留學生接觸美國社會中最善良的男女，使中國留學生了解在美國基督教整體中的美國家庭生活和德性」。

六月十三日，胡適到賓州參加中國基督教學生會組織的一次布道會，在會上，十九歲的胡適宣布：「自今日為始，余為耶穌信徒矣。是夜，摩西先生演說其一身所歷，甚動人，余為墮淚。聽眾亦皆墮淚。會終有七人起立自願為耶穌信徒，其一人即我也。」這種決志宣告是一時情感的迸發，不能當作皈依的確據。[16]

胡適把基督教當做一種倫理道德體系，在信仰的意義上，他並未經歷決定性的、重生得救意義上的轉折。就跟他的留美前輩容閎一樣——容閎的美國友人在介紹容閎時，再三強調其基督徒身分，甚至一度接受牧師的呼喚「要獻身於中國的基督教事業」，但容閎在自傳中對如此重要的生命轉折一字不提。

胡適的美式自由主義，因為缺乏基督教觀念秩序的根基，幾度像牆頭蘆葦一樣搖擺不定。從二十世紀二○年代中期到四○年代初，他長期對蘇聯模式抱有幻想。這種不切實際的幻想是受一九二六年七月三十日抵達莫斯科之後三天的參訪影響。他寫信給友人說：「他們在此做一個空前的偉大政治的新試驗，他們有理想、有計畫、有絕對的信心，只此三項已足以使我們愧死。我們這個醉生夢死的民族怎配批評蘇聯。」

胡適的左傾立場也受杜威和羅素的影響——這兩位西方哲學

16 胡適的宗教熱情很快就降溫了。一九一二年，他與一位衛理公會的牧師交談後感歎，「其言荒謬迷惑，大似我國村嫗說地獄事」。一九一四年，他讀了牧師克生的著作後說：「如果耶穌是人而不是上帝之子，我將更崇敬熱愛他。」他表示，耶穌的死僅對基督徒有意義，而他不是。而且，他拒絕從基督教的觀念來觀察事物。學者周明之認為，胡適的這種轉變是因為，他對西方文化日漸熟悉，慢慢產生了一眾平衡感和較遠的距離感，可以重新評估西方觀念和價值。既然西方已經成為他意識中一個有意義的部分，也就不需要進一步的承諾與認同了，他可以接受其中一部分、修正一部分並拒絕一部分。他由此重新獲得一種獨立性。

家都以反對基督教著稱。在杜威結束訪華行程之日，胡適說，「在最近的將來幾十年，也未必有別個西洋學者在中國的影響可以比杜威先生還大的」。杜威是胡適的恩師，「接觸杜威的思想而強化了他的儒家遺傳特質」。杜威是美國二十世紀上半葉進步的理想主義的代表，他主張一種計畫性和社會福利化的制度，推廣由政府主導的實用主義教育，並將宗教倫理從教育中排除出去。[17]

羅素同樣是在「五四」前後訪問中國的西方重量級學者，他發表的一系列演講對中國知識界產生巨大的負面影響。羅素在其漏洞百出的《中國問題》一書中說，中國應當走社會主義道路——像中國這樣的農業國家，最適於蘇聯那種專制制度，若採取民治，必鬧得很糟；在工業方面，應盡可能多搞些國有工業，「國家從一開始就經營工業，可以免除私人資本主義的弊端」。羅素更宣稱，蘇聯共產黨的目標是要「使俄國美國化」。胡適被這一說法所誤導，一九三〇年也發出類似的斷言——蘇聯與美國「這兩種理想原來是一條路，蘇聯走的正是美國的路」，這是一個「民治的社會主義階段」。

胡適說，他在一九四一年「看破社會主義而不再嚮往」。《雅爾達協定》和戰後蘇聯對東北的清洗，終結了其「二十多年對新俄的夢想」。一九五四年，胡適在台北《自由中國》的茶話會上說：

---

17 美國保守主義學者貝爾（Bernard Iddings Bell）在一九四九年出版的《教育危機》一書中，反對杜威的教育思想，反對「幼稚的、粗俗的文化」，提倡「使道德哲學再成為教育考慮的主要問」。他強調必須在學校進行宗教教育和道德教育。艾倫·布魯姆在《美國精神的封閉》一書中承襲了這一保守主義的教育觀。

現在最大的問題是：大家以為左傾是當今世界的潮流，社會主義是現代的趨向。這兩句話害了我們許多人。……中國士大夫階級中，很多人認為社會主義是今日世界大勢所趨；其中許多人受了費邊社會主義的影響，還有一部分人是拉斯基的學生。但是最重要的還是在政府任職的許多官吏，他們認為中國經濟的發展只有依賴政府，靠政府直接經營工業、礦業以及其他企業。從前持這種主張最力的，莫過於翁文灝和錢暢照；他們所辦的資源委員會，在過去二十年中，把持了中國的工業、礦業，對於私有企業（大都是在民國初年所創辦的私有企業）蠶食鯨吞，或則被其窒息而死。

　　歷史學者羅志田認為，「胡適從未放棄對美國民主模式的堅信，他說蘇美走的是一條路，是因為他認為蘇聯是曲線在走美國路」。這個說法頗有為胡適辯解之意。胡適固然沒有放棄對美國民主模式的堅信，但他之所以出現「蘇美走的是一條路」的嚴重誤判，是因為他對美國民主模式的理解只是表皮。他的無神論和唯物主義觀念，他生命中宗教信仰維度的缺失，使其文字和思想都缺乏深度，使他對美國的清教徒傳統視而不見，更使他引入中國的美式自由主義只是薄薄的表皮而顯得無比蒼白和孱弱。

　　胡適早在一九二七年的公開演講中就提出，解決中國赤化問題的唯一方法，就是趕快促進物質進步。因為物質上的滿意可使人生觀改變一新，人生中如果物質方面寬裕滿意，則赤化之說不攻自破。這是胡適的基本思想。他正是希望以社會民生問題的解決來達到對內釜底抽薪，絕共產黨動員民眾的基礎，以實行半自由主義半社會主義的新型計畫政治；復因內政的改良而使列強能同意修訂不平等條約，進而解決對外的問題，最後實現其為中

國再造文明，變中國為一個面目一新的現代民族國家的大目標。這個想法存有嚴重的誤區。國民黨的失敗固然有未能解決民生問題的經濟原因，但共產黨的興起絕非單單向民眾給出「超英趕美」、「土豆加牛肉」的物質生活承諾。胡適未能理解，物質不能解決一切，黨派之爭背後更有觀念秩序之爭，這是一場屬靈的戰爭。

胡適似乎是現代知識分子中較為偏右的一位。他在最後一次政治立場的抉擇中，拒絕共產黨的橄欖枝，到台灣度過其失敗者的晚年，這個選擇比其大部分同代人更為睿智。但他所持的自由主義，並非英美純正的、有基督教淵源的英美自由主義。在胡適那漸進主義的、溫和的改革方案中，存在著一種內在的假定——思想、社會、政治復興的手段和終極目的是會被一切具有善良願望和真誠目的的人所接受的：其手段是對思想前提、社會格局以及政治形式和習俗進行自覺的和非強制的改造；其目標是創造一個思想上解放的社會，這個社會容忍變革，有進步的能力，在其社會和政治制度中存在著必要的和不可避免的民主。這顯然是社會民主主義式的自由主義。

然而，胡適高估了自由主義手段形成自由主義價值準則的能力。他那種認為理性的普遍性便意味著人們的抱負與期望也具有此種普遍性的信念，又使他相信，中國人具有一種自然的權力分享這些產生西方自由民主制度的思想，中國人與美國人一樣是某種政治遺產的繼承人。這些思想的基礎，有在他學生時代深刻感動過他的世界主義的理想主義，也有杜威的思想。這些思想讓他產生一種幻覺：人可以自由地在歷史的聯繫之外活動，且能不受過去負擔的阻礙而改造將為他們服務的政治工具。這是法國啟蒙主義的信念，不是英美清教徒的信念。胡適留學美國，學到的不

是美國的正典與正道——他就讀的哥倫比亞大學，是偏向左翼最遠的一所東岸常春藤名校。這是另一種烏托邦，不是共產黨的烏托邦，而是進步主義的烏托邦，但如果這條路走到頭，胡適將吃驚地發現，他將在某個時刻及地點與共產黨不期而遇。

　　胡適對基督信仰的隔閡和敵視，在中國現代留美學人中並非孤例，大部分有留美背景的自由知識分子都與之相似。以社會學家和人類學家潘光旦為例，一九二六年從美國達特茅斯學院和哥倫比亞大學學成回國後，除了在各大學任教之外，也積極參與公共事務，是新月派知識分子之一，發表大量批評國民黨和呼籲民主自由的政治評論文章，一九四六年結集出版為《自由之路》一書。一九四九年，潘光旦選擇留在清華大學任教，在此後中共的多次政治運動中屢受折磨，死於文革初期。潘光旦不是左派，此前與中共保持相當距離，但人在屋簷下、不得不低頭，半推半就地參與了共產黨的思想改造運動。一九四九年十一月七日，他被邀請參加共產黨員的轉正儀式，在當天的日記中對儀式中的「批評與自我批評」等「人格之檢點整飭」不無微詞：「此法耶穌會嘗行之；較近之行者則有新教之牛津派」、「基督教假手於身外之神明，其法最下；佛教全憑身內之神明，境界最高，然頗嫌其脫離人群；惟儒者之敬戒與內省方法最若平實妥善」。同年十二月十日，他又在日記中記載在民盟總部聽錢俊瑞講知識分子改造問題的感想：「以其個人經歷為例，大致均中肯綮，但亦不無渲染，有若宗教信徒勸人入道之口吻。」由此可見，潘光旦骨子裡面仍然是儒生，對基督教的印象及評價都相當惡劣，將基督教與共產黨相提並論，他在美國留學多年，對基督教偏偏一無所知，乃至道聽塗說、以訛傳訛。

　　留美的學生們推動民主的事業都失敗了：容閎及其主導的晚

清留美幼童的項目失敗了，這是「觀念的悲劇」；「像被施了魔法一樣完全美國化」的顧維鈞也失敗了，中國未能建立起他所期望的「與英國和美國相似的價值觀」。高度政治化和軍事化的二十世紀上半葉的中國，不接納留美學生從海外帶回來的美德和法律——更何況他們自身未能了解這些美德和法律如同幼苗一樣，需要觀念秩序的土壤。他們的失敗是其個人命運的失敗，也是自由主義在中國的失敗。美國學者格里達（Jerome B. Grieder）指出：

> 自由主義於其興盛期便在中國失敗了。自由主義在中國的失敗並不是因為自由主義者本身沒有抓住為他們提供了的機會，而是因為他們不能創造他們所需要的機會。自由主義之所以失敗，是因為中國那時正處在混亂之中，而自由主義所需要的是秩序。自由主義失敗是因為，自由主義所假定應當存在的共同價值標準在中國卻不存在，而自由主義又不能提供任何可以產生這類價值標準的手段。它的失敗是因為中國人的生活是由武力來塑造的，而自由主義的要求是，人應靠理性來生活。簡言之，自由主義之所以會在中國失敗，乃因為中國人的生活是淹沒在暴力和革命之中的，而自由主義則不能為暴力與革命的重大問題提供什麼答案。

自由主義在中國的失敗，確實是因為它無法阻止暴力與革命。但如果自由主義不是古典的自由主義，不是保守的自由主義，不是建立在新教倫理和清教徒觀念秩序上的自由主義，即便沒有暴力和革命，即便它成為中國人普遍接納的觀念秩序，它也不可能將中國變成第二個美國。

他寧可和神的百姓同受苦害，
也不願暫時享受罪中之樂。

——《新約·希伯來書》，11：25

第四章

當麥種遇到磐石：
基督教與
反基督教的角力

只有基督教能引領中國復興走向光輝的黎明，引領這個國度走向新生、走向自由和正義，不斷拓展其文明。

——楊格非（Griffith John）

由於中華傳統文化巨大的同化力，基督教入華，如同其他入華的外來宗教與文化一樣，必須面對此一挑戰：究竟是基督教改變中國，還是中國改變基督教？

在新教傳入中國之前，基督教與中國有過三次相遇及分手。

在徐州漢墓考古發現之前，史學界一般認為最早有關基督教入華的文字記錄是《大秦景教流行中國碑》，徐州的考古發現將基督教入華時間整整提前了六百年左右。

徐州是中國四個漢代畫像石集中分布地之一，目前發現完整的漢畫像石墓二十多座，出土的畫像石刻近五百塊。其中，西元八十六年製作的漢畫像石、東漢銅盆實物等，其上鐫刻的場景完全符合「上帝創造世界」、「夏娃被蛇誘惑圖」等聖經故事。「上帝創造世界圖」包含日月、魚、鳥、走獸、爬蟲等；「夏娃被蛇誘惑圖」上有兩天軍、天使以及善惡樹，樹下左邊是善者，右邊為惡者。夏娃右手摘下果子，右袖被蛇咬住。漢畫像石上的圖案為中東地區的早期基督教藝術風格，兼有東漢中土藝術的特點。「夏娃被蛇誘惑圖」中蛇和夏娃的形象是西漢遺風。從徐州賈辛橋漢墓出土的漢畫像石的主體紋飾是兩條異獸交頸接吻，形成一個八字形，這種造型與兩河流域烏魯克橢圓形印章上的造型相似。

製作於西元兩百至三百年間的漢代銅鏡銘文的發現，填補了基督教在東漢時期傳入中國文字記載之空白。該銅鏡直徑十三點四公分，外飾細線弦紋兩道。主體文飾外圍是一圈工整清晰的十八字銘文，原文為「作神鏡，尊一帝。德母目人子。有王赫。志，重，須，毓。」這段銘文翻譯成白話文大致是：「製作這面神鏡，來尊崇敬拜獨一無二的上帝。聖母瑪利亞目證了耶穌基督是上帝的獨生子，祂有帝王一般的顯赫。凡立志信祂的，要重新、必須、再生一回。」

　　但這一次基督教與中國的相遇，並未在中國生根發芽，也找不到中國信徒的記載。

　　基督教與中國的第二次相遇是在唐代，從唐太宗貞觀九年（西元六三五年）敘利亞傳教士阿羅本進入唐帝國「翻經書殿，問道禁闈」開始。景教是敘利亞東方教會的一支，即聶斯多里派，在西元四三一年被以弗所大公會議判為異端。該教派在羅馬帝國與波斯帝國之間，一有戰爭即被視為間諜，遭迫害與殺戮。因為有受迫害的經歷，他們在進入唐帝國時，以謙卑的姿態贏得生存空間，唐帝國統治者允許其傳教：「詳其教旨，玄妙無為；觀其元宗，牛成立要，詞無繁說，理有忘筌，濟物利人，宜行天下。」當然，唐朝皇帝的這個認識並不符合基督教的基本教義。但這種模糊化的處理方式，避免文化衝突，使景教流傳甚廣：「諸州各置景寺，乃崇阿羅本為鎮國大法王，法流十道，國富元休，寺滿百城，家殷景福。」

　　但是，景教在傳播過程中對聖經真理的有意掩飾以及對中華文化的刻意迎合，導致其傳教的成功曇花一現。唐武宗滅佛之時，景教亦受致命打擊。唐末的戰亂更讓景教撤離中國，退到蒙古大漠。等到元帝國入主中原，才再度前來傳教，稱也里可溫

教。元帝國覆亡後，再度消失。景教的失敗，與傳入中國並跟中華文化相融合、取得士大夫認同、成為中國思想史一部分的佛教形成鮮明對比。有學者認為，景教的傳播存有一個致命傷，其傳播的宗教思想不太能打動庶民，又未能撼動士人，更未直搗中國思想體系的弱點。唐帝國給了景教三百年時間與機會，但景教傳教士未能給中國真正一睹基督教精彩的思想，未能提供給各階層人士一個成熟、系統性的漢語基督教經典，更遑論有文化論戰或思想交鋒。

基督教與中國的第三次相遇是在明清時代。明朝萬曆年間，天主教傳教士利瑪竇（Matteo Ricci）成功進入明帝國，抵達北京，得到朝廷的信任，在明帝國生活了二十七年直至去世。利瑪竇等天主教修士在外表上扮演「西儒」（一五九七年，教廷正式同意利瑪竇改穿儒服），亦進行「合儒」和「補儒」的努力。他們取了既地道又典雅的中式姓名和字號，並在日常生活中正式使用。利瑪竇既傳教又傳播西學，翻譯《幾何原本》，其製作的世界地圖《坤輿萬國全圖》是中國第一張世界地圖。[1]利瑪竇的追

---

1 教宗若望·保祿二世（John Paul II）在《利瑪竇到北京四百周年國際學術研討會致詞》中對利瑪竇的評價代表天主教會的觀點：利瑪竇神父最大的貢獻是在「文化交融」的領域。他以中文精編了一套天主教神學和禮儀術語，使中國人得以認識耶穌基督，讓福音喜訊與教會能在中國文化裡降生……由於利瑪竇神父如此道地的「做中國人中間的中國人」，使他成為大「漢學家」，這是以文化和精神上最深邃的意義來說的，他把司鐸與學者、天主教徒與東方學家、義大利人和中國人的身份，令人驚嘆地融合在一起。日本學者、《利瑪竇傳》的作者平川佑弘稱利瑪竇為「人類歷史上第一位集歐洲文藝復興時期的諸種學藝，和中國四書五經等古典學問於一身的巨人」。他還將利瑪竇看作是「地球上出現的第一位『世界公民』」。這些評價恰恰表明利瑪竇放棄了相當部分的聖經真理，因為真理是不能與非真理融合的。

隨者湯若望（Johann Adam Schall von Bell）和南懷仁（Ferdinand Verbiest）同樣藉助科學在清帝國立足，編制曆法、指導鑄造大炮，受到皇帝的重用。

由於利瑪竇等人的努力，一批中國儒生菁英和高級官員皈依天主教，他們是明末清初第一次中、歐文明較大規模接觸而產生的在天主教與儒家文化之間矛盾與掙扎的「兩頭蛇族」。他們中的代表人物是被稱為「明末中國天主教三柱石」的徐光啟、李之藻、楊廷筠。清朝初年中國天主教徒發展到二十萬人左右。但之後的禮儀之爭導致清帝國與教廷決裂，朝廷禁止基督教傳播，天主教徒數量急劇下降。

基督教與中國的前三次相遇，不是以完整的觀念秩序衝擊中華文化傳統，相反，傳教士竭力避免文化衝突。在明清之際進入中國的天主教，本身已受到新教觀念秩序猛烈衝擊而難以回應，已經無法引領社會步入近代化。所以，天主教未能讓中華文化產生質變，相反，「他們的教理和教義被當時中國的一整套文化知識和觀念同化了」。

在列強叩門之前，中華傳統文化雖停滯卻穩定，佛教和儒教共同抵禦基督教的觀念秩序。法國漢學家謝和耐（Jacques Gernet）指出，由佛教形成的中國社會，尚未準備好接受基督教的神啟。佛教缺乏任何悲觀的獨特論調，它認為行為不可避免地要產生果，生死輪迴不停地運行；而作為基督教根本法的人類命運之悲劇性觀念，無法被佛教化的中國所接受。利瑪竇的「過分自由的適應政策」只能有助於維持某些模稜兩可的歧義，但不能解決根本性的爭端。美國學者孟德衛（David E. Mungello）則認為，在運用外來文明的某些觀念時，雙方通常有著大相徑庭的態度，但雙方吸收和同化外來文化的動態過程是相似的。當信仰基

督教的士大夫力爭用基督教替代佛教、道教對儒家的影響（而不是直接取代儒家）時，歐洲啟蒙運動的先哲們卻在自然宗教理性的影響下使用儒家思想來取代基督教的神奇作用。這是一場美麗的誤會。

那麼，進入十九世紀，姍姍來遲的基督新教進入近代中國，它如何解決文化衝突之難題？

第一節　新教來華：磐石啊，磐石啊，
　　　　什麼時候可以裂開呢？

◎外國來華的第一個新教傳教士：馬禮遜

在澳門馬禮遜教堂後面，是馬禮遜（Robert Morrison）及其家族的墓地，馬禮遜的墓碑上有這樣一段銘文（原文為英文）：

紀念神學博士馬禮遜，馬禮遜博士是第一位來華傳教的新教徒，在華二十七年，致力於把精力奉獻給拓展神聖救世主的事業。在此期間，他編纂出版了《英華字典》；創建了馬六甲英華書院；數年來獨自辛勤翻譯聖經中文版；他見證了聖經中文本的出版及在那些注定該讀此書的人們手中流傳。現在，他已安睡在主耶穌的懷抱中。

馬禮遜博士一七八二年一月五日生於諾森伯蘭郡莫柏斯，一八〇七年受倫敦差會之遣來華，受雇於東印度公司任中英文翻譯達二十五年之久。一八三四年八月一日卒於廣州。

為那些為主的事業而獻身的聖者祈禱吧，從今而後，獻身於

主神聖事業的人盡享天國之福。

聖靈說，讓他們安息吧，他們的業績永垂青史！

馬禮遜出生於英國諾森伯蘭郡一個蘇格蘭長老會信徒家庭，從小具有蘇格蘭宗教改革先驅約翰・諾克斯（John Knox）堅韌不拔的意志，這是海外宣教士必備的品質。一八〇四年，已修讀神學兩年的馬禮遜剛滿二十二歲，即加入海外傳教組織「倫敦傳道會」。他在日記中寫到：「求上帝將我置於困難最多和從人類眼光中看來最難成功之布道區域中。」果然，倫敦傳道會他派往中國傳教。

中國是當時「困難最多和從人類眼光中看來最難成功之布道區域」。馬禮遜到中國宣教，必須突破三道看似無法跨越的難關：第一，中國海禁嚴厲，外國人不能進入，更不能傳教。皇帝下旨明確廷規定：「如有洋人祕密印刷書籍，或設立傳教機關，希圖惑眾，及有滿、漢等受洋人委派傳揚其教，及改稱名字，擾亂治安者，應嚴為防範，為首者立斬；如有祕密向少數人宣傳洋教而不改名字者，斬監候；信從洋教而不願反教者，充軍遠方。」

第二，英國政府和東印度公司看重在東方的貿易，並不支持宣教事業。東印度公司不許傳教士乘坐輪船到亞洲，馬禮遜只好繞道先到美國，再從美國乘船過太平洋到中國。後來，東印度公司聘請馬禮遜擔任翻譯，馬禮遜在業餘翻譯、印刷聖經和各種福音資料，東印度公司一度將其辭退：「本部聽說先生印刷中文《聖經》和《勸世文》，引起中國反對。皇帝下有諭旨，禁止這書，並要重治相幫的人。我們想這樣做法，與貿易總受影響。現下議決，公司辭退先生職務。」

第三，中文是世界上最難學的語言，但若不懂中文，傳教無從談起。馬禮遜在倫敦期間學習過一段時間中文，到廣州和澳門居住期間，他聘請的中文教師冒著生命危險教他中文。馬禮遜具有卓越的語言天賦，很快掌握了艱深的中文，隨即編纂《英華字典》、《廣東省土語字彙》，為此後學習中文的外國人鋪設橋樑。

就傳教事業本身而言，馬禮遜未能像利瑪竇那樣獲得成功，他未能讓任何一個士大夫階層皈依基督教。他所傳的寥寥無幾的信徒，都是缺乏影響力的底層民眾。早在一八一四年，馬禮遜收穫了第一個信徒，這是他七年工作唯一的果子。九月九日重陽節，馬禮遜在澳門一處幽靜的海灣中為印刷工人蔡高施洗。蔡高是第一個中國新教徒。此後，他按立梁發為中國第一個新教牧師。梁發教育程度有限，其撰寫的一系列福音冊子如《勸世良言》等，很多地方不符合聖經真理——洪秀全讀了《勸世良言》，受其啟發而創立非驢非馬的「拜上帝教」。一八三二年，馬禮遜給倫敦傳道會的報告中說：「在此數年中，已有數人信從救主，加入教會。此地差不多有十人，一心一志，繼續事主。」

在福音預工方面，馬禮遜成就斐然。他和第二位來華的英國新教傳教士米憐（William Milne）一起在馬六甲創辦英華書院——這是傳教士開辦的第一所中文學校，並出版中文月刊《察世俗每月統計傳》與英文刊物《印度支那拾錦》；在澳門出版中文報刊《雜聞篇》——該報是最早以金屬活字印刷並在中國出版的中文期刊；參與出版中國第一份英文報紙《廣州記錄報》。後來擔任清帝國總稅務司的英國人赫德稱讚說：「馬禮遜在屢次失敗和絕望中努力奮鬥，卒獲勝利。英雄不是只能在戰場上遇見，我們在人生的各個方面都能找到英雄。馬禮遜就是我們在平民階

級中所找到的英雄。」

　　馬禮遜積勞成疾、英年早逝，感召了更多傳教士來華。直接繼承馬禮遜事業的是美國教會派遣來華的第一個新教傳教士裨治文（Elijah Coleman Bridgman）。裨治文創辦並長期編輯英文《中國叢報》，奠定了美國漢學的根基。他以中文發表了介紹美國的著述《大美聯邦志略》。他在廣州成立多個外僑和宣教團體，如在華實用知識傳播會、馬禮遜教育會、馬禮遜學堂、中華醫學傳教會等；他和妻子還創辦了上海乃至全國第一所女校「裨文女塾」。

◎白話文運動的先聲：中文版聖經的翻譯

　　在馬禮遜、米憐於一八二三至一八二四年出版全本聖經中文譯本之前，就有由宣教士馬士曼（John Marshman）、拉撒（Joannes Lassar）於一八二二年在印度出版聖經新舊約全書的中文譯本，之後相繼有多種版本的中文聖經譯本問世。其中，影響最大、流傳最廣且一直使用至今的是和合本聖經。

　　一八九〇年，上海宣教士大會決議出版全國通用的中文本聖經，務求達到文筆順暢又忠於原文。這是一項極具挑戰性的工作，委員會在報告中說：「彷似航行在前有錫拉岩礁，後有卡律布狄斯漩渦的水域中。既恐陷入鄙俗的方言俚語，又怕孤高超遠，彷似文言文一般。」在翻譯過程中，譯者必須克服「官話的詞彙有限，文法結構缺乏彈性」等局限。委員之一的內地會宣教士鮑康寧牧師（Frederick William Baller）多年主持內地會的語言學校，他如此描述該工作的艱巨性：「每字每句都經過反覆地斟酌與徹底的詳察，最後的定稿都是討論的結果。……每天數小

時，連續四、五個月，甚至六個月的會議下來，叫腦倦身疲，渴望可以休息。」委員會主席、美國北長老會來華傳教士狄考文博士（Calvin Wilson Mateer）將十六年時間投入該項工作，他像獵犬一樣尋找最適合的譯語。他在《教務雜誌》上連續數期發表一篇長達十四頁的文章，對中文著作旁徵博引，為的只是一個具爭議性的用詞。狄考文將聖經翻譯視為一生中最重要的工作，「為兩億八千萬人準備好一個成熟的、被認可的聖經譯本是在中國為上帝的榮譽而做的事情」。和合本中文聖經於一九一九年出版，百年光陰，其權威地位歸然不動。

新文化運動最大成就之一，是以白話文取代文言文作為文學的媒介。在這一點上，來華傳教士比新文化運動的旗手們先行一步。胡適不承認和合本聖經的貢獻（實際上，胡適本人的文字毫無魅力可言），但另一位新文化運動開路者周作人對和合本聖經在現代漢語形成過程中的重大貢獻深有認識。在《聖書與中國文學》一文中，周作人指出：

我們看出歐洲聖書的翻譯，都於他本國文藝的發展很有關係，如英國的微克列夫（威克里夫）、德國的路德的譯本皆是。所以現今在中國也有同一的希望。歐洲《聖書》的譯本助成各國國語的統一與發展，這動因原是宗教的，也是無意的；《聖書》在中國，時地及位置都與歐洲不同，當然不能有完全一致的結果，但在中國語及文學的改造上也必然可以得到許多幫助與便利，這是我所深信的不疑的；這個動因當是文學的，又是有意的。

周作人早年學習希臘文，想將聖經像佛經那樣翻譯成文言文，但他發現和合本聖經的白話極其優美，就放棄了翻譯文言聖

經的想法。他讚歎說，「文學的國語」或「歐化的白話」早已在和合本聖經中出現，「我記得從前有人反對新文學，說這些文章並不能算新，因為都是從《馬太福音》出來的；當時覺得他的話很是可笑，現在想起來反要佩服他的先覺：《馬太福音》的確是中國最早的歐化的文學的國語，我又預計他與中國新文學的前途有極深的關係。」

「五四」先賢倡導白話文運動，但拿得出手的優秀白話文範本寥寥無幾，周作人在和合本聖經中發現最典範、最優美的白話文。比如，他引用《何西阿書》第十四章五至六節的經文：「我必向以色列如甘露，他必如百合花開放，如利巴嫩的樹木扎根。他的枝條必延長，他的榮華如橄欖樹，他的香氣如利巴嫩的香柏樹。」這段文字之優美凝練不亞於李杜名句。周作人認為，白話文的「療法」要從和合本聖經中尋找：「我近來在聖書譯本裡尋到，因為他真是經過多少研究與試驗的歐化的文學的國語，可以供我們參考與取法」；「到得現在，又覺得白話的譯本實在很好，在文學上也有很大的價值；我們雖然不能決怎樣最好，指定一種盡美的模範，但可以說在現今是少見的好的白話文」。

和合本聖經對現代漢語形成的影響，超過任何一個作家及文化運動。

第二節　基督教改變中國的努力及其頓挫

◎廢止女性纏足和反對鴉片貿易

天主教為中國帶來的主要是天文學，新教為中國帶來的則是

奠基於福音之上的一整套觀念秩序。這套觀念秩序必然與中華文化傳統發生衝突並刺激中國產生劇變。

新教入華，在移風易俗方面最明顯的成績是推動廢止女性纏足和反對鴉片貿易。

以廢止在中國流行近千年的纏足陋習而論，一八七五年，英國傳教士麥高溫（John MacGowan）在廈門召集信眾聚會，宣布成立戒纏足會，鼓勵信眾簽署誓約以杜絕纏足蠻俗，會員「自願入會，入會者女兒不纏足，立約為憑」，這是中國第一個反纏足組織。麥高溫提出「天足」觀念：「纏足完全毀棄了大自然賦予女人的優美和對稱。女人的優雅體態和美麗舉止使她們步履如詩如畫，平添了許多魅力，但我們常常忘了，這其中的祕密，就蘊藏在她們的天然雙足裡，而這正是女人理當擁有的神聖權利。」「天賦雙足」的義理，昭示在上帝所設計的天然身體構造當中，纏足就是與上帝作對，因為上帝賦予女人完整、天然的身體。儒家口口聲聲說「身體髮膚，受之父母，不敢毀傷，孝之始也」，偏偏縱容乃至成就纏足的野蠻習俗，儒家之虛偽、殘忍可見一斑。一八九五年，旅居上海的立德夫人、李提摩太夫人等成立「天足會」。由於傳教士和基督徒的努力，士大夫在此問題上漸漸覺悟，朝廷最後下令禁止纏足。由教會發起的不纏足運動，既是女性身體解放的關鍵環節，也是近代社會變革的重要組成部分。

以反對鴉片貿易而論，西方宣教士的傳教自由是隨著近代條約體系的建立而獲得的，但他們並不贊同鴉片貿易。他們站在作為受害者的中國的立場上，向英國國會、社會和教會說話，反對英國政府的鴉片貿易政策。他們被本國輿論指責為「誤導群眾」的「激情狂熱分子」，成為祖國的反對者乃至敵人，同時也成為

上帝的僕人和精兵。杜德貞（John Dudgeon）、理雅各（James Legge）等宣教士先後發起英東反鴉片協會和基督徒同盟，上下奔走推動禁止鴉片貿易。他們利用本國教會的講台、各種會議的場合，以及文字傳播媒介去宣傳鴉片之害和鴉片貿易的邪惡本質，讓英國社會和世界各地民眾都知道鴉片的危害。當清帝國政府為了政治原因不容百姓自發組織反鴉片社團時，傳教士先後成立除鴉會和戒煙所，幫助數百萬中國人成功戒除鴉片。他們面對來自英國政府和清帝國政府的雙重敵意，卻以螞蟻的力量撼動大象，促使英國政府在一九○七年下令限制印度生產鴉片，並於一九一三年停止從印度出售鴉片給中國。他們以堅定不移的共同信念投入這一事業，終身為了「永恆不變的原則」而奮鬥。

新教入華所帶來的衝擊是全方位的，從宗教自由到政治民主，從新聞出版到文化教育，從醫療衛生到科學技術，幾乎涵蓋社會生活的每一個方面。西方傳教士除了傳福音之外，最重要的貢獻是辦媒體和辦教育（尤其是大學），這正是宗教改革成功的兩個祕訣，也是推動傳教目的地國家走向近代化的關鍵手段。在馬丁·路德和約翰·喀爾文時代，印刷術的出現使這兩項事業成為可能，宗教改革家們個個都優秀的宣傳家，是小冊子的優秀寫手，他們的小冊子很快傳遍歐洲，打敗了教宗的通諭；他們也都是優秀的教育家，他們創辦各類學校並親自擔任教師，是那個時代智慧的明燈。蘇格蘭的宗教改革和啟蒙運動，靠著教育和媒體這兩翼展翅高飛。遠赴北美的清教徒，剛剛安定下來就開始籌畫辦媒體和辦學校。

通過辦媒體和辦教育，西方傳教士造就了中國第一批現代知識分子群體。李提摩太是維新變法之父——康有為承認，他鼓吹變法是受李提摩太和林樂知（Young Allen）文章的啟發。辛亥革

命之後，中國問題專家、英國塞西爾勛爵說：「沒有一個國家像美國那樣在中國發揮了如此大的道德影響，任何人都會毫不猶豫地說，在參加辛亥革命的人裡，十個有九個是從美國教會學校畢業的。」其次，傳教士所建立的學校、醫院、協會、出版社、報社，包括學會等，開中國現代專業機構和現代民間組織之先河。這些專業性、服務型和非盈利性組織機構在一起，成為現代社會發展和市民社會建構的組織基礎。

什麼時候，基督徒在辦媒體和辦學校上風生水起，福音就必然興旺、清教徒觀念秩序必然深入人心；什麼時候，基督徒忘記這兩大文化使命，基督信仰必然被邊緣化、清教徒觀念秩序必然被主流社會排斥和拋棄。

◎萬國公報：變法和新政的輿論樞紐

近代中國第一批報刊是西方傳教士創辦的。其中，持續時間最久、影響力最大的當推《萬國公報》。《萬國公報》的前身為《教會新報》，創刊於一八六八年，終刊於一九〇七年，延續四十年，實際發行三十五年。《萬國公報》發行遍及中國及海外，是清帝國新興知識階層和官僚普遍閱讀的報刊——光緒皇帝、李鴻章、張之洞、袁世凱、康有為、梁啟超、孫文、胡漢民等都深受其影響，它堪稱中國維新和變法的輿論重鎮。

《萬國公報》的創辦人為美國宣教士林樂知。林樂知是十九世紀下半葉通過媒體和文化思想改變中國的代表人物，他自己說：「鄙人來華，四十餘年矣，無一日不作傳道之工，無一事出於譯書、撰報、設塾、興學之外，因念此等功夫，皆為開通民智，可藉以多儲播道之人才，為尤有益也。」他本人的閱歷極為

豐富，「環行地球三更，繞道以入各國都城，遍查其新政，於中國之地，則嘗南至廣東，北出張家口而入蒙古」，可謂「讀萬卷書，行萬里路」。他的同工、英國傳教士傅蘭雅（John Fryer）回憶說，林樂知「工作極度緊張，晝夜不息，無間風雨，每日上午在廣言館授課，午後赴製造局譯書，夜間編輯《萬國公報》，禮拜日則盡日說教及處理教會事務，同事十年，從未見其有片刻閒暇」。林樂知是那個時代少有的中國通，他在回美探親時，西奧多・羅斯福總統（Theodore Roosevelt）曾向其諮詢中國情勢。他一生最重要的事業是《萬國公報》，「公報者，余之產物而數十年相依為命者也」，他因此被譽為「教會報人」。

與單單傳教的媒體不同，《萬國公報》的內容涵蓋政、教、學諸多領域，其長處在於政論，力圖讓中國讀者認識到「西教為西學之源，西教為西學之本」。其政論強調，基督教為格致（科學）之原，「若捨天道而學格致，猶採果實而遺其根，食乳漿而離其母，必不可得之數也」。其政論宣揚，「基督教為國政之本，一言以蔽之曰，凡不奉基督教之國，其政權無一非專制暴虐者也」。一九○五年，華人編輯范禕撰文說：

中國二十年以前，驚西方之船堅砲利，知有西藝矣。而於西政，則以為非先王之法，不足錄也。十年以前，親見西方政治之美善者漸多，其富強之氣象，似實勝於中國，知有西政矣。而於西教，則以為非先聖之道，不足錄也。嗟乎！知西藝最易，知西政已較難，更進而知西教，則如探水而得真源，藝果而獲佳種，是公報之最大要義也。

由此可見，《萬國公報》促成並見證了中國近代思想及政治

變革之演進。

《萬國公報》詳細介紹了西方諸國的民主政治，特別指出美國是世界上政治制度最為優良的國家，主權在民、三權分立。美國立國，以基督教聖經之要道為根本，「其道奉上帝為天父而定一尊，其視並世之人，皆為兄弟之倫，皆有權利，皆黨自主，皆知自治，又皆為王權尊貴之人，無一人可以自棄自讓，亦無一人可以侵人奪人也。惟人皆有兄弟之愛心，故能各保其自主平等之名分，一切身家性命財產自主，皆得律法之保護，無一人在於律法之外，既無一人不為律法之所保矣，此美國立國之根基也。」

《萬國公報》介紹了西方政治哲學的最新進展。比如翻譯英國政治哲學家史賓塞之《自由篇》，並評論說：「上帝欲人得福，即欲人自由，此固非一人之私理，而實天下之公理，亦非一時之變理，而為萬世之常理也。」相關文章亦指出，自由是國家政治之根本，國家不可侵犯個人自由——可惜這種保守主義的自由觀以後未能在中國茁壯成長。

《萬國公報》對中華文化提出尖銳批判，它不再像明清時代天主教傳教士以及最初入華的新教傳教那樣使用自我貶抑的「以耶補儒」策略，而是直截了當地提出「以耶代儒」觀念。其社論既批評佛教和道教迷信以及偶像、風水、祭祖等民間宗教迷信，更對儒家學說提出根本性的質疑：「儒學所以能獨尊之故，不但由於帝王之私天下，欲藉一統之學術以靖人心也，實由於孔子之學，定君臣之分，正天下之名，與專制政體最合，又與臣言忠，與子言孝，與君言仁，與民言順服，皆為帝王所心悅而誠服者也。」儒家之「三綱」，「取政治法律風俗倫理而一概包舉之，以陶融中國於專制之國、專制之家」。「五四」時代新興知識分子對儒家傳統和國民性的批判大都受此啟發而來。

《萬國公報》強調說，「無真教化則無維新」。此前，中國改革失敗是因為「宗教不改良，一切辛苦而學之於人者，皆本末違反，左右拗戾，如朽木為質而文以彩飾，慾望其堅牢也，難矣」。中國最根本的變革乃是宗教信仰的更新與轉化：「中國無論如何，但能以基督之福音，廣傳於眾人之心中，則可望遍國之中皆為釋放自由之人，而無推行多阻之弊，行見不數十年，不但能媲美歐洲諸國之文明，雖超出文明諸國之上，亦為意計中之事矣。」這是林樂知為中國近代化指出的路徑，也是其創辦《萬國公報》的宗旨──「這件工作，真正屬於傳教性質的，它為人們接受上帝直接啟示的宗教真理鋪平道路。」

　　《萬國公報》希望通過介紹西方先進的學術和政治，進而導入基督教，但當時迫切希望解決「救亡」問題的中國人只在意西方的船堅砲利，最多走到君主立憲那一步，對基督教始終抱冷漠和排斥態度。林樂知在傳教士中算是博學深思者，卻非一流的思想家，未能進一步闡述西教與西學、西政之深刻關聯以及共同構成的一整套觀念秩序。《萬國公報》有王韜、沈毓桂等第一代華人報人及學者為之撰述，但當更有才華的維新派和革命派的宣傳家（康有為、梁啟超、章太炎、胡漢民等）先後創辦《時務報》、《知新報》、《新民叢報》及《民報》之後，《萬國公報》就難以與之競爭，讀者減少，最終被迫停刊，它完成了自己的歷史使命。

◎北京協和醫學院：救身體、救靈魂與救國家，孰輕孰重？

　　如果說《萬國公報》是西方傳教士在中國創辦的最具代表性的媒體，那麼北京協和醫學院就是西方傳教士在中國創辦的最具

代表性的大學和醫院。

　　一九二五年，在華傳教運動達到最高峰，那時共有五千名新教傳教士在中國工作，開辦了三百零一家教會醫院，五千家診所，三百所中學和十六所大學。西方傳教士在中國從事的各項事業中，辦學是成果最為顯著的一項：一九一七年，有百分之八十的中國大學生在教會大學就讀；一九三四年，在中國的二十六所醫學院中，十四所是教會辦的。西方宣教士、教會以及有基督教背景的基金會在中國創辦的醫學院和醫院（很多時候兩者合二為一），如協和醫學院、同濟醫學院、華西醫學院等，至今仍是中國醫學水準最高的醫學院。

　　創辦北京協和醫學院的是美國洛克菲勒基金會。洛克菲勒白手起家、創建龐大的工業帝國的一生，就是馬克斯·韋伯《新教倫理與資本主義精神》活生生的例證。在洛克菲勒那裡，基督教、資本主義、慈善事業有機地聯繫在一起。這是源自美國的清教徒傳統——「基督教的教導」和「公民責任」是一對孿生理念，深深扎根在美國人心靈中。受喀爾文教派影響，十九世紀美國文化中流行一種「一生追求自我改善」的宗教觀念。但是，由於進步主義的滲透，又使得很多美國城市中的基督徒對原罪的認識淡漠，不願面對「人的全然敗壞」之真相，衍生出一種盲目樂觀的人性論，出身於浸信會家庭的洛克菲勒也是如此。所以，美國現代慈善事業的興起受到進步主義和自由主義思潮的深刻影響，其中包括用美國模式改造社會、改造世界的願望，以及對美國「天定命運」的樂觀主義情緒。正是這種願望和情緒引導洛克菲勒走向中國。研究洛克菲勒基金會在華百年的歷史學者馬秋莎指出，從歷史的角度來看，洛克菲勒基金會改變中國的努力實際上是近代以來西方宗教與文化勢力力圖將中國納入世界主流文化

之思潮的一部分。

　　一九一五年，美國醫學家弗萊克斯在考察中國之後，向洛克菲勒基金會提出建議：「我們必須創造一個中國的霍普金斯醫學院。」同年，被稱為「中國霍普金斯」的北京協和醫學院舉行奠基典禮，並於一九二一年正式建成。在落成典禮上，代表洛克菲勒出席的小洛克菲勒指出：

　　北京協和醫學院希望給予中國人民的，不僅是醫學科學，而且是西方文明在思維發展和精神文化上的菁華。

　　這種「西方文明在思維發展和精神文化上的菁華」當然只可能是基督教及其觀念秩序。然而，由於十九世紀末進步主義、人本主義、科學主義等思潮興起，基督教文明失去了中心位置，小洛克菲勒對基督教的觀念秩序猶抱琵琶半遮面，在中國這樣的非基督教國家的公共場合，使用更容易被當地人接受的、更少宗教色彩的「促進人類福祉」的說法來替代之。

　　二十世紀上半葉，科學（包括作為科學之一分支的醫學）無論在西方還是在中國（「五四」運動中，科學成為一種新的信仰）都具有至高無上的地位，它「將決定一個民族的思維和觀念，影響整個教育制度，並因為其發展而塑造一種文明形態」。反之，包括基督教在內的宗教因為「不科學」而遭到貶斥。在協和的文化中也存在此種傾向：儘管小洛克菲勒反覆強調「目前對這個機構負責的所有人都永遠不應質疑傳教士團體所理解的那種真誠和全心全意的精神」，並堅稱包括北京協和醫學院在內的各項事業都「建立在洛克菲勒家族篤信基督教精神之上」，但大學的管理層對此不以為然，使得「宗教主任和宗教系沒有地位，他

們也沒有像其他科學系那樣享有啟發學生尊重的機會」。

　　另一方面，北京協和醫學院在菁英和大眾的定位之間游移不定。短短數年間，北京協和醫院即成為最受信賴的醫院。孫文在協和醫院度過其生命中最後幾個星期。梁啟超晚年十次住進協和醫院，在手術失敗去世前，特別撰文勸告同胞不要因為自己的案例而否定西醫。張學良在協和醫院醫治鴉片癮。南京政府成立之後，蔣介石和宋美齡定期飛往北京到協和醫院檢查身體。但是，協和醫學院「最大的局限就是對占中國人口大多數的農民缺乏了解，對中國最深刻的社會危機——農民問題——沒有行之有效的解決方略」——這個質疑有點強人所難，這是一所醫學院所必須承擔的重擔嗎？

　　在二十世紀三〇年代中葉，協和醫學院參與了方興未艾的鄉村建設運動，希望通過深受西方文化薰陶的晏陽初的鄉村復興模式來指導中國農村的社會發展，從而抵禦共產黨土地革命的影響。洛克菲勒基金會投入巨資啟動「中國項目」，推動協和醫學院在鄉村公共醫療衛生中擔任重要角色。它部分承擔了政府衛生部門的角色——把醫生、公共衛生官員、農業家、工程師、應用生物學和化學專家、經濟學家、社會學家、教育家和其他人才帶入一個相當密切的關係中，為打造一個服務數億農民的公共衛生系統而努力。但是，這一系列努力趕不上日本的侵華戰爭以及共產黨暴風驟雨式的土地革命和武裝鬥爭的步伐。

　　洛克菲勒基金會在中國的雄心壯志只實現了一小半——當然，要求一個私人基金會和一所醫學院承擔救國救民的使命乃至翻轉中國是不現實的。協和只是汪洋大海中的小舟，它掙扎求存，而無法遏制滔天巨浪。一九四九年之後，北京協和醫學院被收歸國有，它也未能避開中共建政之後的歷次政治運動，它的

「美國特色」和「基督教因素」被摧殘殆盡。

　　中國接受了西醫，卻不接受西醫背後的上帝之道。正如馬秋莎所說，洛克菲勒基金會來華的經歷表明，雙方在設計和調整自己的政策及行為以達到各自目的的同時，也在確定和調整自己在這種雙邊關係中的位置。在中西文化的現代博弈中，西醫最終取代中醫而成為中國醫療衛生的主導體系，這不僅是傳教士和洛克菲勒基金會努力的結果，也是中國政府和知識分子「拿來主義」的典型體現。北京協和醫學院的建立與成功，以及後來共產黨政權對它的改造，既表現出中美知識菁英的互相影響和互相依賴，又說明了中國對外來文化的制約和吸收──自以為聰明的中國人不知道，他們的做法是買櫝還珠。

　　西方傳教士在現代中國的努力，最終因為中國赤化而被迫中止。這些傳教士個人和機構比愛他們的祖國更愛中國，如內地會的創始人戴德生說過：「如果我有一千英鎊，中國可以全部支取，如果我有一千條性命，不會留下一條不給中國。不！不是中國，乃是基督。」此乃肺腑之言。但是，因為他們失去了清教徒觀念秩序這個唯一能抗衡共產主義的武器，當共產主義在中國興起之後，他們的各種努力頓時化為烏有。

　　燕京大學、齊魯大學、聖約翰大學、東吳大學、華西大學等教會大學，其學術水準迅速與西方一流大學並肩，其畢業生大都擁有精湛的專業技術，卻不具備清教徒的觀念秩序，他們的心靈大都被共產主義和愛國主義所擄掠。基督教青年會和基督教女青年會的領袖們，大都淪為共產黨的幫凶和幫閒──紛紛出任共產黨控制教會的機構「三自會」之頭目。這是一段慘痛的歷史教訓，它告訴後人，只有善心和善行是不夠的，基督信仰是一套整全的觀念秩序、精神和心靈秩序，必須具備整全的觀念秩序、精

神和心靈，才能上陣打仗，否則在面對當代最邪惡、最強悍的共產主義時必敗無疑。

◎石門坎：汪洋中的一葉孤舟

協和醫學院代表著傳教士在「高端」的中國的努力，石門坎的柏格理（Samuel Pollard）則代表著傳教士在「低端」的中國努力。柏格理去世多年後，其傳記作者甘鐸理（Elliott Kendall）在旅行中來到貴州山區石門坎附近的一處偏僻的苗寨：

此處距公路尚有數日的行程，已經歷二十年的時間沒有傳教士來過了。一天晚上，全體寨民聚集起來唱聖歌。所唱歌中有一首令人實在難以忘懷，這首歌的詞他們自己完成，再譜以苗族傳統曲調。開始的幾句追訴他們以前的部落生活，然後詳細敘述柏格理的到來，以及他促使他們發生的巨大變化，最後唱到柏格理的繼任者如何進行他未竟的事業。這是一首傾注進苗家人全部深情的歌，坐在其中，聽著他們的合唱，看著他們的面容，沒有人不被深深感動。苗家的敘事詩不是閒散的田園牧歌。它是正在走向消亡，但又已經獲得新生，希望降臨毫無希望的現存中的群體的歌，它是一種奴隸在解放後的新天地中，或從放逐中得返家園時所唱的歌。苗家人感知自己業已進入一篇新境界，脫離黑暗，迎來了光明，他們發自內心想唱出這一番經歷。

柏格理出生於英國，青年時代受到非洲宣教的李文斯頓感召，加入循道會，二十二歲即遠赴中國傳教。他沒有留在富庶的沿海地區，而是深入到雲南昭通，計畫專門向彝族宣教。由於一

次偶然的機會，受一群苗族人邀請，他轉而來到石門坎地區，向這個「殘山剩水」中的「葛天苗裔」傳福音（還包括這一區域的彝族、傈僳族等六個民族）。他將後半生獻給這個帝國邊陲的苦難民族，他在日記中寫道：「如果以為他們應該被壓迫和虐待，那就真是一種恥辱。他們像奴隸，像在埃及被法老壓迫下的古代以色列人。他們期望自由，但現在還沒有得到它。」

自柏格理著名的「五英鎊小屋」蓋起來之後，他變成了苗族人的摩西，他是他們的老師，他們的保護者，他們的領導人，他們的立法者，苗人稱之為「苗族救星」、「苗族之父」。柏格理服務著這個像英格蘭那麼龐大的教區，「估計在崎嶇的山路上一天大約可行走二十至二十五英里，走到教區的東北邊要連續五天，到東邊要三天，東南邊要四天半，西北邊要三天半，西邊須兩天半，西南邊則三天半」。

在柏格理的帶領下，苗人的信仰和社會生活的各方面都發生了超乎人的想像的變化。柏格理引導他們直接領會聖經的菁華，教堂建成之前，就在山坡曠野裡把它奉獻給他們。由於條件的限制，柏格理用麵包和茶為他們舉行聖餐——在那些計較細節的信徒看來，這樣做或許不符合聖經經文，但柏格理說：「把麵包和茶分給許多不久前還是相當無知、並且對耶穌生平毫無了解的質樸的當地居民，成了奇妙的轟動一時的大事件。……當他們一個接一個領到他們的一小片麵包時，他們在偉大的人主面前表現出虔誠的沉默，我們感到主就在面前，祂有力地照料著祂所擁有的，並且清潔著罪惡最深重的人的心。」

經過長達十年不懈的努力，柏格理和他的助手們在苗族人中間建立起了教會。在他最後的日子裡，據他估計，有一萬人基本上可以被看做是基督徒，其中四千八百名成年成員都經過訓練和

洗禮，還被教育如何參加聖禮。在石門坎往北還有幾十萬苗人，正等待著福音的到來。可惜，年僅五十二歲的柏格理突然被一場傷寒奪去了生命，他長眠於這片他摯愛的土地上，他被譽為衛理公會系統五名從事使徒性工作的聖徒之一。

柏格理不僅拯救苗人的靈魂，還通過教育、醫療和社會組織，改變了「天荒未破，古徑雲封」的、以石門坎為中心的苗族地區的社會結構。他受苗族服飾中的紋飾（「繡在衣服上的史詩」）的啟發，為苗語創建了一套被稱為「滇東北老苗文」（也稱「柏格理苗文」，英語世界稱之為「波拉德文字」）的書寫系統，改變了苗族兩千年來沒有文字的歷史。他創辦了該地區第一所苗民小學、中學，實踐男女同校和雙語教育，後來發展成擁有五所中學和九十六所小學的龐大的教育系統，三分之二苗民擺脫文盲狀態，甚至培養出博士和教授；他還建立了第一所苗族醫院及苗族地區第一所痲瘋病醫院。很多皈依基督教的苗族貴族、地主主動放棄奴隸制，將同樣信仰基督的苗族奴隸當做弟兄姊妹看待。

研究石門坎傳教史和社會史的學者張坦指出，儒家經過二千年都未能「教化」苗人，苗人與漢民族語不同聲、書不同文，習不同俗，心不同志；基督教則僅僅花了二十年時間就讓石門坎附近的整個民族「皈依」，將煉獄變成福地，石門坎的教育水準高於昭通等城市，被譽為西南的「小香港」。二十來年與二千年，形成何等讓人驚歎的對照！

張坦比較了儒家和基督教對苗族等少數族裔截然不同的態度：儒家的「教化」是以武力征服為後盾的同化政策，比如軍閥楊森強力推動對苗族的同化政策，興辦「苗人同化學校」，強迫苗人改穿漢服，強迫苗漢同婚。楊森致電蔣介石表功說，三年之

內就能完成對苗族的同化教育，達成「救國保民之大職」。但實際上，這場不得人心的同化運動很快草草收場。反之，基督教的「皈依」卻以人的「救贖」為目標，苗人放棄祭祖而轉向敬主，由教會和學校為平台第一次形成了生機勃勃的公共生活，苗人的個人生活和社會狀況都發生巨大變化。柏格理不是居高臨下地教化苗人，而是平等對待苗人，從他們身上也看到上帝所造之人的尊榮，對他們的愛就油然而生。

柏格理雖然改變了以石門坎為中心的苗族聚居區，他與在中國宣教的同工們卻無法影響中國現代歷史的走向——他們跟數以萬計的西方宣教士一樣，鼓勵中國信徒們以基督教的方式去解決這個國家激烈的社會與政治問題，從而避免尋求不可逆轉的極權主義，但當共產主義的驚濤駭浪襲來時，石門坎不是世外桃源，不可能倖免於難。

中共建政之後，苗族被強行納入中華民族這個偽概念之中，成為被官方認定的五十六個民族之一。苗族的基督教社區被中共的蘇維埃模式所改造，苗族基督徒、牧師的傑出代表王志明在文革中因堅守信仰而被中共以反革命罪槍殺。[2]

石門坎的興衰宛如基督教在近代中國兩百年命運的縮影。若雲貴高原是一個獨立國家（夜郎國），或者苗人能如同歐洲的小國那樣建立自己的國家，不受大一統的中華秩序的壓迫和控制，那麼，石門坎模式在西南地區的苗族及其他少數族裔中扎實而堅韌地推廣、發展，或許能迎來「野橄欖枝」接到「真葡萄樹」

2　一九九八年七月九日，英國女王宣布二十世紀世界十大基督教殉道者，包括馬丁‧路德‧金恩等人，其中也有王志明，他的塑像被安放在倫敦西敏寺的西門上，成為西敏寺唯一紀念的苗族牧師。

上、且開花結果的那一天。但是，大一統的中華秩序再加上共產極權主義，一路橫衝直撞，摧毀了一切不順從於它的良善的社群和結構，石門坎模式遂成絕響。

第三節　近代三次反基督教的高潮

日內瓦（以及若干瑞士地區）、尼德蘭、英國和美國的民情、文化傳統與清教徒觀念秩序一拍即合，磁鐵效應、酵母效應和馬太效應三者同時發生；但在中國，基督新教進入之後，這三大效應都是逆向發生，在敵基督的險象環生的大環境下，基督教在中國的傳播跌跌撞撞，一波三折。

從清末到民國，中國出現了三次反基督教的高潮。先是如同一枚硬幣兩面的太平天國運動和義和團運動：前者表面上看是受基督教影響的產物，但骨子裡是反基督教的薩滿教、皇帝教的中華傳統；後者不單單是農民的反西化運動，更是官紳階層在其文化和教育壟斷權受到基督教動搖之後的強力反彈，農民乃是士紳驅使的炮灰而已。這兩次反基督教運動的文化資源，是民間的薩滿教迷信及儒家綱常秩序和華夷之辨。

到了二十世紀二○年代，以現代知識分子領袖和學生為主體的非基督教運動，則是受新興的共產黨勢力（及其後台老闆蘇聯和共產國際）的煽動和操控，以馬克思主義、共產主義、社會達爾文主義等「現代思想」為武器而展開，它對基督教的攻擊更全面而徹底。西方傳教士，即便不具備整全的清教徒的觀念秩序，但在西方國家的工業和軍事力量的支持下，尚可應對太平天國運動和義和團運動；但在觀念對決的層面，卻難以勝過非基督教運

動中得到馬克思主義等根據現代性的意識形態武裝的新式知識分子。這三次反基督教的高潮，受害的不單單是基督教和基督徒，而且是所有民眾的宗教信仰自由和基本人權，中國近代化道路也由此高速駛入黑暗隧道。

◎太平天國：西洋番弟聽朕詔，同頂爺哥滅臭蟲

太平天國占領清帝國的半壁江山之後，在華傳教士群體一度非常興奮，認為這是第一個在亞洲誕生的基督教政權。曾在廣州收留並教導洪秀全、洪仁玕的美國傳教士羅孝全（Issachar Roberts）興致勃勃地到天京求見老朋友——當初，因洪秀全並未全面領悟聖經真理、未認罪悔改，羅孝全拒絕為之施洗，如今他想為天王補上洗禮嗎？

但此時的洪秀全已經自稱耶穌的弟弟、上帝的另一個兒子，沒有任何人有資格給他施洗了。當羅孝全進入堪比北京紫禁城般富麗堂皇的南京天王府，見到洪秀全時，當過他的助手、如今已是太平天國的宰相的洪仁玕突然當眾對他大吼：「羅孝全先生，拜天父！」白鬍子羅孝全猝不及防又很尷尬，本能地跪下來，向曾經受教於他的洪秀全跪拜。

近代赴華宣教士並非個個都是馬禮遜、林樂知、丁韙良這樣學識淵博、品行高潔之士，有很多配不上牧師之名的野心家和冒險家。羅孝全屬於後者，當年他向美南浸信會申請到清帝國傳教，卻因「講道能力從未達到中等水平」而被拒絕。他賣掉土地自費前往，後來因為虐待僕人遭投訴等事件被美南浸信會解除職務，從此獨立傳道，在廣州偶遇貧困潦倒的洪氏兄弟，彼此身上都有冒險家的激情，故而互相欣賞。這段關係使羅孝全被媒體形

容為「愛國革命黨的首領太平王的宗教導師」。

　　起初，羅孝全竭盡全力為太平天國辯護，甚至冷血地表示：「從最崇高戰爭的角度來看，如果殺掉這國家一半的人，將使另一半的人得以認識何為正義，那其實不是比維持現狀來得好嗎？」然而，在天京生活十五個月之後，他發現洪秀全及其官兵根本不是基督徒，他不辭而別，回到上海之後在《北華捷報》上刊文指出：「如今，我反對他們的程度並不亞於當初我支持他們的程度。他的宗教自由和眾多的教堂成了鬧劇──不但對傳播基督教毫無用處，而且比無用更壞。他僅僅是為了傳播自己的政治宗教。」

　　太平天國建立政權之後，其內政外交與基督教價值南轅北轍。以外交而論，洪秀全曾致信英國遠征軍統帥第八代額爾金伯爵詹姆斯‧布魯斯（James Bruce）說：「爺哥帶朕坐天國，掃滅邪神賜光榮，西洋番弟聽朕詔，同頂爺哥滅臭蟲。」儼然是命令對方為其驅使。一八五三年四月，英國駐華公使兼香港總督文翰（George Bonham）訪問天京。表面上，太平天國將外國使節稱為「洋兄弟」，許可他們在其占領區自由通行和經商。但從根本上，太平天國把歐洲人看作是受耶和華之命的「天下萬國真主」的天王洪秀全的「臣民」，實際上仍繼承了「中國是世界的中心」的中華思想和傳統的朝貢體制框架，他們並不理解主權國家以對等地位簽署條約的近代歐洲的外交概念。

　　很快，西方人看出了真相。英國外交官麥華佗（W. H. Medhurst）訪問南京之後批評說：「太平天國在傲慢驕橫、自命不凡方面，比高傲自負的清朝官吏有過之而無不及。」夏福禮領事（Frederick E. B. Harvey）尖銳地指出：「毋庸置疑（且我堅持這項看法已十年不變），太平叛亂是史上最虛妄的政治群眾運

動，太平教義是歷來最龐大、最褻瀆上帝的強加教義或道德規範。」他視之為「大規模的陸上海盜行徑——所有人都感到憎惡的海盜行徑」，並建議英國作為「與這個龐大帝國通商的基督教暨文明國家」，應當「以能力所及的所有辦法將之從地表掃除」。列強放棄了與這個棘手的新興勢力打交道，轉而繼續與清廷來往。西洋雇傭軍更多地站在清軍一邊，而非太平軍一邊。

對於太平天國來說，政治的敗壞源於宗教上的謬誤——拜上帝教是一種敵基督的邪教。洪秀全自行篡改聖經並號稱「約書的成全者」，讓到訪天京的西方傳教士驚詫不已。他更以御用朱砂墨潦草寫就的詔書張貼在城牆上，有一則寫道：「逆吾者亡，順吾者生。人皆無逃於吾三人，天父與二子（天王本人和天兄耶穌）。」另一則寫道：「第一，我在天堂邊緣打；第二，我在地獄打；第三，我為人類生存而打；第四，我為消滅魔鬼而打。」這儼然是精神病患者的胡言亂語。

就宗教禮儀而論，即便對太平天國較為肯定的美國學者湯瑪斯‧賴利（Thomas H. Reilly）也承認，太平天國沒有聖餐禮，其敬拜儀式力求「符合中國人的審美」——他們在一張桌子上，擺上兩盞油燈，當然還會擺著一瓶花；還有三杯茶、三碟獻祭用的肉以及三碗米飯。這幾乎就是中國人祭祖儀式的翻版。

拜上帝教的核心教義是被人化的神（上帝）和被神化的人（洪秀全），基督教的獨一真神信仰與儒家的綱常倫理觀念相糅合，再加上民間宗教裡人神交通的巫術，使上帝教成為一種缺乏內在平衡機制和生命力的意識形態。洪秀全自稱上帝親生子、耶穌的弟弟，借神權烘托君權，將自己變成絕對權力和絕對真理的化身，這成為洪秀全和楊秀清等內訌的根源——楊秀清假托上帝附體，而獨享責罰洪秀全的權力。兩人當然要鬧翻。

洪秀全一邊說天下男女都是弟兄姊妹，許諾建立「無處不均勻，無人不飽暖的」人間天堂，一邊卻是等級森嚴、繁文縟節——將整個社會打造成軍營，打破家庭紐帶，夫妻不能在一起生活，他卻占有數千嬪妃，其奢華腐化讓北京的滿人皇帝望塵莫及。

　　洪仁玕在《資政新篇》中論及學習西方的雄心壯志，但全是紙上談兵，被洪秀全束之高閣。洪仁玕後期才加入太平天國，且毫無戰功，李秀成、陳玉成等悍將都不把他放在眼中，連同他相對純正的基督信仰亦無人問津。

　　由於來訪的西方傳教士紛紛表示不能認同太平天國的教義，洪仁玕為維護洪秀全的權威，放棄了傳教士們對他寄予的厚望——成為中國的馬丁・路德、幫助太平天國回到正統基督教信仰。他很快放棄了對基本教義的堅守，不僅違背洗禮時的宣誓而納妾，進而與西方傳教士群體斷絕關係：「傳教士們不應到這裡來，因為彼此教義相異，而天王除了自己的教義外，不允許有別的教義存在。」

　　太平天國運動源於流落邊地、遭受歧視的客家人為尋求出路的嘗試——這些底層移民嘗試建設理想的烏托邦，藉此復興疲敝的中國社會。拜上帝會的理念中蘊含了中國固有的復古主義，即恢復正統的王朝；以及漢族中心主義——推翻滿人的暴政。然而，漢人曾國藩以捍衛正統儒學為號召，比太平天國的民族革命更有吸引力。太平天國的失敗是必然的，隨著其失敗，其偽宗教的意識形態迅速灰飛煙滅。此後，那些推崇洪秀全與太平天國的革命者，無不是與之相似的野心家——如孫文和毛澤東。

◎義和團：反教的不是愚民，而是士紳

太平天國覆亡之後三十年，伺機而起的是義和團。如果說太平天國是打著基督教旗號的反基督教的農民革命，那麼義和團則是以「扶清滅洋」為號召的反基督教和反西方的農民運動。它們的表現形式南轅北轍，但它們在本質上都是農民文化中封閉蒙昧、野蠻暴虐的幽暗部分的大爆發——再過二十年之後興起的共產主義運動，則是此兩者的升級版，是最可怕的痙攣，不幸的是，它成功了。

法國海軍軍官、作家皮耶爾·洛蒂（Pierre Loti）是八國聯軍之一員，他描述了兩個被俘的義和團「女神」的故事：在戰局瓦解的這一日，聯軍從一艘中國木船中將這兩名面容相若的少女包圍，她們與隨在身邊的母親一起投河自盡。士兵們將她們從河的中流打撈起來，母親死去了，兩個少女活了過來，做了階下囚。

洛蒂前去探視時發現，她們為母親披麻戴孝，因找不到白布，只好穿著黑衣，但散亂在地上的卻有鮮美的綾羅、繡著金紋的法袍。聯軍不曾虐待這兩個姊妹，把她們禁閉在此只是要防止她們自殺。

洛蒂探視了兩名無知少女之後感歎說：「這個殘忍而又值得驚異的義和團宗教運動，真是全中國患的一次最大的歇斯底里症。」

此時看上去楚楚可憐的兩名少女，在參與義和團對西方傳教士及中國教民的屠殺時卻毫無憐憫之心。義和團肆虐的北京、天津等地陷入可怕的無政府主義狀態，史料記載：「城中日焚劫，火光連日夜……夙所不快者，即指為教民，全家皆盡，死

者十數萬人。其殺人則刀矛並下，肌體分裂，嬰兒生未滿月者，亦殺之，殘酷無復人理」，「京師盛時，居人殆四百萬。自拳匪暴軍之亂，劫盜乘之，攄掠一空，無得免者。坊市蕭條，狐狸晝出，向之摩肩擊轂者，如行墟墓間矣」，「義和團之殺教民毛子也，備諸酷虐，剉舂，燒磨，活埋，炮烹，支解，腰殺，殆難盡述。……保定屬有張登者，多教民，團匪得其婦女，則挖坑倒置，填土露其下體，以為笑樂。」

過去，人們對義和團的認識，局限在它是無知愚民的「拳亂」。表面上看確實如此，義和團運動中充滿薩滿教的降神附體儀式——「忽然如發馬腳之狀，面紅直視，口噴白沫，叫呼嘻嘻，飛拳踢足」。洪秀全和楊秀清是天父天兄附體，義和團首領們附體的則是白話小說和戲曲中的人物。《封神演義》是一個重要的來源，因為它把周朝的英雄人物同保護三教（儒釋道）、反對異端的傳說結合起來。武藝高強的關公、張飛、趙雲也時常出現，一旦這些英雄人物附體，即可刀槍不入。

但這絕非義和團的全貌。愚民只是前台玩偶，在後台操縱玩偶的是官紳階層。中國任何一場民眾運動背後都有上層政治鬥爭的影子——與其說是義和團的師父們成功欺騙了慈禧太后和端王等人，不如說是慈禧太后和端王等人利用義和團打擊阻止他們罷黜光緒帝的、支持維新變法的外國勢力。八國領軍統帥瓦德西的觀察是準確的：「所有上流階級，對於世界形勢毫無所知，只是驕傲自大，盲目反對白人。至於官吏人員，則為腐敗之氣所充塞，毫無精神可言。其在皇室方面，則又似乎不能出現振作有為之人物。」

過去人們一直為義和團缺乏全國的統一領導、處於各自為戰狀態而感到奇怪。其實，原因很簡單：他們是來「扶清滅洋」

的，不需要如同太平天國那樣建立一套獨立的權力結構，義和團自始至終是一場忠君運動。

上層和下層都不是義和團的原動力——義和團最大的動力來自於中層士紳。歷史學者周錫瑞的研究表明，神拳的首領很多是鄉村的士紳階層，是村裡的頭面人物，一般都擁有七八十畝土地，有功名——不是文生就是武生，或是里長等村中掌權的人物。當時的記錄表明，「京中士大夫百人中殆有七八十人皆極口稱許義和團」。很多士紳沒有直接出面擔任義和團首腦，但在十九世紀後半期的若干教案一直到義和團興起的過程中，他們都是「揭帖」的最積極作者。

所謂「揭帖」，以近代政治運動的話語來說就是「傳單」。身為文盲的農民沒有能力撰寫此類「揭帖」，它們都是士紳們的傑作。比如，在湖南及長江中下游省分流傳甚廣的《鬼叫該死》的小冊子，作者是既有科舉功名又有軍功身分的湖南鄉紳領袖周漢。周氏早年隨左宗棠鎮壓捻軍和回民起義，多年來專門為平民大眾寫作打油詩式的反教宣傳品。此類揭帖編造謠言、醜化和誹謗傳教士：「汝醫者實欲盜我人體之寶，詐稱醫生，實欲刺人心肝，盜人腦髓，取人眼目，破人膳子。」揭帖將自然災害一股腦地推到傳教士身上，並為運動者提供旨在使眾神息怒和宇宙恢復平衡的明確的行動計畫，在一份求雨的文告中如是說：「茲因天主耶穌教，欺神滅聖，忘卻人倫，怒惱天地，收住雨水，降下八百萬神兵，掃平洋人，才有下雨之期。」在現代傳媒出現之前，揭帖是最有影響力的宣傳工具。費正清分析近代教案的行為模式包括一個完整的過程：士紳鼓動，製造謠言，傳播揭帖；群眾由懷疑到相信再到迷狂；最後催生有組織的群眾暴動。可以說，哪裡有揭帖，哪裡就有教案。

那麼，士紳階層為何反教？維持儒家的主流意識形態地位，堅守華夷之辨、人禽之別是台面上的原因，更為內在的原因是捍衛自身的特權地位。歷史學者呂實強認為，傳統的士大夫，不僅於得志之時，可以為達官顯宦，名聲顯赫；即退居鄉里，也依然為民所仰望，有社會領袖的地位。外國教士憑藉條約，享有治外法權，不僅不受中國官吏的管束，漠視地方紳士的勢力，甚至與之分庭抗禮，自成一社會領導系統。中國教士和教民依仗外國教士，而自異於平民，儼然在中國社會中，形成一新的階級，這當然與官紳們的尊嚴和利益發生衝突。尤其是對官場的許多積弊，與紳士們若干非法行為，更直接發生嚴重的影響。

反過來，因為清末吏治敗壞，皈依基督教成為鄉村底層民眾群體性生存策略之一。教民和望道者在面臨誣告、抵制衙門差役的勒索、反抗過分的土地剝削、時而還抵禦土匪的掠奪時，傳教士代表他們贏得這些爭端，並在這一系列行動展示權威。傳教士成為有效能的地方保護者，影響了既有的掠奪模式和寄生活動。從諸多方面來看，教民通常比老百姓要更少地遭受壓迫，於是在一些地方出現新興的「特權階層」。

殺父之仇易忘；奪財（奪權）之恨難消。於是，地位動搖的士紳或親自參與、或幕後操縱，煽起民眾的反教和反洋情緒。由於士紳們只能點火，待火勢蔓延過度時卻不能控制，就造成兩個可怕後果：一是清帝國身不由己地與西方列強開戰，戰則必敗，之後國家大量賠款，賠款又攤派到百姓身上，致使百姓生活困苦，民不聊生；二是清帝國戰敗後，洋人和洋教地位更高，而政府的腐敗和鄉紳的無能讓民眾極端失望，這種狀況驅使大量社會底層民眾入教尋求保護，教民良莠不齊，傳教事業表面興旺而內裡危機重重。

日本在明治維新前也有過一段激烈反對基督教和西方文化的階段，但很快就偃旗息鼓；中國經歷了義和團運動的慘禍之後，並未從根本上解決排外尤其是敵視基督教的問題。日本學者佐藤公彥指出：

中國與基督教的歷史相遇是不幸的。同時這也顯示出中國社會與基督教進而與西歐式「近代」的相互關係是多麼困難的文明史問題，經由義和團運動所暴露出的這一本質性問題仍懸而未決，而中國人對基督教的不信任感經過民國初期的非基督教運動仍延續至今。

從某種程度上來說，義和團運動是仍未翻過去的一頁歷史。美國海軍戰略家阿爾弗雷德·馬漢（A. T. Mahan）如此評論義和團運動說：「北京的暴行和傳教士在中國的悲慘遭遇只不過是眾所周知的潛在可能性的一次驚人展現而已；因為一直以來，無論是作為國家還是個人，東方從未發生過變化。除非受到恐懼的束縛，否則今年發生的事情極有可能現在出現，也同樣可能出現在一千年以前，因為東方從不進步。」確實，義和團運動完全可能在今天的中國重演，中國人的精神結構跟義和團時代相比並未有本質的變化。正如學者資中筠所說，一百年過去了，上面還是慈禧太后，下面還是義和團。

◎非基督教運動：基督教與現代左翼觀念的首次對決

太平天國運動的主體力量是兩廣的客家人及南方的貧苦農民，義和團運動的主體力量是北方的農民以及幕後操縱的鄉紳階

層。當這兩場運動先後落幕之後，基督信仰及其觀念秩序在中國的傳播迎來風平浪靜的二十年，其間清帝國的傾覆和民國的建立對此一趨勢影響不大，民國初期是基督教傳播的黃金時代。

當作為現代左翼觀念之一種的馬列主義、共產主義進入中國之後，它立即與基督教處於激烈競爭乃至敵對的狀態。這一次基督教面對的衝擊比前兩次更嚴峻：反對基督教的是新式知識分子和學生群體，他們站在思想文化的中心位置，又擁有極具殺傷力的思想武器。非基督教運動未像前兩者那樣造成社會動盪、戰爭和大量人員傷亡，因此被史家所忽視，但在思想觀念層面，它的意義不容低估。這是中共奪取權力之前所策動的第一次思想文化運動，為此後的延安整風、反右運動、文革、反對資產階級自由化等政治和文化運動之預演。

一九二二年，世界基督教學生同盟在清華大學召開第十一次會議。學生組織「非基督教學生同盟」發表反對宣言：「近數十年來，基督教等一天一天的向中國注射傳染。他們最可痛恨的毒計，就是傾全力煽惑學生。」宣言全盤否定宗教存在的價值：「好笑的宗教，與科學真理既不相容；可惡的宗教，與人道主義，完全違背。」宣言認為，現代的基督教是殘酷、壓迫及悲慘之資本主義社會的「助紂為虐」的惡魔，「是我們的仇敵，非與彼決一死戰不可」。這種被毒化、渲染仇恨的語言方式，以後還會在中共的文宣中不斷出現。

三月二十一日，北京成立「非宗教大同盟」並發表宣言，新式知識分子的代表人物如陳獨秀、蔡元培、李大釗、吳虞等赫然名列其上。該宣言比「非基督教學生同盟」的宣言老到沉穩，卻斬釘截鐵地表達了反對一切宗教的宗旨：「有宗教可無人類，有人類應無宗教，宗教與人類不能兩立」、「我們深惡痛絕宗教之

流毒於人類社會十百千倍於洪水猛獸」。長達五年的非基督教運動由此揭開序幕。

與清末以來的歷次反基督教運動不同，充當反基督教主力不再是已被時代淘汰的儒家士紳，這一次的運動由蘇聯、共產國際幕後策畫，國民黨、共產黨等現代政團帶頭宣傳組織，新式知識分子和學生衝鋒陷陣，思想武器為看上去比基督教更具現代性的科學主義、民族主義、馬克思主義。

一九二二年五月，中國社會主義青年團召開第一次全國代表大會，通過決議支持反基督教和反宗教組織的運動。北京大學中共負責人羅章龍回憶說：「參加非宗教同盟者的北京大學教師蔡元培、陳獨秀、李守常（李大釗）為公開對外代表人物，實際主持與組織者為中共北大支部諸同志。」

「非基督教學生同盟」的宣言以及其他批判基督教的文章，大量使用馬克思主義的措辭，教會人士劉廷芳在反駁文章中指出，「（非基督教學生同盟宣言）之論調，是像初學布爾什維克的口吻」。一九二七年四月六日，張作霖查抄蘇聯駐華大使館時所獲蘇聯密件〈關於中國共產主義青年運動的報告〉中記載，一九二二年的非基督教運動，「是由共產主義青年團組織並領導進行的」，所需經費由共產國際提供。

反教文章中水準較高的，多出於「五四」運動中成名的新式知識分子之手。首先，他們以科學主義為名反對基督教。他們以科學為一切真理，科學能保證社會演進於完美境地，如陳獨秀宣稱「一切宗教都是一種騙人的偶像」，如吳稚暉發表〈強弩之末的基督教〉演講並咬牙切齒地說「果有上帝，吾必露體而罵之曰，『惡徒』！」，也如胡適所說：「右手拿粉筆和教科書，左手拿馬太福音，是我們所反對的。」

其次,他們以民族主義和反帝國主義的立場反對基督教。如蔣夢麟所說:「基督教與以兵艦做靠山的商業行為結了夥⋯⋯中國人也實在無法不把基督教和武力脅迫相提並論。如來佛是騎著白象來到中國的,耶穌基督卻是騎在槍炮上飛過來的。」汪精衛發表〈力斥耶教三大謬〉、〈宗教毒民論〉。曾擔任武漢國民政府主席的徐謙說:「反基督教的基本信念,就是反帝國主義。」

非基督教運動的第一階段是「紙上談兵」,即新式知識分子之間的辯論和新式知識分子與教會人士之間的辯論。反對非基督教運動的新式知識分子是極少數,如梁啟超、周作人、錢玄同等人,其代表作是周作人等北大五教授發表的「保護宗教信仰自由」的宣言。錢玄同看到了非基督教運動與義和團運動之間草蛇灰線的聯繫,堅守自己的立場:「我寧可蒙『衛耶教』之名,卻不願蒙『改良拳匪』之名。」周作人維護約法上的信教自由,更進一步維護個人的思想自由,在與陳獨秀論戰的文章中指出:「思想自由的壓迫不必一定要用政府的力,人民用了多數的力來干涉少數的異己者也即是壓迫。」他對群眾運動深懷警惕:「我是不相信群眾的,群眾就只是暴君與順民的平均罷了。」周作人是新式知識分子中罕見的、保守的自由主義者,對異己思想的寬容及保護少數是保守的自由主義的核心。

然而,周作人等人無法阻止中國思想文化及現實政治急劇左傾。一九二四年至一九二七年,非基督教運動進入第二階段,其特徵為徹底的政治化,有明確的目標、高度的組織,及國民黨和共產黨有計畫的經營培育。非基督教運動配合國民黨黨軍北伐,成為北伐宣傳戰略之一部分,收回教育權和反對帝國主義成為激動人心的口號與訴求。國民黨號稱「秉愛國之熱忱、具科學的精神、以積極的手段,反對基督教及其所辦一切事業」,並定十二

月二十二至二十七日聖誕節前後為「非基督教周」。學者葉仁昌分析指出，國民黨和共產黨都認定反基督教與回收教育權運動是拉攏或吸收學生與知識分子的途徑。也由於運動是群眾性的，而有助於結合社會各界，致力於達成國家統一與主權建立。所以，非基督教運動展現的是一種功利原則的國家主義特質。

非基督教運動的頂峰為北伐期間的南京事件，亦稱「寧變」。一九二七年三月二十四日，國民黨軍隊攻入南京，其官兵劫掠英、美、日領事署及外人商店住家，南京城內和下關的外國領事館、教堂、學校、商社、醫院、外僑住宅均遭到侵犯和洗劫。金陵大學副校長、美國學者和宣教士文懷恩（John. Elias. Williams）等人遇害。在襲擊中，英國和日本領事館成為首要目標，英國駐南京領事翟比南被槍擊傷，日本武官根本博被人以刺刀刺傷，正在生病臥床的日本領事森岡正平也遭槍擊。日本駐上海總領事矢田七太郎發出電報稱：「此次南京搶劫事件為第二軍、第六軍、第四十軍（魯滌平、程潛、賀耀組）中的黨代表、基層的共產黨派遣軍官及南京地區中國共產黨黨員合謀設計的組織行為。襲擊時有當地的共產黨黨員專為嚮導，執行對象與場所都有事先規畫。前者只限外國人；後者則選定領事館、教會、學校等洋人集中處。」

此次事件使得七千五百名外國宣教士撤離中國，是義和團之後基督教在中國遭受的最大打擊。美國駐華大使羅赫德（F. P. Lockhart）在一份報告中指出，國民黨無疑是受共產黨的影響，占領教會的田產，一方面利用這些田產供軍事部署之需，同時更可以把宣教士永遠驅離中國。

從太平天國運動、義和團運到再到非基督教運動，都是觀念秩序之鬥爭，其領袖人物旨在樹立一種觀念秩序、驅逐另一種觀

念秩序。教會的應對卻軟弱無力，在非基督教運動中，教會沒有形成能與反對意見抗衡的、強有力的、整全性的論述。十九世紀末以來進入中國的西方宣教士的信仰已喪失了清教徒精神和喀爾文神學之精髓，他們自己無法應對西方內部形形色色的非基督教的現代觀念，也無法教導中國信徒做出回應。中國教會中未能孕育出具備強大論述能力和社會影響力的基督徒公共知識分子以及基督教媒體，在教會內部刊物上發表的被動回應的文章，對社會幾乎沒有影響。

美國學者柯文（Paul Cohen）指出，在中國的西方宣教士以及由他們影響的華人基督徒，大致分為兩派——即基要派與社會福音派（自由派），前者的代表人物為戴德生（James Hudson Taylor），後者的代表人物為李提摩太（Timothy Richard）、丁韙良、林樂知等。他們的分歧，體現在中國基督徒身上，就是王明道、倪柝聲、宋尚節與晏陽初、梅貽琦、吳貽芳的分歧。

基要派信徒採取「孔子或耶穌」的信仰和宣教方式，堅持信仰的純正與個人生活的敬虔，至於中華傳統文化、政治經濟議題，則不在其關心的範疇之內，所謂只傳福音、不及俗事，信仰生活與社會政治及民族國家是毫無關係的兩個世界。他們最多就是對社會福音派提出批評，認為這些自由派其實是不信派。長此以往，他們自我封閉、自我邊緣化，影響力無法溢出教會，也無法回應時代激流中的熱點議題。

而社會福音派則採取「孔子加耶穌」的信仰和宣教方式，認為儒家文化樹大根深，必須採取孔子與基督融合的方式，注重福音預工，關心社會和時代議題。他們卻因為其信仰本身受到進步主義、社會主義等現代思潮的腐蝕，已偏離聖經真理，其參與的社會文化事業最成牆上蘆葦、隨風而逝。

總而言之，因為未能繼承宗教改革時代深邃的神學和政治哲學，以及清教徒的個人—家庭—教會—社會—國家的「生命共同體」觀念，基要派和社會福音派都無法應對社會和時代的挑戰，無法形成根基於聖經真理的、完整而全面的「管理萬物」和「天父世界」的觀念秩序，無法應對來勢洶洶的無神論、唯物主義、科學主義、民族主義、共產主義、極權主義等新興意識形態的挑戰。

第四節　民國毀於孫文、蔣介石和馮玉祥三個假基督徒之手

　　一九一一年，辛亥革命推翻滿清帝國，中華民國成為亞洲第一個共和國。但是，那個時代最具遠見卓識的知識分子，並未深入思考民主、共和、憲政等政治模式跟基督教文明之間的關係。他們從美國等先進國家抄來像模像樣的憲法及各種法律制度，但中國並不具備美國那樣的民情秩序。所以民國徒有虛名，一步步走向崩壞。

　　基督教未能挽救中國被左翼暴力革命吞噬。基督教在近代中國的失敗，最直接的體現是中國基督徒的失敗，尤其是掌握權柄的基督徒，其政治活動與基督信仰脫節乃至對立，所作所為不是榮神益人，乃是辱神害人。

　　判斷某人基督信仰的真偽，最終和最高的裁決權在上帝手中。但從一棵樹結出什麼果子，就可判斷這是一顆什麼樹，好樹結出好果子，壞樹結出壞果子；同樣，評估一個人的信仰狀態，可「聽其言觀其行」。

二十世紀上半葉，三名個人生命和觀念秩序未能更新的「偽基督徒」、「假基督徒」，將中國拖入更大的黑暗之中。孫文、蔣介石和馮玉祥聯手毀掉了中華民國，也毀掉了中國成為「亞洲的美國」的歷史契機。他們的失敗，既是個人信仰的失敗，也是基督教在近代中國的失敗，他們的個案亦表明中國的民情和國民性跟基督教的觀念秩序格格不入。

◎孫文：不是民國國父，而是民國終結者

孫文成為中華民國臨時大總統時，《民立報》的賀電推崇其為中國當代華盛頓：「我公雄略蓋世，為華盛頓替人，祖國明燈，非公莫屬。」事實證明，將未完成的獨裁者孫文比作華盛頓，如同將毛澤東形容為「中國的甘地」一樣荒誕不經。孫文死掉的時候，對孫文的斑斑劣跡了如指掌的辛亥革命元老章太炎反對編造孫文神話，在輓聯如此概括孫文之一生：「舉國盡蘇聯，赤化不如陳獨秀；滿朝皆義子，碧雲應繼魏忠賢。」

孫文去世後，國民黨官方意識形態打造者之一陳果夫曾試圖將其列入民間崇拜的神祇，並在端午節進行祭祀——對一個逝去的基督徒來說，這是極為怪異的「身後榮譽」。又有國民黨人提議仿效美國將首都定名為華盛頓，將南京改名為中山城——這個提議未被採納（因為當時南京尚在孫傳芳控制下，國民黨人退而求其次，將其治下的孫文的故鄉廣東香山易名為中山）。一九二七年，黨軍北伐獲勝，南京政府剛成立，即耗費巨資興建中山陵。中山陵之規模超越歷代皇帝陵墓且至今仍在中國充當鮮活的「現代政治符號」。[3]

如果拿一個人與孫文相提並論，顯然不是華盛頓，如引用孫

文本人的說法，他是「洪秀全第二」。從「假基督徒」這個意義上說，孫文跟洪秀全是一對難兄難弟。

孫文編造其出身於基督教家庭的謊言，一九一一年十一月接受倫敦《濱海雜誌》記者訪問時說，他的「父親皈依基督教並任職於倫敦布道會」。學者莉奧・莎曼（Lyon Sharman）多方考證並向倫敦布道會查詢，發現孫文的父親不曾任職於倫敦布道會，她稱此事為「基督徒父親的神話」。孫文十二歲到夏威夷，入讀聖公會辦的教會學校，那是他最早接觸基督教的時刻。後來，孫文到香港唸教會學校，在此期間受洗，「革命性地接受了人生的一種新秩序」。

對孫文有所影響的牧師王煜初及基督徒何啟都是社會福音派，是「基督徒的改革者」，他們相信進化論和暴力革命學說。王煜初牧師的兒子、法學家的王寵惠指出，耶穌捨己救人，革命捨己救國，犧牲精神原屬一致。

在此期間，孫文對傳教頗為積極，並幫忙出售聖經，甚至一度考慮唸神學、做傳道人。美國學者威廉・H・布蘭察德（William H. Blanchard）指出：「他之所以這樣起勁，是因為他不僅將基督教看成是一種新的宗教，而且把它看做是一種政治解放的形式。」

3　學者李恭忠指出，中山陵的建築精神在於以警鐘寓「喚醒民眾」之意，它既承載著孫文本人的過往歷史，也凝聚著國民黨人乃至整個新生國家的核心記憶，從而在某種程度上成為現代中國的象徵，集中體現了國民黨借助偉人墓葬途徑來塑造主流歷史記憶、營造新式象徵權威、增進現代國家認同的意圖。而國民黨在一九二九年為孫文舉行的「奉安大典」，其組織結構非常像「黨治國家」體系的微縮模型，既顯示了國民黨當局對安葬孫文的無比重視，也表達了新生「黨治國家」借機展示自身權威的意圖。

孫文信奉的是進化論和革命論版本的基督教，既不符合聖經真理，也毫無清教徒觀念秩序。這種「失之毫釐、謬以千里」的信仰，淪為自我偶像崇拜也不奇怪。國民黨宣傳家張振說出了孫文的心聲：「我們站在黨的立場上面講，可以說宗教一方面的好處，我們黨都包括了。我們做黨員的，畢生致力於黨的建設還來不及，哪裡有功夫去管教不教的問題呢？……我們黨的唯一領導者中山先生的精神，更來得偉大精深，為摩西耶穌所不能比擬！中山先生的自由平等博愛的學說，更非粗淺的教義所能望及！我們只有把全部的聰明才智獻給黨，不管什麼教不教，而在黨之下更不應該使教有具體的組織。」對於國民黨而言，孫文崇拜比基督教的上帝崇拜「進化」百倍。

台灣太陽花學運期間，占領立法院的學生們沒有將孫文的巨幅畫像摘下；蔡英文在兩屆總統就職典禮上，都對孫文像宣誓，這是學生和民進黨政治人物缺乏深刻歷史感的表現。孫文跟台灣毫無關係（他曾以美國公民身分到作為日本帝國治下的台灣遊玩和嫖妓），卻享有國父之尊榮，這是世界上最大的笑話。孫文不是中華民國的國父，而是中華民國的魔鬼終結者。在民國史上，孫文犯有不可赦免的十宗罪：

第一宗罪，孫文個人生活敗壞，對幾任妻子始亂終棄，重婚兼「蘿莉控」。他還偽造美國出生證明，騙取美國公民身分──這些資料可在美國國家檔案局查到。孫文以出生在夏威夷為理由取得美國國籍，時間在一九〇四年三月十四日。孫文在申請美國公民的申請表中填寫他是一八七〇年十一月二十四日出生於夏威夷歐胡島。這是欺騙美國政府，因為孫文的真正出生地是廣東香山縣翠亨村。孫文靠洪門幫他請律師提供假證明，打贏了與美國移民局的官司，從此持美國護照遊走列國。然而，一個美國公民

怎麼能當中華民國的國父呢？

第二宗罪，孫文熱衷於暴力革命，自己卻躲在後方，讓革命同志在前線送死。一九〇九年九月，光復會領袖陶成章發布《南洋革命黨人宣布孫文罪狀傳單》指出：「竊念我同盟會初成立之際，彼（孫文）固無一分功庸，而我同志貿貿焉直推舉之以為總理，不過聽其大言。」一九一三年七月，英國《泰晤士報》駐華記者莫理循專訪黎元洪，談及孫中山時，黎說：「孫逸仙……在推翻清王朝的革命中根本沒做什麼實際的工作。他返回中國時，革命已經結束。除了一些道聽塗說的模糊印象外，我幾乎沒有聽說過他這個人。……我認為他是個空想家。」

第三宗罪，孫文以革命為幌子，在海外發行不能兌現的愛國債券，欺騙貧苦僑民投資其革命事業，宛如金光黨。其成立的第一個革命組織興中會，宛如老鼠會，要求入會者每人限繳五元會費，再入股十元，承諾日後可獲利百元。同時，又以割讓滿洲等地為由，從日本政府及三井財團騙取大筆款項，這些巨款供其個人揮霍一空。此後，「護國運動」中，孫文暗中與日本軍部田中義一等祕密往來，透過日商久原房之助，先後收受日本軍部接濟一百四十萬日圓。有奶便是娘，任何個人、任何國家的錢，孫文都敢拿來用。

第四宗罪，孫文獨斷專行、不容異己，對政敵乃至戰友屢屢實行肉體消滅的暗殺計畫，從同盟會到國民黨，暗殺手段一以貫之。一九一二年一月十四日深夜，陳其美秉承孫文意旨，派出二十四歲的殺手蔣介石潛入上海廣慈醫院，對辛亥革命元老陶成章連開數槍，將其射殺於病房。一九一五年十二月十五日，上海報人黃遠庸在舊金山上海樓遭國民黨人劉北海、劉棠刺殺。一九一八年九月一日，辛亥革命元老、立憲派活動家、民國前國

會議長湯化龍在加拿大維多利亞被國民黨人王昌刺殺。

第五宗罪，孫文策畫了對宋教仁的暗殺，拒絕政府的司法調查，以此為藉口發動「二次革命」，企圖顛覆合法的中華民國。此前，宋教仁已與孫文決裂，公開批評孫文：「蓋孫文素日不能開誠布公，虛懷坦誠以待人，做事近乎專橫跋扈，有令人難堪處故也。」「像孫逸仙那樣的野心家做領導人，中國革命要達目的，無論如何也是不可能的。」「孫逸仙已是落後於時代的人物，不足以指導革命運動。」

孫文不能容忍宋教仁將本來是黑幫會黨的國民黨改造成議會式的現代政黨，那樣他就無用武之地，所以孫文策畫除掉宋教仁，宋案也讓「二次革命」師出有名。

第六宗罪，「二次革命」失敗後，孫文在海外成立中華革命黨，要求每個成員按指印、立誓盟，向其本人宣誓效忠，儼然是黑幫頭目，哪裡是基督徒之作為？黃興等不堪受辱，拂袖而去。一九一五年，孫文之摯友宮崎寅藏調解孫、黃矛盾無果，遂致函在上海的宮崎民藏（宮崎寅藏之兄），對其直言：「孫氏曰，『支那人全都不行，唯吾獨豪。吾乃支那之救世主也，凡服從吾命者來矣！』對此，就連一直追隨孫文始終奮戰、最終逃亡的李烈鈞也產生了反感。」「黃氏曰，『孫文瘋子也！還自鳴得意地謂其神降人界，此乃最善！』」孫文之獨裁者本性在此暴露無遺。

第七宗罪，孫文在廣州建立軍政權，橫徵暴斂，民不聊生，引發商團反抗。孫文動用軍隊鎮壓，對無辜平民放火乃至開槍掃射，製造了慘絕人寰的西關慘案。在大元帥府任職的鄧警亞、唐璞園回憶，孫軍「為速戰速決，完成任務，不得已用火油燃燒柵閘，又以小鋼炮掃射高樓大廈」。香港《華字日報》報導說：

「廣州西關的兵火慘劫,所殺害的人命千百條,所喪失的財產五千餘萬,所焚毀的家屋商店二千餘間。」廣東各界組織「各界救粵聯合會」,在香港通電指控孫「禍國禍粵」十一大罪狀:搖動國體,妄行共產主義,縱兵殃民,摧殘民治,破壞金融,抽剝民產,大開煙賭,摧殘教育,蹂躪實業,破壞司法,鏟滅商民團。廣東人對孫文痛恨到了極點。

第八宗罪,孫文熱衷於武力統一,屢屢發動北伐,為一己私慾,不惜生靈塗炭。主政廣東的陳炯明致力於地方建設,傾向聯省自治。陳炯明在其著作《中國統一芻議》中,對孫文《三民主義》提出異議:「三民主義及其發表之政綱,類皆東抄西襲,絕少獨立之思想,一貫之理論,而於國情亦未適合。」因政見不合,孫文先是派人暗殺陳炯明的得力部將鄧鏗,又企圖暗殺陳炯明。陳炯明致吳稚暉的信中曾說:「南寧勞軍之日,欲演烹狗之劇,事後聞之,毛骨俱悚。」於是,孫陳決裂,國民黨從此將陳炯明汙衊為「叛逆」。陳炯明被趕下台後,聯省自治之路半途而廢。

第九宗罪,孫文以捍衛民初約法為名發動「護法運動」,在南方建立割據政權,並聯合西南實力派軍閥。最初他曾承諾,一旦北方恢復約法、徐世昌下台,他也將辭去「非常大總統」之職。但北方滿足了這些要求、徐世昌隱退之後,孫文卻自食其言,繼續過總統癮。一九一九年,孫文堅決反對南北和談;到了一九二四年,他卻執意北上,與他最痛恨的北方軍閥段祺瑞和張作霖和談。孫文朝三暮四、翻雲覆雨,就連共產黨人蔡和森都看不過去,發表評論說:「中山先生現在若上午入北京,我可斷定他在革命上的信用下午便要破產。」

第十宗罪,也是最大的罪,就是聯俄容共。由於在西方民主

國家信用破產[4]，孫文不惜充當蘇聯的傀儡，以成就其帝王夢。中華民國的厄運降臨了，它的覆滅只是時間問題。一九二七年五月五日，梁啟超在給女兒信中說：「孫文東和這個軍閥勾結，西和那個軍閥勾結……依然是不能發展。適值俄人在波蘭、土耳其連次失敗，決定『西守東進』方針，傾全力以謀中國，看著這垂死的國民黨，大可利用，於是拿八十萬塊錢和一大票軍火做釣餌，那不擇手段的孫文，日暮途窮，倒行逆施，竟甘心引狼入室。孫文晚年已整個做了蘇聯傀儡，沒有絲毫自由。」諾貝爾和平獎得主劉曉波稱，孫的政治遺產是暴力革命和列寧式政黨。孫在思想上和在行動上都是激進的革命者和霸道的專制者。在中國政黨史上，孫開創黨派至上、君師合一、以黨建軍、以黨訓政之傳統；在中國新聞史上，孫是喉舌思想的始作俑者，孫眼中的報紙是黨的宣傳工具，新聞和記者是黨派思想的宣傳員。

孫文不是真基督徒，至少不是具備清教徒觀念秩序的基督徒。威廉·H·布蘭察德指出，孫文既為軍事統治而鬥爭，又常常退回到道德領袖的角色上，他經常在這兩種角色之間搖擺，反映出他具有施虐和受虐的傾向。莉奧·莎曼在《孫逸仙：他的生活及其意義》一書中指出，孫文失敗的原因正是其專制的領導方式，而這種傾向又是由古代中華文化的專制傳統所決定的。

4　孫文在旅美時見不到美國政府的高級官員，與之相比，梁啟超旅美時，總統西奧多·羅斯福曾在白宮親自接見並與之長談。一九二一年二月十八日，美國駐華公使柯蘭（Charles R. Crane）向國務院報告，孫文是個「魯莽而沒有原則的冒險主義者，甘願與日本及安福系軍閥私通勾結，為個人自私的目的，不惜犧牲國家人民利益。」美國總統威爾遜說：「我不想和孫中山通信。」對此，國務卿藍辛（Robert Lansing）回應說：「對於這個接受賄賂，誰出價最高就準備為誰效勞這類醜聞頗多的人，我不想有進一步的交往。」

◎蔣介石：基督為用，儒家和法西斯為體

　　以孫文的學生和信徒自居的蔣介石，跟孫文一樣是掛名的基督徒。最初，蔣介石為迎娶宋美齡（迎娶宋並非因為蔣跟宋有多麼相愛，而是蔣看重宋家的財富及宋家背後江浙財閥的力量，他必須得到江浙財團和英美國家的支持，才能擺脫蘇聯和中共的控制），迫於宋母的要求，受洗成為基督徒。此後，蔣介石常常跟妻子一起讀經、禱告，敗退台灣之後，甚至在士林官邸設置私人教堂「凱歌堂」，還有「御用牧師」周聯華可供靈性上的諮詢。但從其一生的公共表現和政治作為來看，很難說他是重生得救的真基督徒。蔣介石死後，棺材中裝入聖經和《荒漠甘泉》──《荒漠甘泉》是他常讀的基督教小冊子，但它只是一本帶有靈恩派色彩的「心靈雞湯」。

　　蔣介石沒有讀過喀爾文之後任何一位清教徒神學家和思想家的著述，對英美傳統和清教徒觀念秩序一無所知。他年輕時赴日本學習軍事，日本的軍國主義模式給他留下深刻印象；他不曾親身訪問過美國，對美國的認知主要來自於宋美齡。蔣介石從未思考過聖經與民主、人權、自由觀念之關係，他並不認為當獨裁者違背聖經教導。實際上，蔣介石違背了聖經中十誡的每一項：比如，十誡要求「不可殺人」，他卻在中國屠殺異己，在台灣製造「二二八」慘案及白色恐怖；又比如，十誡要求「不可製造偶像」，他卻在中國和台灣掀起個人偶像崇拜，小小的台灣島上亦有數萬個蔣氏的塑像。蔣介石對台語教會的迫害更是比異教徒更嚴酷：他派遣特務到台語教會收繳並焚毀台語聖經，一個基督徒的政治領袖會怎樣做嗎？

　　蔣介石並不精通任何一種外語，卻強不知以為地「翻譯」聖

經。他頂禮膜拜的「聖經」，不是基督教的聖經，而是其他兩本書：一本是孫文的《三民主義》等，統稱「國父遺教」。蔣介石將其奉為「一個人的聖經」，又讓國民黨全黨將其奉為「一個黨的聖經」，命令大中小學當作必修課，對學生實行洗腦教育。國民黨人袁業裕說出了蔣的心裡話：「我們曉得中國國民黨是有唯一領導革命的權，這就是以黨建國，以黨治國的根據……現在不能有鼓勵基督教宣傳的用意，以減低人民對於三民主義的信仰。……如蔡子民（蔡元培）同志從前主張以美術代宗教，我現在卻主張凡是中國國民黨黨員都應當以三民主義的信仰代替宗教的信仰。」

蔣介石情有獨鍾的另一部書是王陽明文集，蔣從十八歲讀王氏之「知行合一」哲學，之後五十年來，「更曾經讀了再讀，研究再研究，他的《傳習錄》與《大學問》這兩個小冊子，真是我百讀不厭，不知其樂知所至」。到台灣後，蔣介石將台北郊外的風景勝地草山改名為「陽明山」，將王陽明的思想改造成「力行哲學」──對蔣而言，基督教是其招牌，儒家是其骨肉。

蔣介石還有一種特殊的信仰，一度高調張揚後來卻祕而不宣──希特勒及納粹主義。蔣介石對三○年代「新德國」的崇拜，包括希特勒的卡里斯瑪人格和納粹的極權政黨模式，以及普魯士軍事倫理學和軍國主義傳統。在他心目中，這種倫理學與他所珍視的中國傳統完全一致。他在致力於統一國家和發揚國民精神的過程中，發現德國之「體」中有許多很合他的胃口。德國的極權主義和軍國主義，再加上傳統的儒家思想，可用來改造已變質、缺乏紀律和秩序的中國國民性。

希特勒和納粹黨只花了不到十年時間就將戰敗後奄奄一息的德國打造成歐洲第一軍事強國。蔣介石把德中兩國的經驗做了一

番對照，得出結論：衰弱不振的中國應當學習德國模式。蔣介石從德國經驗中發現，引導人民「按照現代公民的義務行事，激發愛國忠種（種族）之情」乃是救國良方，「這便是德國有能力要求平等而別國無力拒絕的經驗總結」。蔣介石對其次子蔣緯國的教育即為德式軍事教育，他安排蔣緯國到納粹德國學習裝甲兵戰術——戰術倒在其次，精神更為重要。他告誡兒子說：「我們應該有一個堅實的而非虛設的國家。」

如果說蔣介石有信仰或「中心思想」，那就是宋明理學加法西斯主義（孫文的三民主義是大雜燴，只能裝點門面而無法征服人心）。一九三四年，蔣介石在南昌發起「新生活運動」，他在講話中說，發動這個運動的目的是結合孔孟之道和現代軍事倫理學，這種結合是古代齊楚兩國的治國之道，也是「當今德義兩國力量的主要來源」。這是蔣式的洋為中用、古為今用。

一九三〇年代，蔣介石又推動與「新生活運動」相配合的「文化建設運動」，其御用文人為之起草《中國本位的文化建設宣言》。該宣言稱，運動的目標「乃在於文化過渡期之內，建設一個新的基本觀念，使國人不至於盲從各種矛盾的思想」。因為國共內戰和日本侵華，這些運動大都虎頭蛇尾、草草收場。

敗退台灣之後，蔣介石痛定思痛，卻拒絕改旗易幟。為與毛澤東的文革相抗衡，他掀起一場「中華文化復興運動」。一九六七年七月二十八日，台灣各界舉行中華文化復興運動推行委員會發起大會，蔣親任會長。蔣在演講中提出，中華文化傳統「代表人文主義最高的光輝……此一源自人性，基於倫理的優美文化，構成了每一個中國人精神深處無可改變的價值信仰」，「國人應明禮守法，踐行仁義，三民主義以孔孟為源。」蔣又認為：「倫理、民主、科學，乃三民主義思想之本質，亦即為中華

民族傳統文化之基石」。他企圖以此建構中華文化、三民主義、中華民國的「三位一體論」。運動期間，國民黨人提出將每年十一月十二日孫文誕辰日定為「中華文化復興節」。負責倫理道德發揚工作的國民生活輔導委員會繼而發起「復興中華文化青年實踐運動」，制定「國民生活須知」，對人們的衣食住行諸多方面提出基本要求，以期弘揚「禮儀之邦」的文明。

蔣介石並未從基督信仰中汲取大智慧。美國學者易勞逸（Lloyd E. Eastman）在《毀滅的種子》一書中道出國民黨在中國敗亡的真相：中國歷代政權的維持取決於其自我改革的能力，如果改革進行不下去，結果不是革命就是周期性的農民造反大破壞。蔣失敗的原因在於「他難以理解問題的實質」，將「政治問題、行為問題甚至經濟方面的問題都視為實質上的道德問題」。蔣始終自我感覺良好，絲毫不認為自己是聖經所說的「罪人」之一員，永遠是一副唯我獨尊、唯我獨醒的派頭，「國人醉生夢死，麻木不仁，徒以名利與欺詐相當。誠令人憤愧急躁，盡夜不安，人心已死，惟在我一人提倡力行，以冀挽救也」。蔣曾在國民黨全國代表大會上批評黨員和官員說：第一，做官不做事；第二，有私利而無公利，有小我而無大我；第三，重權位而不重責任、享權利而不盡義務；第四，有上層而無基礎，有黨員而無民眾，驕奢淫逸、自高自大而不知民眾疾苦，與民眾相隔離；第五，有組織而無訓練，有黨章而無紀律，有議案而無行動。這些批評準確而深刻，但說完就完了，被批評的對象無動於衷、我行我素，蔣也從不跟蹤和監督情況是否得到改善，也不認為他作為最高領袖要負首要責任。人類的愚蠢，乃是不斷重複上演悲劇性的歷史劇幕——在無力拯救國家的潰敗這一點上，國民黨跟滿清統治者驚人相似，共產黨跟國民黨亦驚人地相似。

一九二七年，蔣介石率領黨軍北伐，終結了中華民國的法統。但他的偽中華民國也命不長矣——再怎麼苦苦支撐也只能苟延殘喘到一九四九年。蔣介石本人要對國民黨政權的敗亡承擔最大責任，「委員長遠不能算是一個獨裁者，事實上僅僅是一群烏合之眾的首領而已，他常常難以保證推行自己的命令」。蔣「像清朝的皇帝一樣，對他來說政治就是在統治層中的爭鬥」。而蔣介石統治的失敗，也是其基督信仰空洞化的結果。

◎馮玉祥：是基督將軍，還是倒戈將軍？

在民國史上地位雖遠不如孫文、蔣介石，卻對民國史自起承轉合產生過關鍵影響的重要軍閥馮玉祥，以「基督將軍」聞名，更以「倒戈將軍」著稱——後者成為前者之諷刺。馮玉祥最後一次倒戈是一九四八年宣布與蔣介石的國民黨決裂，啟程從歐洲回中國，參加中共的政治協商會議，卻因為其乘坐的輪船失火窒息而亡。這場神祕的火災是否為國民黨特務放火將其謀殺，眾說紛紜，至今仍是謎案。

儘管毛澤東、周恩來對馮玉祥的公開評價頗為正面，但在骨子裡卻瞧不起這個「反骨仔」。一九五九年的廬山會議上，林彪稱彭德懷「是野心家、陰謀家、偽君子、是馮玉祥式的人物」。毛澤東對「馮玉祥式的人物」進行解釋，對彭德懷說：「人們只看到你簡單、坦率、心直口快，初交只看到這一面。久了，就從現象看本質。彎彎曲曲，內心深處不見人。人們說你是偽君子，像馮玉祥。」劉少奇在一旁添油加醋：「魏延的骨頭、朱可夫的黨性（當時朱可夫受赫魯曉夫之批判）、馮玉祥的作風……一個一貫反黨的偽君子，企圖搞軍事政變！」

作為北洋軍閥後起之秀的馮玉祥，是政治生命貫穿一九二七年前後兩個中華民國的唯一的軍頭。他不斷倒戈、見風使舵的個性延續了其政治生命。如果不包括最後一次未完成的投共，馮一生發動的倒戈有八次之多：第一次是對清帝國倒戈：一九一一年十二月三十一日，灤州起義爆發，作為新軍管帶（營長）的馮玉祥參與其中。第二次是對袁世凱倒戈：一九一五年，馮奉令率部入川與護國軍作戰，暗中與蔡鍔聯絡，次年三月議和停戰。第三次是對段祺瑞倒戈：一九一八年二月，馮奉命率部南下攻打護法軍，在湖北武穴通電主和。第四次是對吳佩孚倒戈：一九二四年第二次直奉戰爭中，馮任第三軍總司令，接受張學良五十萬銀元賄賂，率軍從前線返回北京，發動北京政變，囚禁總統曹錕，驅逐清帝出宮，改編所部為「國民軍」。第五次是對張作霖倒戈：馮與郭松齡、李景林結成反對張作霖的「三角同盟」，但馮私自毀盟，偷襲李景林，導致李軍反目，郭軍大敗，郭松齡被殺，馮失敗下野。第六次是從北洋政府倒向北伐軍：一九二六年九月十七日，馮在綏遠五原誓師，經寧夏入甘、陝，與北伐軍會師於中原。第七次是對共產黨及蘇聯倒戈：馮軍從蘇聯獲得武器援助，鄧小平等共產黨人進入馮軍從事政治工作。當寧漢相繼清共、分共後，馮為求自保，投靠蔣介石，在國民軍中分共。第八次是對蔣介石倒戈：一九三〇年，馮與李宗仁、閻錫山等聯手與蔣介石展開中原大戰，因張學良擁蔣而失敗。馮「城頭變幻大王旗」，其部下「近墨者黑」，在蔣馮權力爭奪戰中，多次背叛馮，讓馮也嘗到了遭背叛的滋味。

馮玉祥在回憶錄《我的生活》中談及其基督信仰：早年他對教會總覺得不順眼、不入耳。牧師講「脫你的外衣，連內衣也脫給他」，他帶領一般士兵將教堂中的桌子抬走，並對牧師說：

「你應當將椅子凳子也給我們抬了來！」後來，他腹部生瘡，被英國醫生治好，醫生說：「不要謝我們，請你謝謝上帝。」此後，他在新民府聽露天布道會，「一位鶴髮童顏的老先生主講，講題是『在新民』，從中國儒家哲學，直講到耶穌教義，深入淺出，很有功夫」。之後，他駐防北京，曾去崇文門教堂聽講道，是西方傳教士莫德博士主講，王正廷翻譯。他漸漸與教友們交往，發現教友不抽大煙、婦女不纏足、子弟都讀書、無人遊手好閒。再以後，他參加查經班，學習聖經，接受洗禮。

但在馮玉祥的信仰見證中，看不到一點「認罪悔改」的影子——近代以來諸多基督徒名人的見證皆如此。沒有認罪悔改，沒有重生得救，就不是真基督徒。正如甘地對基督教的理解停留在登山寶訓不過是道德教導，馮玉祥是從儒家道德倫理角度接受基督教。現實的弔詭是，口頭上最喜歡宣講道德的人，偏偏是最缺乏道德底線的人，孫文如此，蔣介石如此，馮玉祥亦如此。馮玉祥說，耶穌教導愛人如己，「和我們儒家所說的『己飢己溺』的仁愛之道一樣」。他所理解的基督教信仰的一個側面是「利他主義」，但馮氏的所有作為無不體現出他是精緻的利己主義者。

馮玉祥希望打造一支「基督化軍隊」。他認為，基督教「是軍隊中精神教育的極好素材，若將基督教義在軍隊中加以深入地宣傳，必受絕大效益，故即規定做禮拜為軍中精神訓練的方法之一。每至禮拜日，必集合全體官兵，請一位牧師宣講教義，以後又組織一個車輪演講團，向士兵布道」。有人問馮：「你真信奉上帝嗎？」馮答：「上帝即道，即真理，亦即科學。」他又說：「我自信我是個科學的基督教徒，毫無迷信觀念。有些以為我不禱告，不做禮拜，就說我不過是個掛名的基督徒，那我倒不欲計較。」馮玉祥常常用消防水管統一給數千名官兵「施洗」，號稱全

體官兵均信奉基督教。馮玉祥在個人生命層面並未經歷認罪悔改、重生得救，在觀念秩序層面從未建構起基督教的世界觀和價值觀。他所謂的「科學的基督教」，只是水上浮萍，一旦遇到更具「科學」威力的意識形態，他很快就趨之若鶩。

果然，一九二三年底，馮玉祥開始傾心於蘇聯，由基督教轉而仰慕社會主義，在室內懸掛列寧肖像。這首先是功利主義的需要。馮玉祥發動北京政變之後，美國代辦梅葉（Mayers）報告國務院，稱現在蘇聯對北京現政府影響巨大，「馮玉祥轄區無出海口，與蘇聯毗鄰，外來接濟依賴蘇聯」。很快，張作霖、段祺瑞將馮玉祥排除出權力中樞，馮受命為西北邊防督辦，率六個師十五萬人赴張家口，並邀請李大釗擔任國民軍政治部主任，後由劉伯堅代理，鄧小平從蘇聯返回，到西北軍中發展黨員。蘇聯派出龐大的張家口顧問團，蘇聯軍火也源源輸送至張家口。蘇聯赴華特使加拉罕稱馮玉祥為「中國解放運動的柱石」。

其次，基督教救國屢屢受挫，基督教無法立即實現富國強兵，英美基督教國家也不支持馮，而蘇聯在革命後迅速崛起讓馮看到另一條終南捷徑。一九二六年五月，馮玉祥應邀訪問蘇聯。列寧夫人贈送他一套《列寧全集》和一座列寧塑像，他見到除了在黑海養病的史達林之外所有的蘇聯高級領導人。他對在蘇聯看到的一切均讚不絕口，「蘇聯是個新興的社會主義國家。社會上一切設施與制度，都是為平民著想」。他稱讚蘇聯的國有企業、計畫經濟，連麵包公司都是「大規模的製作」，「這樣，人工柴火等等皆較經濟。若家家戶戶自製，則一萬家人家，即需一萬個爐灶，一萬個人工，所費為如何？凡事都是集體化為佳，是我們應當學習的」。市場經濟被消滅之後，集體化的後遺症，如大饑荒和生活物資的匱乏，是他所看不到的。

當時，即便像胡適這樣的英美派自由主義知識分子也傾慕蘇聯模式，馮亦不能免俗。鮑羅廷稱：「馮將軍原以好人政治為理想，是基督將軍，而今訪俄歸來後，眼光自必不同。革命代表進步，馮將軍目睹俄國革命成就，決意獻身革命，從此亦為進步之士。」馮玉祥的妻子李德全原本是基督教女青年會的領袖，後來赴蘇聯受訓，並祕密加入共產黨，以馮夫人自地位與巧妙手段，掩護一部分共產黨工作人員。馮玉祥部將劉景健承認，西北軍將領加入共產黨不少，因為馮在西北、豫北辦軍事學校，全成共產黨滲透之溫床。馮由基督教轉向共產黨，是二十世紀很多中國基督徒的共同轉向，這表明他們接受的基督教是殘缺不全的，並未具備能與共產主義意識形態抗衡的強大的觀念秩序。

教會史學者邢福增對馮玉祥懷有一定的同情之理解，但他亦認為，馮玉祥是一位徹頭徹尾的「用教者」，對馮來說，一切信仰與主義的終極目的都是救國──其實，救國也是幌子，馮念茲在茲的乃是拓展個人權力，長期與之共事的宣俠父即指出：「馮的生平除了自己以外，沒有絕對信仰的人物，也沒有絕對信仰的思想，所以孔、孟、關（羽）、岳（飛）、曾（國藩）、胡（林翼）、耶穌、列寧、甘地以及孫中山先生，雖然都可說是他的整個信仰的一部，而中心的車軸，卻是他自己。」這種假基督徒比無神論者更糟糕。

孫文、蔣介石和馮玉祥掌握了政治和軍事權力，在相當程度上改變了民國歷史的走向，但他們缺乏清教徒觀念秩序的、淺薄或偽裝的基督信仰，並未對其政治活動產生良性影響，更未幫助他們在中國建構一套有效且良善的憲制。北洋政府和南京國民政府的內閣中不乏基督徒的身影，留學西方歸來的基督徒閣員比例最高時達三分之一，遠遠高於中國基督徒在總人口中的比例，但

他們並未拯救搖搖欲墜的政府，並未讓中國擺脫內憂外患、獨裁暴政，更沒有能夠打造一個基督教國家。

民國時代，基督徒名流不乏其人。作為基督徒教育家的唐安國、韋卓民、吳貽芳，作為基督徒作家的冰心和老舍，作為基督徒醫生的林巧稚，作為基督徒法學家和翻譯家的吳經熊……他們在各自的專業領域或許有所成就，但他們無一具備清教徒觀念秩序及精神、心靈秩序，當然更不可能嘗試或努力將此一觀念秩序及精神、心靈秩序導入中國。當信仰不自由的共產中國時代來臨時，他們大都放棄或隱藏了自己的基督信仰，有人成為政治運動的犧牲品，有人雖然倖存下來卻宛如活死人。

第五節　無法告別的偶像崇拜：
　　　從毛澤東崇拜到習近平

中華民國只是清帝國與中華人民共和國夾縫間的過渡時代，孫文、蔣介石和馮玉祥只是過渡時代的過渡人物，他們在新與舊、中與西、王道與霸道、耶穌與撒旦之間彷徨無地。無論他們多麼狡詐或強悍，最終仍然被雨打風吹去。在他們之後登場的，不再是戴上基督徒面具、「獨裁無膽、民主無量」的過渡人物，而是「和尚打傘，無法（髮）無天」、面目猙獰的「撒旦之子」。

中華文化與基督信仰之間的最大衝突，是敬畏上帝與崇拜偶像的衝突。中國的偶像崇拜，有對獨裁者的個人崇拜（皇帝崇拜、英雄崇拜），有祖先崇拜和文字崇拜，有對大一統、大中華觀念的崇拜，形形色色，不一而足。

清教徒觀念秩序進入中國，與進入日內瓦、尼德蘭、英國和美國的過程和反應截然相反：不是如鹽融入水中，而是如油浮在水面；不是酵母遇到麵團，而是麥種遇到磐石；不是已有的加倍給予，而是一個無底洞，再多資源注入也如同石沉大海。

◎毛澤東：流氓、皇帝與導師

毛澤東戰勝蔣介石，共產黨戰勝國民黨，中華人民共和國取代中華民國，意味著黃河戰勝海洋、西北壓倒東南、農村包圍城市、共產極權主義取代威權主義。中國歷史進入巨大倒退之中。從清末以來的西化進程，包括基督教的傳播，遭遇最大的逆轉。

中華民國的三十七年間，中國沒有了皇帝，袁世凱、孫文、蔣介石以及其他大小軍閥妄圖做皇帝而不得。沒有皇帝，政權便無法穩固，國號雖改變了，但觀念秩序沒有改變，既有的觀念秩序呼應著皇帝的誕生，皇帝才是這套觀念秩序的「定海神針」。這就是產生毛澤東的文化傳統。

中共官方的宣傳機器直到今天還在塑造毛澤東「偉大的馬克思主義者」的形象，實際上毛澤東是余英時所說的「打天下的光棍」。毛的真本領是在他對於下層社會傳統心理的深刻認識，此「下層社會」並非千千萬萬安分守己的農民，而是三教九流、痞子光棍，即社會邊緣人物。毛好讀書，學者周有光到過毛的書房，一眼看出門道：毛的藏書全都是平放的線裝書，而少有豎放的西方著作（包括馬列著作）。毛最喜歡讀的是「稗官野史」，如《水滸傳》、《三國演義》之類，毛在文章中引用較多的是這兩部小說中的典故。毛的「史學」最初是從蔡東藩編著的《中國歷代通俗演義》入門。一九三六年在延安，他特別打電報給特務

頭子李克農：「請購整套《中國歷史演義》兩部（包括各朝史演義）。」

毛以朝堂為江湖，以共產黨為會黨。學者錢理群指出：「毛澤東本人，從小的反抗思想資源之一是《水滸傳》，江湖社會對他有吸引力，可見他是有流氓氣息的。」那些幫助毛澤東打天下的元帥和將軍，多半屬於毛在《湖南農民運動考察報告》中所說的「痞子階層」。在毛的鼓動之下，「那些從前在鄉下所謂踏爛鞋皮的，挾爛傘子的，打打鬧的，穿綠長褂子的，賭錢打牌四業不居的」人物登上歷史舞台，成為革命先鋒。毛總結說：「流氓地痞之向來為社會所唾棄之輩，實為農村革命最勇敢、最徹底、最堅決者。」當時，地位比毛高的陳獨秀與李維漢覺得此類表述不符合馬列主義，建議毛刪去。後來，中共出版毛選時，對該文做了大量刪改。

在毛的同代人中，對其性格、為人及統治術瞭解最為深刻者，是歷史學家傅斯年。傅斯年早在一九三〇年代便在理論層面對中共的權力運作作出深入分析：「階級鬥爭」是中共掩蓋無止境權欲的面具，中共利用挑動八種仇恨來奪權。一，中國人恨西方人；二，窮人恨富人；三，尋常人恨地位超過自己的人；四，低能者恨高能力同事；五，低薪雇員恨高薪雇員，無名者恨知名者；六，農村人恨城市人；七，子女恨父母；八，年青人恨長輩。傅斯年留洋時曾研習心理學，他認為，中共的「階級鬥爭」是把人的仇恨和報復慾合法化。

一九四五年七月，傅斯年作為國民參議會成員訪問延安，傅和毛在北大是舊識，毛對傅很熱情，他們單獨聊了一夜天，天上地下都談開了。談到中國的小說，傅發現毛對於坊間各種小說連低級小說在內，非常之熟悉。傅得出結論：毛從這些材料裡去研

究農民心理，去利用國民心理的弱點，至多不過宋江之流。

在井岡山時代，毛以梁山泊「山大王」晁蓋自居。到了延安，就儼然有小朝廷氣象。女作家丁玲常常到毛的窯洞聊天。有一次，毛澤東突然問：「丁玲，你看現在咱們的延安像不像一個偏安的小朝廷？」丁玲知道開玩笑，就回答他：「我看不像，沒有文武百官嘛！」「來，你先開個名單，再由我來封文武百官就是了。」丁玲沒有開名單，只是報人名。毛在這些人的名字下面寫官職，這個是御史大夫，那個是吏部尚書、兵部尚書什麼的。弄完這個，毛又說：「既然是個朝廷，那就無論大小，都得有三宮六院呀！來，你再報些名字，我來封賜就是了。」一聽這個，丁玲馬上站起來說：「這我可不敢！要是讓賀子珍大姐知道，她肯定會打我的。」丁玲後來說：「這儘管是玩笑，但也說明了毛主席的頭腦中確實是有帝王思想啊！」

讀什麼書，成為什麼樣的人。每當開始新一輪政治鬥爭之時，毛推薦給身邊高級官員閱讀的，不是馬列經典，而是中國古典小說和史籍。文革後期，毛讓上海寫作組標注若干古籍的「大字本」，並指定篇目給身邊心腹閱讀，如讓林彪看《三國志·郭嘉傳》、讓許世友看《清史稿·張勳傳》、讓姚文元看《舊五代史·李襲吉傳》、讓江青看《後漢書·李固傳》、讓王洪文看《後漢書·劉盆子傳》等。文革史學者李遜指出：「這些古書是毛澤東內心深處的帝王權術話語，毛澤東以推薦古書的方式旁敲側擊讓對方領會。」《水滸傳》、《紅樓夢》等文學作品也是毛開給高級官員的「必讀書目」。學者康正果指出：

布爾什維克的洋詞彙僅為其堂皇的表面，所包裝的內核則來自粗野黑惡的本土資源。毛澤東從小熟讀《水滸傳》，書中的

「小說教」——好漢主義——對他影響至深。馬列主義的階級鬥爭論一經毛詮釋,就統統被導向草莽江湖上血腥報復的暴行。

從個人的語言風格來看,毛在任何場合都敢於講最粗俗下流的話,甚至是充滿色情意味和性暗示的、嚴重羞辱女性的言論。首先,這是為了吸引「痞子階層」,毛的文章和講話使用這個階層喜歡的粗鄙語言,讓這個群體認為毛是「自己人」,進而完全信任和崇拜毛。其次,毛故意以此刺激和打擊菁英知識分子的自尊心,讓知識分子放棄此前接受的西方現代文明的薰陶和文雅的表達方式,接受毛的語言和思維方式,徹底向毛屈服和投降。

毛澤東當了皇帝還不夠,還要將「天地君親師」中「師」的地位從孔子那兒奪走。「五四」激進知識分子未能打倒的「孔家店」,被毛輕輕推倒。孔子不再是萬世師表,毛才是「偉大的導師」。毛的「四個偉大」的提法,此前陳伯達和康生已提出,但正式出籠是一九六七年五月一日林彪題詞的手跡發表在《人民日報》第一版毛主席像下面:「偉大的導師、偉大的領袖、偉大的統帥、偉大的舵手毛主席萬歲!萬歲!萬萬歲!」古代皇帝不敢篡奪孔子的導師身分,毛是第一個兼有導師(祭師)身分的現代皇帝。

毛批判孔子和儒家,自己卻熱衷於當人民的導師,其骨子裡仍是儒家思維。儒家對人性持樂觀評價,將良治的希望寄託於賢明君王身上,期待明君帶領國家進入太平盛世。與之相反,基督教「人論」對人性持悲觀看法,人在伊甸園已犯罪墮落,虧缺了上帝的榮耀。陷在墮落中的人,不能掌握絕對權力,若國王成為絕對君主,必定淪為暴君。正是基督教尤其是喀爾文神學對人的罪性的深刻認識,使近代以來新教國家政治制度設計嚴格遵循三

權分立之原則。

毛澤東是皇帝和導師，是偶像崇拜的焦點，文革中諸如「早請示晚匯報」之內的崇拜儀式的興起，可歸入政治宗教的維度。美國學者埃米利奧・金泰爾（Emilio Gentile）將政治宗教界定為「一種通過把世俗實體神化為神話，把某種意識形態、某種運動或某種政治統治奉為神明的宗教形式，標榜其作為人類塵世存在的意義與終極目標的重要的、無可置疑的來源」。在中國，對毛的崇拜取代先前一切忠誠與信念體系，毛的革命信譽和大量媒體報導使毛在公共話語中被神聖化。

毛如何定位自身，決定他如何定位基督教。皇帝兼老師的身分，意味著絕對真理被毛掌握，除此之外，別無分店。毛是唯一的上帝。作為「假神」，毛不能容許真神存在於中國。基督教要傳播福音、以聖經為真理，必然挑戰和威脅毛的至高權威。佛教和道教可將毛當作活菩薩和活神仙，基督教則絕對不可能奉毛為上帝。這是基督教無法像已本土化的佛教和本土的道教那樣迅速完成與中共政權的「調適」的根本原因。

一九四九年中共建政之後，即著手剷除以基督教為主的各種宗教信仰。與毛時代對基督教的破壞相比，清末至民國基督教遭遇的三次劫難——太平天國、義和團和非基督教運動——顯得微不足道。毛時代的每一次政治運動，基督徒都會被波及，在「新中國」的等級秩序中，基督徒成為下等人中的下等人、渣滓中的渣滓。

中國憲法中規定公民享有宗教信仰自由，但在現實中，公民宗教自由的實踐卻受到嚴格限制和剝奪。毛澤東、周恩來等中共領導人在內部講話中多次表達最終消滅基督教的意圖。中共採納馬克思、列寧的反宗教觀，視宗教為麻醉人民的鴉片，基督教更

被視為帝國主義侵略中國的工具。韓戰爆發之後,中共加強對教會團體的控制,將教會興辦的十九所大學、兩百多所中學和一千七百多所小學全部接收,將數千名西方傳教士趕出中國,徹底切斷中國教會與外國差會的關係。一九五四年,中國基督教的全國統一領導機構「中國基督教三自愛國運動委員會」正式成立,此後又成立基督教協會,從此在「三自」(自治、自養、自傳)的旗幟下,「兩會」成了中共控制、改造教會的工具。堅持純正信仰的牧師和基督徒拒絕加入「三自」系統,在毛時代為此下獄甚至殉道。直到今天,「三自」偽教會(也有人稱之為被擄的教會)與家庭教會的對立,仍是中國信徒必然面對的挑戰與抉擇。

◎習近平:以毛為師,以神自居

研究文革中的言辭崇拜與儀式崇拜的德國學者丹尼爾·里斯(Daniel Leese)指出:

毛崇拜具有雙重屬性:一是一種枯燥沉悶的正統,通過展現人格化的符號來支持黨的領袖以集中大眾情感與忠誠;二是同時呈現出的破壞性潛質,即通過「卡里斯馬式的動員」將領袖的媒體形象作為動搖黨正統統治根基的資源。

里斯認為,個人崇拜可能在中國捲土重來,習近平再一次有意識地培育其公共形象,使這種形象在視覺上和言辭上都足以被稱為中央所精心策畫的領袖崇拜。曾在文革中充當毛的筆桿子的戚本禹寄望於習近平成為第二個毛澤東,「哪怕做不到毛澤東,

能趕超普丁也行」。政治事件進行得比學者的預測還要快，習近平的個人崇拜在短短數年間迅速實現，表明中國經過「改革開放」三十年，其民情與國民性跟毛時代相比並未發生質變；就如同清末辦了數十年洋務，仍發生義和團拳亂。習近平即便不打算追隨毛以文革摧毀既有權力秩序的革命模式，卻刻意培植領袖崇拜的氛圍，使之成為團結黨和群眾的「工具」——習反覆強調「不得妄議中央」及「定於一尊」。作為暴君，習的「成色」遠不如毛，但形塑毛的黨的宣傳機器數十年不變，在網路時代，網路巨頭騰訊、百度、阿里巴巴等加入其中，使之升級換代、威力翻倍，故稱之為「數位極權主義」。

二〇一五年，中國最後一號禁書令，是查禁清華大學教授、歷史學者秦暉的《走向帝制》一書。具有諷刺意味的是，這一事件恰好發生在官方規定的「憲法日」（十二月四日）。其實，書中大部分文章此前都在國內媒體發表過，談論的是一百年前清末民初的歷史，對中共當下的統治並不構成直接威脅。這樣一本學術著作，為什麼仍被禁呢？

原因很簡單：習近平要「走向帝制」，豈能容知識分子宣揚「走出帝制」？針對該書被禁事件，有評論文章分析說：「作為讀者，我們隱約可以猜測到：可能正是由於作者將周朝滅亡之後三千多年的中國歷史以『秦制』加以概括，暗示了中國至今仍然處於帝制社會，專制仍是中國政治的底色，從而引來審查者嚴重不滿。」中國是帝制社會，這是眾所周知的事實，卻又是最高國家機密。

中國表面上可複製西方議會制度，制訂紙上的憲法，卻不明白議會制度和憲法背後的價值和宗教信仰，只移植樹苗，偏偏不知道樹苗賴以成長的土壤更重要。從清帝國末期頒布憲法以來，

中國擁有憲法已一百多年，但從未實現憲政。憲法對獨裁者而言，只是一紙空文，想改就改。習近平修改憲法、廢除國家元首（國家主席）任期限制，在全國人大幾乎全票通過。這是對憲法最大的羞辱，也再次顯示全國人大不具備合法性，不是最高立法機構，而是習近平的橡皮圖章。

習近平的思想資源大都來自於毛，他的青年時代在毛的統治下，其家庭是毛的暴政的受害者，他卻以毛為師。二〇二〇年四月，武漢肺炎疫情剛剛緩和，習近平即赴陝西考察，在西安交通大學兩度提到「西遷精神」與毛澤東五十年前批示的「楓橋經驗」。

習近平在西安交通大學西遷博物館向師生講話說：「大的歷史進步都是在一些重大的災難之後，我們這個民族就是這樣在艱難困苦中歷練、成長起來的。」一九五五年，中共將美國幫助建立的上海交通大學大部遷往西安，這是六〇年代「三線建設」的前奏，是內陸中國對海洋中國的反噬，是傳統中國對西化中國的侵蝕。

所謂「楓橋經驗」，指上世紀六〇年代初，浙江省諸暨市楓橋鎮提出的一套「發動和依靠群眾，堅持矛盾不上交，就地解決。實現捕人少，治安好」的經驗。一九六三年，毛澤東親筆批示「要各地仿效，經過試點，推廣去做」，由此「楓橋經驗」成為毛時代政法領域「群眾路線」的楷模。

習近平效仿毛的「西遷」政策和「楓橋經驗」，意味著習意識到武漢肺炎之後中國將與西方脫鉤，經濟中心要西移，對內控制要收緊，要用高科技監控技術升級「楓橋經驗」，使中國社會成為「網格化」的動物農莊。同時，也表明習近平贊同數年前朱德的孫子、鷹派將領朱成虎的戰爭宣言：一旦中美發生戰爭，「中國人已做好西安以東城市全數遭到摧毀的準備，當然，美國

也必須做好準備，美國西岸一百多個或二百多個、甚至更多的城市可能被中國摧毀」。

另一方面，習近平的統治術來自中華傳統文化中最幽暗的部分。習常引用《商君書》等法家經典及《孫子兵法》。二〇二年年四月七日，官媒央視網推出《習近平戰「疫」兵法》系列文章，文章稱：「從『遭遇戰』到『阻擊戰』，從『重中之重』到『人民戰爭』，從『頭等大事』到『全面勝利』……觀勢、謀局、落子，總書記在親自指揮這場人民戰爭的過程中，很多對策、措施與中國古代兵家思想高度契合。」

這五篇文章通過《孫子兵法》中「知己知彼，百戰不殆」、「兵馬未動，糧草先行」等語句概括、分析習近平的疫情防控措施：「從疫情之初果斷『封城』，到以『中國速度』同時間賽跑，再到一手抓防疫、一手抓經濟社會發展，習近平總書記在指揮這場戰『疫』的各個階段，每每以見葉知秋的眼光和大國領袖的擔當因時因勢果斷作出決策部署，為這場人民戰爭贏得了時間、爭取了主動，成為『致人而不致於人』的生動示範。」系列文章指出，抗擊疫情是對國家治理體系和治理能力的一次大考，「制度優勢正是我國的最大優勢，也是戰勝疫情的最可靠保證」。

習近平將抗疫當作「制度優勢」，是將喪事當做喜事辦。既然中國擁有制度優勢，既然在國內順利實現「定於一尊」（中國街頭已出現「黨和政府就是天」的標語），下一步就是「一帶一路」的第二階段——輸出「制度優勢」。習近平不僅拒絕接受基督教文明及其觀念秩序，反倒要用「秦始皇加希特勒」的觀念秩序取而代之。

錯誤的觀念秩序最害怕正確的觀念秩序，就像黑暗最害怕光。習近平的個性、經歷、知識背景和思維方式決定了其政權加

速對內鎮壓和對外擴張的本質。剝奪民眾的宗教信仰自由、殘酷打壓基督教會，是其必然之舉。美國國際宗教自由委員會在其發布的年度全球宗教自由報告中，將中國畫定為「特別關注國」。二〇一九年度的報告列舉出中國宗教信仰自由急劇惡化的若干事實：中國將宗教事務管轄權從政府機構國家宗教事務局轉移到共產黨的統戰部；習聲稱宗教信徒必須「服從和服務於國家的最高利益」並「積極踐行社會主義核心價值觀」；中國政府下屬的基督教協會和伊斯蘭教協會分別宣布將基督教和伊斯蘭教「中國化」的五年計畫；五千多名基督徒和一千名教會領袖因其信仰或宗教習俗被捕；中共查封或拆除數千個教會和宗教場所；禁止網上銷售聖經；中共試圖以習近平畫像取代十字架、耶穌像和其他基督教信仰標誌；在河南省，當局要求教會刪除十誡中的第一條誡命，理由是它將忠於上帝置於忠於中共之上。

習近平政權的所作所為釋放出清晰的信號。美國副總統邁克爾・彭斯（Michael R. Pence）稱：「中國的基督徒、佛教徒和穆斯林正在經受新一波迫害浪潮的衝擊。」美國國務卿蓬佩奧（Mike Pompeo）指出：「在中國，政府對各種信仰的人，包括法輪功修煉者、基督教徒和藏傳佛教信徒等的嚴厲迫害是常態。中國共產黨自成立以來，對一切宗教信仰都表現出極端的敵視。中國共產黨要求把它獨尊為神。」習近平不僅走向帝制，而且將自己當做神，這是一切問題的根源。

中國已不再掩飾其稱霸世界的野心。中科院國家健康研究組認為，二〇一九年，中國經濟總量將超越美國；二〇四九年，中國將取代美國的地位，成為世界霸主。習近平在中共十九大表示，中國已準備好承擔「全球治理」的使命。

新加坡國立大學李光耀公共政策學院院長馬凱碩在哈佛大學

甘迺迪學院發表一場題為《如果中國成為世界第一強國》的一場演講，認為西方兩百年的興起並非人類歷史主線，中國取代美國成為世界第一，只是時間問題。二十年後，中國軍艦將在加州海岸如入無人之境。「是時候了，美國要認真計畫好如何接受老二的位置。」美國需要做的只是「給自己積點德，留後路」。在中國意欲取代美國地位背後，是北京共識替換華盛頓共識，是中國模式顛覆普世價值。

二〇一八年一月十九日，美國國防部公布國家國防戰略，中國被視為美國國家安全的最大挑戰，超過恐怖主義威脅。這份報告指出：「中國的經濟和軍事力量在持續上升，通過長期的舉國戰略發揮實力，中國正在持續發展的軍事現代化項目的近期目標是尋求獲得印太地區的霸權，並在未來取代美國、取得全球的主導地位。」二〇二〇年五月二十日，白宮發表長達十六頁的名為《美國對中華人民共和國的戰略方針》的報告，堪稱新冷戰宣言。該報告指出，過去四十年來，美國試圖「通過深化接觸來促進中國的經濟與政治開放」，「這一前提已被證明是錯誤的」。證據來自於中國的種種惡行：「中共選擇了對基於自由開放規則的秩序加以利用，並試圖重塑有利於自己的國際體系。北京公開承認，它尋求改造國際秩序，使之符合中共的利益和意識形態。」美國政府宣布「承認我們正處於戰略競爭中」，「美國將加大對中國政府的公眾壓力，並在必要時付出相應的代價來保護美國的利益。」

這將是一戰、二戰、冷戰和反恐戰爭以來，基督教觀念秩序在全球範圍內面臨的第四次挑戰，也是最為嚴峻的挑戰。

我知道，
我去之後必有兇暴的豺狼進入你們中間，
不愛惜羊群。

——《新約·使徒行傳》，20：29

第五章

現代轉型，
道阻且長

向上帝回歸，是對人們把世界看作是一個「單一場所」的回應。

——薩謬爾·杭亭頓（Samuel P. Huntington）

美國歷史學家、社會學家、「世界體系理論」的代表人物沃勒斯坦（Immanuel Wallerstein）將文明定義為「世界觀、習俗、結構和文化（物質文化和高層文化）的特殊連接，它形成了某種歷史總和」，而宗教是界定文明的一個主要特徵，如英國歷史學家、宗教哲學家克里斯托弗・道森（Christopher Dawson）所說，「偉大的宗教是偉大的文明賴以建立的基礎」。

英國歷史學家湯恩比（Arnold J. Toynbee）治史，一反國家至上觀念，主張文明才是歷史的單位。他在《歷史研究》中把世界歷史畫分為二十六種文明，斷言文明崛起的原因在於它在少數創造者的領導下成功應對環境的挑戰——他持十九世紀後半葉以來左翼進步主義和理性主義立場，不認同清教徒觀念秩序是人類歷史尤其是現代歷史的關鍵推動力，及畫分文明優劣的首要標尺。

就當代存在的文明形態而言，美國政治學家薩謬爾・杭亭頓（Samuel P. Huntington）畫分出七種文明：第一，西方文明，即基督教世界，其核心是歐洲、美國、加拿大、澳大利亞和新西蘭（以俄羅斯為代表的斯拉夫集團能否算西方文明仍存疑）。

第二，拉丁美洲文明，因為其社團主義、獨裁主義的文化，使其成為西方文明中的次文明或與西方有分歧的獨立文明——以國際政治而論，更接近於後者。第三，中華文明，亦可稱之為儒家文明，涵蓋朝鮮半島、越南等東南亞國家及遍布世界的華人社群。第四，日本文明，在古代，它受中華文明輻射，大致可畫入中華文明圈；近代以來，日本努力「脫亞入歐」，大致可畫入歐美文明——它是西方七國集團中唯一族裔上非白人和地理上非西方的西方國家。第五，印度文明，印度教「不止是一個宗教或一個社會制度：它是印度文明的核心」。第六，伊斯蘭文明，以伊斯蘭教為標誌，包括若干次文明，如阿拉伯、突厥（土耳其）、波斯和馬來。第七，非洲文明（可能存在的）。

能否接受清教徒觀念秩序及精神、心靈秩序，是現代轉型是否成功的首要因素。在廣義的西方文明之外（歐美及日本），正邁步在現代門檻上的是印度、台灣、南韓、新加坡等受英美殖民或影響的亞洲先進國家。次之是伊斯蘭國家、東南亞佛教國家，這些地方能否完成其「宗教改革」並引發政治經濟變革，尚在未定之數。離清教徒觀念秩序最遠的是中國和黑非洲——在這兩處「文明低谷」，清教徒觀念秩序幾近於無，其未來很難讓人抱有樂觀期待。這種具有等級次序的排列方式，不符合「文明無優劣」的「政治正確」理念，但大致與自由之家、大赦國際、記者無疆界、透明國際等國際NGO每年發布的自由、民主、人權、政府廉潔指數相符合（儘管這些機構本身亦偏向左翼）。

若以抵禦二十世紀以來的極端主義觀念秩序（共產主義、法西斯主義及各種宗教極端主義）的能力而論：在西方文明之外，伊斯蘭和印度教區域稍強；儒家文化圈和佛教文化圈的抗體次之，最殘暴的共產暴政皆在此一區域內出現——中國、北韓和紅

色高棉；沉溺在原始宗教和偶像崇拜中的黑非洲則最弱。

　　觀念秩序及精神、心靈秩序，決定了一個國家或一種文明的體魄、質地及抗體。

第一節　現代之惑與文明之困

◎那些正邁步在現代門檻上的國度

　　在非基督教文明（國家）中，基本或部分實現現代轉型的、自由民主之家的新成員，主要有印度、南韓、台灣、新加坡和以色列等國。[1]

　　印度是全球最大的民主國家（人口意義上）。二〇二〇年二月，美國總統川普訪問印度時在一場大規模集會上說：「我們兩國之間的關係建立在我們的共同價值觀和我們對民主的共同承諾之上……我們遵循法治，以正義的承諾為指導，並以我們對自由的愛而加強。」川普政府提出「印太戰略」，將印度洋放在太平洋之前，凸顯對印度的重視和肯定，及對美印戰略同盟關係的升級。

　　印度最可寶貴的是英國殖民統治期間留下遺產：民主政治和

1　印度、南韓、台灣、新加坡等國與廣義的基督教文明中的非新教文明（國家）——如天主教的西班牙、葡萄牙、義大利、東歐及拉丁美洲國家，東正教的俄羅斯等國——的現代化程度大致相似，但在很多方面超過後者：南韓、台灣、新加坡等「亞洲小龍」的人均國民所得超過東歐和拉丁美洲國家，甚至超過義大利、西班牙和葡萄牙等西歐國家；而印度、南韓和台灣穩定的民主憲政也超過俄羅斯及拉丁美洲國家。

自由經濟。印度有自身相對不壞的文化傳統及民情與之對接，產生相對良性和正向的磁鐵效應、酵母效應及馬太效應。印度長期沒有大一統的中央集權，而是地方自治；印度教不像儒教那樣排外，具備多元主義的傳統。印度裔經濟學家阿瑪蒂亞‧森（Amartya Sen）指出，印度的「對話文化」是印度民主制度鞏固的重要原因，印度已成功地建立了世俗主義的現代民主體制：

政黨在贏得選舉之後執政，在輸掉選舉之後走人。媒體一直大體自由，新聞界一直持續報導、審議並抗議。公民權利一直被認真對待，法院在追究違法行為方面一直相當積極。軍隊一直安穩地駐扎在兵營之內。

以上各個方面，中國無一具備。

近代以來，印度被英國全面殖民，是印度幸運。墨西哥詩人和外交家奧克塔維奧‧帕斯（Octavio Paz）指出，英國將教育制度引入印度，現代印度由此開始。英國殖民者在印度努力推廣英語，英語為未來世界通用語言，印度以英語為官方語言，其思維方式因此改變。英國駐印度總督麥考萊說：「我們目前必須在印度培養一個階級，可在我們與受我們統治的人之間擔任中介；這個階級的人，在血緣和膚色上是印度人，但在品位、見解、道德、智識上是英國人。」接受英國憲制的印度知識階層承認，「我們心靈中最美好的、充滿生機的一面，是在大英帝國統治下形成和發展的」。印度知識分子將西方文化視為淨化其停滯且扭曲的傳統的最佳方式。被視為「現代印度之父」的拉姆‧莫漢‧羅伊（Ram Mohan Roy）受神體一位教派理念影響，認為印度教已被迷信扭曲，真正的印度教是和基督教同樣嚴謹的一神論，可

見基督教對印度教的改革具有決定影響。

英國人離開後，這些正面因素仍然在印度開花結果：印度實行教育免費，其高等教育成就斐然，印度理工大學是亞洲第一、世界第三的理工大學。印度已建立起完善的工業體系，化工及鋼鐵均為世界第一，製藥和計算機技術僅次於美國，遠超以低端製造業為主的中國和依賴資源出口的俄羅斯與巴西。印度近年來擺脫了蘇聯的計畫經濟模式，實現自由經濟貿易，印度最大的企業大都是私營企業。

儘管印度算是民主國家，卻仍不算全面現代化國家。「印度通常和笨重的大象相提並論：無法阻擋，但是走到哪裡都很慢。」這頭「象」有一天能勝過亞洲的競爭對手——作為「龍」的中國，但要追趕作為「鷹」的美國則路途漫長。政府的腐敗和低效、基礎建設的落後、貧富懸殊、種姓制度等都是表面問題；印度人和印度教對清教徒觀念秩序的排斥，是其最大的困境。

印度裔作家奈波爾（V. S. Naipaul）將父母之邦形容為「幽黯國度」，他認為甘地對印度的「幽黯」負有不可推卸的責任：「甘地把印度帶出一種『黑暗年代』；而他的成功則又不可避免地將印度推入另一個黑暗年代。」他對「甘地主義」的概括是：宗教的狂熱和宗教的自我炫耀，空手變魔術，擺脫建設性思想和政治責任。在獨立的印度，甘地主義仍是被征服人民的慰藉。

甘地在南非期間接觸到基督教，也結交一些基督徒朋友，但他對基督教只有膚淺的了解，最後還是懷著對西方現代文明的怨恨回到印度教傳統之中。甘地與泰戈爾爆發過一場爭論：甘地是堅定的印度教徒，不否定作為印度教教義重要部分的種姓制度，只是用某種「積極的歧視」（為非印度教少數族裔保留象徵性的國會議席）掩蓋之。泰戈爾作為世俗主義者，認為自己家族的傳

統是「印度教文化、伊斯蘭教文化和英國文化這三種文化合流」的產物，他比甘地更多地肯定西方文明。

甘地反對洋布，反對資本主義，以紡織土布對抗和打擊英國的經濟，倡導「每個人都必須紡紗，讓泰戈爾像他人一樣紡紗，讓他燒掉自己的外國服裝，這是今天的責任，神會操心明天的」。泰戈爾拒絕接受此命令，反駁說，紡車不僅在經濟上沒有意義，而且是一種愚民的方式──「紡車無須任何人思考：人們只是無休無止地轉動屬於過時發明之物的紡輪。」泰戈爾抨擊甘地不分青紅皂白地譴責西方文明及焚毀外國衣服與舶來品，「我寧可將這些衣物送給那些赤身裸體的人」（邱吉爾將甘地諷刺為「半裸體的游方僧」不是沒有道理的）。這不單單是帕斯所形容的「一個詩人與一個聖人對話有其困難」，更是兩種世界觀的對立。甘地留給印度的負面遺產從未得到清理，今天的印度需要走出甘地的陰影。在印度的政治和文化光譜中，缺乏具有活力的、英美式保守主義。

以韓國、台灣和新加坡而論，在經濟上，三國都已邁入西方發達國家行列；在政治上，韓國和台灣的民主制度基本鞏固和穩定，新加坡則僅具一定的法治、民主的象徵（多黨制及選舉）而缺民主的實質。

韓國和台灣的民主化進程受美國影響較大。冷戰前期，美國為抗衡蘇聯及中國，一度支持兩國威權主義的軍事獨裁者（韓國的朴正熙、全斗煥，台灣的蔣介石和蔣經國父子）；冷戰後期，美國向兩國的獨裁政權施壓，也支持兩國的民主化運動。值得注意的是，在韓國和台灣的民主化進程中，長老教會都發揮了重大作用（韓國的天主教會也積極參與民主化進程）。

受制於地緣政治，韓國需要面對韓半島分裂的現實──而且

還受到極度獨裁的北韓的武力威脅。用台灣學者朱立熙的話來說，韓國因為「錯誤的地理」造成「悲劇的歷史」，進而形成「恨的民族性」，未來基督信仰如何改變這一「恨的民族性」乃是其民主深化的關鍵。

台灣則不得不面對中國的吞併野心，且自身國家認同仍未完成——國民黨淪為共產黨的隨附組織，其支持者更認同中國而非台灣（國民黨的鐵票約三百萬，占投票人數的三成左右）。台灣文化中最幽暗的部分是國民黨帶到台灣的中華儒法思想，以及親國民黨的佛教和若干民間宗教。如何用基督信仰更新儒法思想、民間宗教並促成現代公民意識的深化，乃是台灣基督徒和教會的願景。

韓國和台灣的困境，都需要清教徒觀念秩序、精神和心靈秩序來解決，並在外交和軍事上鞏固與美國的聯盟。

韓國和台灣都缺乏清教徒觀念秩序和真正的保守派論述。韓國和台灣（尤其是知識界和媒體）瀰漫著左翼思潮，左翼思潮必然反美和敵視基督教。這是韓國和台灣必須克服的迷思。

韓國的保守派（右翼）只是狂熱的民族主義，這種民族主義將矛頭指向日本和美國，因為在經濟上受制於中國，反倒不敢批判真正威脅其民主制度和國家生存的中國，韓國學者金時德指出：「如果非得舉出直接威脅到現今韓半島的獨立與繁榮的國家，那應該是中國而非日本。」

在台灣，沒有韓國式的民族主義（台灣人對日治時代較多正面評價，相對於韓國也更親美），但台灣受西方現代教育的知識菁英與政治人物通常傾向左翼進步主義，國民黨則被錯誤地歸入右派的範疇。台灣沒有類似美國共和黨的保守派政黨，其兩黨制不是基於價值分歧而是基於國家認同的分歧。台灣具有一定清教

徒觀念秩序的政治家是李登輝和彭明敏，那麼誰是他們的接班人呢？

很多中國自由派知識分子用台灣實現了民主化來證明中國的民情和國民性不是反民主的，這個推理方式顛倒了因果。台灣之所以實現民主化，是因為台灣在過去相當程度上被西方（西班牙、尼德蘭）、西化的日本殖民（戰後雖然受國民黨政權威權統治，但更在美國的半託管狀態下），在此過程中一步步地去中國（文化）化。而如今台灣民主的缺陷或局限，正是因為去中國化不夠徹底。

威權政治加自由經濟的新加坡模式曾經是習近平心儀的樣板，但中國不可能成為放大版的新加坡。新加坡與其說是一個國家，不如說是一個雅典、但澤那樣的自由市（邦）。作為英國前殖民地，新加坡所取得的成就，應歸功於英國的制度遺產，而非以儒家為核心的「亞洲價值」——李光耀晚年明智地放棄了「亞洲價值觀」，回歸西方文明。曾被一位英國大臣譽為「蘇伊士河以東最地道的英國人」的李光耀，其實只是在堅持自由貿易、市場經濟和反對共產黨等方面像英國人。他很清楚美歐之不同：「在歐洲，由於社會福利過於慷慨，勞工缺乏推動力，導致經濟停滯不前。美國呢，競爭比較激烈，社會福利較少。但是，如果歐巴馬政府和國會傾向歐洲式的社會福利，這將導致美國經濟發展緩慢，且缺乏推動力。」

在政治上，李光耀不能算是右派，而是帶有獨裁傾向的馬基維利主義者。新加坡表面上有西方式的民主：議會制、多黨制、一人一票式的選舉，但新加坡宛如李氏家族掌控的幼稚園。李光耀一直為新加坡一黨獨大的政治現實辯護：今後若演變為兩黨制，就無法「說服最優秀和最有承擔的人挺身而出參選」。就連

肯定李光耀的美國媒體人湯姆·普雷特（Tom Plate）也承認新加坡是「保姆國家」，「新加坡尊奉達爾文主義，強調紀律和勤奮，而監督者就是李光耀這位終極教父」。一名在網上非議李光耀的少年，被拘捕、審判乃至被送入精神病院，最後逃亡到美國尋求政治庇護——任何一個國家，如果有國民逃跑到其他國家尋求政治庇護，都足以表明這個國家在自由和人權保障方面存在嚴重缺陷。新加坡下一步是否能夠實現真正的民主政治，端看李顯龍之後其國內政治的演變。

在正邁步在現代門檻上的國度中，以色列是最大的奇蹟。一九四八年建國時，國際輿論對這個被伊斯蘭世界包圍的猶太小國的未來並不樂觀。然而，經歷多次血腥的戰爭，這個八百萬人口的小國克服自然資源匱乏、地緣政治惡劣等不利條件，不僅生存下來，而且成為中東地區唯一的民主國家和發達國家——其實踐只有數十年時間的民主政治和自由經濟，跟歐美老牌民主國家相比毫不遜色。以色列人有強烈的宗教信仰和慘痛的歷史記憶，面對強敵，全民皆兵，維持強敵大軍事優勢。猶太人在人口數量上是一個小民族，但其諾貝爾科學獎得主比那些人口超過其數十倍的民族更多。以色列重視教育，擁有六千家創新公司，密度世界第一，在諸多高科技領域擁有傑出成就。

猶太教與基督教尊奉同一本舊約，但猶太教拒絕接受耶穌基督為彌賽亞，與基督教畫出一道鴻溝。以色列的政治觀念糅合歐美左右兩翼，比如左翼帶有共產主義色彩的基布茲合作農莊制以及福利國家模式，其司法制度則兼具普通法系、大陸法系和猶太法典的特徵。以色列的民主獨步中東，卻要面對作家阿里·沙維特（Ari Shavit）概括的「七個威脅圈」——伊斯蘭、阿拉伯人、巴勒斯坦人、國內、精神、道德以及身分屬性。儘管「一個自由

的社會和一個自由的市場給我們帶來對手不曾擁有的優勢」，但以色列仍不是一個正常國家，「以色列日益比它的鄰國強大，但軍事和技術的優勢讓新的以色列變成古怪的孤立狀態：他們只關注內部，忽略了他們居住的世界」。

如果能正確處理國內、國際問題，培植基於清教徒觀念秩序的保守主義思潮和政治力量，印度、台灣、韓國、新加坡、以色列等國都將順利邁過現代門檻，成為跟歐美並肩的全面現代化國家。

◎那些無法跨入現代門檻的國度

在難以跨入現代門檻的文明或國家中，這裡主要討論三大類：亞洲的佛教國家、伊斯蘭世界及非伊斯蘭教的非洲。學者蘭德斯（David Landes）在《論國民的財富和貧窮》一書中，直截了當地將阿拉伯人、印度人、非洲人和南美人稱之為「失敗者」。他引用大量數據來指出這樣的事實：知識上的種族隔離狀態是宗教原教旨主義最主要的負擔，它導致了技術上的落後和創造力的喪失，在非西方的世界裡，知識無法積累和發展。將蘭德斯的著作譴責為種族歧視無助於問題的解決，明智的方式是將其視為一種殘酷的溫柔，一種出於好意的嚴厲無情，是為了震驚和刺激那些「失敗者」的文化從而促使它們面對現實的一種英勇的努力。

亞洲以佛教為國教或信仰佛教者占多數人口的國家，包括東南亞的緬甸、尼泊爾、柬埔寨、越南和泰國，以及中亞的蒙古。

二戰之後，緬甸長期由意識形態接近共產極權主義的軍政權統治。二〇一六年，翁山蘇姬領導的民主聯盟在選舉中獲勝，軍

政權被迫與之分享權力。但國內種族及宗教衝突並未停止，軍方及佛教徒暴力迫害羅興亞人，演變成人道主義災難。翁山蘇姬光芒褪盡，亦顯示其信奉的佛教思想無法建構民主政治。

尼泊爾是改良後的毛派政黨通過選舉上台執政，王室發生血腥的火併慘劇之後，君主制被廢除，但政局仍動盪不已，經濟相當落後。

柬埔寨獨立後，君主制和軍政權均無法維持良治。紅色高棉崛起，柬埔寨傳統的佛教信仰和君主制對共產主義狂潮毫無抵抗力。越南出兵推翻紅色高棉政權後，強人韓森的半獨裁統治持續至今。柬埔寨在經濟上仰賴中國，政府極度腐敗，百分之四十的兒童營養不良，百分之八十的國民過著原始的生活，「國內四分之一的人口被自己的領導人殺害，民眾的心理創傷一代傳給一代，使整國的人格變得黑暗」。

越南有佛教傳統以及由法國人帶來的天主教信仰。法國在越南失敗的殖民統治導致越共攫取人心，先在北越建立獨裁政權，然後通過越南戰爭顛覆親西方的南越政權。在此過程中，越南的佛教徒反對南越的腐敗政權及美軍的介入，間接地幫助北越的獲勝。胡志明仿效蘇聯和中國的統治模式，在土地改革和政治運動中殺人無數。近年來，越共的政治改革和經濟改革步伐超過中國，為抗衡與之有領土和領海爭端的中國，轉而與昔日的宿敵美國結盟，未來能否實現民主轉型，尚不得而知。

東南亞佛教國家中社會運行相對較好的泰國，近年來屢屢發生軍事政變（王室在幕後支持）而處於民主倒退狀態。美國歷史學家懷亞特（David K. Wyatt）指出：「進行了半個多世紀的民主實驗，泰國還沒有設計出一套持久的政治制度，能夠成功地調解在一個迅速發展和變化的社會中的不同利益。」泰國王室

享有超越憲法的權力，泰國王室從印度教和佛教中汲取信念：在印度教中，國王是半人半神，是活的神，其法統來自於其神聖的血脈；在佛教中，國王是一位法王，法統來自於他偉大的精神力量。[2]泰國的君主制未能像日本的天皇制那樣在戰後「去神化」並「走向人間」。泰國的學生運動已經開始突破禁忌，直接批判君主制。

佛教國家中唯一建立民主制度的是蒙古，但其經濟狀況不佳，民主能否生根發芽並茁壯成長，值得關切。

伊斯蘭教在地理分布上幅員之廣和信徒人數之多（伊斯蘭教徒占世界總人口的近四分之一），僅次於基督教。迄今為止，伊斯蘭世界沒有一個成功實行民主政治和自由經濟的國家。歷史學者塔米・安薩里（Tamim Ansary）指出，政治的發展和智識的發展息息相關，近代以來伊斯蘭的思想固化，原有的鼓勵「以推理為基礎的自由和獨立思考」消失了，「絕對不存在穆斯林版本的歐洲新教改革」，更不會有新教改革所帶來的結果——不存在個人主義的教義，沒有宗教和民族主義的結合，沒有教會和國家的分立，也因此不存在民主、科學和工業革命。

按族裔和地理位置，伊斯蘭世界大致可分為五大板塊。

第一個板塊是土耳其及中亞突厥—蒙古系帶有「斯坦」後綴、從蘇聯獨立出來的國家（表面上有多黨制、選舉和議會，但

---

2 泰國前國王蒲美蓬青年時代長期在歐洲求學和生活的，甚至還從西方現代學術中尋找支援——蒲美蓬深受英國人類學家馬林諾夫斯基的啟發。馬氏認為，一個社會若能神聖化它的傳統，便可以透過這種傳統取得難以估計的權力與持久優勢。蒲美蓬也念念不忘登基前夕，其岳丈曼加拉親王的一句忠告，皇家禮儀和傳統相當重要，「一旦神話破產，一切隨之崩潰。吳哥窟曾是一個偉大帝國的心臟，而今已經爬滿了猴子」。

全都是威權主義的家族統治）。

　　土耳其的西化相對成功，也是突厥系國家的精神領袖。橫跨亞歐非三大洲的鄂圖曼帝國稱雄四百年，但近代以來，隨著歐洲的宗教改革和工業革命及俄羅斯帝國的崛起，鄂圖曼帝國節節敗退。一八五三年，俄國沙皇在聖彼得堡會見英國大使時說：「我們手上有位病人，命在垂危，他需要一位內科醫生，而不是外科醫生。」這位病人指的是鄂圖曼土耳其帝國，它從此有了「西亞病夫」之稱。讓沙皇沒有想到的是，一九〇五年俄國在日俄戰爭中被日本打敗傳遞了一個清晰的信息——現代化和立憲才是東方國家的出路。一九〇八年，「青年土耳其黨」發動政變，迫使蘇丹恢復一八七六年憲法，建立立憲政府。但一戰的戰敗和民族主義運動讓緩慢改革中的帝國解體了。

　　凱末爾（Kemal）在戰爭廢墟上建立了現代土耳其民族國家：首先，他反對鄂圖曼帝國加給土耳其人的負擔，徹底拋棄帝國征服所得的領土，接受一個小得多的土耳其的疆界；其次，他剝奪伊斯蘭教在政治上的影響，打造了政教分離的世俗主義共和國——在伊斯蘭世界，只有土耳其選擇這種符合西方標準的現代化模式，它也因此成為鄂圖曼帝國的所有繼承國中最為穩定的一個。土耳其成為北約成員國，也積極尋求加入歐盟。但這種模式只成功了一半，近年來，傾向伊斯蘭主義的正義與發展黨長期執政，艾爾多安成為準獨裁者且逐漸拋棄凱末爾的世俗化遺產。處於歐亞交匯處的地緣優勢成了劣勢——土耳其究竟是亞洲國家（東方）還是歐洲國家（西方）？其身分和價值認同懸而未決。

　　第二個板塊是阿拉伯國家，主要分布在中東和北非。阿拉伯人在歷史上曾有輝煌成就，歷史學家菲利普‧希提（Philip Hitti）指出：「講阿拉伯語的各國人民，是第三種一神教的創

造者，是另外兩種一神教的受益者，是與西方分享希臘—羅馬文化傳統的人民，是在整個中世紀高舉開明火炬的人物，是對歐洲文藝復興作出慷慨貢獻的人們。」鄂圖曼帝國崛起後，阿拉伯地區淪為其行省。二戰後，阿拉伯國家紛紛獨立，其現代化模式分兩種。一種是以傳統的伊斯蘭原教旨主義為立國基礎，在政治、法律、教育等方面與伊斯蘭教相結合，但在經濟上引入資本主義，並實行君主政體。表面上有憲法，但君主不受憲法制約，掌握絕對權力。伊斯蘭教淪為統治工具，王室與特權階層並不恪守教規，生活奢侈腐化，卻縱容宗教人士用教規奴化平民和消滅異見。此類國家包括沙烏地阿拉伯、科威特、阿聯酋、巴林、卡達、約旦、摩洛哥等。另一類實行一定程度的政教分離和世俗化，又確立「官方伊斯蘭」，推動除了民主政治之外的現代化，政治結構是強人威權政治，有民主政治的各種標誌（如議會、選舉、多黨制）卻無民主之實，這類國家有埃及、伊拉克、利比亞、敘利亞、蘇丹、突尼斯、阿爾及利亞等，它們很多都在「阿拉伯之春」中遭到猛烈衝擊，此後經歷了漫長的內戰和動盪，至今仍看不到建立民主法治的希望。

第三大板塊是作為波斯帝國繼承者卻實行伊斯蘭原教旨主義的伊朗（以及國名來自波斯語、也實行伊斯蘭原教旨主義並淪為恐怖主義滋生地的阿富汗斯坦、巴基斯坦）。伊朗的憲政改革比土耳其早兩年，在日俄戰爭之後第二年啟動。二戰後，伊朗一度是美國的盟友，巴勒維國王的「白色革命」帶來經濟快速增長，但並未阻止伊斯蘭革命發生。一九七九年，宗教領袖霍梅尼奪取政權，建立了神權統治。國家主權不屬於人民而屬於安拉，民選總統受精神領袖（最高領袖）轄制，實行伊斯蘭教法，政治、經濟、法律、教育領域伊斯蘭化，敵視西方。但伊朗神權政權的

標誌和方法，卻從歐洲轉借而來。比如，大量處決意識形態的敵人，將知識分子流放出境，大規模充公私人財產，暴力統治加上思想改造，種種皆來自羅伯斯庇爾和史達林，而非穆罕默德和阿里。神權統治給伊朗帶來近半個世紀的專制政治、經濟凋敝、文化窒息（悠久的波斯文化被切斷和清除）、與西方對立導致經濟制裁，民眾抗議遭血腥鎮壓，伊朗成為西方眼中的「邪惡國家」。

第四大板塊是非洲非阿拉伯民族的穆斯林國家，如奈及利亞、索馬利亞、塞內加爾、甘比亞、幾內亞、獅子山、馬里、尼日爾和查德等國。這些國家大都可歸入「失敗國家」或「部落國家」之行列。伊斯蘭教未能幫助這些國家完成現代民族國家的轉型和民主化，它們獨立後，對同樣信奉伊斯蘭教的、善於經商且比較富裕的阿拉伯人展開種族清洗。以蘇丹為例：一九八九年，奪取政權的歐瑪爾·拜希爾將軍一手拿著古蘭經，一手拿著卡拉什尼可夫步槍，宣稱「叛教者不配活著」，他與導師哈桑·圖拉比一起將蘇丹打造成非洲最激進的伊斯蘭原教旨主義國家，也是支持恐怖主義的流氓國家，賓·拉登長期以蘇丹為策畫恐怖主義的活動基地。而在索馬利亞，中央政府消失了，國家解體為部落制，軍閥混戰、海盜肆虐。

第五大板塊是東南亞伊斯蘭國家，包括印度尼西亞、馬來西亞、汶萊（大致可將南亞的孟加拉國計入）。東南亞伊斯蘭國家的人口占伊斯蘭世界的四分之一，超過阿拉伯人。它們大都實行較溫和的伊斯蘭主義，印度尼西亞和馬來西亞的現代轉型相對成功。就傳統伊斯蘭世界而言，東南亞是其邊陲地帶；但近年來，由於馬來西亞和印尼在政治經濟、種族和諧等方面取得的成就，被譽為伊斯蘭現代化的榜樣。新加坡學者馬凱碩（Kishore

Mahbubani）提出，這兩個國家可能取代中東地區和阿拉伯人的伊斯蘭領導地位：「迄今為止，沒有伊斯蘭國家成功現代化，但是馬來西亞和印尼這兩個遠離伊斯蘭誕生之地的伊斯蘭國家，在亞太經濟圈表現突出⋯⋯伊斯蘭世界的風將不再是由西向東吹，而是相反方向，這是重要的歷史變化。」馬來西亞領導人馬哈蒂爾聲稱：「如果我們能建立一個理性的伊斯蘭國家，在管理、科學、技術、貿易、工業、政治、社會和宗教穩定方面努力進取，我們就能推動真正的伊斯蘭事業，這是我們的吉哈德。」但近年來馬來西亞的政治紛爭給此一「寬容溫和、繁榮發展」的理想蒙上一層陰影。

在非伊斯蘭教和非阿拉伯人的黑非洲，也沒有出現國家治理成功的案例。

基督教在非洲的影響力僅次於伊斯蘭教，非洲有超過六億、接近四成人口是基督徒。基督教出現「非洲大復興」，卻未能帶來國家成功轉型。非洲國家流行的靈恩派與巫術化的基督教，遠離聖經真理，不具備清教徒觀念秩序及精神、心靈秩序。在盧安達的種族屠殺中，教會人士捲入其中，法國和比利時等前宗主國亦難辭其咎。

總體而論，前英國殖民地國家的情況好於前法國殖民地國家——南非、甘比亞、波札那等未發生過內戰和軍事獨裁統治的國家都是前英國殖民地，這也符合西方世界中新教國家的政治經濟發展優於天主教國家的規律。

三個基督教占主流地位的非洲國家的治理失敗，頗值得探討。表面上的基督信仰，若沒有深厚的清教徒觀念秩序支撐，無法成為良治之根基。

賴比瑞亞是一八四七年由三百萬從美國回到非洲的黑人奴隸

建立的國家，也是非洲唯一沒有被西方殖民的國家。然而，以美裔賴比瑞亞人自居的移民，剛脫離奴隸身分，又將當地原住民當做奴隸來奴役。他們模仿美國星條旗制定本國國旗，差別在於賴國國旗上只有一顆星，且以美元為法定貨幣。二十世紀六、七○年代連續二十年擔任總統的威廉·托爾伯特（William Tolbert）曾是浸信會牧師，其政權極度腐敗。後來，軍官發動政變，虐殺托爾伯特，從此賴比瑞亞陷入軍閥混戰。最後一個軍閥泰勒（Charles Taylor）出生於浸信會家庭，曾在美國的大學獲得碩士學位。二〇〇三年，泰勒在兵臨城下之際被迫下台流亡，在告別演說中將自己與耶穌相提並論。

衣索比亞是東非唯一的基督教國家，一個古老的基督教分支在此承續兩千多年，比歐洲很多教會更古老。有「非洲雄獅」之名的末代皇帝海爾·塞拉西（Haile Selassie）自稱所羅門王和示巴女王的後裔，其神授統治受到正教會透過諸多隱修院、教堂、神父予以支持。他曾因反抗義大利侵略軍而贏得世界聲譽，但其晚年陷入不可自拔的暴政。一九七○年代，國內大饑荒，餓殍遍野，塞拉西仍窮奢極慾。絕望的民眾發動武裝起義，皇家軍隊兵變，塞拉西被迫退位並被軟禁，遭人以枕頭悶死，屍體埋在皇宮某廁所底下。[3] 此後，蘇聯扶持殘暴的軍政權掌權多年。這個怪異的前現代國家產生譚德賽式的謊話大王自不足為怪。

南非是非洲最富裕和現代化的國家。但其「新國父」納爾

3　波蘭作家卡普欽斯基（Ryszard Kapuscinski）在《皇帝：一個獨裁政權的傾覆》一書中寫道，軍事政變發生之後，軍官們入宮追討皇帝的財富，皇帝聲稱一無所有，等軍官們離開，他命令僕人將桌子上和書架上的聖經藏起來，「我們至高無上的皇帝作為所羅門大帝的後代，收藏了一大批被譯成多國文字的聖經，在那些聖經裡夾了很大一筆錢。」

遜‧曼德拉（Nelson Mandela）離開政壇二十多年後，其「彩虹國家」和「金磚國家」的光環褪盡。曼德拉的成功也是其失敗——他所達到的權威和神話式的境界使他「浮游於政治之上」（以戴高樂的方式），他與屠圖大主教（Desmond Tutu）合力達成種族和解，卻未建構出有活力和公正的政治經濟模式。曼德拉宣稱「英國的民主制度是我們前進的航標」，他卻用共產主義的方式重建政治和經濟：簡單剝奪富裕階級（主要是白人）的財富，破壞了脆弱的經濟平衡。記者莫列齊‧姆貝基（Moeletsi Mbeki）對「黑人經濟強化政策」提出尖銳批評，此一政策「造成了一個人數很小、不具備生產能力，但非常富裕的黑人資本家階級，他們由非國大已退休或尚未退休的高官小圈子組成，成為經濟寡頭們的同盟者、南非去工業化過程的看管人」。研究南非轉型的學者海因‧馬雷批評說：「非洲人國民大會已融入一張過去為白人特權者服務而設計的機構關係、體制和實踐的網路之中。」南非出現了「合夥的統治階級」，所謂國家企業，「就是統治者攫取收入的源泉，也為維持庇護網路提供必要的資金」。在南非的五千萬人口中，七百萬人在貧困線下掙扎求生，犯罪率居世界前茅。南非的悲劇正如詹姆斯‧鮑德溫的警句：「人民陷入歷史的陷阱，而歷史又陷入他們的陷阱。」

　　非洲各國獨立之後，獨裁者漸次登場，他們中很多人標榜是虔誠的信徒，有的是前牧師或前神父。剛果—布拉札維爾獨裁者尤盧（Fulbert Youlou）曾是天主教神父；馬拉威統治者班達（Hasting Banda）為蘇格蘭教會長老，回國前是倫敦頗受尊重的執業醫生，奪取政權後很快淪為獨裁者，教會要求其會眾「為這位在權力的牢房裡，極為孤單的人祈禱」，班達卻威脅說要殺掉反對他的主教們；中非皇帝博卡薩（Jean-Bedel Bokassa）掌權

時為尋求蘇聯和阿拉伯世界支持，宣布放棄天主教信仰，先後轉信共產主義和伊斯蘭教，晚年在流亡生涯中每天閱讀聖經，自稱基督的使徒。他們在一夜之間就從普通信徒蛻變為高高在上的偽神：加納獨裁者恩克魯瑪（Kwame Nkrumah）設立「締造者日」紀念他在創建加納國的貢獻，國家賦予其「奧薩基埃佛」（救世主）稱號；赤道幾內亞獨裁者恩圭馬（Francisco Macías Nguema）將整個國家變成「非洲的達豪集中營」，關閉天主教學校，命令教堂必須懸掛其肖像，強迫神父高呼「除了恩圭馬沒有上帝」的口號，最後關閉所有教堂並驅逐所有外國傳教士。宗教信仰對他們來說，遠沒有權力重要。

社會主義、共產主義意識形態一度氾濫於數十個非洲國家，蘇聯、中國乃至古巴都在非洲施展拳腳並激烈競爭，他們幫助培訓的政治和軍事領袖多半是恐怖分子。這些非洲國家原本沒有其恆定的價值和理念，當共產主義襲來時，根本談不上抵抗，展開雙臂就擁抱。肯亞民族主義領袖甘耶達（Jomo Kenyatta）於一九三二年就讀於第三世界革命家的搖籃——莫斯科東方大學，此前五年，鄧小平、蔣經國曾在此受訓。更徹底的共產主義運動是坦尚尼亞國父尼雷爾（Julius Kambarage Nyerere）所策動的，他像洪秀全和毛澤東一樣實行絕對公有制，建立所謂烏賈瑪（Ujamaa）制度，將一千一百萬人集體遷移到新村子中，造成國家經濟的崩潰。

非洲獨立之後二十年間發生四十次政變。暴政帶來經濟衰敗和社會解體，非洲淪為世界上最貧窮的地區，其整體經濟產出只占全球國內生產總值的百分之二，在世界貿易和投資中所占的比例不到百分之二。營養不良的非洲人接近一半，人均壽命比世界平均值少二十年。以離清教徒觀念秩序的距離而論，非洲大概是

唯一比中國更遠的地方。

第二節　華語觀念市場的競爭與整合

　　迄今為止，中國的現代轉型徹底失敗（「吃飽飯」不是成功的標誌，高樓大廈、火箭、高鐵和奧運會也不是，更何況吃不飽飯的和身為文盲的中國人仍以億計）。中國跟非洲一樣停留在中古時代，只是表現形式有所不同。非洲有上千萬人餓死，中國在毛澤東時代餓死的人更多；中國的大城市時尚光鮮，但許多偏遠鄉村的慘況並不比非洲好多少；就政府腐敗、濫用權力而言，中國比很多非洲國家更糟；而且，中國極權主義的天羅地網比非洲國家嚴密得多，若干非洲國家已有了民主的萌芽、多黨制、差強人意的選舉、相對獨立的司法及新聞自由，這些在中國全都可望而不可即。

　　二十世紀以來，中國在每一個十字路口都選擇最壞的路徑（連次壞都不是）。一九四九年，共產黨取代國民黨，開啟歷史上空前的極權暴政。共產黨的政策在七十年間有所搖擺，無非是重複清帝國末期的鐘擺方式：毛澤東時代是不能坐穩奴隸的時代，如同太平天國和義和團；鄧小平時代是勉強坐穩奴隸的時代，如同洋務運動和維新變法——鄧小平只能接受洋務運動，不能認同維新變法，維新派的胡耀邦和趙紫陽含恨而死。鄧小平是洋務運動的總設計師，及一九八九年天安門屠殺的「總射擊師」。習近平毛鄧並用，打鄧之燈，走毛之路。無論一九六六年的文革、一九八九年的天安門屠殺，還是二〇〇八年的北京奧運及鎮壓《零八憲章》以及二〇一二年的習近平接班及五年後的

稱帝，都是基於同一邏輯的演化和發展，並不存在「開倒車」之說。

中國現代轉型的失敗，關鍵原因在於清教徒觀念秩序及精神、心靈秩序的缺席，而這種缺席又是因為中國的民情和民族性對其本能的排斥。進入二十一世紀，政治改革不僅停滯而且倒退，思想觀念場域群魔亂舞、穢氣衝天。探討當代華語觀念場域的各種思潮如何「亂哄哄你方唱罷我登場」，比關注台面上高層權力鬥爭和領導人更迭更為重要。改變中國走向的是觀念秩序，而非政治強人——政治強人亦受觀念秩序之驅使。

◎「韌性威權」時代的八種思潮

一九八九年天安門屠殺之後，中國進入「後鄧小平時代」，這是一個很難用西方既有政治學術語界定的時代。

美國哥倫比亞大學教授、中國問題專家黎安友（Andrew J. Nathan）提出「韌性威權」之概念——比「後極權主義」更準確，但仍顯得有些輕忽。二〇〇三年一月，黎安友在《民主》雜誌發表〈威權主義的韌性〉一文，認為「中國沒有出現民主轉型，反而是完成了由極權主義向經典威權政權的轉型，並且似乎變得越來越穩定了」。

「韌性威權時代」大致結束於二〇〇八年北京奧運會——北京奧運會的「萬國來朝」是中國邁向「野蠻崛起」的起點。

二〇〇九年，黎安友在另一篇題為〈威權主義的非永久性〉的文章中承認，他需要對這一概念做出修正，鑑於習近平接班過程期間中共內部激烈的內鬥，「韌性威權」並沒有那麼「堅韌」，「中國未來最有可能的轉型方式仍然將是天安門事件那樣

的模式」。

　　「韌性威權時代」中國的觀念場域尚未定於一尊。體制內開明派政治評論員馬立誠概括了從江澤民到胡錦濤時代二十年間的八種社會思潮，差不多可以涵蓋觀念場域有限度的「眾聲喧嘩」。

　　第一種是官方意識形態，即鄧小平理論，並涵蓋江澤民「三個代表」及胡錦濤「科學發展觀」。馬立誠支持「改革開放」，試圖維護後鄧理論中偏向自由化的一面，即「社會主義市場經濟」。但他承認，由於政治體制改革滯後，中國出現腐敗叢生、貧富分化等諸多問題。鄧小平的改革開放是新一輪洋務運動，在政治思想的開放上還不如洋務運動。鄧小平在政治改革──即放棄中共一黨獨裁──上寸步不讓，體現了其被毛形容為「開鋼鐵公司的」之頑固專橫特質。鄧先後罷黜胡耀邦和趙紫陽這兩位不能堅守「四項基本原則」的總書記，並在一九八九年調動野戰軍屠殺抗議民眾，不惜「殺二十萬人，換取二十年穩定」。由此可見，鄧毛是一體的。

　　在經濟層面，僅以「社會主義市場經濟」而論，一旦在「市場經濟」之前冠以「社會主義」，「市場經濟」便名存實亡。這是一套歐威爾式的「新語」，在上世紀八〇年代，卻是必不可少的保護傘，正如台灣學者朱敬一所說：分明是私有財產，偏偏要用什麼「包產到戶」去形容；分明是家裡私養了驢馬，卻迂迴說「交通工具不算財產」；分明是在搞自由化，卻堅決反對自由化；分明是在走市場經濟，卻說是「國家調控市場，市場引導企業」。但它又不單單是改革者自我保護的戰術，扭曲的語言體現的了扭曲的現實：在中國，「市場經濟」不是清教徒觀念秩序之下以保障私有產權和契約精神為基礎的「市場經濟」，而是太子

黨「先富起來」的遮羞布。一旦太子黨抓緊錢袋子、刀把子、槍桿子和筆桿子，「市場經濟」就黯然退場，「國進民退」乃至新一波公私合營就開始了。所以，馬雲和馬化騰等非太子黨的「先富派」才爭先恐後地宣稱，「我的錢不是我的錢，我的錢是黨的錢」。

第二種是老毛派（老左派），或稱之為「毛左」。「毛左」的核心思想是堅持毛主義，堅持文革正確，堅持階級鬥爭，堅持在政治上和經濟上同時反西方。「毛左」反對中國參與全球化、加入世貿組織，認為中國因此成為西方資本主義之附庸。「毛左」大都反鄧，認為毛澤東對鄧小平「走資派」的定義是正確的，並進而批判江澤民和朱鎔基是「洋務派」和「賣國賊」。在鄧小平時代及後鄧小平時代，「毛左」的觀點基本無法在官方媒體上發表，《中流》等「毛左」傳統刊物被叫停，「毛左」的輿論陣地退縮到「烏有之鄉」網站。但掌權的「走資派」對「毛左」大致網開一面。

「毛左」的成分頗為複雜，包括毛時代的一些退休官員和文膽（如毛時代的冶金部副部長馬賓、中央文革小組成員戚本禹等）、信奉毛主義的學者（如經濟學家郎咸平、北大文學教授孔慶東），其基本盤是未能在「改革開放」中獲利的底層青年或對現實不滿卻找不到正確出路的「憤青」（如北大馬克思主義學會成員）。他們的觀點涉及面頗廣，如郎咸平主張「以大政府主義和中央集權來糾正國企改革」（此一觀點在胡溫後期和習近平時代被官方部分採納）；如鞏獻田反對《物權法》，認為保護個人財產違背社會主義原則；如張宏良肯定文革，認為「文革創造了與現代化社會相適應的大眾政治文明」。「毛左」一度湧到薄熙來「唱紅打黑」高潮期的重慶，以薄熙來為盟主，為之搖旗吶喊。

薄熙來垮台後，「毛左」一度偃旗息鼓。當習近平呈現出作為薄熙來之升級版的真面目之後，「毛左」轉而歌頌習近平，企圖東山再起。

第三種是新左派。新左派在維護毛澤東、反西方上跟老左派一樣，只是他們使用的理論工具更新潮、更時髦——西方新馬克思主義、後殖民主義、東方主義、法蘭克福學派等，常常掛在嘴邊的人名是薩伊德（Edward Said）、杭士基（Noam Chomsky）、詹明信（Fredric Jameson）等。他們的文風亦如翻譯文字，食洋不化，以洋治洋。西方左派有一定的真誠度，敢於批判其所處社會的種種問題；中國的新左派則從來不敢批評中國社會的癥結所在——共產黨一黨專制，卻將中國的問題全都歸結到西方帝國主義身上，他們大都身處體制內（學術界），並受當局的縱容和支持。

胡錦濤時代後期，新左派向國家主義靠攏。北大中文系教授韓毓海在《五百年來誰著史》一書中提出中國中心主義史觀；王紹光和胡鞍鋼鼓吹提升國家吸取能力、調控能力、合法化能力和控制能力；由自由派轉向新左派的文學評論家摩羅赤裸裸地為希特勒翻案，認為希特勒敢於反抗英美強權，雖敗猶榮，中國應當向希特勒學習，其《中國站起來了》一書在中國公開出版；曾在香港中聯辦任職的北大法學博士強世功公然宣稱一國兩制已過時，中央要對香港實行全面管制——他們相信政治的實質就是暴力和征服，中國的國家意志就是黨國意志，黨是靈魂，國是肉身。新左派已淪為新納粹。

第四種是民主社會主義，它與自由主義較為接近，持這種觀點的多為已退休的體制內開明派，以被整肅之前的《炎黃春秋》雜誌和「共識網」等為言論陣地。最系統地論述這一觀點是中國

人民大學前副校長、曾當過右派的謝韜。謝韜在《民主社會主義與中國前途》一文中認為，馬克思、恩格斯晚年對暴力革命、階級鬥爭的道路有所反思，更傾向於民主社會主義路線。而瑞典等西北歐國家成功實踐了社會民主自由，「構成社會民主自由模式的是民主憲政、混合所有制、社會市場經濟、福利保障制度，而其核心是民主」。北歐模式是中國學習的榜樣。

這是謝韜那一代老人所能走到的最遠處。他們的局限是，無法脫離馬克思主義和社會主義的框架。北歐模式並非馬克思主義的成功實踐，其經濟是市場經濟，其政治是議會民主，都是非馬克思主義的。北歐模式只適宜於僅有數百萬人口且資源豐富的小國（即便如此，過度福利也給瑞典等國帶來諸多社會問題，目前已難以為繼），北歐模式無法為人口和資源狀況完全與之迥異的中國所效仿。

第五種是自由主義。中國當代的自由主義基本上是世俗自由主義，其光譜較為廣泛，從古典自由主義到新自由主義無所不包。很多世俗自由主義者對基督教文明並不友善。在西方積累數百年的各種自由主義從上世紀八〇年代一股腦地進入中國思想場域，知識分子來不及咀嚼、消化，照單全收。不過，如果尋求自由主義的最大交集，正如其代表人物徐友漁所說：「自由主義的核心就是對個人價值和尊嚴的肯定，對個人權利和利益的尊重和保護。」上世紀八〇年代，自由主義是民間主流思潮，經過天安門屠殺之後，在九〇年代初期和中期蟄伏、醞釀，在九〇年代末期再度興起。由於網路和自媒體的出現、以南方報系為代表的市場化媒體的湧現，自由主義在二〇〇八年之前的輿論場域擁有極大影響力。

從二〇〇八年中共鎮壓以自由主義者為主體的《零八憲章》

運動之後，自由主義逐漸式微。尤其是習近平時代對媒體、大學和NGO的嚴酷迫害，使自由主義所拓展的民間空間和思想資源幾乎歸零，很多自由主義者被迫流亡海外或成為「內在的流亡者」，也成為新一輪的「思想史上失蹤者」。

第六種是民族主義。九〇年代末以《中國可以說不》等書籍走紅為標誌，民族主義異軍突起——據說該書發行超過三百萬冊，書商和作者用麻袋裝從經銷商那裡收到的現金，然後移民美國。這就是中國式的、言行脫節的民族主義。近年來，中國的民間情緒跟希特勒崛起之前的威瑪德國非常相似，反美、反日的思潮和活動此起彼伏，官方有意培植和誘導該思潮為其所用。

民族主義思潮的高峰，為軍方學者劉明福在二〇一〇年出版《中國夢》一書。劉認為，二十一世紀是中美對決的世紀，中國要通過戰爭來結束美國的霸主地位，實現「戰鬥崛起」：「中國時代的第一個標誌，就是確立在世界的領袖地位，發揮對國際社會的引領作用。」習近平對此書頗為欣賞，將該書思想納入其執政理念，提出以「中國夢」為核心的「習近平思想」。由此，習近平本人成為民族主義旗手。

第七種社會思潮是民粹主義。近代以來中國多次陷入民粹主義的泥沼，如義和團運動、「五四」運動中的火燒趙家樓等；毛澤東是操弄民粹主義的大師，毛時代歷次政治運動都有民粹主義的成分，其登峰造極就是紅衛兵和造反派運動。

進入二十一世紀，民粹主義藉助網路等新技術的力量，對異見人士發起人肉搜索和網路公審。近年來，民粹主義的代表性事件有：經濟學家茅于軾因批評毛澤東，毛粉組織「公訴團」，到茅于軾的居家及工作場所騷擾，進而在「烏有之鄉」網站設置「漢奸榜」，號召民眾動用私刑懲罰「漢奸」，劉曉波、茅于軾

等自由派知識分子皆名列其中；楊佳殺死多名警察（並非虐待他的警察）之後，被民粹主義者推崇為大俠和英雄，艾未未是將楊佳造神的重要推手，他本人被推特上的民粹思潮奉為「艾神」。民粹主義者跟毛派有高度重合性。

第八種是新儒家。當代中國新儒家跟上世紀五〇年代的海外新儒家不同。天安門屠殺之後，傳統文化熱和國學熱成為知識界「自我療傷」的一種方式。當代本土新儒家的代表人物蔣慶否定海外新儒家，認為後者偏安於學院、不敢實現政治理想，且認同西方民主自由價值、不敢堅守固有的儒家文化。蔣慶主張重建儒家，將中國建成政教合一的國家，以實行王道統治──這是康有為的思路。中國當代新儒家中在一定程度上認同憲政理念的是秋風（姚中秋），他認為應當在儒家傳統中發掘憲政資源，憲政在中國古已有之，孔子是公民社會的開創者──這是錢穆的思路。

胡溫時代，新儒家頗為走紅，民間創辦儒家私塾和學院層出不窮（遊走於中港台的南懷瑾成為權貴富豪競相交往的文化明星）。孔子塑像一度出現在人民大會堂一側，後來因為黨內反彈太大，又悄然撤走；孔子學院作為中國「軟實力」的象徵遍布世界各國的著名學府，充當大外宣的馬前卒──二〇二〇年，因孔子學院在西方被認定為間諜學院，中共御用文人又提出將孔子學院更名為佛教學院的建議。從這兩個案例可以看出，當代新儒家與共產專制思想尚未完成有機整合。

以上八種思潮，第一種鄧小平理論是官方意識形態，其他七種都處於在野狀態，其中老左派、新左派、民族主義、民粹主義、新儒家等五種得到官方的認可和支持，民主社會主義和自由主義則遭到官方的敵視和打壓。

◎「野蠻崛起」時代的「天下主義」：
以劉小楓、汪暉與施展為例

二〇〇八年之後，中國告別「韌性威權」時代，進入「野蠻崛起」時代。在觀念秩序場域，民主社會主義和自由主義經過官方殘酷打壓幾乎銷聲匿跡，成為潛流；老左派、新左派、民主主義、民粹主義和新儒家等思潮則與新的官方意識形態「新時代有中國特色社會主義」（習近平思想）合流，成為一種反人類、極端邪惡的「天下主義」——其代表人物及觀點，僅舉三例加以說明：劉小楓之「新國父論」、汪暉之「多元一體論」和施展之「樞紐論」。

曾發明「文化基督徒」這一稱謂並組織翻譯大量西方基督教和政治哲學經典的學者劉小楓，過去被視為自由主義陣營之一員。在習近平時代，劉小楓搖身一變成為新納粹，是當代知識人華麗轉身、賣與帝王家的典型個案。

劉小楓認為，毛澤東如同華盛頓一樣，創建中華人民共和國並清除西方列強在中國的勢力；又如同林肯一樣，以韓戰奠定中國的「大國」地位，所以毛澤東是華盛頓加林肯的「新國父」。[4]劉小楓的「新國父」論述，讓誤以為他是自由主義者或

4　劉小楓在〈誰恢復了中國的「大國」地位？〉一文中指出，中國靠裝備低劣的志願軍在朝鮮半島擊敗技術精良、火力立體得超強的美軍而恢復自己過去的偉大形象。近二十萬中國年輕農民的生命為國捐軀，換來了彭德懷元帥一句名言：「西方侵略者幾百年來只要在東方的一個海岸上架起幾尊大炮就可以霸占一個國家的時代是一去不復返了。」這段話是歷史的肆意篡改，韓戰明明是北韓一方發動，中國被蘇聯利用參與其中。中國並未在韓戰中獲勝，韓戰的結果是讓北韓金氏家族的暴政維持至今，進而成為中國外交的一塊雞肋。發出那句豪言壯語的彭大將軍，在文革中被毛澤東凌虐至死。

基督教文化持燈人的讀者瞠目結舌。其實，從其人生及思想脈絡來看，也是一種必然——他在二十年前就提出「毛子」之說，將毛澤東與孔子相提並論。

劉小楓的「變臉」，乃是回歸其最本真的自我。他在西方謀求大學教職失敗，對西方產生舍勒式的怨恨；正如高行健獲得諾貝爾文學獎之後，心理嚴重受挫的北島不再相信未來，一邊咒罵紐約地鐵的骯髒，一邊回中國接受小朋友為其佩戴紅領巾。劉小楓宣揚古典教育，但他從未洞悉希臘和希伯來的「求真」和「求善」意志，他熱衷的以施密特為代表的德國現代極權主義。

劉小楓無法靠自己發明的理論撬動歷史，他口口聲聲反對西方卻還是要拿西方理論來「師夷長技以制夷」——「國父」的概念來自西方，他對毛澤東政治合法性的肯定，無非是當年德國法學家和政治哲學家施密特對希特勒統治合法性的肯定的翻版，日光之下無新事。如何評價毛，決定著中國未來的路怎麼走，評論人夏寒在《「國父」何以成為問題？》一文中指出：

> 劉小楓清楚地知道，對毛的評價並非只是一個簡單的歷史人物評價，一部分中國人把毛視為魔鬼，一部分則視為神明，這是中國人的精神內戰。這種精神內戰也並非宗教與政治分離之後，兩種宗教精神之間無關緊要的爭戰，它所涉及的是兩種政制精神的對決。

中共統治出現危機，其表現之一是其歷史敘事難以自圓其說。劉小楓意識到歷史教育的失敗，在〈新史學、帝國興衰與古典教育〉一文中對美國「新清史」及日本「全球史」及「東亞史」發起猛烈攻擊。「新清史」倡導者是美國研究東亞和內亞

史的史學家，「強調清帝國與眾不同的滿洲元素及其獨特性質，傾向於把清王朝描繪為一個有意識的多民族帝國」。日本學者平野聰在《大清帝國與中華的混迷》一書中進一步發揚「新清史」的思路，認為大清帝國不是「中國」，應稱之為藏傳佛教的「內亞帝國」。對於這些「異端邪說」，劉小楓以姚文元批判吳晗《海瑞罷官》的誅心筆法寫道：「日本講談社世界史的寫作主旨是……重新思考世界史的興衰，為日本的出路尋找歷史的內在動能。引進這套世界史的台灣八旗文化出版公司則不諱言，其目的是要讓所謂『台灣史』成為一個『全球史』概念，培植『新一代台灣人』產生『渴望融入世界』的願望──『全球史』成了『台獨』政治行動的工具。」日本和台灣思想界的脈動以及兩地之互動，預示中國將不再是歷史的壟斷者。劉小楓深知，如何敘述歷史即意味著如何定義自我，而這一切取決於你背後是什麼樣的觀念秩序，他對「精神汙染」和「史學反叛」比習近平還要緊張。

被奉為新左派盟主的汪暉，當然看不起劉小楓的「投誠」，他的文字比劉小楓更晦澀，讓讀不懂的大學生為之迷狂，這是學術界最荒誕的「皇帝的新衣」。不過，當論及關鍵的政治議題，為了讓「今上」及其身邊的人能讀懂，他也會用「雅俗共賞」、簡潔流暢的文風來表達，比如二〇〇八年發表的〈東方主義、民族區域自治與尊嚴政治〉一文。

汪暉的這篇數萬字的長文，針對「二〇〇八年三月十四日在拉薩、四川阿壩、青海藏區和甘肅藏區同步發生了騷亂……與此同時，奧運火炬在全球的傳遞剛剛展開，就在巴黎、倫敦、三藩市等西方城市遭到流亡的藏人集團和西方藏獨運動的嚴重阻撓」等事件有感而發。為了捍衛奧運聖火之神聖不可侵犯，為了捍衛中國對西藏主權之神聖不可侵犯，汪暉夜以繼日寫出這篇反擊西

方輿論的戰鬥檄文，也是繳給黨國的一張投名狀。

汪暉的文章比胡錫進有「真材實料」，他知道引用薩伊德的《東方主義》。他認為，西方政治家和民眾支持「藏獨」有三個原因：首先是西方有關西藏的知識深深地植根於他們的東方主義知識之中，至今沒有清理。其次是特定政治力量對於輿論的操縱和政治行動的組織。第三是對於西藏的同情混雜著對中國、尤其是經濟上迅速崛起而政治制度極為不同的中國的顧慮、恐懼、排斥和反感。「這三個方面不僅與民族主義相關，而且更與殖民主義、帝國主義、冷戰的歷史和全球化的不平等狀態相關。」如果薩伊德知道其理論被如此流傳誤用，一定會傷心欲絕──因為西藏人的處境比巴勒斯坦人的處境糟糕得多。薩伊德曾作秀式地到巴以邊境抗議並向以色列警察扔石頭，如果他到拉薩抗議並向中國警察扔石頭，後果將如何呢？

汪暉的文章通篇歷數中國對西藏的大筆投資、今日西藏經濟的飛速發展，以及昔日西藏的貧窮和「奴隸制」，譴責西方對西藏的同情和支持──「『西藏獨立』問題完全是近代殖民主義的產物」。然而，若按照此一思路，「中國獨立」豈不也是近代殖民主義的產物？

汪暉的創新乃是提出「多元一體」之概念，為中共的民族政策提供合法性和合理性解釋。汪暉強調：「中國的民族區域自治制度汲取了傳統中國的歷史資源，但也是全新的創造……從孫文到中國共產黨，他們都曾在民族平等的原則下追隨列寧的民族自決理論，但後來以不同的方式尋找適合中國的制度安排，試圖超越民族主義的政治模式。」看似新穎，卻還是新瓶裝舊酒：「費孝通所說的『一體』是指『中華民族』，它不但是指在幾千年的歷史過程中逐漸形成的自在的民族實體，而且也是指在近百年與

西方列強的對抗中，轉變為一個自覺的民族的政治實體。」這裡的常識性硬傷比比皆是，可見這位被新左派神化的大師跟被徐曉東打得遍地找牙的功夫大師一樣虛有其表：「中華民族」明明是梁啟超十九世紀末、二十世紀初流亡日本期間閱讀日本翻譯的西方現代民主主義理論後發明的新概念，哪裡經過「數千年的歷史過程」？藏人、維吾爾人、蒙古人以及若干被中國強行統治的少數族裔，各有其歷史和政治傳統，跟「內地」截然不同——汪暉不是剛剛在文章中批判西藏的「奴隸制」和神權統治嗎？

在文章末尾，汪暉露出其政治野心——這是一篇精心撰寫的奏折，是寫給中南海主人讀的：「在民族衝突頻繁的世界裡，中國少數民族地區的多族群共存狀態最值得我們珍視。探討中國社會『多元一體』現象，回顧社會主義時期的民族政策，就是要探討多樣性與一體性之間的辯證關係。我提出超越民族主義知識的問題，是因為只有超越這種知識的限制，才能發掘古典的和現代的智慧，為一種以多樣性為前提的平等政治提供理論資源和實踐的可能性。」在汪暉眼中，不會有自焚抗議的藏人和在納粹集中營升級版的「再教育營」中被折磨致死的維吾爾人，他們是「多元一體」秩序必要的犧牲品，不願與中國「一體」即使死路一條，如同希特勒眼中的猶太人一樣。

與劉小楓和汪暉及其理論相比，施展及其《樞紐：三千年的中國》的知名度和影響力小得多，卻更加危險，因為其具有七步追魂之劇毒。劉小楓和汪暉發出的是過氣人物的哀鳴，施展是任教於外交學院的年輕一輩學者，以磚頭一樣厚的《樞紐》展示出新發於硎的觀念發明和整合能力，必須給予足夠的重視與充分的批判。

施展以「樞紐」這個詞語及觀念來定義中國：「中國的體量

決定了，它天然是個世界歷史民族。」對「何謂中國」這一問題，他企圖「在規範性意義上」給出回答：「作為體系的中國，仿若世界海陸秩序的全息縮影，通過歷史的演化與現代的整合，凝為多元一體的共同體，並以其超大規模而獲得足夠的動能，打通內、外兩重秩序，將人類秩序聯為一體。」頗有毛澤東之氣魄，只需要將「數風流人物，還看今朝」改為「數風流國家，還看今朝」。

當「新清史學派」及東亞史、全球史論者，以及劉仲敬等人以「內亞」解構中國之際，施展反向而行，擴大中國傳統的天下秩序，將草原和海洋也納入其中，陸上的長城和海上的鎖國彷彿一夜之間消失得無影無蹤，中國的天下儼然是世界的天下。為此，施展不惜挑戰傳統史學中的正統觀念及漢族中心主義，比如論及宋遼分治時代時，他指出「大遼從帝國氣魄上，相對於轉向內向的大宋而言，更像是大唐帝國的繼承人」、大遼的首都南京析津府（北京）「為當時整個東亞世界的首都」。這一論述與陳寅恪的「華夏民族文化，歷千年之演變，造極於趙宋之世」大異其趣。施展對遼的肯定，絕不是認同遼之「非中國」特性，而是以更強勢的中國論述將遼「中國化」。他的變通乃至突破，乃是為了建構更龐大的中國──遼是中國，西夏是中國，金是中國，蒙古也是中國。這種「中國式邏輯」就是：如果你足夠強大，無論你是什麼族裔，你都可以被承認為正統，但前提是你必須被定義為「中國」，也就是你必須代表「中國」。

施展的「樞紐論」，是以學術包裝的「中華民族偉大復興的中國夢」，以及菁英版的《厲害了，我的國》。他在書中探討的是大歷史，更是中國如何「在實力、理想、制度三個層面完成自己的世界主義轉型」。儘管他也使用「自由」、「憲制」等基督

教文明和清教徒觀念秩序中的術語，但並不意味著他認同中國應當接受基督教文明——反之，他宣稱，美國若要「消化」中國的挑戰，必須「改變自己的文明樣式，改變自己的政治存在方式」。換言之，美國必須「中國化」才能在中國掌控的世界秩序中獲得一席存身之地。中國躍升為羅馬，降格為迦太基的美國必須聽中國之號令。

施展在使用「自由」、「憲制」這些術語時，是以中國秩序、中國利益（共產黨的統治及共產黨的利益）為前提，「中國經濟崛起對世界秩序的衝擊以及對中國自身的改造，帶來了普遍性憲制展開的可能」、「歸根結底，中國作為一個世界歷史民族，決定了，世界的自由將以中國的自由為前提」。他使用「自由」和「憲制」這些光明的術語只是虛晃一槍，他欣賞的是「法權」這個毛澤東和施密特用過的術語，這句話是其觀念秩序的風暴眼：「今天，實現了經濟崛起的中國，已經在用自己的力量深刻影響著世界法權。中國如何看待自己，將在深刻的意義上，決定世界如何向前演化。」中國的權力意志不受固有國界之限制，其「硬實力」摧枯拉朽，「擋我者死」。

重寫歷史的目的是控制未來。如此步步為營、鏗鏘有力的論述，絕非普通「小粉紅」可比擬。它讓人聯想到希特勒的《我的奮鬥》（《樞紐》更適宜的名字是《中國之奮鬥》，比蔣介石的《中國之命運》誘人得多）。施展的《樞紐》是一本堪比納粹思想旗手阿佛烈·羅森堡（Alfred Rosenberg）的《二十世紀的神話》的理論傑作：《二十世紀的神話》是《我的奮鬥》之前傳，羅森堡的理論為納粹屠殺猶太人和爭奪神聖空間提供了正當性與合理性。施展似乎實現了羅森堡在踏上絞刑架前的誓言：「思想上的偉大變革往往需要好幾代的時間才能順利完成。即便我方如

今已經死氣沉沉，但有朝一日還是會東山再起。」單單將「我方」由德國改成中國就大功告成。

中國的納粹化，首先是知識界的納粹化。思想的毒害比單個官員的貪腐後果更嚴重。羅森堡在一九三六年的日記中寫道：「至少有一件事是我滿意的，我已經貢獻了一己之力，把猶太人的背叛之舉給揭發出來了。」納粹宣傳部新聞處長漢斯‧弗里切（Hans Fritzsche）在受審時說，羅森堡是「坐在被告席上的所有人中，罪孽最深重的」，而美國檢察官羅伯‧傑克遜（Robert H. Jackson）則稱之為「『優等民族』思想上的大祭司」——施展、劉小楓、汪暉都在處心積慮地爭奪這頂光芒四射的冠冕，他們堅信「東方必勝」，一點也不擔心像羅森堡那樣被送上審判席和絞刑架。在思想觀念的戰場上，胡錫進、司馬南只是齜牙咧嘴的戰狼，施展、劉小楓、汪暉才是猛虎，至少他們自認為是猛虎。筆是可以殺人的，筆更可以當成「魔笛」吹奏，將千百萬人趕上戰場作為炮灰。他們心中的「優等民族」，不是雅利安人或日耳曼人，而是子虛烏有的「中華民族」；他們心中的「天下帝國」，不是德意志第三帝國，而是比之更偉大的「中華帝國」。

◎曾昭明的「天朝主義」批判和王飛凌的「中華秩序」批判

由於「野蠻崛起」時代中國嚴酷的言論環境，劉小楓、汪暉和施展等人鼓吹「天下主義」的黑暗論說，無人公開批評，官方為他們營造了完美的「一言堂」。但是，在自由世界，有力的批判仍可戳破其色彩斑斕的肥皂泡沫。

台灣學者曾昭明長期致力於批判「天朝主義」，從帝國邊陲向帝國中心發起狙擊。對於中國本土之外的知識人而言，反共是

常識；批判「天朝主義」，揭穿中華文化的深層結構和迷思，才是獨立而自由的知識生產的標誌。在曾昭明的「天朝主義」批判中，最見慧眼慧心的部分，是對以許章潤為代表的「天朝主義下的『中國自由派』」的剖析。

中國法學家許章潤因為嗆聲習近平而被中共當局以嫖娼之罪名居留七天，之後被清華大學開除。他與許志永、任強等人一樣，在中國及海外贏得「一士諤諤」之令名。在對許章潤幾乎一致的讚美中，曾昭明發現了若干令人擔憂的蛛絲馬跡。曾昭明針對許文〈中國不是一個紅色帝國〉指出，許文開頭發出了一個嘆息：「曾幾何時，大國崛起，文明復興，一手好牌，勢不可擋。」可見，對「復興帝國」的國家策略，許章潤並不反對，甚且極力支持，他反對的只是——「滿手好牌居然被打壞了！？」

以「儒家自由主義」自居（其實，從來沒有「儒家自由主義」，儒家本質上反對自由主義）的許章潤，與他的朋友秋風一樣，關心的是「華夏道術的起點和根本問題」，即「如何治理一個超大規模的共同體」，易言之，是「帝國治理的問題」——與希臘哲人如亞里斯多德討論的「城邦治理問題」是絕然不同的事物。用許章潤的話來說，是「撥轉華夏邦國重歸『立憲民主、人民共和』這一近代中國的主流歷史意識和政治意志」。曾昭明一眼看穿其花花腸子：「中國儒家自由派」迄今還是相信，中國可「走出帝制」而無需「走出帝國」。許公開反對「今上」習近平，反對帝制，似乎足夠進步（比起屈原和海瑞來），但其要害是：不僅不反對帝國，而且是「仁慈的帝國」的鼓吹者。而且，只要習近平回歸鄧小平「韜光養晦」路線，即便是踐踏法治的運動式「嚴打」（一九八三年，鄧小平在其發起的「嚴厲打擊刑事犯罪活動」中，槍決數萬人，很多人只是犯了輕罪，如跳貼面舞

之類的「流氓罪」），作為法學家的許章潤對法家式的「盛世重典」舉雙手贊同——中國盛產這種枉顧法治精神的法學家。

在中國，鼓吹「仁慈崛起」的許章潤比直言「中國做三百年殖民地才能實現現代化」的劉曉波更受歡迎。讚美許章潤而遺忘劉曉波，背後是中國文人和民眾怯懦本性的虛偽的愛國心。既然中國殘存的自由派知識界將牛糞當鮮花，那就只有讓台灣學人曾昭明操刀戳破此一潰瘍——許章潤以「讓自由主義說漢語」而自豪，這點是無需懷疑的。許章潤的文體風格，確確實實有著「崇尚古風」的帝國文人氣派（就連最優秀的漢學家都說讀不懂），合乎天朝學人的帝國美學品味，但其最終的產物，在外人看來，卻或許因而更像是某種心智上的怪獸，心性上的「利維坦」。換言之，許式風格的半文半白的漢語，只能承載天下秩序之論述，而與基督教文明中的憲政、自由、人權理念背道而馳。許章潤的最高理想，乃是回到「鄧治」，而「鄧治」無非就是傳說中路不拾遺夜不閉戶的貞觀之治或開元盛世。

許章潤的道路跟劉小楓、汪暉和施展的道路殊途同歸，正如鄧小平並不比毛澤東和習近平更心慈手軟，李世民與嬴政的相似之處遠大於相異之處。曾昭明的追問，恐怕是許章潤無法回答的：

天朝學人似乎相信，既然中國已經歷過「國家統一的馬基維利時刻」，經歷過「展現強大國家的霍布斯時刻」，當下要進入「呈現國家建設效用的洛克時刻」，自然將會水到渠成。許章潤急著要替「中華共和」的「第三共和」招魂。但這個「第三共和」，如何可能不重蹈覆轍？這個「第三共和」，如何可能不會走向俄羅斯式的「再帝國化」道路，使得民主化的過程變相成

為蘊生新的「威權帝國」的溫床？最後，如何確保這個「第三共和」，不會依然一路朝向「恢復帝制」狂奔而去，直到如同之前的王權帝國一般頓然崩解？

　　人們固然應當為許章潤的言論自由而呼籲，並肯定其肉身在中國國內和學院體制中卻敢於點名批評習近平的勇氣，但這並不意味著其文章和觀點就自然而然地正確。有時，批判者與被批判者享有共同的觀念秩序及精神、心靈秩序，批判者以為自己是獨立思想者，卻早已被困在如來佛的掌心之中，這是中國的批判者最大的悲劇——這個悲劇更甚於受到獨裁政權的直接迫害。

　　與曾昭明的「天朝主義」批判一樣，王飛凌的「中華秩序」批判，是海外當代中國研究中少見的亮點。中共的官方意識形態已從馬列主義毛澤東思想悄然轉換為中華秩序，或者說以馬列主義毛澤東思想為皮囊、以中華秩序為骨肉，而西方對什麼是中華秩序知之甚少。過去三十年擁抱熊貓派或馴龍派終於發現他們誤讀了中國。王飛凌的《中華秩序：中原、世界帝國與中國力量的本質》一書填補了此一空白，在中美對峙的當下受到美國政府的高度重視——五角大樓將此書與馬漢的《海權論》等其他六本經典名著並列，作為將官培訓課程的必讀書之一。研讀過此書的美國將軍，大概不會像二戰期間中國戰區總參謀長史迪威那樣輕易被延安的共產黨矇騙了。

　　王飛凌盤點了「韌性威權」時代屬於不同思想陣營的人士，如何在「野蠻崛起」時代「天下歸心」。比如，原來屬於自由主義陣營的學者趙汀陽直接推廣「天下主義」，宣稱天下世界觀完全不同於西方的民族國家世界觀，「天下」是單一的社會制度、思想體系、價值觀與行為規範，它使得中國「可以邁步向前，管

理整個世界」。留美回國的外交政策研究者秦亞青把復興的天下思想譽為針對西發里亞世界秩序的有力批判，和正當、合理而優越的替代理念。同樣留美回國的國際關係學者、清華大學國際關係研究院院長閻學通建構了基於中國古代「仁、義、禮」等智慧的一種「道義現實主義」國際關係理論，去超越西方的「自由、平等、民主」價值觀，並「德威並重」的引導中國以「更積極」的外交政策，獲得「更多的成就」。[5]

　　這些留學西方的學人回國後成為反西方的先鋒和塑造中華秩序的吹鼓手。此種情形，就中國而言，乃是從清末就屢屢出現的怪現狀；就其他後發展國家而言，亦是一種較為普遍的現象，比如亞洲和非洲諸國以反帝為號召奪權的獨裁者大都是留學西方的菁英。一方面說明現代西方的教育已喪失了清教徒觀念秩序的精髓，這些留學人員並未學到西方文明的根基，學到的只是支離破碎的、被左翼進步主義玷汙的西方的理論與技術；另一方面，也表明這些留學生回國後的不適應感和焦灼感，其抱負與實際地位

5　有趣的是，二○二○年四月三十日，財新網發表題為《對話閻學通：更多國家將同時選邊中美，改善外交要防止情緒影響》的長篇專訪，一向以鷹派示人的閻學通，居然主動為中國戰狼外交降溫，並否定親中派西方政客和學者的觀點。澳大利亞前總理陸克文（Kevin Rudd）稱，中美兩個大國的全球地位和領導力都在疫情期間遭到削弱；哈佛大學教授格雷厄姆·艾利森（Graham Allison）稱，如果美國不能在短期內有效控制疫情，中國很可能會進一步看輕美國，升高強硬處理台灣問題的動機。閻學通認為，陸克文的說法只對了一半：疫情弱化了美國的全球領導力；而中國原本就沒有全球領導力，一個不存在的領導力就不存在削弱和沒削弱的問題。閻又批評艾利森的說法存在邏輯問題：美國全球領導力弱化，並不必然意味美國在台灣問題上態度軟化。美國是加大對台灣的投入，而不是減少。閻也委婉地對中國當局提出意見：「疫情並沒有改變中國決策者們對西方制度的認識，只是強化了他們原先就有的對西方治理模式的負面認識。不過，這種認識的強化，並不必然導致正確的治理模式。」

的錯位使得其思想觀念不斷激進化，「五四」如此，當今也是如此。

　　王飛凌準確地預測到了習近平政權打造「中國夢」的企圖。習近平的「一帶一路」，不是「輸出革命」（輸出毛澤東思想、共產黨主義意識形態等），而是恢復中華秩序——中國是世界的中心，周邊國家不一定要仿效中國的制度模式，但必須承認中國的宗主國地位。

　　中華秩序與西發里亞現代民族國家體系是不能相容的，就如同老式手機不能運行只能在智慧型手機上運行的安卓系統。習近平重建中華秩序或中華霸權，不僅挑戰二戰後美國建構的國際政治經濟秩序——後毛澤東時代的中國過去搭了三十年該體系的順風車，已經不再滿足於無票乘車，而要推倒鐵軌修建自己的通往奴役之路；更是挑戰整個近代文明之共識和普世價值。這不僅是跟美國作對，也是與世界為敵，正如美國國務卿蓬佩奧指責中國在南海的領土聲索「完全不合法」——這裡的「法」就是構成西發里亞秩序的國際法。蓬佩奧指出：「美國和世界不會允許北京把南中國海當作其海上帝國。」南中國海不是屬於中國的海，正如波斯灣不是屬於伊朗的灣。習近平偏偏要假裝糊塗地望文生義。

　　王飛凌對中華秩序的有效性持負面評價。中華文明的「最好時期」，是中華秩序或衰弱不堪、或根本不存在的時期，而不是目前在中華人民共和國裡被錯誤而無知地、或虛偽而別有用心地美化與崇拜的那些秦漢式帝國。他的結論是：「建立中華秩序的國家主義中國夢，勢將給中國人民和整個世界都帶來一個大躍退。」中華秩序從未給中國人帶來自由、安全和富足，又怎麼可能拯救世界？

第三節　二十一世紀中國基督信仰的復興

◎中國福音的「井噴」及城市新興教會的出現

社會思潮和觀念秩序的背後是信念和信仰。當中共把中國拖向黑暗深淵之際，有沒有另一種力量將中國拖往光明的彼岸？

北京最大的家庭教會之一的錫安教會主任牧師金明日，用「井噴」一詞語描述基督教在當代中國的迅猛發展，以及對中國社會產生的影響。

一八〇七年，新教第一個宣教士馬禮遜來到中國，是為中國近代化的開端，也是以儒法為根基的中國天下秩序瓦解的開端。此一事件比一八四〇年的清英貿易戰爭（鴉片戰爭）更重要，因為觀念的衝擊比戰爭的衝擊更大。

馬禮遜來華七年之後（一八一四年），為第一個中國基督徒施洗。中國新教徒從零到一、從無到有的質變，花了七年時間。

此後，中國基督教經歷清末及民國三次反基督教運動（太平天國、義和團和非基督教運動）的衝擊，到了一九四九年，基督徒人數達百萬以上。從一到一百萬，花了一百三十五年時間。

一九四九年之後，中共政權對基督教的打壓日漸升級，文革期間上升到「敵我矛盾」。經過毛澤東時代二十七年的暴政，基督教不僅沒有被連根拔起，反而頑強地生存下來，尤其是在農村被很多絕望中的農民毫無保留地接受。以官方數字而論，一九八二年中共中央下發的《關於我國社會主義時期宗教問題的基本觀點和基本政策》（即十九號文件）指出，改革開放初期有六百萬名基督徒（包括新教徒和天主教徒）。即便面對殘酷的政治迫害，基督徒從一百萬增長到六百萬，花了三十三年時間，比

從清末到民國在相對寬鬆的社會政治環境中的發展速度更快。

在鄧小平時代或所謂改革開放時代，基督教的發展駛上快車道。一九九七年中國國務院新聞辦公室發布的《中國的宗教信仰自由》表明，當年中國有一千萬名基督徒。根據二○○五年中央人民政府門戶網站有關「基督教」的介紹，當時「我國信仰基督教的人數達一千六百萬」。二○一八年中國政府發布的第二部宗教白皮書《中國保障宗教信仰自由的政策和實踐》則承認，在中國已有三千多萬名基督徒。

西方學者和媒體所估計的中國基督徒的數字則更高。二○○三年，曾任《時代》周刊北京分社社長的資深記者和作家艾克曼（David Aikman）在《耶穌在北京》一書中評估，中國基督徒有八千兩百萬。他預計，在未來三十年，中國基督徒可能占總人口的百分之二十至三十，基督教世界觀將在中國政治文化領域內占主導地位。不過，他也承認：「中國究竟有多少基督徒，問題可能並不簡單。……實際上，沒有人知道確切情況。」

另一位西方學者蘭博特（Tony Lambert）在《中國千百萬基督徒》一書中認為，中國基督徒約有五千萬左右，此數字僅次於美國，「如果以現在的增長率繼續發展，那麼，將來的一二十年間中國將取代美國成為基督徒人數最多的國家」。但他也承認：「現在要對中國家庭教會的信徒作一個統計幾乎沒有可能。」

以博克林博士（Werner Burklin）為創始人的「中國夥伴」組織派遣人員到中國進行長達一年多的調查，訪談五千多人，得到的數據是，中國新教人數為三千九百萬。該調查發現，基督教發展的重心已從農村轉移到城市，「許多人說農村地區比城市有更多的基督徒，但我們驚訝地發現我們的調查並沒有證實這一點」。

由於中國並非卡爾・波普爾（Karl Popper）所說的「開放社會」，很難採取西方式的公開、科學的方式調查和研究基督徒人數，中國基督徒的真實數字始終是個謎。

　　不過，近二十年以來，中國官方的研究機構和大學，以及西方的學術機構，小心翼翼地採集涉及宗教信仰的調查資料，例如中國綜合社會調查、世界價值觀調查、中國居民精神生活調查、社會科學院世界宗教研究所的基督教專項調查等，拿出了一些頗具參考價值的信息和數據。

　　根據北京大學中國社會科學調查中心執行的全國性、綜合性、追蹤性的社會調查項目「中國家庭追蹤調查」的數據顯示，二〇一六年中國基督徒的最高規模為三千九百九十七萬人，其中既有「公開的基督徒」，也有「隱藏的基督徒」；既有「虔誠的基督徒」，也有「名義上的基督徒」。

　　美國普度大學「中國宗教與社會研究中心」的研究顯示，二〇一六年，自我認同為基督教信仰者的最多有三千三百萬人，其中信仰基督新教的有三千萬人，信仰天主教的有三百萬人。其報告是基於中國零點研究諮詢公司所做的「中國人精神生活調查」而做出的。該調查按照嚴格抽樣要求，在中國全國範圍內抽取七千多個調查樣本進行面對面的入戶問卷調查。

　　綜合以上各組數據，較可信的中國基督徒的數量為三千萬至四千萬，最近二十年來，每年平均增長兩百萬人左右。在兩千年的基督教歷史上，就單一國家之內基督徒的增長而言，是非常驚人的數字。博克林指出：「我認為中國教會的發展速度在教會史上要高於世界其他任何地區。」

　　比起數字來，更關鍵的是「品質」。「品質」包括兩個部分：一是信徒信仰的虔誠程度；二是信徒的社會影響力——信徒

是否成為「世上的光」和「世上的鹽」，進而成為具有社會影響力的群體。進入二十一世紀以來，中國基督教的發展出現了一個令人振奮的現象，即城市新興教會的出現。

現代化的重要標誌是工業化和城市化。自上世紀八〇年代以來，中國的城市化迅速展開，超過五億人口由農村進入城市，農村人口降低到總人口的一半以下，這在世界史上是規模空前的人群的生活空間、生活方式的轉變。

此前，中共奪取政權的祕訣是「農村包圍城市」；當下，中共這個「農民黨」不得不接受「城市超越農村」之現實，並探索如何治理城市。這種社會結構的演變，使得城市基督徒的數量和影響力迅速超過農村基督徒。

中國是一個兩千年一以貫之的農業社會和農業文明，東方專制主義是農業社會和農業文明孕育出來的觀念秩序。如果小農的生產結構和東方專制主義的觀念秩序及精神和心靈秩序不改變，即便基督教進入中國農村，也會被扭曲成具有儒家化或各種民間宗教特色的基督教，而無法演繹出整全性的清教徒生活方式、觀念秩序。

從基督新教五百年來推動英美文明進程的歷史來看，基督新教是一種締造城市文明和近代化的信仰和觀念秩序。如果中國的基督徒和教會的數量足夠多、影響力足夠大，基督新教及其觀念秩序必將在中國城市化和現代化中扮演關鍵角色。在此過程中，新型城市教會所持守的信仰和觀念秩序，必然與中共的官方意識形態——暴力革命的馬克思主義和毛澤東思想以及實用主義的鄧小平理論，其背後都是無神論和唯物主義——發生不可調和的衝突，也必然挑戰延續至今的儒法互補的皇權專制傳統，對舊有的社會結構和觀念秩序帶來全方位觸動、衝擊和顛覆。

新型城市教會，以溫州教會和北京教會為兩個典型，分別代表兩個具有部分英美清教徒觀念秩序的基督徒群體。他們都是城市中產階級。

溫州教會的主體成員，是以個體經營和民營經濟為基礎的商人、企業家、經理、董事和有股分的職工教徒主體，俗稱「老闆基督徒」或「商人基督徒」。北京教會的主體成員，則是以各類受過高等教育的專業人士為主體，包括教師、記者、律師、醫生、外企員工、藝術界人士和大學生等群體，可稱之為「知識分子基督徒」。

浙江大學「基督教與跨文化研究中心」主任陳村富長期研究浙江基督教會，發現浙江教會出現了「新型基督徒群體」——同現代化和市場經濟相聯繫的，活躍在現代中國的城市和城鎮、港口的，有教徒身分的企業主、公司經理、老闆、雇等。這個群體是現代生產方式和經濟活動的產物，同市場經濟有必然聯繫；接受同新型經濟關係相適應的關於基督教義和神學的解釋和觀念，摒棄此前基要派教會的「教徒不許經商」、「教徒不可發家致富」、「教徒不可當老闆」等舊的觀念。同過去普遍存在「三多」（婦女多、文盲多、老人多）的鄉村教會和鄉村基督徒不同，這一群體的基督徒文化水平較高，年紀較輕，男女性別比較平衡。他們財力雄厚，是當今建新堂點、發展教會慈善事業的支柱。他們見識廣，思路開闊，活動能量大，社會聯繫廣，足跡遍布全國，甚至走出國門遍及全球，到了哪裡就將生意做到哪裡，也將教會建到哪裡。他們嘗試在教會內部推行民主管理。龍崗、平陽、溫嶺等地的若干教會都由教眾選舉產生領袖。龍崗某教會以街巷為選區，每三十名教徒選一名代表，由選出的一百二十九名代表推舉六十九名候選人，從中選出三十七人組成堂委會，再

從中選出十三名執事和十五名堂務常務。這種多層選舉、直接選舉和間接選舉相結合的方式，猶如聯邦制的美國的選舉。

陳村富呼籲當局對此類城市新興教會和新型基督徒群體「在政策上要慎重對待，切不可簡單從事」。但從二〇〇八年以來尤其是二〇一二年習近平執政以來，中共加大對教會的迫害，浙江開展拆教堂、拆十字架、官員進教堂監督的運動。這是中共感覺到商人基督徒雄厚的經濟力量對其構成相當威脅，採取「進攻式防禦」之手段。另一方面，中共在經濟政策上也實行國進民退、打壓民營經濟。在此兩方面壓力之下，溫州教會和浙江新型基督徒的處境堪憂。

北京教會自二〇〇〇年之後發展迅速，中共對首都的嚴苛控制並未阻止此趨勢。在二十一世紀頭一個十年，我本人是北京教會爆炸性發展的見證者、參與者和記錄者。二〇〇一年，我與諸多基督徒同工一起創建了從查經班、團契發展而來的方舟教會。這個僅有數十人的小型教會，一度成為中國式「不從國教者」及持不同政見者的心靈家園。方舟教會並非有意成為宗教或政治異議者為主體的教會（它的一半以上會友跟其他城市新興教會的基督徒一樣，只是普通的專業人士），但它在無意之中經由磁鐵效應、酵母效應和馬太效應，吸引了很多不被其他教會接納的基督徒和慕道友：比如維權律師、調查記者、「六四」屠殺傷殘者、上訪村的訪民以及西方媒體的記者等。因此，方舟教會屢次受到警察打壓和衝擊。

如果說方舟教會是北京小型教會的代表，那麼守望教會就是北京大型教會的代表。守望教會擁有數千名會友，二〇〇五年由十幾個小組型家庭教會合併而成，隨即租借辦公樓的場地進行禮拜聚會，邁出從「家庭」（公寓）到「寫字樓」的聚會空間的轉

變。聚會空間的轉變意味著教會的公共化，也帶動教會管理和組織形式的升級。守望教會制定嚴謹的規章制度，其財政和行政皆民主而公開。其主任牧師金天明早先畢業於清華大學，其長老有大學教授、出版社資深編輯等。二〇〇八年，警察直接衝擊守望教會的禮拜聚會，進而破壞教會與業主簽訂的租約，非法廢止教會購置房產的合同。守望教會被迫實行戶外崇拜，牧師及諸長執均遭長期非法軟禁。守望教會事件是當代政教衝突的縮影，至今教會與政府仍處於拉鋸之中，教會被迫分散為小組形式存在。

溫州加北京，經濟力量和知識、文化力量的結合，是未來城市新新興會再上層樓的重要策略。中共正是看到這一點，同時出重手打壓溫州教會和北京教會，並強力阻止兩者的結合。

在城市新興教會中，有一部分在教義上遵循喀爾文主義及清教徒神學，在組織建構上實行共和制的長老教會模式，其會友也有意識地承擔起基督徒的文化使命，這是新教進入中國兩百年來最振奮人心的訊號。如果這部分教會和基督徒率先將清教徒觀念秩序、精神和心靈秩序與英美保守主義的政治哲學融會貫通，用上帝的公義和仁愛，而不是用暴力革命，來改變中國，那麼這一次的改變將與此前所有的改朝換代截然不同。

◎未來中國有可能成為美國式的「基督教國家」嗎？

在西方進入「後現代」的今天，有人說「後現代」意味著「後基督教時代」。然而，美國及全球範圍內持久而強勁的基督教的復興，讓社會學家彼得・伯格（Peter L. Berger）修正了其理論：「我和大多數其他宗教學家在二十世紀六〇年代就世俗化所寫的東西是個錯誤。我們的潛在論述是說世俗化和現代性攜手並

行。越現代化就越世俗化。……但是它基本上是錯誤的。今日世界上大部分國家確實是富有宗教色彩而不是世俗化的。」宗教議題仍是很多國家的核心議題，很多國家仍是「基督教國家」。

這裡所說的「基督教國家」，並非以基督教為國教的國家，而是基督教觀念秩序、精神和價值在政治、經濟、文化、法律、教育各方面具有決定性影響的國家。美國是西方世界中「基督教國家」之典範。

據美國國務院國際資訊局公布的調查報告顯示，美國十個成年人中有八人屬基督教教會或教派，新教徒占成年人口的微弱多數（百分之五十一），天主教徒約占百分之二十五。皮尤研究中心在二〇〇五年的「政治類型」民調中發現，美國有百分之七十一的人認為美國是個基督教國家。

美國是由一個清教徒和天路客創建的國家。戴德理（Wright Doyle）牧師指出，數百萬人湧入新世界，是因為他們相信在那裡能享有完全的宗教信仰自由。「公正、自由以及生命安全是建立在敬畏上帝和喜愛祂的律法之中。大覺醒和之後許多其他的復興運動，尤其是十九世紀的『第二次大覺醒』、一八五八到一八五九年的復興，以及一九七〇年代著名的耶穌運動，都改變了個人的生活和整個社會的生活。」美國政治和法律制度的根基，是以喀爾文主義為主體的新教精神——

對上帝話語的信念，造成一個本於法律的社會，而非本於大權在握的領導人反覆無常的想法。對人罪性的體認，導致一個權力畫分的政府，使得獨裁暴政的機會微乎其微。承認神是創造者以及人是按照祂的形象所造，激發了對每個人的生命和權利的尊重，使美國成為全世界的自由模範。

在美國，自由與信仰具有不可分割的關係。埃德蒙・伯克在英國議會發表的《論美洲和解的演講》中指出：「宗教每每是活力之源，在這個新的民族身上，宗教是毫不見破敝、毫不見損傷的；他們申明信仰的方式，也是這一自由精神的主要根源。這裡的人民是清教徒；這個教派，最反感於對心靈與思想的暗中壓服。其信條不僅是贊同自由的，更是建立於自由的基礎上的。」托克維爾強調：「我以為人若是沒有信仰，必是受治者；人要自由必須有信仰。……在美國，宗教從來不直接參加社會的管理，但卻被視為政治設施中的最主要設施。……美國人在他們的頭腦中，幾乎把基督教和自由混為一體。」

華人世界長期流行一種錯誤觀念，這就是「政教分離」。實際上，「政教分離」是對英文「separation of state and church」的嚴重誤譯。這個英文句子的直譯應該是「國家和教會分立」，或更恰當的譯法是「國家機器和教會並列」。「政教分離」的誤導性很強，因為本來的英文裡既沒有提到「政治」（politics），也沒有提到「宗教」（religion）。它的意思不是政治和宗教絕對分離，而是國家機器對宗教機構（教會）沒有權威，不予干涉；同樣，宗教機構（教會）也不應當成為國家機器的一部分，不應擁有公權力。而「政教分離」的誤譯，投合了華人社會和華人教會中盛行的絕對「聖俗二分」的錯誤的神學觀念和偏狹的世界觀，故而迅速流行。

很多人會不假思索地脫口而出：美國憲法《第一修正案》規定了「政教分離」的原則。真是如此嗎？仔細考察美國憲法《第一修正案》的原文是：「國會不得制定法律，來確立或禁止某種宗教；也不能限制言論、出版自由；也不能限制抗議政府不公而集會請願的權利。」該修正案於一七九一年制定，同時制定的法

律還有構成《權利法案》的另外九項修正案。

《第一修正案》的起草者是美國憲法之父和第四任總統詹姆斯·麥迪遜（James Madison）。他敏銳地認識到，歐洲的宗教差異導致幾個世紀的暴力衝突，對宗教自由的限制以及政府建立統一宗教的做法，侵犯了個人的基本權利。他相信，宗教信仰在政府保護個人宗教自由但不明確支持特定教派和宗教組織的環境中最能繁榮興盛（由此方能形成「宗教市場」）。這兩個目標構成了《第一修正案》中有關宗教條款的基礎。

美國的建國者們承認美國是建立在清教徒觀念秩序及精神、心靈秩序之上的共和國，並積極以此影響、塑造政治制度和社會生活的各個方面。他們反對聯邦政府以某一宗教或教派為國教，使得其在國家政權的支持下具有壟斷性地位——當時，每一個共和國（自治領）都以新教的某一教派作為「準國教」，在聯邦政府層級不可能強行規定某一教派為國教。

美國是建立在基督新教之上的國家，以及承受上帝之「天命」的「山巔之城」——美國總統就職典禮上，手按聖經宣誓並由最高法院首席大法官監誓；在美元上，有「我們相信上帝」的字樣。另一方面，美國也是充滿活力的宗教市場，基督教各個教派在此宗教市場上自由競爭。充滿活力的教會為國家提供了捍衛憲法的、具備「公民美德」的共和國公民。

那麼，未來的中國有沒有可能成為美國式的「基督教國家」，或者說清教徒觀念秩序成為中國的「公民宗教」？這是一個值得期許並值得為之而奮鬥的願景。

可以設想，如果未來的中國將不再是儒表法裡、「秦制」、天下秩序的中國，更不是馬克思主義、毛澤東思想為官方意識形態、共產黨一黨獨裁的中國，而是一個疆域退回明帝國「內地

十三行省」為主體的聯邦或邦聯模式的國家（圖博、東突厥斯坦、滿洲、台灣、香港均取得獨立國家地位；「內地十三行省」或地理－歷史－文化單位以公民自決的方式決定加入或退出此一聯邦或邦聯）。在這個「小而美」的、現代化且民主化的中國，需要一種與之適應的觀念秩序及精神、心靈秩序——傳統文化（儒、法、道、佛及民間宗教）和共產黨文化都已被證明不具備重建中國的能力，而促成英語國家繁榮富強、民主自由的清教徒觀念秩序及精神和心靈秩序乃是最佳選擇。

有人認為，中華文化具有強烈的排外性，基督教不可能成為主流宗教，清教徒觀念秩序不可能成為華人普遍接受的價值體系，中國更不可能成為基督教國家。但是，華人其實並不固守其文化傳統乃至國家認同，華人最具現實主義和功利主義考量，從「高等華人」送孩子到哪裡唸書及移民到哪裡，就可看出其「趨利避害」之本性，以及在其心中哪裡是天堂、哪裡是地獄。

二〇二〇年春，亞非銀行和財富研究公司新世界財富（New World Wealth）共同發布了一份《二〇一九年全球財富遷移報告》。該報告指出，二〇一八年中國移民海外富豪人數再破紀錄，有一萬五千名富豪移民，同比增長百分之五十，排名全球第一，比排名第二的俄羅斯高出一倍。最受富豪歡迎的移民國家前五名，依次是澳洲、美國、加拿大、瑞士及阿聯酋。

以研究中國財富為主的胡潤機構發布的《奢侈品消費者調查》顯示，百分之六十四的千萬富翁已移民或正準備攜帶家產移民，美國是最受青睞的目的地。報告指出，三分之一的超級富豪，即資產達到或超過一千六百萬美元的富人已移民。美國全國廣播公司（CNBC）援引專家分析稱，這些富人移民主要為了保護其財產、健康和家人。美國投資協會的約瑟夫（Peter Joseph）

表示：「不論是考慮到政局不穩，還是缺乏教育機會，或者是城市環境汙染等等，如果把這些因素聯繫到目前中國的財富狀況的話，有些人想要尋找這些機會確實是有道理的。」中國富豪和權貴移民的目的地，大都是英語國家和奉行清教徒觀念秩序的國家——他們並不傻，他們知道如何辨別善惡香臭。

中國人的愛國主義和民族主義是偽裝出來的，中國人知道「水往低處流、人往高處走」的道理。無法離開中國卻又無力改變大環境的人們，只好竭盡所能改變身邊的小環境。媒體人劉維尼指出，每一個獨裁者都會喜歡大部分中國人的習性：奶粉不好就海淘（海外代購）；大米不好就出國買；霧霾來了就戴口罩，加裝新風系統；自來水不安全就買瓶裝水；教育不好就送孩子出國留學；疫苗是假的就打進口的；汽油漲價就前一天排隊加油；癌症高發就投資養生；社會充滿戾氣就處處設置安檢，火車站、地鐵、醫院、政府機構……聰明才智用在有限的苟且營生中。中國人當然願意中國變得像美國那樣美好，但很少有人願意為此付出努力和犧牲——乃至像劉曉波那樣獻出生命。

中國的權力階層口頭上不承認美國的美好，卻悄悄將兒女和財寶送到美國；可憐的是被官方宣傳機構洗腦的愚民，以為美國人生活在水深火熱中，以嘲諷和咒罵美國為生活中唯一的樂趣；比較明白「西方的月亮真的很圓」的知識階層，則承認美國政治經濟均優於中國，卻不承認美國之所以美好，是因為美國的制度奠基於聖經之上，多數美國人遵循聖經的教導生活——中國知識階層對基督教的敵意很深，只喜歡吃美味的果子，卻不知道樹上之所以結出好果子來，是因為扎根在好土壤裡面。

如果要將中國建設成「高等華人」的移民目的地國那樣的「好國家」，唯一的方式就是先顛覆中共之暴政，然後引入清教

徒觀念秩序及精神和心靈秩序，以此完成對國民性和民情的改造
與更新。這兩個步驟缺一不可。只有先完成這兩個步驟，民主政
治和自由經濟才有可能順暢運行。

第四節　中國建立清教徒觀念秩序之前瞻

◎基督教保守主義為何在華語觀念場域中缺席？

進入二十一世紀，人類文明中面臨新一輪如同《魔戒》和
《冰與火之歌》中善與惡、光明與黑暗之對決。簡言之，就是
清教徒觀念秩序與其他三種觀念秩序之對決──伊斯蘭教觀念秩
序、中國的混合型天下或天朝秩序、形形色色的左派觀念秩序。

在這場對決中，美中的對峙是最重要的一個環節。美國司法
部長威廉‧巴爾在福特圖書館的一場演講中指出，中共發動了一
場觸角遍及中國政府和社會每一個角落、精心策畫的行動，來利
用美國社會的開放性，其目的是摧毀美國。中共用鐵腕統治著世
界古老文明之一，它試圖利用中國人民巨大的力量、生產率和創
造力來推翻基於規則的國際秩序，讓獨裁安身於世界。美國如何
回應中國共產黨的全球野心，關乎美國和世界的命運，將帶來歷
史性的後果，並決定究竟是由美國及其自由民主盟國繼續塑造自
身的命運，還是由中共及其專制朝貢國來掌控未來。

這是一個歐威爾式的「天問」。在這個歷史轉折關頭，華語
教會當何去何從？是成為行將就木的共產黨中國的殉葬品，還是
幫助美國守護自由世界、推翻共產黨之暴政並以上帝的秩序重建
中國（諸夏或東亞獨聯體）？若是後一種選擇，華語教會必須

形成強有力的基督教保守主義和清教徒觀念秩序。[6]在「韌性威權」時代的八種社會思潮中，沒有基督教保守主義一席之地；在「野蠻崛起」時代批判「定於一尊」的天朝主義和中華秩序的，為非基督徒的學者和公共知識分子如曾昭明、王飛凌等人。這種缺席和沉默，是教會界和基督徒知識分子的失職。

以香港而論，香港是華人世界基督徒比例最高的地區，據「香港教會更新運動」的調查，香港基督徒人數為三十萬左右，占總人口的百分之五。香港的教會醫院、教會學校及有教會背景的各類文教和慈善機構、非政府組織等，數量龐大、影響不容小視。這是英國殖民統治時代遺留的最優質資產。但是，一九九七年香港「回歸」之後，其自由和法治不斷遭到中共及其代理人之侵蝕，二〇二〇年由全國人大強行通過對香港的國安立法。香港民眾奮起抗暴，教會界有天主教前樞機主教陳日君、基督教牧師朱耀明（朱耀明為「占中三子」之一，戴耀廷與陳健民均為基督徒知識分子）等挺身而出、站在民主運動前列。一群基督教少年軍成員在香港基督教媒體《時代論壇》發表題為《堅守基督使命，展現信仰精神》的宣告和呼籲，他們表示：「我們是一個高舉真理、堅守誠實公正的隊伍；在面對不公不義的時代，我們更必須勇敢守護真理，無畏無懼的說真話，以無私捨身的精神，作好『撒瑪利亞人』」。有這樣一群少年人，中共不可能征服香港之人心。不過，也有若干基督教宗派、教會、機構對中共暴政和警察暴力保持沉默，甚至為當權者的不義政策背書。另一方面，

6　以廣義的華語教會而論，東南亞、北美和歐洲的海外華語教會及基督徒社群，基本上是淺碟式的移民教會，兼有少數族裔的文化沙龍之特質，缺乏觀念秩序層面的深邃思考及有影響力的基督徒公共知識分子群體（僅有保存火種意義上的零星個體），所以此處討論的華語教會以香港、台灣和中國本土為重點。

在社會抗爭運動中，香港基督徒抗爭者較少從清教徒觀念秩序中汲取資源，反倒有不少人引入拉美的帶有馬克思主義色彩的「解放神學」，此做法無疑是飲鴆止渴。

以台灣而論，從李登輝時代啟動民主化至今，台灣的民主轉型基本完成，人權保障和基本自由初步落實。但是，台灣在觀念秩序、精神與心靈秩序層面的更迭仍未完成。高度認同儒家倫理的人士占據社會中上層位階，對西方文化尤其是基督教精神一知半解乃至南轅北轍。佛教和各種傳統民間宗教充斥平民階層：台灣新興佛教團體依附權貴且明顯親中，並無原始佛教中的反抗精神；諸多民間宗教信仰為「巫術宗教」，台灣史學者李筱峰指出，這種「交替神主義」與功利主義的信仰投射到政治層面，更使得政客與神棍結合，危害到民主政治的發展。以基督教而論，大部分國語教會及機構長期依附於國民黨，當國民黨投靠共產黨成為其「隨附組織」之後，他們甘願做「奴才的奴才」，對中共迫害主內肢體的惡行不聞不問。信徒人數占據台灣基督徒一半左右的台灣長老教會，在過去的民主化中曾發揮關鍵重用，如高俊明牧師發表振聾發聵的《國是聲明》。但台灣民主化之後，長老教會的社會影響力急劇衰退，且被自由派神學侵蝕，未能對喀爾文神學及清教徒觀念秩序作出廣泛深刻的闡發，並以先知的角色引導台灣社會未來之走向。

以中國本土而論，新教入華兩百年，中國教會形成了一種自我封閉與被迫封閉的傳統，很多教會和基督徒以疏離於主流社會和反智主義為榮。教會始終是「邊緣的存在」，甚至是「隱蔽的存在」。其原因在大致有五個方面：

首先，近代以來，西方主流教會逐漸喪失了清教徒觀念秩序這一思想武器，無法及時並強有力地回應種種外部挑戰，乃至

被逐出教育和大眾傳媒這兩個重要領域。與此同時，入華的西方傳教士，很多人雖然具備了一定的神學訓練基礎、高尚無私的人格特質、傳教的熱忱和激情，但在其成長背景中，西方基督教文明已受到十八、十九世紀的進步主義、理性主義、科學主義等左派意識形態之腐蝕。他們對聖經的理解以及用聖經去分析社會政治問題時候，不自覺地偏向左派觀念。他們的人性論傾向於「性善論」，由此對中國人及其儒家文化硬核產生美好的想像，將中國樂觀地視為暢通無阻的宣教市場（用基督教術語來說是「禾場」）。在宣教策略上，或以鴕鳥政策迴避政治經濟議題並走向「只傳福音，不問其他」的基要主義、神祕主義；或與新思潮融合而走向社會福音派（尤其是基督教青年會、女青年會等組織），其極端狀態就是走向「社會」壓倒「福音」的「不信派」。以十九世紀晚期的西方來華宣教士而論，戴德生較接近前者，李提摩太較接近後者，他們都不具備整全的清教徒觀念秩序，在中國所傳的福音是片面和有偏差的。這也使得他們無法對政教關係和中國的政治現實做出清晰的判斷，更對中國近代以來的幾次重大政治轉折尤其是共產主義的興起無能為力、步步退卻。共產黨奪取政權之後，一百多年的西方宣教工作遭遇頓挫。

其次，如同明清時期利瑪竇等入華天主教傳教士的「儒化」策略一樣，新教在中國傳播、發展的過程中自覺不自覺地經歷了「儒化」的過程。儒家強大的同化力，如硫酸一樣腐蝕各種外來的思想文化和宗教信仰。在處理與世俗政權的關係時，「儒化」基督教首先表現為對權力的妥協和順服，為此不惜對聖經真理斷章取義，取消上下文之語境而單單摘取「順服掌權者」這一句經文，國民黨時代順服國民黨，共產黨時代順服共產黨。而在教會內部，則形成等級森嚴的儒家式家長制（比天主教和聖公會的主

教制對權力的壟斷更為徹底），牧師或長老宛如高高在上的「君父」（屬靈意義上的父親權力更大，不僅控制人的身體，還要控制人的靈魂），要求所有會眾無條件服從，不得有任何異議，不得有民主管理教會的訴求。這種「儒化」的另一種表現是，社會上已部分解決的男女平等問題，在華人教會內部卻經由神學和教義包裝而形成赤裸裸的、理直氣壯的女性歧視，這種性別歧視在很多「屬靈偉人」身上亦相當嚴重，看他們如何對待女性就可看出骨子裡還是重男輕女的士大夫。有的教會居然明確規定，女性可承擔某些執事之職分，卻不能享有執事之名分，最多只能被任命為「副執事」。華人教會更是一致包庇犯有性侵罪行的牧師，此類犯罪嫌疑人即便被公開揭露，居然還被諸多教會邀請上台講道。教會的人權意識居然低於社會的平均水平。

第三，基督教進入中國之後，迅速蛻變成教會史學者連曦所說的「中國民間基督教」。基督教必須面對近代中國苦難深重的現實，底層民眾是社會苦難的最深切的體會者和承受者，也是擺脫苦難最為熱情的尋求者，他們會選擇最能幫助他們擺脫苦難、獲得拯救的宗教。於是，持末世論觀點、帶有靈恩派色彩的基督教，最容易與民間文化中的「劫難」觀念對接。雖然五旬節派直到一九〇八年才在中國建立第一個基地，但很快通過真耶穌會、耶穌家庭及一九二七的山東大復興，使五旬節教派的靈恩色彩成為中國民間基督教的主要特徵。連曦進而指出，持末世論的地下教會成了一塊磁鐵，吸引著失意和不滿的社會邊緣，它吸收民間宗教或被民間宗教所吸收而不是取代它。中國的民間基督教一般都逃避政治活動，遠離政治權力的中心。學者劉志軍在研究山西平陸縣張店鎮居民的信仰狀況時的觀察印證了連曦的論點：當地許多基督徒的信仰受到傳統民間信仰的影響與制約，基督信仰

被高度實用化和功利化。許多人到教會為尋求醫病趕鬼、發財致富的機會,神祕主義在教會盛行。同時,教會從不介入政治事務(如村委會選舉、鄉人大代表選舉等),不少信徒表現出比一般人更消極的態度。信徒對政治事務的淡漠導致這部分人形成政治上無為的團體。此一情形在廣大鄉村教會中頗具普遍性。

第四,即便是城市教會和城市基督徒,也不願處理政治、經濟議題,用「屬靈話語」將基督信仰「真空化」。二十世紀上半葉對教會影響巨大的「三巨人」王明道、宋尚節和倪柝聲,他們的見證和著作基本不涉及信仰與政治、經濟、文化、法律之關係,也看不到對思想界的論戰、黨派的鬥爭的回應。王明道熱衷於道德自律,深受儒家影響,認為「耶穌是救主,孔子是老師」,對國民黨、日本人和共產黨的統治不作評論。布道家宋尚節以瘋子式的癲狂認罪表演為特徵,抒發人們壓抑已久的痛苦,有點類似於美國大復興時代的奮興布道家。倪柝聲是二十世紀唯一建構起中國化神學體系的基督教領袖,將神祕主義與末世論相結合,創建了被成為「小群」的本土教派;他又具有企業家的才華和科學家的專業知識,興辦若干成功的化工企業,但他從未論述過韋伯的話題——新教倫理與資本主義精神。這些教會領袖不具備用「屬靈語言」之外的表達方式闡明信仰的能力,更不具備從聖經真理出發反駁共產主義意識形態的政治神學的知識儲備和論述能力,當共產黨先在思想上征服國人,繼而以武力席捲天下之際,他們只能瞠目結舌、作壁上觀。倪柝聲的信徒中相當一部分是國民黨人,他是親國民黨的,但他最激烈的「反共」舉動居然是在解放軍快要渡江時,禱告祈求上帝讓解放軍淹死在長江中。此禱告沒有應驗。這是一場觀念秩序與觀念秩序的鬥爭,如果基督徒喪失其觀念秩序,無論禱告如何悲戚,也只能迎來慘痛

的失敗。

第五，一九四九年中共政權建立之後，社會制度發生劇變，極權政府致力於消滅民間社會，民國時代宗教信仰相對自由的狀況被終結。中共以馬克思主義、毛澤東思想為主流意識形態，對包括基督教在內的各種宗教採取打壓乃至消滅政策。韓戰爆發後，一部分教會被納入到官方的「三自會」體系之中，成為喪失基督信仰之真諦的行屍走肉，比以色列滅亡之後的被擄的教會還要不堪。另一部分「不從國教者」，以家庭教會的形式繼續存在，他們不得不處於地下狀態，艱難地維繫基本信仰（文革高潮期間，大部分基督徒連最基本的敬拜和聖禮都難以維持）。而上世紀八〇年代以來，隨著官方宗教政策的調整和放鬆，家庭教會以某種「半地下半地上」的狀態迅速發展。但是，很多家庭教會滿足於此種夾縫中生存的處境，「非公共化」成為自我保護的生存策略，它們並不積極尋求信仰的公開化，也不願成為「上帝之城」中的「地上教會」，他們甚至反過來指責那些追求公義和公開化的教會和基督徒是在「搞政治」並刻意與之畫清界限。當下教會面臨的最大問題是神學的貧弱和混亂，以及世俗化的衝擊（教會對底層民眾而言充當精神麻醉劑，對中產階級而言則是心理咨詢師兼社交沙龍），教會人數雖迅速增長，卻處於某種「理性上被斬首」和「政治上無能」的狀態——很多人唯一關心的社會議題是反對同性戀婚姻合法化（同性戀似乎是他們唯一沒有犯過的罪，所以他們譴責同性戀的時候可以理直氣壯），而中共的一黨獨裁的政治現實反倒成了彼此心照不宣、假裝沒有看見的「房間裡的大象」。

近年來，在城市新型教會興起的過程中，基督教保守主義或清教徒觀念秩序缺席的狀況正在得到改變，教會正被社會各個階

層所看到、所感知到。很多教會與也具有基督徒身分的維權律師群體建立聯繫，積極用法律手段捍衛宗教信仰自由和教產；很多教會辦網站、編刊物、印刷和傳播小冊子，如宗教改革時代的改教家一樣將信仰「傳」出去；很多教會支持基督徒的藝術創作，華人教會或基督徒中已經湧現出具備相當水準的基督教音樂、基督教繪畫及基督教文學作品。喀爾文的《基督教要義》及清教徒時代的各種信條、要理問答等被愈來愈多的信徒和教會研讀，世界不再是聖俗二分的而是整全的「天父世界」，基督徒可承擔「治理全地」之使命，如華裔牧師、學者劉同蘇所論：

　　城市教會所開始的公開化，開闢了一種途徑或者形成了一種形式，經由這種途徑或形式，原本就蘊藏在中國教會裡面的超越力量，可以通達到整個中國社會。當福音普遍傳播到整個社會，福音的超越力量才有可能更新華夏文化的政體。福音的本意是讓每一個個人獲得永生，然而，眾人的生命因永生而更新的時候，由眾人生活所構成的社會文化就必然變化，這就是信仰的社會文化效力。

◎右派思想在華語世界之萌芽

　　華人教會缺乏清教徒觀念秩序，整個華語思想界中右派思想（英美保守主義）也寥若晨星。保守主義的要害不是保守的態度和立場，而是保守的內容與實質。比如，新儒家的態度確實是保守，但他們保守的內容是儒家思想，所以不是真正的保守主義；又比如，很多人倡導讀經運動，但讀什麼經更重要，讀四書五經和讀聖經，乃是雲泥之別。換言之，在儒家思想和中華傳統內部

的保守主義是坐井觀天、夜郎自大、死路一條。二十世紀以來很多被當做保守主義者的思想者都名不副實，比如提倡國粹的章太炎、劉師培、梁巨川（梁濟，梁漱溟之父）、被譽為「最後一位儒家」的梁漱溟、以身殉中華文化的王國維，以及從熊十力到唐君毅、牟宗三、錢穆等新儒家諸子，方向錯了，越是努力奔跑，離目標越來越遠。

現代中國能算是「半個保守主義者」的，是東南大學（中央大學、南京大學）《學衡》派的梅光迪、吳宓等人。他們站在「五四」弄潮兒——北大的蔡元培、陳獨秀、胡適、周氏兄弟——之對立面，被左翼時代浪潮所沖走，卻留下了天鵝之絕唱。他們從美國保守主義重鎮、人文主義者白璧德（Irving Babbitt）那裡傳承的思想火種，未能在中國薪火相傳。[7]而更讓人遺憾的是，梅、吳等人終身沒有走向英美保守主義的源頭——清教徒傳統，他們轉而投向儒家及中華傳統文化的懷抱。梅光迪一直到抗戰末期還堅持用文言文寫作，這種保守成了迂腐。所以，他們只能算是半個保守主義者。

以台灣而論，台灣原本有右派思想的脈絡。作為海耶克的親傳弟子，周德偉早在抗戰期間便創辦《中國之路》半月刊，闡揚自由主義、民主、法治、人權與市場經濟等學理與主張，並對共

7　美國保守主義思想家拉塞爾·柯克（Russell Kirk）指出，白璧德雖不認同喀爾文主義，卻有清教徒嚴肅刻板的特質，並堅信文明的救贖取決於類似原罪教義的某種東西。白氏親近宗教信仰，卻一直對所有教會不放心；他相信有一種更高的層次，那就是恩典的層次，「傳統上，基督徒一直把他的自由以及對更高的意志的信心與恩典聯繫在一起」，但他無法說服自己登上那個峭壁。儘管白璧德沒有達到伯克那樣的境界，他卻知道當代保守主義與伯克之間的差距：「今天的保守主義者志在為財產本身的目的而保護財產，但伯克保護它是因為它是個人自由幾乎不可或缺的支柱或者一種真正具有靈性的東西。」

產主義或左翼社會主義、計畫經濟嚴加批評。到台灣後，周德偉出任財政部關務署署長，致力於外匯貿易改革，為台灣日後的經濟起飛打下基礎。他鼓勵殷海光翻譯海耶克的《到奴役之路》，殷海光由此成為堅定的古典自由主義者，與夏道平等人在《自由中國》雜誌為自由鼓與呼。而承接奧地利經濟學派學術脈絡的經濟學家蔣碩傑，將新古典經濟學派與重貨幣學派的思潮帶進台灣經濟學界，在台灣的經濟騰飛中做出重要貢獻。再後來，殷門弟子張灝和林毓生留學美國，分別提出「幽暗意識」和「五四激進傳統」的學術觀點，對近代中國的思想路徑作出深刻反思。

台灣社會有保守主義的土壤，台灣經濟的成功，不是蔣經國實施的計畫經濟特質的「十大建設」或國有企業、大型企業的功勞，而是無數中小企業乃至「小商小販」的打拼——台商像猶太人一樣走向世界。但是，台灣經驗未能在知識界形成強有力的右派論述。台灣知識界被一群留學西方尤其是歐美名校的左翼知識人掌控，標榜脫離台灣社會實際的進步及時髦思潮。即便是台灣的獨派，也尊史明式的「左獨」為正統，而未能承續彭明敏「右獨」的正道。台灣現實政治中的兩黨對立乃是國家和族群認同的對立，而非左右價值的對立，未來台灣需要出現一個類似於美國共和黨和英國保守黨那樣的右派政黨，台灣的民主才能鞏固和穩定。

以香港而論，香港本應比台灣更右，因為香港有百年英國殖民傳統。英國在香港實行自由市場經濟，而日本在台灣推行的是計畫經濟（在滿洲也是如此，對華戰爭之後更是國家管制的戰時經濟）。但香港知識界普遍左傾，中國情結深重，既是左膠也是大中華膠。所謂泛民主派，一方面懷抱虛幻的左派理想，一方面又不放棄大中華願景，編織出「民主回歸」的玫瑰夢，對今日

香港局勢一敗塗地負有不可推卸的責任，卻至今不做任何反思。泛民主派陣營中既有作為國民黨將軍後人的民國粉絲李柱銘，也有推崇切‧格瓦拉和自詡為「托派」、極端反美的「長毛」梁國雄。與之對應，香港有清晰右派論述的知識人相當稀少，唯有陶傑、桑普、盧思達等屈指可數的幾個人。

在中國，保守主義的思想氛圍更為稀薄。保守主義者是個人主義者，不像左派聚集成集團勢力。左派有其論述陣地——從民間的「烏有之鄉」網站到官方的《環球時報》，右派則受到官方和民間「泛自由派」雙重夾擊，他們各自為戰甚至彼此之間互相批評——但這正是右派本色，右派無須像左派學習營造「統一戰線」，那樣做就是不是真右派了。尼采說，土狼成群結隊，獅子總是孤身前行。在此，略加數算幾位具有中國背景的英美保守主義立場的「獅子」。

劉曉波早在上世紀八〇年代中期就被稱為思想界的「黑馬」。一九八六年，劉曉波應邀到清華大學演講，提出全盤反傳統的主張：「任何傳統都是一種自我封閉，要打碎它，必須要整體地打碎，傳統就像活的有機體一樣，它不是一個爛的蘋果，去掉爛的還可以吃一口。」他是激進的反傳統主義者，卻又是溫和的保守主義者——他力圖將西方基督教文明引入中國並使之成為新傳統。他指出，儒家文化與基督教文明之本質差異在於：「假如中國不把整體主義衝向極端，那麼就沒有中國的傳統。假如西方人不把個性主義衝向極端，就沒有西方人的傳統。世界上從來沒有和諧，沒有中庸，任何東西都是在衝突中。你的生命只有在極端中才能迸發出來。」學者徐友漁曾指出，劉曉波思想的重要價值是其「徹底性」。如果在日本思想史的脈絡中，劉曉波如同明治維新時代的福澤諭吉，福澤諭吉希望日本脫亞入歐，劉曉波

也希望中國脫亞入歐，因此才有「三百年殖民地」之說。他只是說出右派的常識，在中國就如此驚世駭俗。這不是劉曉波的悲哀，而是中國的悲哀。劉曉波由尼采轉向耶穌，從狂傲變得謙卑，實踐了「赤身裸體，走向上帝」的誓言。他在獄中對聖經、奧古斯丁、喀爾文、潘霍華的解讀顯示，他的心靈比那些名義上的基督徒離上帝更近。直到今天，中國知識人中極少有人在思想的徹底性上超越劉曉波。天安門屠殺之後二十多年，劉曉波四度入獄，以贖罪般的心態，在一個沒有自由的國度，如同自由人般生活、寫作和反抗，直至以身殉道。

最早向中國知識界引入「保守主義」觀念秩序是政治學者劉軍寧，劉軍寧與秦暉分別形成自由主義光譜的右翼（英美保守主義，自由先於平等）和左翼（歐陸社會民主主義，平等先於自由）。劉軍寧曾為社會科學院政治學所研究員，二〇〇二年因被人舉報在北大演講中宣揚自由主義，被江澤民點名批評而被社科院開除。二〇〇八年又因簽署《零八憲章》遭中共高層點名批判。他不單單是書齋中的學者，也參與了民主人權活動並付出巨大代價——真正的保守主義者不會「太上忘情」，其論述必然貼近政治現實。多年來，劉軍寧主持翻譯出版諸多西方保守主義經典著述和文集，並著有第一本全面介紹保守主義思想脈絡的《保守主義》。

他認為，保守主義是人類關於社會政治生活的最高智慧，只有保守自由與自由的傳統，才稱得上保守主義。保守主義的基本信條和原則包括：超越性的道德秩序、社會連續性的原則、傳統的原則、審慎的原則、多樣性的原則、不完善的原則、人性不變的原則、有限政府的原則、自由優先於平等的原則、財產權的原則、多樣性與獨特性的原則等。他也相信，保守主義將成為中國

走向自由與繁榮的見證者與參與者。成熟的保守主義的存在是健全社會的一個重要思想標誌。在中國做一個保守主義者，有兩條是關鍵的：一條是創發自由，一條是保守自由。劉軍寧此前一度希望在老子的思想中尋找中國的保守主義淵源，而近期他在為拉塞爾·柯克的《美國秩序的根基》所寫的書評中，強烈地認識到「超越性的道德秩序」只存在於基督教信仰當中。

何清漣是最早全盤否定「改革開放」和「鄧小平路線」的經濟學家。她在一九九七年出版《中國的陷阱》（《現代化的陷阱》），對鄧小平時代的制度性腐敗、人口的空前膨脹、生態環境的高度破壞以及社會道德的整體崩潰提出尖銳批判。她指出，鄧小平作為改革開放的「總設計師」，其「摸著石頭過河，白貓黑貓，三個有利於和四項基本原則」可歸納為「一塊石頭兩隻貓，三條魚和四隻雞」。鄧的改革政策體現其實用主義精神，但用在政治上就變成無原則的國家機會主義。繼任者再發揮一下，變成一切向錢看，以金錢與實利為導向，不講究政治道德底線，最後形成今天的社會利益格局。該書出版後，何清漣遭到一系列政治迫害，被迫流亡美國。近二十多年來中國社會的發展路徑顯示，她當年的論述具有出驚人的前瞻性——當下中國主流的自由派學者還在懇求習近平回到鄧小平時代的改革開放，何清漣超前了他們不僅僅三十年。

在美國，何清漣沒有進入被左翼思想侵蝕的大學，以獨立知識人身分繼續其學術和批判工作，她關於中共大外宣政策的研究開創了該領域的先河（《紅色滲透》），作為《現代化的陷阱》續集的《中國：潰而不崩》則比章家敦的中國崩潰論更準確地揭示出中共政權「百足之蟲死而不僵」的特質。近年來，何清漣針對美國和歐洲的政治現實做出保守主義立場的評論，批評歐洲對

伊斯蘭世界和中國的綏靖主義及美國民主黨親中派「深層政府」對美國建國根基的破壞，是華語知識界的真知灼見。何清漣也是華語世界屈指可數的敢於突破政治正確之束縛，正面肯定川普政府的右翼知識人。

蘇小和是一位非學院派的財經評論家、詩人。他是二十一世紀頭十年市場經濟有限推進的見證者，他在若干市場化媒體上為市場經濟辯護，這一類評論因為有「我的自由選擇」之內核，而將經濟學表達得像詩歌一樣優美。他相信：「均衡的市場經濟本來是一種常態，可惜長期以來中國人與市場為敵，這導致我們每個人嚴重缺乏自由選擇的能力。而一旦一個人真正理解了市場經濟的均衡之美，理解了個人選擇的重要性，他生活的空間將因此而迅速拓展。」他為自由市場經濟而戰，更為清教徒觀念秩序而戰。蘇小和以左派政治哲學家羅爾斯（John Rawls）為主要論敵，指出羅爾斯及其《正義論》是歐美社會左翼「政治正確」的磐石，是當代的馬克思和《資本論》。目前的局面，幾乎所有的左傾自由主義都是拿著羅爾斯的思想體系在與以基督信仰為根基的保守主義作戰。

這是一場屬靈的戰爭，川普所代表的保守主義真正的對手是羅爾斯。「人的權利高於終極的善」，這句話是羅爾斯全部正義思想的最終基礎，正是這個終極的基礎建構，破壞了人類社會關於人性論的基本原則，走向理所當然的「敵基督」狀態。唯一能打敗羅爾斯美麗《正義論》的武器，就是建立在聖經真理之上的、人類恆久忍耐的基督信仰觀念體系。蘇小和正是在此種思想和觀念爭戰的背景下理解川普的當選意味著美國回歸正道。因著堅定的基督信仰，他不畏千夫所指而發出擲地有聲的宣告：「我認為川普的美國總統故事很有可能是我們這一生見過的最大的神

蹟。」

　　高全喜早年師從賀麟研習德國古典哲學，此後轉入英美經驗哲學，再進入法哲學與憲法學領域，近年來以一種糅合歷史、哲學與法學的方式開闢出「憲制發生學」的獨特路徑——比如，他對晚清「立憲時刻」的評價遠高於辛亥革命，從源頭上顛覆了作為「革命史」的中國近代史敘事。高全喜是中國國內對海耶克和伯克有最精深研究者，稱伯克為「保守的自由主義者」或「中道自由主義者」，他本人也如此自我定義。在論及中國「大轉型」時，他認為：「真正的美儀良制應該在歷史演進過程中富有生命的活力，能夠解決當今現代每個人、每個共同體生存的基本問題，這樣的良制才是真正具有歷史內涵的良制。」他進而提出，法政重建、工商社會重建、道德重建是「中華文明再出發」的三個最基本的內在邏輯。

　　這三個核心點，從三千年王朝歷史中是找不到的，必須經歷一場類似於蘇格蘭啟蒙的洗禮才能產生。高全喜嚴厲批評中國新儒家的保守主義，認為這種保守主義至多在方法論意義上接近伯克保守主義，但在價值論意義上則相距甚遠。他對國際態勢的觀察和分析擺脫了左翼「政治正確」的束縛，認為英國脫歐與川普當選反映了英美社會保守主義的回潮，其背後的預設是：什麼人適合做美國公民或英國公民？什麼人與英美憲制根植的社會觀念及美德傳統相一致？如何通過政治和立法重新尋回英美社會的保守理性傳統？英美存在保守主義傳統，其社會自我保護措施才能重新憲法化。相比歐陸尤其是德國，反而喪失了此種保守之維，繼續在多元主義之下承受「難民危機」之苦。歐盟不敢在移民政策上做出合理政治決斷的背後，是一種德國基本法式的「基本權利」教義局限，這在本質上繼承了「啟蒙自由主義」的邏輯。而

美國憲政的成熟恰恰在於，它不是教條僵硬的，而是充滿活力和變通的韌性，它為危機時刻的美國政治之破局提供了制度的平台，川普在美國民主憲政體制下開啟一個新的「川普時刻」。

沈陽是當代右派思想家中最年輕的一位，也是與家庭教會關係最緊密的一位（他委身於北京某家庭教會）。他的突破性貢獻是為華語思想界引入一組新概念——善一元論和正義一元論。他指出，對基督教神學來說，善的本源是一元的，正義的本源也是一元的，都是那位全然至善和全然公義的上帝。一個徹底意義上的憲政主義者，從來只能是文化和價值一元論者，也是正義一元論者。他轉引昆廷・斯金納「自由主義之前的自由」的概念，認為「基督教—法政系理論以及與正義一元論相關的諸多觀念」，同屬「我們已經丟失的知識世界」。

在此意義上，沈陽與自由主義大師以賽亞・伯林（Isaiah Berlin）發生重大分歧：伯林拋棄基督傳統，提出價值多元論，並將「深刻的、持久的寬容」視為自由主義的最高準則。但沈陽反駁說，憲政能保障社會多樣化的發展，但不能說憲政理論本身是多元主義的、尤其是正義多元論的。多元論的正義不再是正義。他進而指出，正是在豐厚的新教民情和小共同體基礎之上，在一種廣泛而深刻的正義一元論共識之下，英美這樣的國家才順利轉型：「相對於各種宗教社群，基督教的優勢在於它所塑造的個體是一個民族國家相對遵紀守法、捍衛正義的公民，更是一個相對願意接受民主法治規則制約的個人。基督教這個小共同體成了公民社會的中堅力量，成了西方憲政民主政體良性運行的基礎。」由此，沈陽提出一個「中國願望」，期盼國人在心靈深處去理解美國的轉型正義歷程，「對這個星球上另外一個文明體系中那一群幸福人的生活方式，多一些寬和與尊重，少一點民族主

義的怨恨」。沈陽的「正義一元論」思想，在西方的思想場域中已是空谷回音，在華語思想場域中更是石破天驚。

以上六位華語世界右派思想者中，劉曉波已被中國政府關押致死並挫骨揚灰，劉軍寧、高全喜和沈陽在中國國內，何清漣、蘇小和先後移居海外；蘇小和、沈陽是基督徒，劉曉波以一種特殊的方式與上帝保持親密關係，劉軍寧、何清漣和高全喜都對基督信仰保持開放與慕道的心態。

在華語基督教會內部，逐漸出現了一些擁有寬廣的保守主義視野及論述的牧師，如陳佐人牧師、王志勇牧師、王怡牧師等人。

假以時日，右派思想未嘗不能在華人教會和華語世界蔚為大觀，匯聚成一股強而有力的思潮。

◎基督徒和教會在中國現代轉型中的使命

中國的現代轉型，若從馬禮遜一八〇七年來華算起，已超過兩百年，卻仍處在歷史學家唐德剛所說的「出三峽」的半途之中。

英國首相麥克米倫（Harold Macmillan）曾說過：「二十世紀下半葉的主要問題，在於亞洲和非洲未表態的人民會投入東方共產主義陣營還是西方民主陣營。」他一語成讖，大部分亞非拉不發達國家都投入共產主義陣營，或至少選擇帶有社會主義色彩的政治經濟模式，在未來的歲月裡大吃苦頭。這些地方是文明和秩序的低地，缺乏強大的自生性文明和秩序抵擋外來的共產主義。在受共產主義禍害之烈上，中國超過世界上任何一個國家，這是中國絕不願意承認的又一個「世界之最」——在過去的二十

世紀，中國因共產主義革命的緣故被屠戮的民眾人數最多，至今中國仍未掙脫共產黨的魔爪。

一九四九年，中國共產黨和毛澤東宣稱「解放」了中國（中國人民從此站起來了），中國卻陷入亙古未有、密不透風的現代奴役之中。習近平時代的「數位極權主義」讓歐威爾的預言體小說《一九八四》黯然失色。美國前國家安全會議負責戰略規畫的資深主任、退役空軍准將斯伯汀（Robert Spalding），曾任美國駐北京大使館武官。他到北京以後，用另一支手機下載所有的App，像騰訊、微信、百度等，在六個月裡學習如何在中國當一名「數位公民」，他是使館唯一這樣做的官員。後來，他在接受訪問時描述說：「你走進餐廳，監視鏡頭會辨識你的身分，店員可以直接叫出你的名字、上菜，你完全不用碰一下手機。如果叫Uber，只要走出門外到定點，監視鏡頭看到你，從嘴型看出你要叫Uber；Uber車子到了，你坐進去，你的這些數據全都掌握在政府手上。不論你喜歡什麼、買什麼東西、希望或夢想是什麼，政府都知道。如果國家認為你有問題，叫Uber不會有車子來，你上不了大眾交通工具、找不到工作、孩子沒法上學；因為你的社會信用評分下降了。」

面對空前強大、無孔不入的「數位極權主義」，解放和自由何以可能？武裝鬥爭是紙上談兵，撬動官方意識形態乃是關鍵所在。中國固有的文化傳統早已潰不成軍，西方後現代的聲光電也虛有其表，它們都不足以取代共產黨的黨文化。唯有清教徒的觀念秩序可以打敗共產黨的觀念秩序，唯有作為新的生命共同體的中國基督教會可以勝過擁有全球最多黨員的中國共產黨。那麼，在中國現代轉型中，教會和基督徒將承擔怎樣的歷史使命？

首先，教會和基督徒應當預備以受苦的經歷完成自身的蛻

變，在苦難的淬煉中，建構起一種中國歷史上從未有過的生命共同體，進而在這個新的生命共同體中孕育出數千萬計、可承接清教徒觀念秩序、民主法治政體和自由市場經濟的「好公民」。清教徒觀念秩序進入中國需要容器，這種容器就是清心明目的、精神上做好準備的基督徒公民。先有好公民，才有好國家；人心不變、民情不變，制度的改變只是空中樓閣，用最美好的詞句撰寫的憲法只是一紙空文。中國過去兩百年現代轉型失敗，就是因為本末倒置、頭重腳輕，先天不足、後天失調。

過去數十年以來，數百萬中國家庭教會信徒們持守純正信仰，不畏中共暴政，拒絕「三自會」的誘惑、招安，以主為大，至死不渝。如基督教早期教父特土良（Tertullian）所說，「殉道者的血，乃是教會復興的種子」，正是無數先輩受苦乃至殉道，才帶來今日教會的復興。中國教會和基督徒應該珍惜和傳承此一寶貴的屬靈傳統。同時，也必須意識到，由於時代和處境的限制，傳統的家庭教會過於強調「分別為聖」和「聖俗二分」，其苦難未能轉化成公共資源，許多受難者未能發展出公共性見證並凝聚成社會轉型所需要的道義資源。

在中國，集體主義是虛幻的（一盤散沙），個人主義更是虛幻的（無法成為自己），身分認同也是虛幻的（「中國」和「中華民族」都是大有問題的概念，前者是偽裝成國家的文明，後者是憑空想像出來的並不存在的民族）。未來中國的重建，必然從「小共同體」重建開始。基督教會，尤其是城市新興教會，可成為「小共同體」之模範。比如，中共不讓人民選舉，基督徒可在作為「小共同體」的教會內部先自我賦予選舉權，實踐如何選舉教會領袖，訓練和養成會眾的民主素質；又比如，中國社會崇尚謊言，不以謊言為恥，基督徒可在「小共同體」的教會生活中拒

絕謊言、堅持說真話，營造哈維爾（Václav Havel）和劉曉波倡導的「活在真實中」的群體生活氛圍。社會難以脫儒化，教會卻可先行脫儒化；社會不能「仁者愛人」，教會卻能做到「愛人如己」。

優質的「小共同體」將為未來優質的新國家奠定堅實根基。建立在優質「小共同體」之上的優質國家，不會輕易被野心家及邪惡的意識形態所顛覆——一九四九年中華民國被中華人民共和國顛覆，一九二七年北京政府被南京政府顛覆，正是因為它們並非建立在優質「小共同體」之上的優質國家。美國建國兩百五十年以來，沒有發生過一次軍事政變，憲法不曾被廢除或終止，不是因為美國政治家有多麼高風亮節、大公無私，乃是如羅斯·約翰·路斯得尼所說：「每　個法律體系的背後都有一位上帝。」在《獨立宣言》問世之前一年多的一七七五年五月二十日，一群長老教會信徒就在北卡羅來納的夏洛特發表了《梅克倫堡宣言》：「我們在此宣布，我們是自由獨立的人民，我們有而且應該有權利成為獨立、自治的組織，僅僅服從於在上帝的管制和國會的治理之下，我們彼此莊嚴地以互相合作、我們的生命、財產和最神聖的榮譽為保證。」可以期待，未來民主中國的憲法出現之前，中國教會也能書寫和發布自己的《梅克倫堡宣言》。

其次，至今仍在進行的漫長、複雜、艱巨、痛苦的轉型中，教會和基督徒可充當守望者、陪伴者、代禱者之關鍵角色。中國教會和基督徒有能力以自身親歷的苦難，發展出與宗教改革及大公教會傳統銜接的「苦難神學」和「救贖神學」，以此在全球教會史上寫下自己的一頁。此「苦難神學」和「救贖神學」不單單供教會內部自我慰藉，更重要的是去安慰和幫助身處同樣苦難中的同胞。與哀哭者同哀哭，與捆綁者同捆綁，那些被不公義的政

治、經濟結構剝奪、壓迫、凌辱的人，都是教會關懷和憐憫的對象。

儘管中國此前已經歷了無比深重的苦難，但仍未邁過苦難的頂峰，仍未來到苦盡甘來之轉捩點。中國社會已臻於沸鼎潰堤之前夕，將迎來更大、更可怕的潰敗，那無邊無際的苦難將不比舊約中以色列人的苦難更小。在即將來臨的社會最低秩序全盤崩解的過程中，無數人將流離失所、哀哭切齒、心靈殘破、彷徨無助。那絕對不是心理醫生用心理學可解決的難題。在此宛如世界末日的情景中，唯有教會和基督徒愛那個最小的弟兄姊妹，幫助眾人化淚為笑、化缺為全。這種「同在」將為教會和基督徒贏得非基督教社群的信任與愛戴，不僅獲得福音的沃土，更獲得更新社會的空間與契機。

在苦難中，人與人彼此傷害，不同階級與族裔被仇恨所隔離。唯有教會和基督徒，可效法南非由屠圖大主教領導的「真相與和解委員會」，以真相換取寬恕，以寬恕帶來和解，以和解建設未來，化鐵為犁，讓所有人「因真理，得自由」。當年，南非真相與和解委員會的努力，未能讓所有人滿意，未能讓死者復生，也未能讓傷殘者復原，但至少讓數千名受害者及其家人有了抒發心聲的機會，讓許多人得以首次解脫壓在他們身上的不幸和悲痛之情。誠如當年的受害者盧卡斯・席克韋佩雷（Lucas Sikwepere）對這一經驗的描述：「我覺得一直以來很不舒服，因為無法說出我的遭遇。但如今，來到這裡，告訴你們我的遭遇，我覺得像是恢復了視力。」唯有上帝能讓人失明者得以看見。未來的中國需要有一個規模比南非更大的真相與和解委員會，教會有責任為該委員會提供像屠圖大主教這樣的道義象徵人物。那樣，無論是天安門屠殺的死難者及其家人，還是香港抗暴

運動的死難者及其家人，以及死於暴政的藏人、維吾爾人等所有無辜受害者，都將得到愛與正義，中國才能由此走出冤冤相報之歷史循環。

第三，當舊有的觀念秩序全都解體，信仰和價值出現真空的時刻，教會和基督徒可引領觀念秩序的更迭、信仰的重建以及公民德性的養成。此前兩百年中國現代轉型的失敗，不在於經濟（早在十九世紀中葉，清帝國的經濟總量就已位居世界第一；二十世紀初和二十一世紀初中國經濟也經歷了世界史上罕見的高速增長），也不在於政治（在清帝國覆亡以後，中國建立了亞洲第一個共和國，起草並頒行了多部看似天衣無縫的憲法），而在於信仰與人心。正如學者高全喜所說，中國在二百年的過往歷史中居然沒有解決一個政治民族重新確立自己在現代社會中的根基問題，何以談智慧，何以談成熟。這個「根基」既是政治共同體賴以立足的根基，也是文明共同體賴以立足的根基，政治與文明是中國還沒有邁過的門檻，所謂三千年未有之變局，關鍵是這個政治文明的現代性之門檻，尚沒有邁過去。

在可以看到的將來，城市新興教會將繼續興起，中共官方意識形態將繼續衰敗，這是不以任何人的意志為轉移的歷史趨勢。此起彼伏中，伴隨著基督徒人數和教會數量的擴增，伴隨著基督徒文化素質和靈性素質的躍升，基督教文化將第一次進入主流社會、衝擊主流社會、更新主流社會，如劉同蘇所說：「城市家庭教會率先進入主流社會，其社會文化意義，在整體上是為華夏文化提供了自我反省的超越視野和徹底更新的超越動力；在具體形式上是為公民社會的建立，提供了活生生的先行範例。」

基督徒和教會帶給社會的，首先是充滿馨香之氣的個人生命樣式，在家庭婚姻、子女教育及人際關係方面，呈現出讓眾人以

為美善的榜樣。今天中國社會的敗壞與崩解，家庭與國家同步。若是只有國家滅亡，若家庭還在，人們仍然有望重建生活；但家庭與國家一起損毀，則社會的重建幾無可能。

中國的武漢肺炎疫情過去之後，「封城」兩個多月的武漢，民眾生活逐漸恢復正常。當地媒體《楚天都市報》刊登了一張照片：一對熱戀中的男女在沙灘上接吻，女方一腳貼地、一腳九十度向後提起，動作猶如在跳芭蕾舞般優美；男方捉緊女方雙手，盡顯深情。然而，照片被刊登並廣泛傳播後，卻猶如「炸彈」引爆兩個家庭走向解體：原來，一男一女各有家庭，男子非女子之夫，女子非男子之妻。有人更致電報社，威脅聲稱「要殺人」。這就是今日每個家庭、每個屋簷都千瘡百孔的真相：共產黨政權固然邪惡，但中國道德倫理的崩壞不完全是共產黨造成的，而源於人的原罪。人背離上帝，不知何為愛，也不知如何愛。無愛的婚姻與家庭，豈能持久？唯有來到上帝面前，重建與上帝的關係，才能重建人與人之關係，這是基督徒和教會可以帶給社會的祝福。

基督徒和教會可以帶給社會的，更是整體性的、全方位的文化和精神價值，如酵母發酵整個麵團，如燈光照亮整個房間，如鹽讓一碗水有滋味。以「人是全然敗壞的罪人」的基督教核心教義，打破儒家「人之初，性本善」的幻象，讓中國人第一次赤身裸體地來到上帝面前，直面「人之初，性本罪」的真相，由此徹底認罪悔改、接受上帝之恩典和救贖。而後，在社會生活的每一個領域政治、經濟、文化、法律、教育……建構其符合聖經真理的秩序，每個人都在這套秩序之下享受上帝賦予人的全部自由與尊榮。

共產黨和共產主義是邪靈，是一套邪惡的觀念秩序，唯有清

教徒觀念秩序能夠與之對抗並將其顛覆。共產黨政權崩解之後的政治、經濟乃至精神、價值重建將是一項更艱巨的工作。未來，中國教會將有能力興辦大學和智庫，如同宗教改革時代那樣，培育出新時代具有清教徒特質的思想文化巨人——像彌爾頓那樣的詩人、像班揚那樣的小說家、像伯克那樣的政治哲學家、像海耶克那樣的經濟學家、像伯爾曼那樣的法學家、像本內特那樣的歷史學家以及像美國的制憲者們那樣的政治家⋯⋯既然聖經中說「認識耶和華是智慧的開端」，基督徒和教會就應當具備闡發耶和華的智慧的能力——這同樣是一種上帝賦予的大智慧。教會將成為國家的人才庫，為政府提供各個領域德才兼備的一流人才。

如此，教會和國族都將迎來群星璀璨的時代。如此，共和憲政的、聯邦或邦聯或各自獨立的「諸夏」，才有可能成為上帝祝福的土地，成為美國在亞太地區的親密盟友，成為自由的家園和真理之邦。

參考書目

【第一章】

譚嗣同著，蔡尚思、方行編：《譚嗣同全集》，（北京）中華書局，1981年版

徐復觀：《兩漢思想史》，（上海）華東師範大學出版社，2001年版

余英時：《史學與傳統》，（台北）時報出版，1982年版

福爾索姆（Kenneth E. Folosom）：《朋友・客人・同事：晚清的幕府制度》，（北京）中國社會科學出版社，2002年版

王飛凌：《中華秩序：中原、世界帝國與中國力量的本質》，（台北）八旗文化，2018年版

薩孟武：《中國政治思想史》，（北京）東方出版社，2008年版

韋政通：《中國思想史》，（台北）水牛出版社，2004年版

蕭建生：《中國文明的反思》，（香港）新世紀出版社，2009年版

黃進興：《皇帝、儒生與孔廟》，（北京）三聯書店，2014年版

黃進興：《優入聖域：權力、信仰與正當性》，（北京）中華書局，2010年版

列文森（Joseph R. Levenson）：《儒教中國及其現代命運》，（北京）中國社會科學出版社，2000年版

陳詠明：《儒學與中國宗教傳統》，（台北）台灣商務印書館，2004年版

M. G. 馬森（Mary Gertrude Mason）：《西方的中國及中國人觀念：1840-1876》，（北京）中華書局，2006年版

戴梅可（Michael Nylan）、魏偉森（Thomas Wilson）：《幻化之龍：兩千年治國歷史變遷中的孔子》，（香港）香港中文大學出版社，2016年版

魯迅：《魯迅全集》，（北京）人民文學出版社，1973年版

科大衛（David Faure）：《皇帝與祖宗：華南的國家與宗族》，（南京）江蘇人民出版社，2009年版

余英時：《中國文化史通釋》，（香港）香港牛津大學出版社，2010年版

余英時：《儒家倫理與商人精神》，（桂林）廣西師範大學出版社，2004年版

余英時：《余英時回憶錄》，（台北）允晨文化，2018年版

艾森斯塔特（Shmuel Noah Eisenstadt）：《帝國的政治體制》，（南昌）江西人民出版社，1992年版

王斯福（Stephan Feuchtwang）：《帝國的隱喻：中國民間宗教》，（南京）江蘇人民出版社，2008年

張榮明：《權力的謊言：中國傳統的政治宗教》，（台北）星定石文化，2001年版

李零：《中國方術考》，（北京）東方出版社，2000年版

明恩溥（Arthur H. Smith）：《中國人的氣質》，（北京）中華書局，2006年版

楊啟樵：《明清皇室與方術》，（上海）上海書店，2004年版

陳寅恪：《金明館叢稿二編》，（上海）上海古籍出版社，1980年版

許理和（Erik Zürcher）：《佛教征服中國》，（南京）江蘇人民出版社，1998年版

劉澤華：《中國的王權主義：傳統社會與思想特點考察》，（上海）上海人民出版社，2000年版

渡邊信一郎：《中國古代的王權與天下秩序：從日中比較史的視角出發》，（北京）中華書局，2008年版

尾形勇：《中國古代的「家」與國家》，（北京）中華書局，2010年版

吳文璋：《巫師的傳統和儒家的深層結構：以先秦到西漢的儒家為研究對象》，（高雄）復文圖書，2001年版

季劍青：《重寫舊京：民國北京書寫中的歷史與記憶》，（北京）三聯書店，2017年版

洪長泰：《地標：北京的空間政治》，（香港）牛津大學出版社，2011年版

張君勱：《中國專制君主政制之評議》，（台北）弘文館出版社，1986年版

呂思勉：《中國制度史》，（上海）上海三聯書店，2009年版

葛兆光：《歷史中國的內與外：有關「中國」與「周邊」概念的再澄清》，

（香港）香港中文大學出版社，2017年版

杜正勝：《編戶齊民：傳統政治社會結構之形成》，（台北）聯經出版，
　　1990年版

劉澤華、汪茂和、王蘭仲：《專制權力與中國社會》，（天津）天津古籍出
　　版社，2005年版

麥高溫（John Macgowan）：《中國人生活的明與暗》，（北京）中華書局，
　　2006年版

羅威廉（William T. Rowe）：《漢口：一個中國城市的衝突和社區（1796-
　　1895）》，（北京）中國人民大學出版社，2008年版

羽田正：《從海洋看歷史》，（台北）廣場出版，2017年版

駱昭東：《朝貢貿易與仗劍經商：全球經濟視角下的明清外貿政策》，（台
　　北）台灣商務印書館，2018年版

【第二章】

姜鳴：《龍旗飄揚的艦隊：中國近代海軍興衰史》，（北京）三聯書店，
　　2002年版

傑克·戈德斯通（Jack Goldstone）：《為什麼是歐洲：世界史視角下的西方
　　崛起（1500-1850）》，（杭州）浙江大學出版社，2010年版

藍詩玲（Julia Lovell）：《鴉片戰爭：毒品，夢想與中國建構》，（台北）八
　　旗文化，2016年版

蔣廷黻：《中國近代史大綱》，（北京）東方出版社，1996年版

茅海建：《天朝的崩潰：鴉片戰爭再研究》，（北京）三聯書店，1995年版

劉偉：《晚清督撫政治》，（武漢）湖北教育出版社，2003年版

薛福成：《薛福成選集》，（上海）上海人民出版社，1987年版

楊國強：《義理與事功之間的徘徊：曾國藩、李鴻章及其時代》，（北京）
　　三聯書店，2008年版

費正清（John King Fairbank）、劉廣京編：《劍橋中國晚清史》，（北京）
　　中國社會科學出版社，1993年版

劉廣京、朱暢峻編：《李鴻章評傳：中國近代化的開始》，（上海）上海古
　　籍出版社，1995年版

蘇芙等編譯：《走向末路的「天朝」：德國人看大清》，（北京）國家圖書

館出版社，2013年版

龐百騰：《沈葆楨評傳：中國近代化的嘗試》，（上海）上海古籍出版社，
　　2000年版

張國輝：《洋務運動與中國近代企業》，（北京）中國社會科學出版社，
　　1979年版

芮瑪麗（Mary Clalaugh Wright）：《同治中興：中國保守主義的最後抵抗
　　1862-1874》，（北京）中國社會科學出版社，2002年版

茅海建：《戊戌變法的另面：「張之洞檔案」閱讀筆記》，（上海）上海古
　　籍出版社，2014年版

中國史學會編：《洋務運動》，（上海）上海人民出版社，1961年版

孫毓堂：《中國近代工業史資料》，（北京）科學出版社，1957年版

王家儉：《李鴻章與北洋艦隊：近代中國創建海軍的失敗與教訓》，（北
　　京）三聯書店，2008年版

郭嵩燾：《郭嵩燾日記》，（長沙）湖南人民出版社，1981年版

汪榮祖：《走向世界的挫折：郭嵩燾與到咸同光時代》，（長沙）岳麓書
　　社，2000年版

張蔭桓：《張蔭桓日記·三洲日記》，（上海）上海書店，2004年版

陳寅恪：《陳寅恪集·寒柳堂集》，（北京）三聯書店，2001年版

湯志鈞：《戊戌變法史》，（北京）人民出版社，1984年版

張灝：《時代的探索》，（台北）聯經出版，2004年版

王汎森等：《中國近代思想史的轉型時代》，（台北）聯經出版，2007年版

茅海建：《從甲午到戊戌：康有為〈我史〉鑑注》，（北京）三聯書店，
　　2009年版

辜鴻銘：《辜鴻銘文集》，（海口）海南出版社，1996年版

沃爾特·白哲特（Walter Bagethor）：《英國憲制》，（北京）北京大學出版
　　社，2005年版

蕭公權：《近代中國與新世界：康有為變法與大同思想研究》，（南京）江
　　蘇人民出版社，1997年版

李細珠：《地方督撫與清末新政：晚清權力格局再研究》，（北京）社會科
　　學出版社，2018年版

荊知仁：《中國立憲史》，（台北）聯經出版，1984年版

亞瑟·賈德森·布朗：《辛亥革命》，（台北）黎明文化，2015年版

李約翰（John Gibbert Reid）：《清帝遜位與列強：第一次世界大戰前的一段外交插曲》，（南京）江蘇教育出版社，2006年版

周育民：《晚清財政與社會變遷》，（上海）上海人民出版社，2000年版

三谷孝：《祕密結社與中國革命》，（北京）中國社會科學出版社，2002年版

沈曉敏：《處常與求變：清末民初的浙江諮議局和省議會》，（北京）三聯書店，2005年版

嚴泉：《失敗的遺產：中華首屆國會制憲（1913-1923）》，（桂林）廣西師範大學出版社，2007年版

盧雪鄉編著：《從美國外交文件看民國誕生》，（香港）商務印書館，2011年版

埃雷斯‧馬內拉（Erez Manela）：《1919：中國、印度、埃及、韓國，威爾遜主義及民族自決的起點》，（台北）八旗文化，2018年版

周策縱：《五四運動：現代中國的思想革命》，（南京）江蘇人民出版社，1996年版

山木英雄：《北京苦住庵記：日中戰爭時代的周作人》，（北京）三聯書店，2008年版

錢理群：《周作人傳》，（北京）十月文藝出版社，1990年版

周作人：《知堂兩夢抄》，（北京）作家出版社，2018年版

中國社科院近代史所主編：《五四運動回憶錄》，（北京）知識財產權出版社，2013版

瑪格蕾特‧麥克米倫（Margaret MacMillan）：《巴黎和會》，（台北）麥田出版，2019年

中共中央黨史研究室第一研究部編輯：《聯共（布）、共產國際與中國國民革命運動（1920-1925）》（第一卷），（北京）北京圖書館出版社，1997年版

魯林（Alain Roux）：《毛澤東傳：叛逆者（1893-1927）》，（香港）香港中文大學出版社，2017年版

費約翰（John Fitzgerald）：《喚醒中國：國民革命中的政治、文化與階級》，（北京）三聯書店，2005年版

王人博等：《中國近代憲政史上的關鍵詞》，（北京）法律出版社，2009年版

林毓生：《中國激進思潮的起源與後果》，（台北）聯經出版社，2019年版

郭穎頤：《中國現代思想中的唯科學主義1900-1950》，（南京）江蘇人民出版社，1995年版

馮客（Frank Dikotter）：《近代中國之種族觀念》，（南京）江蘇人民出版社，1999年版

陳萬雄：《五四新文化的源流》，（北京）三聯書店，1997年版

錢理群《毛澤東時代和後毛澤東時代1949-2009：另一種歷史書寫》，（台北）聯經出版，2012年版

【第三章】————————————————————

哈羅德·J·伯爾曼（Harold J. Berman）：《法律與革命：新教改革對西方法律傳統的影響》，北京：法律出版社，2008年版

馮天瑜：《「千歲丸」上海行：日本人一八六二年的中國觀察》，湖北人民出版社，2017年版

丸山真男：《日本的思想》，（台北）遠足文化，2019年版

諾曼·赫伯特（E. H. Norman）：《日本維新史》，（長春）吉林出版集團，2008年版

鄭翔貴：《晚清傳媒視野中的日本》，（上海）上海古籍出版社，2003年版

孫雪梅：《清末民初中國人的日本觀：以直隸省為中心》，（天津）天津人民出版社，2001年版

史黛西·比勒（Stacey Bieler）：《中國留美學生史》，（北京）三聯書店，2010年版

任達（Douglas R. Reynolds）：《新政革命與日本：中國，1898-1912》，（南京）江蘇人民出版社，2006年版

梁啟超：《清代學術概論》，（上海）上海古籍出版社，1998年版

菊池秀明：《末代王朝與近代中國》，（桂林）廣西師範大學出版社，2014年版

戴鴻慈：《清末民初文獻叢刊：出使九國日記》，（北京）朝華出版社，2017年版

柯偉林（W. C. Kirby）：《德國與中華民國》，（南京）江蘇人民出版社，2006年版

胡曉：《段祺瑞年譜》，（合肥）安徽大學出版社，2007年版

蔡元培：《蔡元培全集》，（杭州）浙江教育出版社，1997年版

徐繼畬：《瀛寰志略》，（上海）上海書店出版社，2001年版

佐藤慎一：《近代中國的知識分子與文明》，（南京）江蘇人民出版社，
　　2008年版

王韜：《弢園老民自傳》，（南京）江蘇人民出版社，1999年版

梁啟超：《梁啟超全集》，（北京）北京出版社，1999年版

張灝：《梁啟超與中國思想的過渡（1890-1907）》，（南京）江蘇人民出版
　　社，1995年版

傅高義（Ezra F. Vogel）：《鄧小平改變中國》，（台北）天下文化，2012年
　　版

亞歷山大‧潘佐夫（Alexander V. Pantsov）、梁思文（Steven L. Levine）：
　　《鄧小平：革命人生》，（台北）聯經出版，2016年版

保羅‧約翰遜（Paul Johnson）：《拿破崙：法蘭西人的皇帝》，（台北）左
　　岸文化，2015年版

李玉貞譯：《聯共、共產國際與中國（1920-1925）第一卷》，（台北）東大
　　圖書公司，1997年版

郭恒鈺：《共產國際與中國革命：第一次國共合作》，（台北）東大圖書公
　　司，1991年版

維克多‧烏索夫：《20世紀20年代蘇聯情報機關在中國》，（北京）解放軍
　　出版社，2007年版

約翰‧拜倫（John Byron）、羅伯特‧帕克（Robert Pack）：《龍爪：毛澤東
　　背後的邪惡天才康生》，（台北）時報文化，1998年版

李玉貞：《少年經國傳》，（台北）日臻出版社，1995年版

蕭軍：《延安日記》（下卷），（香港）牛津大學出版社，2013年版

高華：《紅太陽是怎樣升起的：延安整風運動的來龍去脈》，（香港）香港
　　中文大學，2001年版

蔣經國：《蔣經國自述》，（北京）台海出版社，2014年版

茅家琦：《蔣經國的一生和他的思想演變》，（台北）台灣商務印書館，
　　2003年版

米歇爾‧艾倫‧吉萊斯皮（Michael Alllen Gillespie）：《現代性的神學起
　　源》，（長沙）湖南科學技術出版社，2012年版

菲利普・尼摩（Philippe Nemo）：《什麼是西方》，（桂林）廣西師範大學
　　出版社，2009年版

小約翰・維特（John Witte Jr.）：《宗教與美國的憲法實驗》，（北京）中
　　國法制出版社

史華慈（Benjamin Schwartg）：《尋求富強：嚴復與西方》，（南京）江蘇
　　人民出版社，1996年版

黃克武：《惟適之安：嚴復與近代中國的文化轉型》，（台北）聯經出版，
　　2010年版

杜贊奇（Prasenjit Duara）：《從民族國家拯救歷史：民族主義話語與中國現
　　代史研究》，（北京）社會科學文獻出版社，2013年版

胡頌平：《胡適之先生晚年談話錄》，（北京）新星出版社，2006年版

沈迦：《尋找・蘇慧廉：傳教士和近代中國》，（北京）新星出版社，2003
　　年版

周明之：《胡適與中國現代知識分子的選擇》，（桂林）廣西師範大學出版
　　社，2005年版

容閎：《容閎自傳：我在中國和美國的生活》，（上海）百家出版社，2003
　　年版

張寶貴編：《實用主義之我見：杜威在中國》，（南昌）江西高校出版社，
　　2009年版

格里達（Jerome B. Grieder）：《胡適與中國的文藝復興：中國革命中的自由
　　主義（1917-1937）》，（南京）江蘇人民出版社，1995年版

羅素（Bertrand Russell）：《中國問題》，（上海）學林出版社，1996年版

羅志田：《再造文明的嘗試：胡適傳（1891-1929）》，（北京）中華書局，
　　2006年版

石霓：《觀念與悲劇：晚清留美幼童命運剖析》，（上海）上海人民出版
　　社，1999年版

聶莉莉：《知識分子的思想轉變：新中國初期的潘光旦、費孝通及其周
　　圍》，（台北）國立清華大學出版社，2018年版

【第四章】

顧衛民：《中國天主教編年史》，（上海）上海書店出版社，2003年版

吳昶興：《大秦景教流行中國碑·大秦景教文獻釋義》，（台北）橄欖出版，2015年版

鄧恩（George H. Dunne）：《從利瑪竇到湯若望：晚明的耶穌會傳教士》，（上海）上海古籍出版社，2003年版

孟德衛（David E. Mungello）：《1500-1800：中西方的偉大相遇》，（北京）新星出版社，2007年版

謝和耐（Jacques Gernet）：《中國與基督教：中西文化的首次撞擊》，（上海）上海古籍出版社，2003年版

黃一農：《兩頭蛇：明末清初的第一代天主教徒》，（上海）上海古籍出版社，2006年版

王治心撰、徐以驊導讀：《中國基督教史綱》，（上海）上海古籍出版社，2004年版

湯森（William John Townsend）：《馬禮遜：在華傳教士的先驅》，（鄭州）大象出版社，2002年版

顧長聲：《從馬禮遜到司徒雷登：來華新教傳教士評傳》，（上海）上海書店出版社，2005年版

顧長聲：《傳教士與現代中國》，（上海）上海書店出版社，2004年版

丹尼爾·W·費舍（Daniel W. Fisher）：《狄考文傳》，（桂林）廣西師範大學出版社，2009年版

海恩波（Marshall Broomhall）：《道在神州：聖經在中國的翻譯與流傳》，（香港）國際聖經協會，2000年版

黃智奇：《亦有仁義：基督教傳教士與鴉片貿易的鬥爭》，（香港）宣道出版社，2004年版

高彥頤（Dorothy Ko）：《纏足：「金蓮崇拜」盛極而衰的演變》。（南京）江蘇人民出版社，2009年版

喬納森·斯潘塞（Jonathan Spenser）：《改變中國》，（北京）三聯書店，1990年版

黃昭弘：《清末寓華西教士之政論及其影響：以萬國公報為主的討論》，（台北）宇宙光出版社，1993年版

王林：《西學與變法：萬國公報研究》，（濟南）齊魯書社，2004年版

馬秋莎：《改變中國：洛克菲勒基金會在華百年》，（桂林）廣西師範大學出版社，2013年版

劉天路編：《身體・靈魂・自然：中國基督教與醫療、社會事業》，（上海）上海人民出版社，2010年版

柏格理（Samuel Pollard）等：《在未知的中國》，（昆明）雲南民族出版社，2002年版

張坦：《「窄門」前的石門坎：基督教文化與川滇黔邊苗族社會》，（昆明）雲南教育出版社，1992年版

沈紅：《石門坎文化百年興衰：中國西南的一個山村的現代性經歷》，（瀋陽）萬卷出版公司，2006年版

裴士鋒（Stephen R. Platt）：《天國之秋》，（北京）社會科學文獻出版社，2014年版

夏春濤：《從塾師、基督徒到王爺：洪仁玕》，（北京）社會科學文獻出版社，2007年版

湯瑪斯・H・賴利（Thomas H. Reilly）：《上帝與皇帝之爭：太平天國的宗教與政治》，（上海）上海人民出版社，2011年版

佐藤公彥：《義和團的起源及其運動》，（北京）中國社會科學出版社，2007年版

蘇萍：《謠言與近代教案》，（上海）上海遠東出版社，2001年版

狄德滿（R. G. Tiedemann）：《華北的暴力和恐慌：義和團運動前夕基督教傳播和社會衝突》，（南京）江蘇人民出版社，2011年版

姚斌：《拳民形象在美國：義和團運動的跨國影響》，（北京）世界知識出版社，2010年版

柯文（Paul A. Cohen）：《歷史三調：作為事件、經歷和神話的義和團》，（南京）江蘇人民出版社，2000年版

瓦德西（Alfred Graf von Waldersee）：《瓦德西拳亂筆記》，（上海）上海書店出版社，2000年版

畢耶爾・洛蒂（Pierre Loti）：《撕裂北京的一年：一個法國特使1900年的北京目擊》，（北京）九州出版社，2009年版

呂寶強：《中國官紳反教的原因（1860-1874）》，（台北）中央研究院近代史所，1973年版

黎仁凱主編：《直隸義和團調查資料選編》，（石家莊）河北教育出版社，2001年版

葉仁昌：《近代中國的宗教批判：非基督教運動的再思》，（台北）雅歌出

版社，1988年版

葉仁昌：《五四以後的反對基督教運動：中國政教關係的解析》，（台北）
　　久大出版，1992年版

楊天宏：《基督教與民國知識分子：1922-1927中國非基督教運動研究》，
　　（北京）人民出版社，2005年版

梁壽華：《革命先驅：基督徒與晚清中國革命的起源》，（香港）宣道出版
　　社，2007年版

習賢德：《孫中山與美國》，（上海）上海人民出版社，2008年版

蔣永敬、楊奎松等：《中山先生與莫斯科》，（台北）台灣書店，2001年版

李恭忠：《中山陵：一個現代政治符號的誕生》，（北京）社會科學文獻出
　　版社，2009年版

陳蘊茜：《崇拜與記憶：孫中山符號的建構與傳播》，（南京）南京大學出
　　版社，2009年版

林慈信：《先驅與過客：再說基督教新文化運動》，（加拿大）加拿大福音
　　證主協會，1996年版

黃道炫、陳鐵健：《蔣介石：一個力行者的思想資源》，（太原）山西人民
　　出版社，2012年版

易勞逸（Lloyd Eastman）：《毀滅的種子：戰爭與革命中的國民黨中國
　　（1937—1949）》，（南京）江蘇人民出版社，2009年版

馮玉祥：《我的生活》，（長沙）岳麓書社，1999年版

邢福增：《基督信仰與救國實踐：二十世紀前期的個案研究》，（香港）建
　　道神學院，1997年版

中央研究院近代研究所《歷史》編輯委員會：《口述歷史第七期：軍系與民
　　國政局》，（台北）中央研究院近代史所，1996年版

李可柔（Carol Lee Hamrin）、畢樂思（Stacey Bieler）：《光與鹽：探索近代
　　中國改革的十位歷史名人》，（北京）中國檔案出版社，2009年版

李可柔、畢樂思：《光與鹽》（第二卷），（北京）團結出版社，2014年版

丹尼爾·里斯（Daniel Leese）：《崇拜毛：文化大革命中的言辭崇拜與儀式
　　崇拜》，（香港）香港中文大學出版社，2017年版

威廉·H·布蘭察德（William H. Blanchard）：《革命道德：關於革命者的
　　精神分析》，（北京）中央編譯出版社，2004年版

趙天恩、莊婉芳：《當代中國基督教發展史》，（台北）中福出版有限公

司，1997年版

【第五章】

湯恩比（Arnold J. Toynbee）：《文明是怎樣創造的》，（台北）水牛文化，1990年版

撒母耳‧亨廷頓（Samuel P. Huntington）：《文明的衝突與世界秩序的重建》，（北京）新華出版社，2002年版

赫爾曼‧庫爾克（Hermann Kulke）、迪特瑪爾‧羅特萊特（Dietmar Rothermund）：《印度史》，（北京）中國青年出版社，2008年版

阿馬蒂亞‧森（Amartya Sen）：《慣於爭鳴的印度人：印度人的歷史、文化與身分論集》，（上海）上海三聯書店，2007年版

莫‧卡‧甘地（M‧K‧Gandhi）：《甘地》，（北京）國際文化出版公司，2003年版

貝爾納德‧伊姆哈斯利（Bernard Imhasly）：《告別甘地：現代印度的故事》，（北京）人民日報出版社，2009年版

甘地（Gandhi）：《甘地自傳：我體驗真理的故事》，（北京）商務印書館，1995年版

馬克‧涂立（Mark Tully）、吉莉安‧萊特（Gillian Wright）：《印度慢吞吞》，（南京）南京大學出版社，2010年版

奧克塔維奧‧帕斯（Octavio Paz）：《印度札記》，（南京）南京大學出版社，2010年

V‧S‧奈波爾（V. S. Naipaul）：《印度：百萬叛亂的今天》，（北京）三聯書店，2003年版

V‧S‧奈波爾：《印度：受傷的文明》，（北京）三聯書店，2003年版

V‧S‧奈波爾：《幽黯國度：記憶與現實交錯的印度之旅》，（北京）三聯書店，2003年版

金時德：《不平靜的半島：海洋與大陸勢力的五百年競逐》，（台北）馬可孛羅，2019年版

朱立熙：《韓國史：悲劇的循環與宿命》，（台北）三民書局，2013年版

李光耀：《李光耀觀天下》，（台北）天下文化，2014年版

李光耀：《李光耀回憶錄1923-1965》，（台北）世界書局，1998年版

湯姆‧普雷特（Tom Plate）：《李光耀，是狐狸？還是刺猬？你所不知道的李光耀》，（台北）聯經出版，2011年版

安謝爾‧帕菲佛爾（Anshel Pfeffer）：《BIBI：以色列總理拉坦雅胡的動蕩歲月》，（台北）好優文化，2019年版

阿里‧沙維特（Ari Shavit）：《我的應許之地：以色列的榮耀與悲情》，（北京）中信出版社，2016年版

戴維‧K‧懷亞特（David K. Wyatt）：《泰國史》，（北京）東方出版中心，2009年版

安德魯‧麥格里高‧馬歇爾（Andrew MacGregor Marshall）：《泰王的新衣：從神話到紅衫軍，泰國王室不讓你知道的祕密》，（台北）麥田文化，2015年版

戴芬尼‧史藍克（Delpine Schrank）：《緬甸：追求自由民主的反抗者》，（台北）聯經出版，2016年版

喬‧布林里克（Joe Brinkley）、傑‧馬瑟（Jay Mather）：《柬埔寨：被詛咒的國度》，（台北）聯經出版，2014年版

帕特里克‧貝爾福（Patrick Balfour）：《鄂圖曼帝國六百年：土耳其帝國的興衰》，（北京）中信出版集團，2018年版

塔米‧安薩里（Tamim Ansary）：《中斷的天命：伊斯蘭觀點的世界史》，（台北）廣場出版，2017年版

戴維生（Roderic H. Davison）：《從瓦解到新生：土耳其的現代化歷程》，（上海）學林出版社，1996年版

伊茲科維茲（Norman Itzkowitz）：《帝國的剖析：奧托曼的制度與精神》，（上海）學林出版社，1996年版

尤金‧羅根（Eugene Rogan）：《鄂圖曼帝國的隕落：第一次世界大戰在中東》，（台北）貓頭鷹，2016年版

菲利普‧希提（Philip K. Hitti）：《阿拉伯通史》，（北京）新世界出版社，2008年版

伯納德‧路易斯（Bernard Lewis）：《中東：自基督教興起至二十世紀末》，（北京）中國友誼出版公司，2004年版

范若蘭：《伊斯蘭教育東南亞現代化進程》，（北京）中國社會科學出版社，2009年版

埃里克‧吉爾伯特（Erik Gilbert）、喬納森‧雷諾茲（Jonathan T.

Reynolds）：《非洲史》，（海口）海南出版社，2007年版

莫列齊・姆貝基（Moelesti Mbeki）：《貧窮的設計師：為什麼非洲的資本主義需要改變》，（上海）上海人民出版社，2011年版

海因・馬雷：《南非：變革的局限性——過渡的政治經濟學》，（北京）社會科學文獻出版社，2003年版

鄭家馨：《南非史》，（北京）北京大學出版社，2010年版

雷沙德・卡普欽斯基（Ryszard Kapuscinski）：《皇帝：一個獨裁政權的傾覆》，（北京）新星出版社，2011年版

馬丁・梅雷蒂斯（Martin Meredith）：《非洲：六十年的獨立史》，（台北）衛城出版，2017年版

馬立誠：《當代中國的八種社會思潮》，（北京）社會科學文獻出版社，2012年版

施展：《樞紐：3000年的中國》，（桂林）廣西師範大學出版社，2018年版

陳村富：《轉型時期中國的基督教——浙江基督教個案研究》，（北京）人民出版社，2005年版

世界宗教研究所基督教調研課題組：《中國基督教調研報告集》，（北京）中國社會科學出版社，2011年版

戴德理（Wright Doyle）：《延遲的盼望：基督教與美國文化之探討》，（台北）中福出版公司，2006年版

菲立普・詹金斯（Philip Jenkins）：《下一個基督王國：基督教全球化的來臨》，（台北）立緒出版，2003年版

傅樂詩等：《保守主義：近代中國思想人物論》，（台北）時報出版，1980年版

劉同蘇、王怡：《觀看中國家庭教會》，（台北）雅歌出版社，2012年版

余杰、王志勇編：《公民抗命與家庭教會》，（台北）雅歌出版社，2015年版

連曦：《浴火得救：現代中國民間基督教的興起》，（香港）中文大學出版社，2011年版

劉曉波：《悲劇・審美・自由》，（台北）風雲時代出版公司，1989年版

劉曉波：《未來自由中國在民間》，（美國）勞改基金會，2015年

劉軍寧：《保守主義》，（北京）東方出版社，2014年版

劉軍寧：《共和・民主・憲政：自由主義思想研究》，（上海）上海三聯書店，1998年版

何清漣：《現代化的陷阱》，（北京）經濟管理出版社，1997年版

何清漣、程曉農：《中國：潰而不崩》，（台北）八旗文化，2017年版

高全喜：《立憲時刻：論〈清帝遜位詔書〉》，（台北）秀威資訊，2012年版

高全喜：《法律秩序與自由正義：哈耶克的法律與憲政思想》，（北京）北
　　京大學出版社，2006年版

蘇小和：《我們怎樣閱讀中國》，（北京）北京航空航太大學出版社，2009
　　年版

蘇小和：《我的自由選擇：原來經濟學像詩歌一樣美》，（北京）北京航空
　　航太大學出版社，2011年版

沈陽：《正義一元論：從民情到法政》，（武漢）武漢大學出版社，2012年版

沈陽：《公義與良善：自由民主的十字架路標》，（美國）普世佳音出版
　　社，2019年版

大光：宗教改革、觀念對決與國族興衰

第三卷
華夏轉型兩百年

作　　者　　余杰

主　　編　　洪源鴻
責任編輯　　穆通安、涂育誠
行銷企畫　　蔡慧華
封面設計　　蔡佳豪
內頁排版　　宸遠彩藝
校對協力　　張時雅
彩頁圖源　　Wikimedia Commons

社　　長　　郭重興
發行人暨
出版總監　　曾大福
出　　版　　八旗文化／遠足文化事業股份有限公司
發　　行　　遠足文化事業股份有限公司
　　　　　　231 新北市新店區民權路 108 之 2 號 9 樓
電　　話　　02-22181417
傳　　真　　02-86671065
客服專線　　0800-221029
E－m a i l　　gusa0601@gmail.com
Facebook　　facebook.com/gusapublishing
B l o g　　gusapublishing.blogspot.com
法律顧問　　華洋法律事務所 蘇文生律師
印　　刷　　通南彩色印刷有限公司

出　　版　　2021 年 4 月（初版一刷）
　　　　　　2022 年 3 月（初版二刷）
定　　價　　520 元

I S B N　　9789865524661（平裝）
　　　　　　9789865524708（EPUB）
　　　　　　9789865524739（PDF）

國家圖書館出版品預行編目 (CIP) 資料

大光（第三卷）：華夏轉型兩百年
余杰著／初版／新北市／八旗文化出版／
遠足文化事業股份有限公司發行／ 2021.04

ISBN　　978-986-5524-66-1（平裝）

1. 近代史　　　　2. 中國史

627.6　　　　　　　　　110004651